천책 스님의
天頙

호산록
湖山錄

리영자 역주

리 영 자 (大蓮)

- 1936년 강원도 강릉 출생
- 동국대학교 불교학과 졸업
- 일본 다이쇼오(大正)대학에서 문학박사학위 취득
- 동국대학교 불교대학장, 불교대학원장,
  미국 하버드 대학원 객원교수, 한국여성학회 회장 역임

  現 동국대학교 명예교수
  법화학천태학연구회 회장

저서

「한국천태사상의 전개」「불교와 여성」「법화 · 천태사상 연구」

역서

「보살의 인생독본」「천태사교의」「일본불교 선종사상사」
「일본불교사」「천태법화의 사상」「초보자를 위한 선」 외 다수

천채 스님의 **호산록**

2009년 7월 22일 인쇄
2009년 7월 29일 발행

역 주 리 영 자

발행처 도서출판 해조음

발행인 이 주 현

등 록 2002. 3. 15. 제 2-3500호
　　　　100-380
　　　　서울시 중구 필동3가 39-17 리앤리하우스 203호
　　　　전화 (02)2279-2343
　　　　전송 (02)2279-2406
　　　　메일 haejoum@naver.com

값 20,000원

ISBN 978-89-91107-38-0 93220

천책스님의

호산록

序文

  천책진정국사는 고려시대 강진 만덕산에서 요세원묘국사가 백련결사를 맺고 보현도량을 개설할 때 중요한 임무를 담당했던 스님이다. 천책스님은 이때 「백련결사문」을 지으시고 「보현도량을 일으키는 글」을 지은 분이다.

  한국불교사에서 고려 의천대각국사가 천태종을 창설한 이래 어떤 형태로 이 종파와 사상이 전개되었는지를 규명하는 것은 우리의 당면 과제였다.

  그러던 중 우연히 이종익교수께서 천책스님의 『호산록』을 본 것 같다고 하시면서 부록이라 기억할 수 없으나 松廣寺 도서실인 듯 하다고 하셨다(그러나 『東師列傳』 「眞靜國師傳」에는 이 서명은 보이지 않음).

  요즘처럼 교통이 편리하지 않은 때라 동국대 학생간부들의 워크샵을 끝낸 다음 나는 혼자 송광사로 향했다.

  송광사 도서실에는 中觀海眼스님이 서사한 『竹迷記』(大屯寺의 사적을 필사한 책)의 부록으로 호산록이 합철 되어 있었다. 龍隱 朱完變(大興寺 長春院)스님의 1916년(丙辰)필사본이었다. 송광사지에 의하면 이 분은 송광사 監務를 맡고 있었고 錦溟和尙의 제자였다고 한다. 필사된 지 60년 후인 1976년 12월 10일에 복사한 호산록의 제목은 『萬德山白蓮社第四眞靜國師湖山錄』이다. 유려한 초서체로 쓴 이 필사본을 발견한 순간 나의 가슴은 요동쳤고 환희심으로 가득찼다. 광맥을 찾은 기분이었지만 돌아가야 할 천리길을 생각하고 초조한 마음으로 대여를 부탁했더니 사서스님은 후일로 미루었다.

그 후 서울 사간동 법련사에서 현호주지스님으로부터 이『호산록』(한국불교전서 제6권)을 받아 볼 수 있었던 것은 한참 지난 후로 기억된다. 한국불교학회에서「天頙의 湖山錄」을 곧 발표하였다.

어느 초겨울 호산록의 배경인 전남 강진을 찾아 만덕산을 탐방했다. 아름다우면서도 우람한 바위산을 배경으로 자리한 백련사 앞에 펼쳐진 강진만은 한 폭의 시와 같은 호수였다.

절은 가난했다. 노랑 떡 호박을 산더미처럼 쌓아 놓았는데 크기가 한아름도 더 되는 것도 있었다. 선방에 스님들이 참선하고 있는데 겨울양식이라고 공양주가 귀띔했다. 처음 먹어 본 별식의 호박죽이 어찌나 맛나던지.........

다산초당으로 안내하던 스님이 저 바다 끝이 완도와 맞닿는다고 하는 설명을 들으면서 몽고의 난을 피해 천책스님이 정진하던 완도를 연상했다. 湖山, 호수와 산이라는 시문집의 서명은 이 풍경에서 연유한 듯하다.

그런데 1990년대 중반쯤 표지가『眞靜國師湖山錄』草衣文化財團刊行이라고 된 책이 내가 강의하는 탁자에 놓여 있었다. 얼핏 보기에는 목판본이나 활자본간이 윤곽이 아주 또렷하였으며『萬德山 白蓮社 第四代眞靜國師湖山錄第三』이라고 제목을 쓰고 서사한 것이다(한국불교전서 제12권).   송광사 도서실에 있는『죽미기』의 부록보다는 훨씬 서체가 분명하고 판독도 그리 어렵지 않았다. 그러나 간기도 없고 서사자의 이름도 없었다.

그러나 대흥사본에는 수록되지 않은 내용이 있었다.『법화경』에 대한 찬송이 두 편이었는데, 天因스님의 찬이 고려시대 유일한 법화경찬이라고 하였는데 여기에 천책스님도『법화경』을 찬하고 있었다. 물론 지은 동기는 다르지만 두 편이나 싣고 있음은 고려불교사상의 방향을 이해하는데 중요한 자료였다.

대학원 강의교재로 강독했는데 일일이 열거할 수 없지만 많은 학생들이 참여해 주었다. 이때 수강생 중에는 이선이, 박소영 등이 특히 열의를 보이고 원문에 한글음을 붙이는데 모두 동의해 주었다.

2001년 대학 정년 후 강의를 쉬면서도 이『호산록』을 중단하지 않고 미흡하지

만 완료하게 된 데는 그때 박사과정에 진학한 태경스님(이선이)의 남다르게 열성
어린 작업이 큰 몫을 하였다. 이제 감사드린다.

　그런데 이 과정에서 『진정국사와 호산록』이 민족사에서 이미(1995년) 간행되
었음을 알게 되었다. 많은 도움이 되었다.

　이 작업이 우리 후학들의 학문연찬에 한 도움이 되기를 기원하며 동국대 오지
연 선생, 김은희 선생의 윤문과 교정 그리고 해조음 이주현 사장의 헌신적인 출판
에도 깊이 감사의 뜻을 표한다.

2009년 6월

법화학천태학연구회 회장

大蓮 李永子 합장

목차

● 일러두기

제 1 장 | 진정국사 천책의 『호산록』

Ⅰ. 일지암본(一枝庵本)

萬德山白蓮社第四代眞靜國師湖山錄卷三

寄金藏大禪師 11

次韻寄龍藏社主卓然公并序 15

次韻答林秘書桂一 17

次韻答閑禪老 18

次韻示同伴 20

次韻柳平章放羊於禪源藪古調詩 22

同吾所願欲畫成西方圖一十幀　廣勸一切　慶快無已

又次韻寄呈 23

又寄柳平章并序 25

用前韻言懷示同枹 26

答林正言桂一并序 30

次韻奉答李侍中藏用入社詩 33

次韻又答 36

次韻奉答 39

次韻答柳平章璥 42

次韻答判秘書閣金坵 45

次韻答中書舍人金祿延 50

次韻奉答起居郭汝弼 53

奉和答柳平章蓮字詩寄呈 55

次韻答李尙書入社長句 59

次韻答同文院鄭評事興 所寄入社詩二首 62

次韻答沃州于太守所寄 65

次韻答朗州太守金惰所寄 68

寄鄭評事興并序 74

次韻西方三聖讚五首 79

禪堂偈 84

無常偈 84

次韻答金太守 85

公林寺聞敬西上人彈琴 85

法華隨品讚一軸 86

佛舌等四篇 111

天台智者 115

寶雲祖師讚 121

法智尊者 126

慈雲懺主 131

讚者略陳方寸 136

更和法花隨品讚并序 137

次韻李居士穎并序 159

萬德山白蓮社第四代 眞靜國師湖山錄 卷四

壬辰年普賢道場起始疏 176

祝聖疏 183

金字華嚴法華經慶讚疏 187

法華道場疏 191

水陸齋疏 197

蓮經法席疏 200

夏安居疏 202

主上救病疏 204

甲辰年多寶塔慶讚疏 205

寄東京前留守崔尙書昷書 210

寄崔樞蜜昷書 212

答鄭侍郞芝書 213

答芸臺亞監閔昊書 215

Ⅱ. 일지암본의 누락분

1. 안봉사 256

2. 대흥사본에만 있는 내용

法華印成慶讚疏 257

新年祝聖 259

四月八日安居祝上疏 260

遊四佛山記 261

興輪寺大鍾銘并序 278

爲山人文悅俤人書華嚴經願文 282

勸誦彌陀經願文 283

請人書法華經兼紙扇一千願文 285

讀大藏住庵請田文 286

答指揮使金公景孫書 288

答靈岩守金郞中惜書 294

Ⅰ. 『만덕사지』에 있는 자료

入院祝上疏 ·· 299

寄金承制書 ·· 299

Ⅱ. 『석가여래행적송』에 있는 자료

白蓮結社文 ·· 300

跋眞靜湖山錄 ·· 300

Ⅲ. 『해동전홍록』 현존분

天帝邀經而入藏 靜和宅主 ····················· 302

帝親試通 ··· 303

黑風吹其船舫 ······································· 304

深敬辭山人之精書 ································· 306

堪歌崔牧伯之慶會 ································· 307

光明出於口角 ······································· 309

䒷生於舌根 ·· 310

寶岩徒之或講或疑 ································· 311

蓮華院之若讀若說 ································· 312

禽顯瑞 ··· 313

三妹告徵 ··· 314

부록

● 만덕산백련사 제2대 정명국사후집 ········· 319

● 찾아보기 ··· 363

● 일지암본 호산록 영인본(초의문화재단 간행)

일러두기

1. 원문은 일지암본에 의거하였다.

   (초의문화재단 간행본, 『한국불교전서』12책 수록)

2. 대흥사본(『한국불교전서』6책 수록)과 대조하여 차이
   가 있는 부분은 의미가 통하는 것으로 취하고, 각주처
   리 하였다.

3. 일지암본의 편자가 교감한 내용은 각주에서 '편자교
   감'이라고 표시하였다.

4. 『호산록』권3에서 사람들이 천책에게 보낸 서신들과
   그 밖의 필요한 부분에 역자가 소제목을 붙였다.

5. 『호산록』외의 천책관련 자료를 모아 제2장에 수록하
   였다.

6. 만덕산 백련사 제2대 정명국사후집을 부록으로 실었다.

제1장 진정국사 천책의 호산록[1]

Ⅰ. 일지암본(一枝庵本)

萬德山白蓮社第四代眞靜國師湖山錄卷三

● 금장 대선사께 드립니다

寄金藏大禪師[2] 기금장대선사

출가하여 일찍이 석씨 성이 되었으며,

나라를 복되게 한 것이 태공망과 헌원씨에 버금가네.

일찍이 무의실[3]에 들어가,

마침내 향기로운 비단의 문을 열었네.

할의 우뢰소리는 두 귀를 놀라게 하고,

법의 비는 어두운 두 귀에 맑은 물을 뿌리네.

도의 소리는 끝이 없이 전하며,

쟁쟁한 소리는 만세에 드날리네.

(이상은 선사의 덕행을 기린 것이다.)[4]

---

1) 현존하는 『호산록』은 上冊 1·2권이 빠진 下冊 3·4권 뿐으로, 정약용이 중심이 되어 편집한 『萬德寺志』에는 하반부 권3·4의 詩文이 실려 있다. 下冊 3·4권이 수록된 판본으로 大興寺本과 一枝庵本이 있다. 底本은 一枝庵本(艸衣文化財團刊行本)으로 하였으며, 원제목은 『萬德山白蓮社第四代眞靜國師湖山錄』이다. 『韓國佛敎全書』(이하 『韓佛全』) 第12冊에 수록되어 있는 一枝庵本은 권3의 詩 부분이 충실하고, 『韓佛全』 第6冊에 수록되어 있는 大興寺本은 권4의 散文 부분이 충실하다고 할 수 있다. 一枝庵本의 가장 큰 특징은 『법화경』의 品別로 된 각각의 讚 2軸이 실려 있는 것이다.
2) 대흥사본 : 「三首五律」 이라는 각주가 있음.
3) 無衣室 : 無衣子는 慧諶을 말함.

出家曾姓釋 福國合師軒　　　早入無衣室 終開郁錦門
출가증성석 복국합사헌　　　조입무의실 종개욱금문

喝雷驚聵二 法雨洒昏二　　　道韻傳無極 錚二萬世喧
갈뇌경외이 법우쇄혼이　　　도운전무극 쟁이만세훤

(右讚先師德行　우찬선사덕행)

붓끝은 삼매의 바다요,

비단 위에는 몇 번이나 꽃을 피웠다.

찬란함은 가치를 다투어 전하며,

진기함은 가난도 건널 수 있네.

한 번 읊으니 재주는 한 권을 이루고,

열 번을 휘몰아치니 다툼은 보자기에 숨네.

서법은 힘참을 더욱 높이고,

철문5)은 감히 손님을 기다리네.

(이상은 대서사의 저술을 찬미한 것이다.)

筆端三昧海 錦上幾番花　　　燦爛爭傳價 珍奇可濟貧
필단삼매해 금상기번화　　　찬란쟁전가 진기가제빈

一吟才畢軸 十襲競藏巾　　　書法更遵6)勁 鐵門堪待賓
일음재필축 십습경장건　　　서법갱준 경 철문감대빈

(右大禪7)著述　우대선저술)

일심으로 부처님의 가르침을 구하며,

갖가지로 온갖 인정을 끊네.

---

4) 대흥사본 : 이 시가 수록되어 있지 않음.
5) 鐵門 : 南朝 陳의 智永禪師가 吳興의 永欣寺에 갔을 때, 글을 구하러 찾아오는 이들이 많아 문지방
   이 닳아서 문지방을 무쇠판으로 입혔다는 고사를 의미하는 단어.
6) 대흥사본 : 「更遵」 → 「道」
7) 대흥사본 : 「大禪」 → 「美禪師」

오히려 예와 지금을 알지 못하니,

어찌 무겁고 가벼움을 알 수 있는가.

알지 못함을 어리석게 여기나 평실8)을 알고,

어리석은 이는 미나리를 올리네.

(『열자』9)에서는 미나리를 귀하게 여기기도 하였다.)

분수 넘게 고귀한 저술을 열람하였다.

기이함이여. 이름 할 수 없구나.

(이상은 노승의 회포를 서술하였다.)

一心求佛敎 萬事斷人情　　尙未通今古 焉能辨重輕
일심구불교 만사단인정　　상미통금고 언능변중경

憋非解苹實 癡等獻芹莖　　(列子云美芹黃)
참비해평실 치등헌근경　　(열자운미근황)

分外覽高傳 奇哉不可名
분외람고전 기재불가명

(右叙老僧懷胞 우서노승회포)10)

귀한 차는 몽령11)에서 이어지고,

이름난 샘물은 혜산12)에서 길은 듯하네.

마귀를 물리치니 졸음은 가버리며,

---

8) 苹實 : 周 昭王이 강을 건널 때 크기가 한 말이나 되는 물건이 배에 부딪쳐서 소왕이 이상하게 생각하고 공자에게 물었다. 공자는 그것을 평실이라 하는데 오직 패자만이 먹을 수 있는 상서로운 열매라고 하였다. 이후로 감미로운 과일을 평실이라 했다고 함. 여기서는 금장선사의 저술을 가리킴.
9) 『列子』 : 列子는 戰國시대 鄭나라 사람으로 姓은 列이며 名은 禦寇이다. 생몰연대 및 행적을 알 수 없다 먼저 장자에 의지하였으며, 후에 노자에 의지하였담함. BC4세기경에 『열자』 한권을 저술하였음. 그러나 현재는 후인의 가탁인 위작이라 하며, 老莊·關(尹子)·列을 道家四子로 칭한다.
10) 대흥사본 : 이 시가 수록되지 않음.
11) 蒙嶺 : 四川省 蒙山을 지칭함.
12) 江蘇省 無錫縣 西郊 제일 높은 봉우리에 흰 돌로 둘러싸여 섬과 같이 위치한 산. 이 산의 惠山寺에 샘이 있었는데 수질이 감미롭고 육지에서 가장 맑아 이 샘이 천하 제2의 샘이라고 하였다. 원래는 南朝末代司徒長史湛茂之別墅하고 歷山草堂이라 하였다. 景平元年(423)에 僧寮를 삼으니 華山精舍이다. 梁大同(535~545)年間에 개축하여 法雲禪院이라고 하였으며, 그 후에는 많은 흥망이 있었다.

손님을 맞아 다시 한가로워 지네.
감로는 털구멍을 스며들고,
('공산의 운제상인이 차를 베푼다.'고 함.)
맑은 바람은 겨드랑이를 두드리네.
어찌 신령한 약을 먹은 뒤라야 동안에 머문다고 하는가.
(이상은 선사가 차를 주심에 감사한 것이다.)

貴茗承蒙嶺 名泉汲惠山　　　掃魔能却睡 對客更圖閑
귀명승몽령 명천급혜산　　　소마능각수 대객갱도한

甘露津毛孔　　　　　　　　(公山雲濟上人設茶云云)13)
감로진모공　　　　　　　　(공산운제상인설다운운)

淸風鼓腋閒14)　　　　　　　何須飮靈藥 然後駐童顔
청풍고액한　　　　　　　　하수음령약 연후주동안

(右謝15)惠茶 우사혜다)

평안하고 한가로움은 판각에 의지하고,
고요하고 적막함은 솔 빗장을 잠갔네.
낙엽은 붉은 숲을 떠나버리고,
아득한 산 봉오리는 푸른 바다를 건너네.
높은 난간은 어찌 저녁을 지나칠 것이며,
아름다운 계절을 헛되이 보낼까 두렵네.
오랜만에 만남은 잠깐 즐길 뿐이지만,
산중에는 만남의 예도 고통도 없네.
(서신에 가을에 방문하겠다는 말이 있기에 이렇게 썼다.)
(위와 같이 암자를 찾아오기를 기다린다.)

---

13) 대흥사본 : 각주가 없음.
14) 허흥식 교감본 : 「閒」 ⋯▶ 「間」
15) 대흥사본 : 「禪師」라는 字가 있음.

安閑依板閣　寂寞閉松扃　　　　落葉辭林赤　遙岑度海靑
안한의판각　적막폐송경　　　　낙엽사림적　요잠도해청

高軒何晚過　佳節恐虛經　　　　邂逅但行樂　山中無禮刑
고헌하만과　가절공허경　　　　해후단행락　산중무예형

(書中有杖曉[16]垂訪之言故及此[17])
서중유장효　수방지언고급차

(右待訪庵 우대방암)

● 다음은 용장사 주지 탁연스님[18]께 서문을 붙여 답하다[19]

次韻寄龍藏社主卓然公幷序　차운기용장사주탁연공병서

들리는 바에 의하면 『60 화엄경』의 사경을 마치고, 대중을 불러 모아 대회를 열었다고 하니, 찬탄할 뿐입니다. 정성으로 한가로운 선로가 시운을 따라 두 수를 지었습니다. 한 수는 역주가 유통시킨 묘한 이익을 기록하였고, 한 수는 존숙께서 사경하신 참다운 공덕을 기리는 것입니다.

遙聞畢書晋本雜花經[20]　　　　邀致大衆　開張大會　慶抃[21]無已
요문필서진본잡화경　　　　　　요치대중　개장대회　경변　무이

謹次閑禪老所寄詩韻　　　　　　課成二首　一以紀譯主流通之妙益
근차한선노소기시운　　　　　　과성이수　일이기역주유통지묘익

一以賀尊宿書寫之眞功[22]
일이하존숙서사지진공

---

16) 허흥식 교감본 : 「杖曉」 … 「秋晚」
17) 대흥사본 : 각주 없음.
18) 卓然(1213-1259) : 고려중기의 승려. 호는 법운(法雲)·운유자(雲遊子)이며, 속성은 崔氏로 재상 崔正份의 아들임. 과거에 급제한 후 조계산 수선사(송광사)에서 출가했으며, 글씨에 뛰어났다. 상주목사 崔滋가 백련사를 중건할 때 그 현판을 씀(「동문선」과 「보한집」).
19) 대흥사본 : 수록되지 않음.
20) 晋本雜華嚴 : 중국 東晋시대(418~420) 佛馱跋陀羅에 의해 한역된 60권본 「화엄경」.
21) 허흥식 교감본 : 「抃」 … 「讚」
22) 대흥사본 : 서문이 '宿書寫之眞功'으로 되어 있음.

성인의 경계는 지금도 있어 가르침을 만나니,

진시대의 여러 해석을 다 배울 수 없네.

요망한 너구리가 큰 힘 있는 코끼리를 어찌 알겠으며,

독살스런 도마뱀이 바른 깨달음의 용을 어찌 알리오.

비로소 원융함을 번역하여 막힘이 없으니,

의보·정보를 모두 거두어 중생 곳곳에 미치네.

보법23)을 유통시키니 공덕은 끝이 없고,

모든 중생으로 하여금 단박에 깨우치게 하네.

聖境猶居遇入風　　　　晋年24)諸釋莫能容
성경유거우입풍　　　　진년　제석막능용

妖狸豈識大權象　　　　毒蜥25)焉知正覺龍
요리기식대권상　　　　독설　언지정각룡

始譯圓融無障碍　　　　摠包依正及纖濃26)
시역원융무장애　　　　총포의정급섬농

流通普法功無極　　　　咸使衆生頓發蒙
유통보법공무극　　　　함사중생돈발몽

많은 사람들이 일찍이 소림27)의 기풍을 이끌었고,

또 화엄성해의 모습을 바라보네.

번역본은 이미 먼저 불타발타라에 의지하고,

글씨의 정미롭고 참됨은 각각 황룡과 짝이 되네.

(김생을 말함)

---

23) 普法 : 고려시대에는 화엄과 보법을 같은 의미로 사용한 것으로 보인다.

24) 대흥사본 : 「年」 → 「孚」

25) 허흥식 교감본 : 「蜥」 → 「蜥」

26) 纖濃 : 이 섬농은 의보와 정보에 對句가 되는 것이며 원융과 무애함을 모두 함께 표현하고 있다.

27) 少林 : 河南登封縣西北의 少室山 北麓의 五乳峰 아래에 있다. 北魏 太和20년(496), 孝文帝는 天竺僧佛陀禪師를 위하여 세웠으며, 佛陀禪師 때에는 절 서쪽 臺에 舍利塔을 건립하고 탑 뒤에는 翻經臺를 만들었다고 한다. 오래 되지 않아 勒那摩提는 절에서 경을 번역하였으며, 孝昌3년(527) 印度僧 菩提達摩는 절에서 面壁九年하는 禪을 닦고 法을 慧可에게 전하였다고 하며, 이것이 禪宗의 시작이라고 한다.

특별히 찬탄의 자리를 베풀어 정성스러움을 보내니,

감히 좋은 밭에 두터운 복덕 씨 뿌림을 축하드립니다.

손바닥에 흐르는 가늘고 청량함은 발을 넉넉하고 윤택하게 하니,

어찌 개미[28]가 문득 물에 젖음을 알리오.

多君早挹少林風	又向華嚴性海容
다군조읍소림풍	우향화엄성해용
譯本已先依佛馱	筆精眞箇敵黃龍
역본이선의불타	필정진개적황룡

(金生[29])
(김생)

特張慶席輸誠切[30]	敢賀良田種福濃
특장경석수성절	감하량전종복농
灌掌微涓饒潤足	焉知蟻子更霑蒙
관장미연요윤족	언지의자갱점몽

● 비서성의 임계일에게 답시를 쓰다

次韻答林秘書桂一[31] 차운답림비서계일

노닐면서 일찍이 꿈속의 환상을 던져 버리고,

요즈음은 텅 빈 암자에 자취를 숨겼네.

발을 걷으니 천태산의 옛 달과 같고,

번뇌를 뿌리치니 오직 영취령의 바람을 드높이네.

나머지 생에 겁약함을 돌아보지 않으니,

오직 묘법[법화경]이 널리 유통됨을 생각하네.

---

28) 蟻子 : 개미새끼와 같이 작은 것을 가리킴. 여기서는 중생을 의미함.
29) 대흥사본 : 「號」가 있음.
30) 허흥식 교감본 : 「切」 → 「功」
31) 대흥사본 : 각주 「請述傳弘錄序」가 있음.

원컨대, 그대가 힘을 모으고 빛을 더하니,

다행히 이것이 연화결사[白蓮結社]에 동참하는 것이오.

(『해동법화전홍록』32)의 서문을 부탁하면서)

遊戱曾抛夢幻中　　　年來屛跡一庵空
유희증포몽환중　　　연래병적일암공

捲簾依舊天台月　　　揮塵惟33)揚鷲嶺風
권렴의구천태월　　　휘진유　양취령풍

不顧殘生多怯弱　　　唯思妙法廣流通
불고잔생다겁약　　　유사묘법광유통

願君着力添光彩　　　幸是蓮花結社同
원군착력첨광채　　　행시연화결사동

(請述傳弘錄序)
(청술전홍록서)

● 한선노에게 답을 쓰다

次韻34)答閑禪老　차운답한선노

한 벌의 장삼은 추위를 버텨도 바람은 일고,

늙어가니 다시는 옛 모습을 찾을 수 없네.

이미 제사 터에 누우니 허수아비에게 부끄럽고,

짙은 구름을 아직 일으키지 못하니 풀용에도 부끄럽구나.

남아 있는 푸른 연기는 게으른 듯이 이어지지 않고,

창에 가득한 붉은 햇살은 졸음만을 더욱 짙게 하네.

바위 언덕은 적막하여 오고 가는 이 없고,

오히려 맑은 시를 즐기며 늙은이(천책)의 몽매함을 달래네.

---

32) 『海東法華傳弘錄』은 天頙의 편저로서 『법화경』 신앙을 통한 갖가지 영험담을 수록한 것이다. 내용의 일부가 현존하는 『法華靈驗傳』에 인용되어져 있다.

33) 대흥사본 : 「惟」→「唯」

34) 대흥사본 : 두 글자 없음.

一衲支寒鬐發35)風　　　　齒衰無復昔時容
일납지한필발　풍　　　　　치쇠무부석시용

已陳祭地塹蒭狗36)　　　　未起涔雲媿草龍
이진제지참추구　　　　　　미기잠운괴초룡

殘象37)碧煙38)慵不續　　　滿窓紅日睡猶濃
잔단　벽연　용불속　　　　만창홍일수유농

崟阿寂寞無來往　　　　　却喜淸詩慰老蒙
암아적막무래왕　　　　　각희청시위노몽

사방을 유람하니 걸음마다 맑은 바람이 일고,

이르는 곳마다 안개39)가 가득하여 얼굴이 되네.

우연히 이통현40)의 화엄세계에 호랑이를 쫓다가,

도리어 넓은 바다의 용이 되었네.

(화엄법회의 주맹이 되어서 이장자의 『신화엄경론』을 강설했다.)

우뢰같은 갈채가 도량에 한량없이 퍼져 즐기니,

감로는 온 법계를 두루 적시어 넉넉히 하네.

한번 웃었으니 언제쯤 서로 만날 것이며,

바삐 찾아 새로운 법으로 몽41)을 찾을 것인가.

---

35) 鬐發은 바람이 차갑고 쌀쌀함을 말함.
36) 옛날 제사지낼 때에 풀로 강아지를 만들어 쓰던 것. 제사가 끝나고 나면 버리게 되므로 사람이 쓸모없게 됨을 이르는 말임.
37) 대흥사본 :「象」…→「篆」
38) 篆煙은 분향 연기가 서리는 모습을 말함.
39) 煙霞 : 봄 안개, 뽀얗게 피어오르는 안개를 말하며, 고요한 산수의 경치를 지칭함.
40) 李通玄(635~730)은 滄州에서 태어났다고도 하며, 혹은 唐 宗室 출신이라고도 전하지만, 정확하지는 않다. 이통현은 開元(719) 봄에 唐譯 화엄경을 가지고 孟縣 西南同穎鄕 大賢村 高氏 집에 가서 몸을 의탁했다. 그러다가 나중에 南谷馬家의 古佛堂 옆에 있는 움막으로 옮겨서 3년 동안 연구에 몰두했다. 그곳에서 저작한 論稿를 가지고 다시 韓氏의 莊園인 冠蓋村으로 가서 土龕에 5년을 칩거한 후 드디어 대성했다.
　　『釋大方廣佛新華嚴經論主李長者事迹』에 의하면 통현이 韓氏의 莊園인 冠蓋村에 갔을 때 홀연히 한 마리의 호랑이를 만났다. 통현이 호랑이에게 "내가 장차 논을 지어 화엄경을 해석하려고 하니 나를 위해 머물 곳을 선택하라"고 말하자, 호랑이가 土龕으로 인도하였다고 전한다.
41) 旃蒙 : 10간 중에 乙의 다른 이름.

(새해 을축년 봄에 만나자고 했음을 이르는 말이다.)

遊方步二足淸風	到處煙霞竟爲容
유방보이족청풍	도처연하경위용
偶趁通玄山下虎	却爲方廣海中龍
우진통현산하호	각위방광해중룡
(主盟華嚴會點破李長者論)	喝雷未禁逢場戱
주맹화엄회점파이장자론	갈뇌미금봉장희
甘露均霑遍界濃	一笑何時相邂逅
감로균점편계농	일소하시상해후
忙須新律42)旃蒙	(指新乙丑春相會故云)43)
망수신율 전몽	지신을축춘상회고운

● 다음은 도반에게 보인 것이다

次韻示同伴 차운시동반

노새은 잠깐사이 미리에 시리가 내리고,

화봉인44)은 더욱 간절하게 요임금45)을 축복하네.

일심은 삼관46)의 묘47)에 그윽하게 계합하고,

---

42) 허흥식 교감본 : 한 글자가 빠진 것으로 보며, 「舊」로 추정.

43) 대흥사본 : 이 시가 수록되지 않음.

44) 華라는 토지의 국경을 지키는 사람.(안동림, 『莊子』 (서울:현암사, 2001), p.318).

45) 『장자』 「천지편」에, 화봉인이 요임금에게 장수·부유·아들이 많음을 축복했다는 華封三祝의 고사가 나온다. 儒家에서 이상으로 삼는 聖天子인 陶唐氏, 즉 堯임금. 처음에 陶라는 땅에 살다가 唐이란 땅으로 이사하였으므로 붙여진 이름. (안동림, 위의 책, pp.35~36).

46) 三觀은 空假中 三諦에 대응하는 觀法으로 天台 敎觀二門의 핵심이다. 이 삼관은 『中論』 「觀四諦品」에, "衆因緣生法 我說卽是空 亦爲是假名 亦是中道義", 『菩薩瓔珞本業經』 「賢聖學觀品」에, "三觀者 從假名入空二諦觀 從空入假名平等觀 … 得入中道第一義諦觀"에 근거하며, 일체법을 삼제원융한 그대로의 상태로 관하는 것을 一心三觀이라 한다. 일심삼관은 보통 圓頓止觀이라는 말로 표현된다.

47) 元曉『法華宗要』, "言妙法者略有四義 一者巧妙 二者勝妙 三者微妙 四者絶妙 言巧妙者 此經巧開 方便之門 巧滅執三之見 巧示眞實之相 巧生已一之惠 以是四義而作 眞軌故 言妙法言勝妙者 此經能宣 一切佛法 能示一切神力 能顯 一切藏 能說一切深事 以此四義最爲勝妙 故名妙法 如神力品云 以要言之 如來一切所有之法 如來一切自在神力 如來一切秘密之藏 如來一切甚深之事 皆於此經宣示顯

만행은 사덕[48]의 향이 배도록 닦네.

나이가 들어 어리석고 우둔해서 일과를 잊게 되고,

젊은 날의 명성은 얼음같이 서늘하게 부끄럽네.

바람은 청량하고 달은 밝아 천계에 통하니,

물은 짙푸르고 산은 푸르러 다른 세상을 차지하는구나.

진리를 찾는 사람은 자주 공적을 두드리고,

자비를 일으키는 곳곳은 문득 빛과 어우러지네.[49]

이름만을 좇으면 마침내 무슨 일을 이룰 수 있겠는가

오탁악세의 덧없는 중생은 이지러지기 쉽구나.

老色須臾顚抹霜	華封微懇祝陶唐
노색수유전말상	화봉미간축도당
一心冥契三觀妙	萬[50]萬行熏修四德香
일심명계삼관묘	만행훈수사덕향
晚歲憨癡忘日課	早年聲價愧氷凉
만세감치망일과	조년성가괴빙량
風淸月白通千界	水綠山靑占別鄉
풍청월백통천계	수록산청점별향
訪道人人頻扣寂	興悲處處便和光
방도인인빈구적	흥비처처편화광
馳名畢竟成何事	濁惡浮生最可傷
치명필경성하사	탁악부생최가상

示顯說 故言妙法 言微妙者 此經所說 一 乘之果 無妙德 而不圓 無雜染而不淨 無義理而不窮 無世間而不度 以是四義故名微妙之法 如譬喩品云 是乘微妙淸淨第一出 諸世間爲無有上 故言妙法 言絶妙者 此經所說一乘法相 廣大甚深離言絶慮 以是四義故爲絶妙之法" (『韓佛全』 1, p.492中~下)

48) 四德은 四種三昧로서 常坐·常行·半行半坐·非行非坐三昧를 말함.

49) 和光 : 和光同塵, 老子의 '和其光 同其塵'에서 나온 말. 빛을 부드럽게 하여 속세의 더러움과 융합하는 것. 부처님이 빛을 온화하게 하여 먼지와 같은 중생과 같이 하는 것. 佛菩薩이 깨달음의 지혜의 빛을 숨기고 衆生을 救하기 위해 世俗의 세계에 태어나서 煩惱의 중생과 같이하여 중생을 漸次로 佛法에 끌어들이는 것.

50) 「萬」이라는 한 글자는 없어야 할 듯하다(일지암본 편자 〈이하 '편자'〉교감).

● 다음은 평장사 유경[51]이 양을 선원사 숲에 풀어놓은 모습을 적은 시의 운을 따라 지은 고조시

次韻柳平章放羊於禪源藪古調詩 차운류평장방양어선원수고조시

모든 중생들은 깨달을 수 있는 성품을 함께 받았으나,

깨달음을 장애하는 번뇌가 붙어있어, 기나긴 겁 동안 오래도록 윤회하네.

원래 바로 벗어날 기약 없이 항상 스스로 족쇄를 지우며,

혹은 축생계[52]에 떨어지니 어리석게 배태되어 미물이 되네.

갚아야할 빚은 다함없이 많으니, 몇 번이나 괴수에게 손을 잘렸는가.

양을 잡아 지옥[53]에 떨어졌다고, 나는 예전에 바수[54]의 일을 들었네.

이 말이 어찌 맹랑한가, 금구를 따라 나온 말씀이네.

누가 천한 축생까지 가련해하는가, 절뚝거리며 옆으로 다니네.

흔히 자네는 곡식을 다른 곳에 두고, 두 마리 양을 놓으니,

어찌 이것이 문벌이 높다는 이유로, 측은한 마음 끝을 나타내는 것인가.

어찌 꿇어앉아 경을 들은 줄 알겠는가.

(영명연수가 『법화경』을 낭송하자 여러 양들이 꿇어앉아 들었다.)

일념으로 범부심을 일으켜 짧은 견해로 신비로운 자취를 찾으니,

박학함은 부류[道安][55]에게 부끄럽네.

一切諸衆生 覺性同稟受　　　　　碍覺合塵勞 長劫 [56]輪廻久
일체제중생 각성동품수　　　　　애각합진노 장겁　　륜회구

---

51) 柳璥(1211-1289)으로 1263년 평장사가 됨.
52) 梵語 tiryañc(畜生)의 음역.
53) 梵語 niraya(지옥)의 음역.
54) 바수는 선인의 이름. 바라문 가운데 처음으로 살생하여 하늘에 제사를 지내 태어나자마자 지옥에 떨어져 무량겁을 지나 華聚보살의 광명력으로 지옥에서 벗어나 석가불 세상에 왔다. 『大智度論』 (대정장 25, p.76상~하).
55) 부류란 東晉의 고승인 道安이며, 그가 常山 扶柳人이며, 衛氏였다고 한다. 도안의 손에는 융기된 살이 있었다고 한다.
56) 刧을 劫으로 본다.

元無正脫期 局縮常自枏　　　　或落底栗車 胎殙57)成蜚走
원무정탈기 국축상자뉴　　　　혹락저율차 태혼　성비주

償債浩無窮 幾經魁膾手　　　　屠羊隨泥犁 我昔聞婆藪
상채호무궁 기경괴회수　　　　도양수니리 아석문파수

斯言豈孟浪 出從金吻吼　　　　誰憐至賤畜 跛跛傍行蹂
사언기맹랑 출종금문후　　　　수련지천축 파파방행유

多君異臧穀 放此羊二口　　　　豈是伐氷故 側隱標心首
다군이장곡 방차양이구　　　　기시벌빙고 측은표심수

焉知跪聽經　　　　　　　　　　(永明壽公 誦蓮經群羊跪聽58))
언지궤청경　　　　　　　　　　　영명수공 송연경군양궤청

一念起凡趣　　　　　　　　　　短見紀神蹤 博學斬扶柳
일념기범취　　　　　　　　　　단견기신종 박학참부류

● 내가 원하던 바 서방도의 그림족자 열 폭을 그려서 모든 곳에 널리
권하려하니 경사롭고 유쾌함이 그치지 않고, 또 운을 따라 올립니다

同吾所願 欲畫成西方圖一十幀　　　廣勸一切 慶快無已 又次韻寄呈
동오소원 욕화성서방도일십탱　　　광권일체 경쾌무이 우차운기정

이것은 늘 눈앞에 나타나며, 여섯 가지 행은 여섯의 받음59)을 함께하네.

산승은 늙어 병이 많고, 가려운 곳도 오랜 세월을 지났네.

때때로 홀로 절로 웃으며, 마음이 풀린 것이 쇠고랑을 벗은 듯하네.

다만 유한한 삶을 탄식하니, 세월은 쏜 화살과 같네.

언제나 아홉 연꽃마을60)을 생각하니, 큰 성인이 멀리서 손짓하며 부르시네.

팔공덕의 연못61)에서 목욕하고, 칠각의 숲62)에서 소요하네.

---

57) 殙(혼)으로 봄. '어리석음' 으로 해석하였음.
58) 『宋高僧傳』(대정장 50, p.887중)
59) 六作이란 행·주·좌·와·어·묵의 여섯 가지(『마하지관』 2의 2). 또 六受란 안·이·비·설·
　　신·의의 여섯 가지 감각작용을 말한다.
60) 九蓮鄕은 극락왕생하는 행자가 앉는 아홉 가지 연화대.
61) 『阿彌陀經』 (대정장 16, p.347상), "極樂國土有七寶池 八功德水充滿其中."
62) 七覺藪의 七覺은 七覺分, 七覺支 즉 菩提分을 의미한다. 칠각이란 擇法, 精進, 喜, 輕安, 捨, 定

또 뭇 새들의 소리를 들으니, 밤낮[63]으로 묘한 소리를 펴는구나.

하물며 여러 훌륭한 스님들과 더불어, 서로 따르며 같이 거니는 것이랴.

나는 좋은 음식을 장만하여, 여러 산 어귀에 채우고 싶네.

가상은 바로 진상이니, 친히 머리 숙임만 같지 못하네.

이리저리 펴서 널리 남들에게 권하니, 누가 심한 번뇌 세계에 빠지랴.

원컨대 계방과 위과 스님처럼 왕생하기를 버드나무를 올려 바라옵니다.

(계방과 위과 스님은 함께 안양국에 나기를 구하여 버드나무 한 가지를 관음보살에게 바치고서 서원하여 "7일이 지나도 시들지 않으면, 곧 기필코 왕생하리다." 라고 말하였다. 기약한 날이 되어도 계속 자랐기 때문에, 원래 운에 따라서 댓구로 '계방담유' 라고 한 것이다.)

此事常現前 六作兼六受	山僧老病多 癢處經年久
차사상현전 육작겸육수	산승로병다 양처경년구
時時獨自笑 釋然如脫杻	但嗟有限生 光陰劇箭走
시시독자소 석연여탈뉴	단차유한생 광음극전주
每想九蓮鄉 大聖遙招手	沐[64]八德池 逍遙七覺藪
매상구연향 대성요초수	목 팔덕지 소요칠각수
又聞衆鳥音 六時宣妙吼	況與諸上人 相隨同躡蹂
우문중조음 육시선묘후	황여제상인 상수동섭유
我欲將珍羞 充諸山左口	假相卽眞相 莫如親稽首
아욕장진수 충제산좌구	가상즉진상 막여친계수
展轉普勸他 誰沈熱惱趣	願怪[65]芳果 師往生擔柳
전전보권타 수침열뇌취	원괴 방과 사왕생담류

(啓芳圍果 師同求生安養 指一柳䑋觀音前而擔曰 七日不萎 則決定往生 至期益
 계방위과 사동구생안양 지일류헌관음전이담왈 칠일불위 즉결정왕생 지기익

長故 依元韻對云 啓芳擔柳也)
장고 의원운대운 계방담류야)

念이다.
63) 六時란 낮과 밤을 각각 三時로 나눈 것.
64) 「沐」 아래에 「浴」 이라는 글자가 빠진 듯하다(편자 교감).
65) 일지암본에서는 '怪' 뒤에 '啓' 가 탈락된 것으로 보고 있으며, 허흥식은 이것을 수용하고 번역에서는 계방으로 새기고 있으나, 저자인 천책의 주를 참조하면 '怪' 는 '啓' 의 誤字인 것으로 생각되어 '계방' 으로 새긴다.

● 또 유평장에게 서문을 곁들여 부침

又寄柳平章幷序 우기류평장병서

요즈음 세월이 너무도 빨라 겨우 섣달을 보냈는데, 의연하게 정월이 오히려 차니 남몰래 늙음을 재촉합니다. 앞의 운을 다시 붙여 시 한 수를 보내어 드립니다. 나에게 주신 것이 나의 넓은 원과 같아서 『법화경』 일천 부를 받들어 이루었습니다. 다시 천 부를 이루어서 널리 권하여 유통시키려 합니다.

近來歲月甚促　才餞季冬　　依然孟春猶寒　暗催老相
근래세월심촉　재전계동　　의연맹춘유한　암최노상

復吹前韻　寄呈一首　　貺已同我願海　卬66)成蓮經一千部
부취전운　기정일수　　황이동아원해　앙　성연경일천부

更欲成千部　普勸流通也
갱욕성천부　보권류통야

내가 예전에 번뇌에 묶여있을 때에 『법화경』을 신수하여,
마음은 어두운 굴속에 살면서, 가구처럼 늘 염송하고자 하였네.
(송고승인 가구는 『법화경』을 늘 외워 서방에 왕생하였다.)67)
도반과 함께 멀리 스승을 찾아, 홍진의 형틀을 끊고,
자기 집의 보배를 알아차림으로써, 타향으로 달려 나가는 것을 면하였네.
큰 법의 기를 붙들어 세우는데, 좌우의 손을 권하여 함께 하였다.
여기에서부터 진리의 손님을 이끌어서, 다 같이 숲을 둘러 이루었다.
일불승을 유통시키고 글자마다 황금털의 사자후이니,
눈앞이 바로 보서이 바다라 바라건대 짓밟히는 눈먼 무리를 인도하소서.
다행히 지금 바다 같은 원을 함께 했으니, 감탄스러움을 말할 수 없습

---

66) 일지암본에서는 '卬' 을 '功' 으로, 허흥식은 '卬' 을 '印' 으로 새겼다.
67) 『佛祖統紀』, "可久 居四明開化 常誦法華 因坐化 三日復蘇 語淨土事與十六觀境不異 見蓮華臺皆標
　　合生者姓名 一紫金臺標云 大宋成都廣敎院熏法華當生此中 次一金臺云 明州久法華生此 又一金臺云
　　明州孫十二居士合生此中 又銀臺標云 明州徐道姑當生此中 語訖復逝 五年徐道姑亡 異香滿室 二十年
　　孫居士化 天樂盈空 感一郡人皆來送葬." (『大正藏』 49, p.278中~下)

니다.

노력하고 다시 공을 더하지만, 나는 쇠약해지고 흰머리 되었네.

모름지기 적멸상을 안다면, 소리와 색에 진실의 모습이 드러난다.

봄이 강남에 이르니, 메추라기는 푸른 버들에서 우네.

我昔在纏時 蓮經偏信受　　意欲居堀朐 常誦期可久
아석재전시 연경편신수　　의욕거굴현 상송기가구

(宋高僧可久 常誦蓮經 往生西方)　　結伴遠尋師 紅塵謝械杻
　송고승가구 상송연경 왕생서방　　결반원심사 홍진사계뉴

因領自家珍 免向他鄕走　　扶立大法幢 同勸左右手
인령자가진 면향타향주　　부립대법당 동권좌우수

自此引玄賓 雜還成淵藪　　流通一佛乘 字字金毛吼
자차인현빈 잡환성연수　　유통일불승 자자금모후

目前卽寶渚 庶導羣盲踩　　幸今同願海 感歎不容口
목전즉보저 서도군맹유　　행금동원해 감탄불용구

努力更加功 吾衰已皓首　　須知寂滅相 聲色露眞趣
노력갱가공 오쇠이호수　　수지적멸상 성색로진취

春事到江南 鴣鴣啼碧柳
춘사도강남 고고제벽류

● 앞의 운을 가지고 벗[68]에게 마음을 열어 보이다

用前韻言懷示同枹 용전운언회시동포

마을과 숲에서 모두 삼매[69]를 닦을 수 있네.

시끄러움과 고요함 둘 다 상관이 없으니, 마땅히 가구를 기약하네.

어떻게 삶을 취하고 버리겠는가, 마음의 멍에가 도리어 올가미가 되어버리네.

큰 숨은 뜻[70] 이루지 못할까 두려워하여, 종일토록[71] 부질없이 분주했

---

68) 同枹 : 同袍의 오자로 생각된다. 同袍는 저고리를 같이 입을 정도로 허물이 없다는 뜻으로, 매우
　　　친한 친구를 말함.
69) 正受 : Samādhi삼매, 정신통일, 定의 경지.

노라.[72]

그래서 새장[73]에서 벗어났으니, 번잡스러움[74]에 손댈 수 없구나.

잠시 소박한 마음을 굳게 다져서, 남루하게 바위 수풀에 머무노라.

깊은 뜻을 잘 말하지 말라. 거친 돌[75]도 항상 사자후를 할 수 있나니.

오직 원컨대 이름 없음을 귀하게 여기며, 상서로운 연꽃조차 오히려 밟을 수 있네.[76]

(소암법사[77]는 『법화경』 2만부를 독송하며 극락에 영원히 태어날 것을 기약하였다. 그런데 어느 날 갑자기 땅에서 상서로운 연꽃이 피어나는 감응을 받았다. 들어 올리자 모두 우러러보니, 소암법사는 그것을 벌레처럼 밟아 버렸다는 말이 있다.)

형산의 기이한 노인(혜사선사)을 회상하니, 모든 부처를 한 입에 삼키고, 또한 한산자[78]를 우러르니, 게송으로 백 수를 읊조리네.

꿈같은 삶을 스스로 비웃으며, 암자의 정취를 자주 논하네.

(한산시 삼백 수로 부질없는 삶을 한탄하며 암자의 삶을 권고하는 그의 삶을 나는 간절히 사모한다.)

이 뜻을 어느 누가 알아서, 팔꿈치에 버들이 생겨나기를 앉아서 기다리리오.

城市與山林 皆可修正受　　　喧靜兩得宜 端合期可[79]久
성시여산림 개가수정수　　　훤정양득의 단합기가　구

---

70) 大隱 : 속세를 초월한 철저한 隱者, 진정한 은자
71) 終朝 : 아침 내내, 새벽부터 조반 때까지
72) 浪走 : 四處奔走, 胡亂奔走
73) 樊籠 : (1)새장, (2)자유를 속박당한데서, 관직에 매여 자유롭지 못함. 또는 감옥을 이름
74) 紛譁 : 어지럽고 시끄러움
75) 頑石 : (1)도끼와 정으로 다듬지 않은 돌, 단단한 돌 (2)惡人을 비유함
76) 이 시의 내용은 '大宋杭州眞身寶塔寺紹巖傳' 에 나오는 이야기임.
77) 紹巖 : 法眼 文益의 제자로 漢南國王 錢氏가 귀의함. 『송고승전』의 「대송항주진신보탑사소암전」 참조.
78) 寒山子 : 拾得, 豊干과 함께 행각 생활을 했던 당나라(618~907) 초기에 살았던 고승으로 천태산 국청사에서 버린 밥을 주워 먹으며 살았다. 이들 3인을 三隱 또는 三聖이라 한다. 閭丘胤의 『三隱詩集』 서문에 나오는 이야기로서 한산자는 문수보살의 화신이라고 하며, 拾得은 보현보살의 화신이라 한다.
79) 앞의 시에 송나라 승려인 可久가 『법화경』을 독송한 내용이 나오므로, 빈 간을 '期可' 로 추정함.

何嘗生取捨　憎枷酬受枏
하상생취사　증가번수뉴

所以出樊籠　紛譁不入手
소이출반농　분화불입수

不要善談玄　頑石尙能吼
불요선담현　완석상능후

(紹嵓法師誦法花二萬部永生安養
소암법사송법화이만부영생안양

綿懷衡奇翁　諸佛呑一口
면회형기옹　제불탄일구

自笑夢裏生　盛論庵中趣
자소몽리생　성론암중취

此意有誰知　坐待肘生柳
차의유수지　좌대주생류

大隱恐未成　終朝自浪走
대은공미성　종조자랑주

聊堅小隱心　襤褸依嵓藪
요견소은심　남루의암수

但願貴無名　瑞蓮猶可踩
단원귀무명　서련유가유

忽感陸地生瑞蓮　擧咸瞻望嵓虫踩之云云)
홀감육지생서련　거함첨망암충유지운운

尙怜寒山子　伽陀吟百首
상령한산자　가타음백수

(寒山詩三百首　嘆浮生　勸進住庵　予切慕之)
한산시삼백수　탄부생　권진주암　여절모지

○ 임계일이 보낸 글80)

병인년81) 중추 어느 날 평장사 경원공을 뵈오니, 시에 대하여 말을 시작하여 송나라 학사 왕우칭82)의 서호 연사시에까지 이르렀다. 그 첫째 연에서 말하기를 '꿈속의 허깨비 같은 나의 몸은 우연이며, 수고로운 삶은 40하고도 3년이구나.' 라고 하였습니다. 지금 저의 나이도 마침 옛 선사의 불혹의 나이를 지나 몇 살을 더 먹었습니다. 쓸쓸하지만 감흥이 있어 이에 화답하고자 한편을 써서, 큰 어르신께 멀리서 부쳐드립니다. 저의 속마음을 아신다면, 또 앞으로 제가 도를 물으면, 바라옵건대 담쟁이덩굴 희미한 달빛에 제가 낯선 얼굴이 되지 않기를 바라올 뿐입니다. 제자 좌정언지제고 임계일 올림

---

80) 원문에는 제목이 없으나, 천책의 글과 구분하기 위하여 역자가 붙였음.
81) 丙寅年은 1266년(元宗 7년)이다. 『동문선』에는 병인년 앞에 「弟子 左正言 林桂日 上」이라는 제목이 있음.
82) 王禹偁 : 字는 元之, 鉅野人으로 宋代에 한림학사까지 지냈으나 직간으로 인해 여러 차례 유배당한 적이 있었음.

丙寅仲秋一日　謁平章慶源公
병인중추일일　알평장경원공

因語及宋學士王文公禹偁
인어급송학사왕문공우칭

西湖蓮社詩其起聯云
서호련사시기기련운

夢幻吾[83]身是偶然　勞生四十又三年
몽환오　신시우연　노생사십우삼년

時予適已過
시여적이과

先師不惑之年　而加數歲
선사불혹지년　이가수세

惻然有感[84]　因和成一篇
측연유감　　인화성일편

遙寄呈大尊宿丈下
요기정대존숙장하

以達鄙懷　且約他時問道
이달비회　차약타시문도

冀綠蘿煙月　無以予爲生容耳
기록라연월　무이여위생용이

弟子左正言知制誥[85]　林桂一上
제자좌정언지제고　　임계일상

궁중 담 옆[86]에서 쓸쓸한 생각으로 숙연하게 앉으니,

바로 지금이 옛 어진이의 결사한 때이네.

곧은 기개는 처음에는 계림의 대나무 되기를 기약하였으며,

묘한 향은 마침내 영취산 봉우리의 연꽃을 사랑했네.

번화가에 수레와 말은 누런 먼지로 어둡고,

천리에 뻗힌 계곡과 산은 밝은 달로 가득 찼네.

훗날 서로 만나 산 속[87]에서 노닐기를 바라며,

우선 바다 끝에 한편의 거친 시를 보냅니다.

掖垣秋思坐蕭然　正是前賢結社年
액원추사좌소연　정시전현결사년

貞[88]節初期雞省竹　妙香終愛鷲峰蓮
정　절초기계성죽　묘향종애취봉련

九街車馬黃塵暗　千里溪山皓月圓
구가거마황진암　천리계산호월원

他日相從林下樂　先聲海角一荒篇
타일상종임하락　신싱해긱일횡편

---

83) 일지암본과 대흥사본에는 五로 적혀 있으나 문맥에 의해 吾로 정정함.
84) 일지암본과 대흥사본에 모두 惑으로 적혀 있으나 문맥상 感으로 정정함.
85) 일지암본과 대흥사본에 모두 荊誥로 적혀있으나 制誥로 정정함.
86) 掖垣 : 궁중 正殿 옆의 담
87) 林下 : (1)수풀 밑 (2)버슬을 그만 두고 은퇴한 곳.
88) 일지암본과 대흥사본에는 眞으로 적혀있으나 동문선에 의하여 貞으로 바로 잡았음

● 정언 임계일에게 서문을 곁들여 답하다

答林正言⁸⁹⁾桂一幷序 답임정언계일병서

옛날에 소경 이영이 상왕산⁹⁰⁾에 은거하여 살 때 이야기를 주고받던 중, 기록된 왕원지의 백련결사시인 산중 소식을 간단히 적어서 운을 딴 두세 수가 생각납니다. 지금은 이미 17년이 되었습니다. 섣달 스무날, 왕공이 화답하여 쓴 4운의 맑은 시를 다시 읽어보았습니다. 관념⁹¹⁾은 옛사람이 간절히 입사할 뜻이 있을 때와 같았습니다. 도량의 도사⁹²⁾가 아니라, 항상 상왕산 밖에 의탁하니, 어찌 이와 같을 수 있겠습니까? 삼가 부족한 시를 지어 멀리서 조금이나마 축하드리며 함께 작은 마음을 씁니다.

昔李少卿穎 隱迹象王山時　　攀話之次 記得王元之
석이소경영 은적상왕산시　　반화지차 기득왕원지

白蓮結社詩次韻二三首 略敍山中消息　今已十七年矣
백련결사시차운이삼수 약서산중소식　금이십칠년의

臘月二十日 奉閱所和王公四韻淸詩　官年端合古人切有入社之志
납월이십일 봉열소화왕공사운청시　관년단합고인절유입사지지

非金門羽客 常寓興⁹³⁾於象外　　則何能如是也
비금문우객 상우흥　어상외　　즉하능여시야

謹和成拙詩 遙賀萬一 幷敍鄙懷
근화성졸시 요하만일 병서비회

그대 마음을 확 트이게 하니,
겨우 옛 선인을 따라 불혹의 나이를 지났네.

---

89) 만덕사지에는 正言을 知制誥로 씀
90) 완도에 있는 산 이름.
91) 官年 : 관아에 보고서를 올릴 때 기록된 나이
92) 金門羽客 : 道士
93) 寓興 : 흥과 운치를 부탁하려 맡기어 둠

우리 법문에 들어와 마침내 부처의 씨를 뿌리니,

참으로 타지에서 이미 연꽃을 피우셨습니다.

마치 본말 십중묘[94]를 궁구한 것과 같이,

반드시 삿된 모든 것을 원만하게 하십시오.

바로 이것이 재가 보살인데,

어찌 다시 번거롭게 계[95]를 받겠습니까?

(보내온 시에 천태묘음에 대해 물었기에)

多君方寸養虛然 纔過先儒不惑年　投我法門方納種 眞他陸地已生蓮
다군방촌양허연 재과선유불혹년　투아법문방납종 진타육지이생연

如窮本末十重妙 須使偏邪一切圓　是卽在家菩薩子 何煩更受木叉篇
여궁본말십중묘 수사편사일체원　시즉재가보살자 하번갱수목차편

(來詩有問天台妙音)
래시유문천태묘음

그리고,

처음 천태에 들어와서 담연[96]을 사모하여,

도량을 처음으로 임진년[97]에 열었네.

봄이 깊어지나 찾아오는 이 없어 층계 앞까지 풀이며,

날마다 오직 경상 위에서 『법화경』 공부만 하네.

부처님의 말씀을 멀리 전하고자 함이니,

일찍이 조사의 가르침을 잘 엮어서 치우치고 원만함을 살피네.

기쁘게 그대가 손가락으로 찍어 제호[98]의 맛을 보니,

---

94) 天台가 법화경을 총체적으로 本門과 迹門으로 나누고, 각 門의 十妙를 설함.
95) 木叉 : pratimoksa의 약칭, 별해탈이라 번역. 계율의 이름. (1)제가끔 해탈. 제각기 번뇌에 대하여 해탈을 얻는 것. 이것이 원 뜻임. (2)계율의 체계. 계율의 조문을 모은 것. 승려가 지켜야 할 계본. 이에 의해 미혹을 여읨.
96) 담연(711~782) : 荊溪사람으로 천태종 제6조로 천태종을 중흥시켰다.
97) 임진년은 1232이며 원묘국사가 백련결사를 시작한 해이다.
98) 醍醐 : 우유를 발효 순서에 따라 乳味·酪味·生蘇味·熟蘇味·醍醐味의 五味로 나눈 가운데 최고의 맛임.

산가[99]의 절요편[100]을 깊이 공부하십시오.[101]

又	우
一入天台慕湛然	道場初峙壬辰年
일입천태모담연	도량초치임진년
春深不踏階前草	日用唯攻案上蓮
춘심부답계전초	일용유공안상련
欲使佛音流遠邇	曾制祖誥捷偏圓
욕사불음유원이	증제조고첩편원
喜君染指醍醐味	鑽仰山家節要篇
희군염지제호미	찬앙산가절요편

○ 이장용이 보낸 글

임습유가 와서 백련결사 시를 보였으므로, 이로 인하여 시 한 수를 지어
큰 어르신께 보내드리옵니다.

제자 낙헌 노인 이장용[102] 올림

林拾遺來示蓮社詩因成一首	奇呈[103] 大尊宿丈下
임습유래시련사시인성일수	기정　대존숙장하

弟子樂軒老人　李藏用上[104]
제자낙헌노인　이장용상

무능한 관리[105] 생활이 이미 8년이 지났는데,

공도 없이 세울 수 있다는 것은 인연을 속이는 것이네.

---

99) 山家 : 천태종 山家派를 말하며 담연에 의해 제창되어 知禮에 의해 정착됨.
100) 원묘 요세가 천태 지자의 저서 60권에서 뽑은 三大部節要를 말하는 것으로 추측되며 『법화문
　　구』의 파편이 전하고 있음.
101) 鑽仰 : 성인의 道를 우러러 보며 진리를 깊이 연구함. 연구심이 깊음
102) 李藏用(1201~1272)은 仁州人으로 몽고와의 외교에 탁월한 공이 있고, 학자이며 불교에 깊은 지
　　식이 있었음.
103) 『동문선』에서는 묻자가 생략되어 있음.
104) 아래 시의 제목으로 동문선에는 「附樂軒李藏用上」으로 되어 있음.
105) 伴食 : (1)무능한 관리를 비웃는 말. (2)정객을 모시고 대접을 받음.

만약 결사에 참여하여 객이 된다면,

마땅히 옛 숲 속의 사람으로 이끌어주십시오.

네 권106)의 책을 처음으로 지어서 이적을 전하고,

많은 시를 때때로 지어서 중생의 미혹함을 가르쳐주시네.

(시로 불사를 함을 말함)

한 평상에 향의 연기가 자욱함을 멀리서 알고,

항상 영취산의 면목을 새롭게 함을 보네.

伴食黃扉107)已八108)春　　　無功可立謾因循109)
반식황비　이팔　춘　　　무공가립만인순

若爲去作社中客　　　應導何曾林下人
약위거작사중객　　　응도하증임하인

四軸初成傳異110)迹　　　百篇時出指迷津
사축초성전이　적　　　백편시출지미진

(謂以詩作佛事)111)　　　遙知一榻香烟畔
　위이시작불사　　　요지일탑향연반

恒見靈山面目新
항견영산면목신

● **다음은 문하시중 이장용112)의 입사시에 운에 따라 답시를 받들어 보냅니다**

次韻奉答李侍中藏用入社詩　차운봉답이시중장용입사시

생각마다 세속을 벗어나 노닐었는데,

---

106) 軸은 서적이나 서질 또는 卷을 의미하며 여기서는 『해동법화전홍록』으로 추정됨.
107) 黃扉는 고려의 都評議使司를 말함.
108) 대흥사본은 入이나 일지암본에 의해 八을 따랐음.
109) 因循 : 옛 습관을 지키고 버리지 아니함.
110) 동문선에는 異자 대신 昊로 되어 있음.
111) 대흥사본에는 이 구절이 없음.
112) 李藏用은 高麗 前期의 最大 門閥이었던 仁州李氏의 후예로서 生沒年代(1201~1272)로나 출신성분
　　으로 보아 天頙과 相通한다. 그는 崔氏 執權이 붕괴된 이후 몽고와의 和議를 주장하면서 김준과
　　대립되었을 정도로 文臣을 대표하는 실력자였다.(許興植 『高麗佛敎史硏究』, p.871)

화광동진하며 어찌 족히 세속의 묻힘을 탄식하리오.

오직 바탕을 길러서 신령스러운 깨달음을 도울 뿐 만 아니라,

하물며 현묘함을 말하여 먼 곳의 사람을 탄복시킵니다.

(다시 북쪽의 조정에 사신으로 갔었고, 도속이 다투어 도를 물으며, 탄복하여 마지않았기 때문이다. 운운)

훌륭하게 조사의 가풍을 이어서 바른 도를 행하니,

(백약공진□공)

누가 말세113)에 삿된 법에 빠진다고 탄식하겠는가.

재가로 있으나 재가임을 잊은 지 오래며,

진실로 즐거운 집 가운데서 즐거움이 날로 새롭네.

(공이 스스로 이름해 낙헌거사라고 하였다.)

念念如遊114)劫外春	和光何足嘆因循
념념여유겁외춘	화광하족탄인순
不唯養素資靈覺	況復談玄服遠人
불유양소자영각	황부담현복원인
(再使北朝 道俗爭求問法 歎服不已故云云)	善繼祖風行正道
재사북조 도석쟁구문법 탄복불이고운운	선계조풍행정도
(百藥公眞□公115))	誰嗟叔世溺邪津
백약공진□공	수차숙세익사진
在家已得忘家久	眞樂軒中樂日新
재가이득망가구	진락헌중락일신
(公自號樂軒居士)	
공자호락헌거사	

의연히 묵은해를 보내고 또 봄을 맞으니,

나도 모르는 사이에 세월은 빨리 흘러가네.

---

113) 叔世는 말세라는 뜻.

114) 일지암본에는 '遊' 字가 빠져 있지만, 대흥사본으로 보충함.(『韓佛全』 卷6, p.200中)

115) 眞□公은 眞樂公으로 樂 字가 빠진 것으로 의심된다.(편자 교감, 『韓佛全』 卷12, p.22下)

바위 골짜기는 조용하여 시끄러운 객은 없고,
풍경은 술 빚듯이 사람을 노숙하게 만듭니다.
처음으로 비밀스런 마음을 열고 자비의 방에 오르고,
부양을 함께 잡고 계의 언덕으로 건넜네.
(율회에 나가고 나서 오늘 삼십 년이 될 때까지 항상 초하루와 보름 15
일마다 『범망경』을 읽었다.)
은혜입은[116] 맑은 시에 멀리서 질문하니,
크신 노고가 담겨있는 글자 글자는 다시 새롭네.

依然送臘又迎春　　　　不覺光陰疾疾循
의연송납우영춘　　　　불각광음질질순

嵓谷僻[117]無喧客煙霞釀作老成人
암곡벽　　무훤객 연하양작노성인

初開秘鑰登慈室　　　　兼把浮襄度戒津
초개비약등자실　　　　겸파부양도계진

(自赴律會　至今三十年　　每當黑白半月餘梵網經)
　자부율회 지금삼십년　　매당흑백반월여범망경

感荷淸詩遙寄問　　　　祇勞字字更廻新
감하청시요기문　　　　기노자자갱회신

○ 임계일이 보낸 글

다시 다음에 이상국의 시의 운으로 대존숙장하게 올립니다
속제자 좌습유 임계일[118] 올림

復次李相國詩韻奉呈大尊宿丈下　　俗弟子左拾遺林桂一上
부차이상국시운봉정대존숙장하　　속제자좌습유임계일상

---

116) 感荷 : 받은 은혜를 깊이 마음에 느끼는 것.
117) 僻 字 아래에 한 글자가 탈락된 것으로 의심된다. (편자 교감, 『韓佛全』 卷12, p.22 下).
118) 林桂一은 列傳에 立傳되지 않았을 뿐 아니라 世家에서도 그의 활동을 찾을 수 없다. 그러나 그
　　는 萬德寺를 中心한 天台宗結社를 繼承한 高僧들과 깊은 관련이 있었다. 그는 天因의 『靜明
　　國師詩集』 序와 天頙의 『海東法華傳弘錄』 序를 썼다.(許興植, 『高麗佛教史研究』, p.870)

2만 자의 연화경[119]을 30년 동안 익히고,

암자의 제자들을 번갈아 교화하네.

반생 동안 객사의 나그네 되고,

결사[120] 오래되었으니 주인을 그리워하네.

이미 유뢰[121]와 더불어 결사에 들어가니,

저익[122]에게 의지하지 않아도 나루를 알 수 있네.

마음이 하늘 끝을 보니 멀리서 손짓하는데,

구름 걷힌 태산 벼랑에는 푸른빛이 새롭네.

二萬蓮經三十春	草庵弟子[123]化循循
이만련경삼십춘	초암제자　화순순
郵亭半世爲行客	香社多年戀主人
우정반세위행객	향사다년연주인
已與劉雷同入道	休憑沮溺知津[124]
이여유뢰동입도	휴빙저익지진
想看天際遙招手	雲卷台崖翠色新
상간천제요초수	운권태애취색신

● 다음의 운으로 또 답한다

次韻又答 차운우답

---

119) 『법화경』은 본래 69,384 글자로 되어있으나, 여기서는 2만 글자라고 하였다.

120) 香社 : 香火社, 修行단체, 곧 여기서는 白蓮社를 뜻한다.

121) 劉雷 : 東晉 廬山 慧遠의 주위에 모였던 劉遺民(劉程之)과 雷次宗 등 結社에 참여한 인물. 廬山 慧遠은 元興 元年(402)에 123人의 동지와 함께 般若臺의 아미타불상 앞에서 염불실천의 서원을 세웠다. 般舟三昧를 얻는 방법으로서 阿彌陀佛을 專念하여 見佛한다고하는 禪觀의 방법을 닦았던 이들은 來世의 往生淨土를 위한 念佛修行者가 되어 慧遠을 蓮宗의 祖로 모시고 廬山의 白蓮社를 탄생시켰다. 이 白蓮社 중에는 慧遠을 비롯하여 東林의 18賢이라고 일컬어지는 慧永·慧持·道生·曇順·慧叡·曇恒·道昞·曇詵·道敬·佛陀耶舍·佛馱跋陀羅 등의 스님들과 劉程之·張野·周續之·張詮·宗炳·雷次宗 등의 거사가 포함되어 있다.

122) 沮溺 : 長沮와 桀溺, 孔子가 길을 물었던 뱃사공 이름으로 隱者의 대표적인 인물.

123) 弟子 : 대흥사본에는 諸子로 되어 있다.(『韓佛全』 卷6, p.200下)

124) 대흥사본에는 知津 앞에 欲 字가 붙어서 欲知津으로 되어 있다.(『韓佛全』 卷6, p.200下)

나래를 영화롭게 펴서 오르니 봉황의 늪(대궐 안 연못)에 봄이 오며,

일찍이 청요125)에 올라서 또 자리를 두루 거치네.

오히려 명리는 장중에 남을까 탄식하고,

소요는 세상 밖의 사람과 많이 하네.

부로 천태에게 내리니 비취병풍을 생각하며,

(손의 시에 비취 병풍으로 벽을 세웠다는 구절이 있다.)

시로 여산에 부치니 현진126)을 돕네.

(권덕여127)가 말하였다. 여산 혜원스님과 종남산 혜약스님께서 이르기를, 옛적에는 문장으로 심지를 넓혀서 후학들을 도왔다. 더 배우려 하는 이는 글을 버리고 이치에 참예하라고 하였다. 말로 인해서 도를 깨닫는다면 현진에 일조하는 것이 아닐 것이다. 유유민 등 80현인은 많은 시를 여악에 바친 것을 여산문집에서 알 수 있다. 운운)

하물며 화살같이 현인들의 시를 꿰뚫어 볼 수 있으며,

천리에 부는 똑같은 바람은 사라지며 곧 새로워지네.

振翼榮飛鳳沼春　　　　早登淸要又資循
진익영비봉소춘　　　　조등청요우자순

尙嗟名128)場中跡　　　庶作逍遙物外人
상차명　장중적　　　　서작소요물외인

命賦天台思翠壁　　　　(孫賦有翠屛壁立之句)
명부천태사취벽　　　　(손부유취병벽립지구)

寄詩廬嶽助玄津　(權德興云　廬山遠公　鐘山約公云
기시여악조현진　권덕여운　여산원공　종산약공운

昔以文章廣心地　用贊后學　俾學者　棄文以詣理　因言而悟道
석이문장광심지　용찬후학　비학자　기문이예리　인언이오도

得非玄津之一　助了　劉遺民等八十賢　多獻詩
득비현진지일조호　유유민등팔십현　다헌시

盧岳知盧山文集 云云也)　　況能嚆矢諸賢作
여악지여산문집 운운야　　황능효시제현작

千里同風逸興新
천리동풍일흥신

낙화 있는 바위에서 좌선한 지 사십 번의 봄,
옛사람의 고고한 자취를 우연히 서로 쫓네.
참회도량을 처음 맺은 것은 산중의 벗이며,
『묘법연화경』은 멀리 해외에 전했네.
(일찍이 중간에 『묘법연화경』을 찍어서 倭나라와 송나라에 나누어주었다.)
백발이 되니 머리는 흐려져 갖가지 탄식을 하고,
부처님 말씀의 뜻을 아니 기쁨은 진진하네.
글짓는 것129)이 나의 일이 아니지만,
다만 현문130)을 위해 무늬대로 새롭게 가지런하게 하네.

坐落巖花四十春　　　　古人高跡偶相循
좌락암화사십춘　　　　고인고적우상순

懺筵131)初結山中友　　妙典遙傳海外人
참연　　초결산중우　　묘전요전해외인

(曾中成蓮經分倭宋)　　雪髮渾頭嗟種種
증중성련경분왜송　　　설발혼두차종종

金文得意喜津津　　　　之乎者也非吾事
금문득의희진진　　　　지호자야비오사

只爲玄門斧藻新
지위현문부조신

---

129) 之乎者也 : 모두 어조사로서 詞章(글짓기)을 뜻한다.
130) 玄門 : 玄妙한 법문
131) 대흥사본에는 筵 字가 過 字로 되어 있다.(『韓佛全』 卷6, p. 204中)

○ 이장용이 보낸 글

임습유의 운을 써서 또 드립니다. 제자 낙헌노인 이장용 올림

用林拾遺韻又呈　　　　　弟子樂軒老人 李藏用上
용임습유운우정　　　　　제자낙헌노인 이장용상

국화 동산과 소나무 길은 모두 아득하고,
검은 두건[132]과 속세의 일[133]이 다시 몇 년이런가.
긴 웃음소리의 속세 인연은 분분함이 솜털과 같고,
홀로 있는 선사는 연꽃처럼 청정하네.
젊어서 배울 때는 구름이 천천히 돌아가지만,
늙어서는 도리어 놀랍게도 달이 자주 둥글어지네.
백련결사는 멀고멀어서 공연히 꿈만 꾸며,
그윽한 생각을 금하지 못하여 시편만 가득 채우네.

菊園松徑兩茫然　　　　　烏帽黃塵復幾年
국원송경양망연　　　　　오모황진부기년

長笑俗緣紛似絮　　　　　獨憐禪格淨如蓮
장소속연분사서　　　　　독연선격정여련

興來欲學雲徐返　　　　　老去還驚月屢圓
흥래욕학운서반　　　　　노거환경월루원

香社迢迢空役夢　　　　　不禁幽思滿詩篇
향사초초공역몽　　　　　불금유사만시편

● 다시 운으로 받들어 답한다

次韻奉答　차운봉답

노곤한 생애가 어지럽고 어지러움을 가만히 탄식하며,

---

132) 烏帽 : 隱士가 쓰는 검은 두건
133) 黃塵 : 세상의 俗事

멍하니 조용히 앉아 천수를 보존하네.

몸은 남곽자기록 마른 나무134)와 같고,

마음은 東林寺 慧遠스님의 백련에 의탁하네.

황각135)은 만고의 바람을 어찌 방해하며,

마음136)은 길고 둥근 달처럼 스스로 있네.

누가 붓을 잡아서 바르게 밝히겠으며,

서술에 의탁하여는 교화할 수 없네.

暗嘆勞生擾擾然　　嗒焉淸坐保天年
암탄노생요요연　　탑언청좌보천년

身同南廓子槀木　　心寄東林惠遠蓮
신동남곽자기목　　심기동림혜원연

黃閣何妨風萬古　　靈臺自有月長圓
황각하방풍만고　　영대자유월장원

誰人更把端明筆　　委敍無爲輔道篇
수인갱파단명필　　위서무위보도편

유유히 지난 일들은 꿈과 같고,

손가락 헤아리니 이제 사십년이네.

헛된 세상은 홀연히 탄식하는 바람 끝에 무궁화이며,

진실한 공덕은 일찍이 드러난 불 가운데 연꽃이네.

기간을 정하여 참회를 닦는 것은 지례스님137)에 의지하고,

---

134) "南廓子槀가 책상에 기대어 앉아 있다가 하늘을 우러러보며 빙그레 미소 지었다. 육신이 해체되어 흡사 몸이라는 짝을 잃은 듯 했다. 제자인 顔成子游가 앞에서 모시고 있다가 물었다. 무슨 까닭이십니까. 육신을 마른 장작같게 하고 마음을 불꺼진 재와 같이 할 수 있습니까. 지금 책상에 기대어 계신 모습은 예전의 그 모습과는 아주 다릅니다. 남곽자기가 대답했다. 언아, 어리석구나 그런 질문을 하다니. 지금 나는 나를 잊었는데 자네가 어찌 이를 알겠는가."(「莊子」齊物論) 남곽자기는 孔子의 弟子로 子遊 等과 同時代 사람이다. 南丘에 유람하다가 大木을 보고 그것이 不材이기 때문에 도리어 그것이 참으로 큰 것임을 알았다.

135) 黃閣 : 都評議使司. 당시 李藏用은 宰相이었기 때문에 黃閣에 있었다.

136) 靈臺 : 마음. 精神. 여기서는 靈鷲山, 즉 法華道場 白蓮社를 의미한다.

137) 「佛祖統紀」 卷8(대정장 49, pp.190하~194중), 十七祖法智尊者知禮 字約言 四明金氏 義通의 門下

40 ● 천책스님의 호산록

감히 유학을 겸하여 배움은 지원스님[138]을 계승하네.

다만 부족한 글로 실상을 담론하기 위해서,

고요한 가운데에도 오히려 백여 편을 저술하네.

悠悠往事夢依然	屈指今當四十年
유유왕사몽의연	굴지금당사십년
浮世忽嗟風際槿	眞功早辦火中蓮
부세홀차풍제근	진공조판화중련
要期修懺依知禮	敢學兼儒繼智圓
요기수참의지례	감학겸유계지원
只爲耶文談實相	靜中猶著百餘篇
지위야문담실상	정중유저백여편

○ 유경이 보낸 글

좌습유 임계일이 와서 결사에 참여한 시를 보이므로 시 한 수를 써서 거듭 드립니다. 속제자 유경 올림.

林拾遺來示參社詩因 書一首連呈[139]	俗弟子柳璥上
임습유래시참사시인 서일수연정	속제자유경상

천덕[140] 그때에는 귀밑머리 양쪽이 푸르렀고,

어깨를 나란히 하여 가는 곳마다 정담을 했네.

백련사 꿈꾸기를 저녁마다 빈 날이 없으며,

황각에 대한 공명심은 반생을 그르쳤네.

선성을 끝내니 겉에 소나무에 달이 밝게 비추네.

공양 후 여가에는 돌 틈의 맑은 샘물에 발을 씻네.

에서 四明尊者 知禮가 나왔으며 후세에 天台 第二의 中興祖라고 불린다.

138) 『佛祖統紀』(대정장, pp204하~205중), 法師智圓 字無外 自號中庸子 或名潛夫

139) 동문선에서는 「一首連呈」을 「以呈」으로 줄여 썼다.

140) 天德은 金의 年號(1148 ~ 1152)이며 당시 고려에서 계속 사용하였는지 알 수 없다.

붉은 낙엽이 이끼 낀 길을 막을 수는 없으리.
노력하면 어느 날 혹시 갈 수 있겠지요.

天德當年鬢141)兩靑	肩隨處處幾論情
천덕당년빈　양청	견수처처기론정
白蓮魂夢無虛夕	黃閣功名誤半生
백련혼몽무허석	황각공명오반생
定罷側身松月白	齋餘洗足石泉淸
정파측신송월백	재여세족석천청
莫敎紅葉封苔徑	投劫142)他時倘可行
막교홍엽봉태경	투겁　타시당가행

● 운에 따라 평장사 유경에 답함

次韻答柳平章璥 차운답유평장경

어찌 벼슬길에 있는 관복을 사양합니까.
새사에서노 출가의 도를 기를 수 있지요.
몇 번이고 불경을 가지고 다른 이들을 믿게 하며,
(많은 경전을 인경하였음)
일찍이 신기루143)와 같다고 이 삶을 웃었네.
공부하여 오탁을 치유하는 것을 하례하니,
누가 마음과 행적이 모두 맑아짐을 알리오.
시 한편을 산 속의 친구에게 보냈으니,
종과 뇌144)의 초연한 수행145)을 본받고 싶네.

---

141) 「동문선」에는 鬢로 쓰여 있다.
142) 동문선에는 '劫' 대신 '刧' 으로 썼다.
143) 乾城은 蜃氣樓
144) 東晉 慧遠의 白蓮結社에 참여했던 雷次宗과 宗炳을 말함.
145) 象外行은 마음이 형상 밖의 불교의 수행을 하는 것을 말함.

何必鸞行謝紫靑
하필란행사자청

在家能養水雲淸
재가능양수운청

幾將竺典令他信
기장축전영타신

(印諸經)
(인제경)

曾把乾城笑此生
증파건성소차생

敢賀工夫醫五濁
감하공부의오탁

誰知心迹的雙淸
수지심적적쌍청

一篇謠寄山中舊
일편요기산중구

繼踵宗雷象外行
계종종뇌상외행

한 처마 밑에서 숨을 쉬니 바다와 산은 푸르고,
모든 걸 버리고 숨어사니 수행은 뜻을 이루네.
이끼 낀 길을 봄에 노니니 바위 사슴이 이끌고,
밤에 부들방석에 앉으니 둥근 달이 오르네.
자못 부지런히 일과로 삼매를 이루고,
도리어 산을 노래하지만 부끄럽게 맑지 못하네.
오로지 정토를 향하여 오래 생각에 머물며,
아침저녁으로 내가 하는 수행을 헤아립니다.

一軒呑吐海山靑
일헌탄토해산청

多謝幽居助道情
다사유거조도정

苔徑春遊嵓鹿引
태경춘유암녹인

蒲團夜坐玉蟾生
포단야좌옥섬생

頗勤日課成三昧
파근일과성삼매

反愧山吟匪十靑
반괴산음비십청

唯向樂邦長繫想
유향락방장계상

朝朝暮暮計吾行
조조모모계오행

○ 김구가 보낸 글

좌습유 임계일군이 평장사 이공의 이야기와 왕문공 우칭의 서호련사시에

　　'꿈속의 나의 몸은 우연한 것이며,

　　수고로운 생은 40하고 또 3년이네.

　　중서성에서 뽐내며 작약이나 읊으니,

　　어찌 동림사에서 백련을 심을 수 있겠는가'

라고 함에 따라서, 나이와 관직이 왕공의 시와 꼭 맞으므로 강하게 흔들리는 마음이 있어 마침내 시 한 수를 완성하여 멀리 만덕산 대존숙의 방장에게 보냅니다.

저도 이 법문에 뜻을 둔지 오래 되었으므로 서둘러 왕공의 첫째 구 가운데서 '吾' 자로 운을 삼아 시 한편을 지어서 바로 보냅니다.

다만 바라건대 먼 훗날 동림에서 일찍이 보았다고 말하지 않기를 바랍니다.

속제자 판비서성사 학사 지제고 김구가 올립니다.146)

拾遺林君桂一 因平章李公語及 습유림군계일 인평장이공어급	王文公禹偁西湖蓮社詩云 왕문공우칭서호련사시운
夢幻吾身是偶然 勞生四十又三年 몽환오신시우연 노생사십우삼년	謾誇西掖吟紅藥 何以東林種白蓮 만과서액음홍약 하이동림종백련
感基年官 감기연관	正與王公詩相契 悄然有煙蘿之志 정여왕공시상계 초연유연라지지
遂和成一首 遙寄萬悳147)山大尊宿丈下 수화성일수 요기만덕　산대존숙장하	予亦於此法門中 嚮注久矣 여역어차법문중 향주구의
輒取王公詩首句中 첩취왕공시수구중	吾字爲韻 課成一篇連附以寄 오자위운 과성일편연부이기
且冀他年不以林下 何曾見謂耳 차기타년부이림하 하증견위이	俗弟子判秘書省事學士知制誥金坵上 속제자판비서성사학사지제고김구상

---

146) 『萬德寺志』에서는 詩題로 "遙寄萬德山大尊宿丈下"라 하였다. 秘書閣은 『萬德寺志』에 인용된 끝에 "俗弟子 判秘書省學士知制誥金坵上"이라 한 점으로 보아 判秘書省士를 말할 것이다. 일지 암본에서는 "誥金坵上"의 글자가 加筆이 뚜렷하지 않다. 이 시는 "止浦集『高麗名賢集』2"에는 실리지 않았다.

147) '悳'은 '德'의 古字임.

흰 연꽃148)이 피어나듯이 법이 더욱 드높아지며,

동림결사가 그렇더니 서호에도 그렇군.

바다건너 삼한으로 누가 백련을 옮겨왔나,

만덕산중에도 비로서 풍성하게 피어나는군.

결사에는 몇 분이 도피안을 기약하는가.

틈을 보아 시 한구를 드리니 받아주소서.

평생에 눈살 찌푸릴 나그네가 아니오니,

유뢰들과 같은 결사에 제외시키지 마소서.

白藕化開道價殊	東林蓮社又西湖
백우화개도가수	동림련사우서호
三韓海上誰移種	萬德山中始盛敷
삼한해상수이종	만덕산중시성부
結社幾人期到彼	投機一句願容吾
결사기인기도피	투기일구원용오
平生不是攅眉客	莫作劉雷契外呼
평생부시찬미객	막작유뢰계외호

● **운에 맞추어 판비서각 김구149)에게 답을 하다**

次韻答判秘書閣金坵 차운답판비서각금구

구몽150)이 강호151)에서 세월을 보낼 적에,

다만 들고 남152)이 세상 사람들과 달랐네.

벼슬을 하건 숨건 간에 고관의 차례153)가 어찌 방해가 될 것이며,

---

148) 白藕는 흰 연꽃을 말함.
149) 김구(1211-1278)는 고려사에 전하는 인물임.
150) 龜蒙 : (1) 당시대의 陸龜蒙을 이르는 듯함. (2) 중국 산동성에 있는 산 이름으로 구산과 몽산.
151) 江湖 : (1)강과 호수 (2)양자강과 동정호 (3)세상 (4)서울에서 멀리 떨어진 곳
152) 行藏 : 세상에 나가 도를 행하는 일과 물러나서 숨는 일.
153) 鷺鷺序 는 고관이 늘어선 서열임.

도심이 어찌 소나 말을 따져154) 즐기겠는가.
흔히 자네 가마 아래155)의 무리배는 흔적이 없고,
이 나는 산중에서 백발이 되었네.
백련사와 운대156)는 피차가 없거늘,
이 넓은 세상 어느 곳인들 나를 만나지 아니하겠는가.

龜蒙當日散江湖　　　只是行藏與世殊
귀몽당일산강호　　　지시행장여세수

祿隱何妨鸞鷺序　　　道心寧爽牛馬乎
녹은하방난로서　　　도심영상우마호

多君輦下雲無迹　　　記我山中雪入鬚
다군연하운무적　　　기아산중설입수

蓮社芸坮無彼此　　　大千何處不參吾
련사운대무피차　　　대천하처불참오

누가 긴 강물을 끌어 얕은 호수에 물을 대겠는가.
근원이 결사임을 믿어 실로 빼어남을 드날리네.
높은 재주를 하늘에서 준 것은 만인과 필적하니,
온 나라157)는 대문호158)라고 똑같이 소리치네.
이미 선문에 들어와 면목159)을 참구하였으니,
아름다운 글귀를 탐해서 콧수염을 비틀지 마시오.
석우는 교훈을 남기고 내가 불법을 전하니,
이 교훈을 잊지 않고 나를 스스로 얻었네.
(부처님께서 말씀하신 것을 비유하면 하나의 큰 돌을 갈아서 작은 소를

---

154) 牛馬乎 : 남과 이름을 다투지 않음.
155) 輦下 : 천자가 타는 수레의 밑이란 뜻으로 都城, 京師(서울)를 이르는 말
156) 芸坮 : 秘書省의 딴이름. 金坮의 근무처와 백련사를 비교해서 말함.
157) 闔國 : 闔家(온나라), 闔邑(온 고을) 따라서 온 나라를 의미함
158) 大手 : (1)대작, 명작, 명저 (2)문호, 이름난 작가 大手筆의 약자임
159) 면목 : 본분, 천성, 正體, 참된 본디의 형체

만드는 것은 공의 쓰임은 무거우나 기대하는 바는 아주 가볍다. 세간에
서 재주로 배워서 쌓는 것은 노력하여 생각하는 것보다는 쓰임이 없는
것이 이와 같다.)

誰挽長河注淺湖　　　　侍源而社實懸殊
수만장하주천호　　　　시원이사실현수

高才天賦萬人敵　　　　闔國同雷大手呼
고재천부만인적　　　　합국동뢰대수호

已入箇門參面目　　　　莫貪佳句撚髭鬚
이입개문참면목　　　　막탐가구연자수

石牛遺誡吾傳佛　　　　此誡無忘得自吾
석우유계오전불　　　　차계무망득자오

(佛言比如磨一大石作一小牛　　用功旣重所期甚輕
　불언비여마일대석작일소우　　용공기중소기심경

世間才學積　勤勞若慮而無用　　亦復如是)
세간재학적　근노약려이무용　　역부여시

한가히 산봉우리 등지고 고요한 호수를 바라보며,

앉은 자리는 맑고 높아 풍경이 빼어나네.

도토리 줍는 생애는 나날이 족하며,

(조사도 천태산에서 상수리 주었으니, 지금 백련사도 이와 같다.)

연을 씨 뿌리는 손님이 어찌 때가 있으랴.

신선이 노니는 것보다 뛰어나 자라 등에 오르고,

세상의 험함을 문득 잊고 호랑이 수염을 만지네.

옛날의 나를 가지고 나를 불러 가리지 마시오.

옛날의 내가 어찌 오늘의 나를 대적하리오.

幽居背巘面平湖　　　　地位淸高景物殊
유거배헌면평호　　　　지위청고경물수

拾橡生涯隨日足　　　　(祖師台山拾橡　今社亦如是)
습상생애수일족　　　　조사태산습상　금사역여시

種蓮賓客有時呼160)   仙遊却勝登(鼇)161)頂
종련빈객유시호   선유각승등(오)   정

世險都忘將虎鬚   莫把古吾來辨我
세험도망장호수   막파고오래변아

古吾寧得敵今吾
고오영득적금오

남방에서 놀기를 다하여 오호를 편력하니,

늙어서 삼독을 아니 이것이 문수네.

땅은 멀고머니 누가 무엇을 물으며,

강은 가까우나 노 젓는 소리162)는 희미하네.

누대의 꺾어진 소나무는 불자163)가 되고,

계곡에 자란 풀은 용수석164)과 같네.

(수문제가 천태대사에게 용수석과 수미전165) 한 벌을 올렸다.)

기묘하도다! 이 즐거움이 진실로 항상 주하니,

홀로 무생법인을 노래 불러 나를 깨닫게 이끌어주네.

遊盡南方遍五湖   老知三毒是文殊
유진남방편오호   노지삼독시문수

地幽以沒誰何問   江近微聞欸乃呼
지유이몰수하문   강근미문애내호

臺上折松爲塵尾   溪邊籍草當龍鬚
대상절송위진미   계변적초당용수

(隋皇獻天台智者 龍鬚席須彌氈各一領)   妙哉此樂眞常住
수황헌천태지자 용수석수미전각일령   묘재차락진상주

---

160) 有時呼는 有時乎(어떤 때는, 혹 가다가는)의 오자인 듯함.
161) 鼇자는 동문선과 대흥사본에만 있고 일지암본에는 빈칸으로 남아 있음. 오정은 鼇峯을 말하는 듯
     하며 오산의 산 봉우리로 신선이 산다는 곳임.
162) 欸乃 : (1)노 젓는 소리 (2)뱃노래 (3)초동이나 목동들이 부르는 노래
163) 塵尾 : 拂子 vyajana
164) 龍鬚 : 龍鬚席임. 용수석은 용수초로 만든 돗자리로서 용수초는 기린초, 아스파라가스를 말함.
165) 須彌氈 : 양탄자 이름

獨唱無生繼道吾
독창무생계도오

○ 김록연이 보낸 글

삼가 우습유의 결사시를 보고 기쁨과 찬탄을 이기지 못하고, 운을 비슷하게 하여 바칩니다.

속제자 중서사인[166] 지제고[167] 김록연[168]이 올립니다.

伏觀尤拾遺結社詩 不勝嘉歎 依韻呈似　　俗弟子·中書舍人 制誥金祿延上
복도우습유결사시 불승가탄 의운정사　　속제자중서사인 제고김록연상

속세의 괴로운 번뇌가 눈앞에 분분하고,

골몰하여 허송세월하니 이순의 나이가 됩니다.

약을 먹음은 장에서 비단을 토하려는 것이 아니고,

경전을 염송함은 혀에서 연화가 생기기를 바랄 뿐입니다.

그대의 선업[169]을 선망하니 일찍이 빼어난 꽃이군요.

나의 현문[170]은 부끄럽게도 원만하게 열매 맺지 못하였으며

---

166) 중서문하성(中書門下省)은 고려시대의 최고 정무기관임. 고려는 당나라의 삼성체제(三省體制)를 모방하여 내사성(內史省)·문하성상서성(尙書省)을 설치하였는데, 기능이 비슷한 내사성과 문하성을 통합하여 982년(성종 1) 내사문하성으로 하였다가 1061년(문종 15) 내사성이 중서성으로 바뀌면서 중서문하성으로 고쳤다. 상서성의 관원은 상하 2중 구조로 조직되어 2품 이상 상층조직의 관원을 성재(省宰), 3품 이하 하층조직의 관원을 성랑(省郎)이라 하였다. 국정을 담당하던 성재는 종1품인 문하시중(門下侍中)·중서령(中書令), 정2품인 문하시랑평장사(門下侍郎平章事)·중서시랑평장사문하평장사중서평장사, 종2품인 참지정사(參知政事)·정당문학(政堂文學)·지문하성사(知門下省事) 각 1명씩으로 구성. 한편 성랑은 간쟁이나 봉박(封駁)·서경(署經) 담당. 정3품 좌우 산기상시(散騎常侍), 종3품인 직문하(直門下), 정4품 좌우 간의대부(諫議大夫), 종4품 급사중(給事中)·중서사인(中書舍人), 종5품 기거주(起居注)·기거랑(起居郎)·기거사인(起居舍人), 정6품인 좌우 보궐(補闕), 종6품인 좌우 습유(拾遺) 각 1명씩으로 구성됨.

167) 制誥을 知制誥로 바로 잡았음.

168) 漢南人으로 1258년에 경상도 안찰사, 1264년에는 禮賓卿으로 원나라를 다녀옴. 右諫 議大夫 역임함

169) 白業 : 善業을 뜻하며, 여기서는 백련결사에 참여한 일을 말함.

170) 玄門 : 玄妙한 法門 즉, 佛法을 말함

오직 이름만을 결사 모임에 걸었으나,

억지로 거친 구를 가지고 아름다운 시를 이어가네.

塵勞眼底事紛然	汩沒[171]虛消耳順年
진노안저사분연	골몰　허소이순년
吟藥不須腸吐錦	念經只冀舌生蓮
음약불수장토금	염경지기설생련
羨君白業花曾秀	愧我玄門果未圓
선군백업화증수	괴아현문과미원
唯爲掛名香社裡	强將荒句續嘉篇
지위괘명향사리	강장황구속가편

● 운에 따라 중서사인 김록연에 답합니다

次韻答中書舍人金祿延 차운답중서사인김록연

명예를 버리고[172] 결사에 들어옴이 어찌 부질없는[173] 일인가

바로 이것은 대소산에서 오묘히 깨달은 나이네.

(천태지자는 스물세 살에 비로소 대소산의 혜사선사에게 가서 법화삼매를 깨달았다. 우리들도 역시 나이 스물 셋에 비로소 원묘국사에게서 배우게 되었다. 비록 성인과 범부가 차이는 있으나 발자취는 근사하므로 이와 같이 말한다.)

시끄러움 없는 호계[174]에서 정절[175]과 손잡으며,

맑은 바람의 법석에서 장연[176]을 이끄네.

---

171) 汩沒은 汩沒의 오자로 생각하고 바로 잡았음.

172) 逃名 : 명예를 기피함. 명성을 바라지 않음

173) 徒然 : (1) 까닭 없이, 부질없이 (2) 공허함, 거짓 (3) 그저 그럴 뿐.

174) 虎溪三笑 : 여산의 혜원이 친구인 도연명과 陸修靜이 찾아왔다 돌아갈 때, 다시 건너지 않으리라고 서원했던 호계의 다리를 무심코 건너고 나서 지나친 것을 알고 셋이 크게 웃었다는 일화.

175) 靖節 : 도연명을 말함

176) 張蓮 : 東漢譯經僧인 쓸朔佛이 낙양에서 支婁迦讖과 함께 『般舟三昧經』 2卷을 번역할 때, 孟福과 張蓮이 筆受를 보았다. 몰년은 알 수 없다.

(번역하는 장소에서 일을 맡았던 사람 이름)

오십 인의 수희공덕을 이루게 되니[177]

모두 일념삼천의 최고의 원묘를 깨닫네.

서둘지 마오.[178] 중서의 현명한 학사시여!

이 결사에 마음 두심에 아름다운 시를 보내오.

逃名入社豈徒然	正是蘇山妙悟年
도명입사기도연	정시소산묘오년
(天台智者二十三始	詣[179]大蘇山思大禪師 悟法華三昧
천태지자이십삼시	예　대소산사대선사 오법화삼매
我輩亦年至二十三始□□講圓妙	聖凡雖殊 似近遺踵故及此云)
아배역년지이십삼시□□강원묘	성범수수 사근유도고급차운
塵靜虎溪携靖節	風淸象席引張蓮
진정호계휴정절	풍청상석인장련
(譯場業受人名)	爲成五十人隨喜
역장업수인명	위성오십인수희
咸悟三千境最圓	珍重中書賢學士
함오삼천경최원	진중중서현학사
留心此事寄佳篇	
유심차사기가편	

○ 곽여필이 보낸 글

좌습유(임계일)가 쓴 법화결사시를 힐끗 보고서, 아름다움을 찬탄하기를 견딜 수 없어, 운에 따라 대화상 어른께 드립니다.

속제자 기거랑[180] 지제고 곽여필이 올립니다.

---

177) 『법화경』 「수희공덕품」에 나오는 이야기이다. 수희송덕게를 전해서 50번째 이르는 의미 "如是 第五十人展轉聞法華經隨喜功德".

178) 珍重 : (1) 귀하게 여겨 소중히 함 (2) 남에게 몸을 소중히 할 것을 권하는 편지에 쓰는 말

179) 동문선과 대흥사본은 謁임

180) 기거랑(起居郞): 고려시대의 관직으로 궁중에서 임금의 일상생활과 그 주변에서 일어나는 일 등을 기록하는 임무를 맡음.

竊見左拾遺法[181]花結社詩　　　　不勝歎美 次韻奉呈大和尙丈室
절견좌습유법　화결사시　　　　불승탄미 차운봉정대화상장실

俗弟子起居郞[182]知制誥[183]　郭汝弼上
속제자기거랑　지제고　　곽여필상

늙어가니 마음은 혼미함이 더해지고,

결사에서 진리를 닦으니 씩씩해지네.

묘법이라 들은 이름은 눈먼 거북이 바다에서 나무 만난 것[184] 같고,

꽃이 필 때 같이 나는 열매는 이를 연이라 하네.

아이들은 집 안에서 장난치며 어리석게 소란하지만,

문 앞에 늘어놓은 수레는 크고도 원만하네.

다만 큰스님께서 불러주시기를 바라면서,

흠모하는 마음을 좌습유의 시편에 한번 적어 보냅니다.

老來心地漸昏然　　　結社修眞在壯年
노래심지점혼연　　　결사수진재장년

妙法聞名如遇木　　　花時同實故稱蓮
묘법문명여우목　　　화시동실고칭련

兒[185]嬉屋裡癡而騃　　　車列門前大且圓
아　　희옥리치이해　　　차열문전대차원

但願宗師呼出路　　　歆風聊繼拾遺篇
단원종사호출로　　　흠풍료계습유편

---

181) 일지암 본에 法이 아니고 注로 되어 있음
182) 본문에는 卽으로 되어 있으나 郞으로 바로잡음.
183) 본문에 誥로 되어 있으나 誥로 바로잡음.
184) 盲龜遇木의 비유임
185) 본문에서 鬼와 비슷한 글자로 되어 있으나 兒로 정정함.

● 운에 따라 기거랑 곽여필에게 받들어 답시를 보낸다

次韻奉答起居郞[186] 郭汝弼 차운봉답기거랑곽여필

맹자[187]가 잘 기르라는 호연지기,

보잘 것 없는 몸이나 깊은 뜻으로 이미 여러 해가 지났네.

덧없는 인생에 골몰하며 떠다님과 막힘을 탄식하며,

이 세상에 오신 큰 인연[188]을 『법화경』에 묻네.

(진실로 간절히 법을 묻는 시가 왔었다.)

만약 장구벌레와 쇠똥구리도 다 몰록 깨닫는다고 믿는다면,

어찌 기왓장과 돌이 곧 순수한 불성임을 의심하리오.

원래 신묘한 깨달음은 전수하는 것이 아니니,

어찌 한 편의 시에 형용하여 넣을 수 있는가?

善養鄒軻氣浩然　　　薄身厚志已多年
선양추가기호연　　　박신후지이다년

浮生汩沒嗟漂梗　　　大事因緣問妙蓮
부생골몰차표경　　　대사인연문묘련

(來詩問法甚切)　　　若信蛞蜣咸頓證
　내시문법심절　　　약신길강함돈증

何疑瓦石卽純圓　　　元來妙處非傳授
하의와석즉순원　　　원래묘처비전수

那可形容入一篇
나가형용입일편

○ 시녕이 보낸 글

앞서 왕문공 시의 첫 구에서 생자를 운으로 하였는데, 약성 제랑도 모두

임습유의 시운에 따라서 가르침을 받은 것 같아, 모양을 갖춰 다시 보내
드립니다.

속제자 시녕 올립니다.

前用王文公起聯中生字爲韻　　　似聞藥省諸郎皆次林拾遺
전용왕문공기연중생자위운　　　사문약성제랑개차임습유

依樣更呈 俗弟子始寧上
의양갱정 속제자시녕상

가을이 되니 모든 잎들이 호연히 일어나니,

해가 가고 또 가니 몇 년이나 흘렀는가.

길가에서 흔들리는 버드나무가

원래 진흙 속에 있는 깨끗하고 깨끗한 연꽃임을 어찌 알리오.

흰 국화 울밑에서 피리소리 울리고,

자주 빛 이끼 낀 뜰에는 나무 그늘이 둥글다.

(근래에 연경의 흰 국화를 얻었는데 향과 색의 풍미가 뛰어나서 잘 배양
하여 부처님께 공양하고, 스님께 나누어 드리려 하기 때문에 말이 여기
까지 미쳤다.)

장사의 척안[189]이 있다고 말하더라도,

서로 통하는 마음[190]은 짧은 글에 드러나네.

一葉秋來起浩然　　　年經年復幾年年
일엽추래기호연　　　연경년부기년년

那知巷陌搖搖柳　　　元是淤泥濯濯蓮
나지항맥요요유　　　원시어니탁탁연

白菊籬邊篁韻碎　　　紫苔庭畔樹陰圓
백국리변황운쇄　　　자태정반수음원

---

189) 隻眼 : 애꾸눈, 남다른 식견, 『벽암록』에 있음.
190) 一點靈犀 : 靈犀一點通의 준말로, 영묘한 무소뿔 한 가운데는 한 가닥의 가느다란 구멍이 있어
　　　서로 통한다는 뜻으로, '사람의 마음이 서로 소통·투합함'을 비유하여 이르는 말

(近得燕京白菊 馨色風味都奇絶　　培養供佛 欲分丈下 故語及此耳)
근득연경백국 형색풍미도기절　　배양공불 욕분장하 고어급차이
長沙隻眼雖云在　　　　　　　一點靈犀露短篇[191]
장사척안수운재　　　　　　　일점영서로단편

● 유평장의 연자시에 화답한 시를 받들어 보냅니다

奉和答柳平章蓮字詩寄呈 봉화답류평장연자시기정

젊은 나이[192]에 관계[193]에 우뚝 앉으셨으니,

이것은 오백 년 만에 일어난 일임을 알 것 같습니다.

뛰어난 글 솜씨[194]로 네 번이나 글 짓는 일을 맡으셨고,[195]

향기 나는 뿌리 몇 가지는 영취산의 연꽃이네.

일찍이 부처님의 진리를 만끽하고,

다시 고경의 원만함을 비우고 밝히셨네.

더욱이 그 감추어짐이 노지[196]에 차 있으니,

한신의 도끼와 사령운의 글이로다.

(집현전 대학사로 상장군을 겸하였으므로 이렇게 말한다.)

黑頭黃閣坐魁然　　　　　知是生當五百年
흑두황각좌괴연　　　　　지시생당오백년

大手四分蟾窟桂　　　　　香根幾種鷲峯蓮
대수사분섬굴계　　　　　향근기종취봉련

早曾厭飫空門味　　　　　況復虛明古鏡圓
조증염어공문미　　　　　황부허명고경원

更有故藏彌露處　　　　　韓公鉞與謝公篇
갱유고장미로처　　　　　한공월여사공편

191) 일지암본에만 點자 앞에 一, 篇자 뒤에 一이 있으나 앞의 一만 취했음
192) 黑頭公 : 小壯의 재상을 말하며, 흑두는 따라서 젊은 나이를 의미함
193) 黃閣 : 재상이 집무하는 청사의 문을 말하며, 여기서는 宰相을 의미한다.
194) 蟾窟桂 : 蟾窟은 과거에 급제하는 동경의 세계를 말하며, 蟾桂는 달을 의미함.
195) 大手筆 : 詔敕 및 기타 국가의 중요한 문장
196) 露地 : (1) 가리거나 덮이어 있지 않은 땅 (2) 삼계의 화택을 떠난 고요한 경지

(集賢殿大學士兼上將軍故云)
집현전대학겸상장군고운

늙어버리니 찬 재는 다시 타지 못하고,

어리석은 듯, 아둔한 듯 남은 생애를 보내니,

게으르면197) 삼조198)선을 지킬 수 없고,

노닐며 오직 구품연지만을 생각하네.

진중하라. 유고언199)의 돈독한 정성을,

(수나라 의동 벼슬의 유고언이 천태를 외호하였다.)

다른 사람을 진실 되게 하고 미타의 원만함을 믿네.

(유종원은 불법에서는 천태종지를 기준으로200) 삼는다고 말했다.)

은근히 이 천태의 뜻을 향하고,

다시 산중의 결사를 편지로 돌려보내네.

老去寒灰不復然	如愚若魯過殘年
노거한회불부연	어우약로과잔년
疎慵勿事三條線	游唯思九品蓮
소용물사삼조선	유유사구품연
珍重顧言誠篤味	(隋儀同柳顧言外護天台)
진중고언성독미	수의동류고언외호천태
眞他子信彌圓	(柳宗元云佛法 以天台爲司南)
진타자신미원	유종원운불법 이천태위사남
殷勤向此天台旨	再枉山中結社篇
은근향차천태지	재왕산중결사편

197) 疎慵 : 게으름
198) 僧堂 단위의 별칭으로, 椽과 합쳐 禪房에서 수행할 때 한 사람이 앉을 자리.
199) 『국청백록』(대정장 45, p.817상), "隋兼祕書監直內史省開府儀同三司臣柳顧言奉 敕撰" 참조.
200) 司南 : (1) 남쪽을 가리킨다는 뜻으로 '나라의 正法'을 비유하여 이르는 말 (2) 가르쳐 인도함 또는 그 사람.

○ 이영이 보낸 글

여름의 더위가 이미 왔습니다. 엎드려 바라옵건대 오직 스님께서 청정함을 흠앙하옵니다. 저와 스님이 이별한지가 지금 22년이 되었습니다. 세속적인 일에 얽매이고 또한 두 번이나 사신으로 파견되어, 때맞추어 해마다 문안드릴 틈이 없었습니다.

夏暑已來 伏唯丈室 淸勝歆仰　　僕與丈下別
하서이래 복유장실 청승흠앙　　복여장하별

今已二十二年 緣塵務纏縛　　又再使絶域 未暇修問左右年時
금이이십이년 연진무전박　　우재사절역 미가수문좌우년시

미친개가 주인을 보고 짖으면서 진도에 모여 살며, 바다에 인접한 곳을 노략질하니, 그 동안 무고하게 죽은 자가 그 얼마입니까? 오래 전에 백련사 안에서도 이런 난리를 당했다고 들었습니다. 오직 존경하옵는 스님께서는 연세가 많고 몸이 쇠약하신데, 어느 곳에 의지하여 도둑들을 피하셨습니까? 지금은 마음이 아주 쾌연하시다는 것을 연선사의 편지에서 소식을 들었습니다.

猘犬吠主聚居珍島 驅掠沿海州縣　　其間無辜物故者幾何 久聞社內
세견폐주취거진도 구략연해주현　　기간무고물고자기하 구문사내

亦罹此難 仰唯丈年已高衰　　　　慝何處避寇
역이차난 앙유장년이고쇠　　　　비하처피구

今得心秀快然 然禪書音聞
금득심수쾌연 연선서음문

스님께서 근심이 없다하시니 즐겁고 위로가 됩니다. 지금은 진도의 적들이 거듭해서 패하고 궤멸되어 나라의 근심이 조금은 풀렸습니다. 다시 더욱 법을 일으켜서 중생을 복되고 이롭게 하시고, 법을 위해서 몸을 아끼십시오. 근래에 스님의 백련결사의 결집에 조정의 사대부들이 가득하고,

뒤를 이어 따르는 자가 많습니다. 지금은 그들도 재난을 빠져나갔습니까?

丈下無恙 透脫喜慰
장하무양 투탈희위

今珍敵重敗潰 國患小紓
금진적중패궤 국환소예

更加作法 福利人天 爲法自愛
경가작법 복리인천 위법자애

頃者丈下蓮社集滿朝士大夫
경자장하연사집만조사대부

續而和者多矣 今得脫出不
속이화자다의 금득탈출불

스님께서는 스스로 늙었다고 하시면서, 매일 여가를 버리고, 좌우의 시자를 돌보거나 물리치지 않고, 부서져 법도가 없으니 수습할 수 없어서 흩어져 떨어져 버린 게 아닙니까?

이 또한 법희 가운데서 하나의 삼매일 뿐입니다. 이제 '우이기성상서호련사' 시에서 운을 따서 시 한 수를 지어 부쳐드립니다.

丈下自謂老境 日用中餘事捐棄 不顧
장하자위노경 일용중여사 연기불고

不抑左右侍者 椎而無文
불억좌우시자 추이무문

个收拾 致使散落耶
불수습치사산낙야

此亦法戲中一段三昧耳
차역법희중일단삼매이

今用禹儞寄省常西湖蓮社詩韻
금용우이기성상서호련사시운

作一首寄呈201)
작일수기정

속제자 조청대부시사재경 지제고 태자사의랑 이영202) 올림

俗弟子 朝請大夫試司宰卿
속제자 조청대부시사재경

知制誥 太203)子司議郎 李居士204)穎上205)
지제고 태   자사의랑 이거사   영상

완도에서 반연하여 있던 것이 더욱더 완연한데,
돌아보니 22년이 되었네.
오랫동안 눈의 경계에 금가루가 흩어짐을 알았지만,
마음 밭에 석련을 심을 겨를이 없었네.
만 리에 흰 구름은 한 점의 흔적도 없으며,
온 세상의 밝은 달은 스스로 둥글어지고
시를 지음은 읊도록 하기 위한 것이 아니며,
양쪽 마음에 소식을 바랄 뿐이네.

莞島攀援尙宛然[206]	回頭二十二當年
완도반원상완연	회두이십이당년
久知眼境舭金屑[207]	未暇心田種石蓮
구지안경비금설	미가심전종석연
萬里白雲無點迹	一家明月自長圓
만리백운무점적	일가명월자장원
作詩非爲供吟嘯	兩地胸襟要鴈篇
작시비위공음소	양지흉금요안편

● 이상서의 입사장구의 운을 따라 답합니다

次韻答李尙書入社長句 차운답이상서입사장구

산승은 행동거지가 얽매임이 없으니,
운봉에 들어와 자리한지 50년이네.
다만 문 앞에는 붉은 상수리나무를 불태울 뿐,
바삐도 우물 속에는 붉은 연꽃이 피네.
출가한 지 오랜 세월 지나니 삼의는 낡고,
멀리 안개비 퍼져 오르니 경쇠소리 가득 차네.

---

206) 일지암본에는 「東文選」과 「萬德寺志」와는 달리 宛然을 完然이라 하고 있다.
207) 일지암본에는 「東文選」과 「萬德寺志」와는 달리 金屑을 金屑이라 하고 있다.

적적하여 서울의 소식 없음을 잊었는데,

다만 자네가 입사한다는 아름다운 소식을 보냈네.

(정관 20년(646) 10월 유주 상사사의 우물에서 붉은 연꽃이 자랐다. 이
절은 원래 궁핍하였는데, 이 감득으로 인해서 지금까지 항상 부자다. 내
가 난을 피해 살아온 이래 비록 거친 곳에 떨어져 한 점 허물이 없지만,
걸식[208]은 오히려 어렵다. 그러므로 이것을 웃을 뿐이다.)

山僧行止便翛然　　　　卜入雲峯五十年
산승행지편유연　　　　복입운봉오십년

只管門前煨紫芋　　　　忙頃井裏出紅蓮
지관문전외자서　　　　망경정리출홍련

久經臘伏三衣古　　　　遙出煙霏一磬圓
구경랍복삼의고　　　　요출연비일경원

闃寂斷無京輦信　　　　多君入社寄佳篇
격적단무경연신　　　　다군입사기가편

(貞觀二十年十月渝州　　相思寺井內出紅蓮
정관이십년시월유주　　상사사정내출홍련

寺本貧乏 由足感得　　　至今常富
사본빈핍 유시감득　　　지금상부

自避把已來 雖千嵓萬壑無一點塵累　分衛尙難故云爾呵呵)
자피파이래 수천암만학무일점진루　분위상난고운이가가

○ 정흥이 보낸 글

정흥은 낙헌과 나재 두 재상과 여러 벼슬하는 사대부들과 더불어 시를
지어 결사하였다는 것을 들은 듯합니다. 저 역시 기쁘고 운이 좋아서 우
연히 장구 4제의 2수를 만들어서 인편에 드립니다. 생각건대 대존숙께
서는 언제나 거칠고 옹졸한 부분에 아낌없이 필삭하여 판미에 붙여서 백
련결사의 문서에 이름을 넣어 참여할 수 있다면, 얼마나 큰 다행입니까!

---

208) '分衛' 란 乞食을 말함.

속제자 동문원[209] 록사 정흥[210] 올림

興似聞樂軒懶齋二相國　　　　與諸卿大夫 作詩結社
흥사문낙헌나재이상국　　　　여제경대부 작시결사

予亦喜幸偶成長句四題二首　　因風寄呈 惟大尊宿 每無拙處
여역희행우성장구사제이수　　인풍기정 유대존숙 매무졸처

不惜落筆刪去 以付板尾　　　得預名於蓮社籍中 何幸之大[211]
불석락필산거 이부판미　　　득예명어련사적중 하행지대

俗弟子同文院錄事鄭興上
속제자동문원록사정흥상

평생 나아갈 곳을 어찌 헤아릴 수 있는가.

낡은 벽의 쓸쓸한 등불은 밤기운을 처량하게 하네.

온 세상을 바람이 불어치니 얼마나 어지러운가.

숲에는 희미한 달이 얼마나 망망한가.

골짜기의 원숭이는 편안한 좌선 바위를 피하지 않고,

강가의 갈매기 때때로 글 짓는 방을 찾아오네.

구름따라 어느 날엔가 옷을 벗어버리고,

탁발을 즐기며 한가히 지나겠습니다.

平生出處若爲量　　　　半壁青燈夜意[212]凉
평생출처약위량　　　　반벽청등야의　　량

萬戶風塵何擾擾　　　　一林煙月奈茫茫
만호풍진하요요　　　　일림연월내망망

洞猿不避安禪石　　　　江鷺時來撰疏堂
동원불피안선석　　　　강로시래찬소당

---

209) 同文院은 文翰六局의 하나로 及第者만으로 보임되는 관직이었다.
210) 후에 可臣으로 改名, 羅州人으로 고려사에 입전됨(?-1298). 학자이며 외교관, 호산록의 내용보다
　　후의 행적이 실림.
211) 동문선에는 '四韻—之大' 를 '奇呈' 으로 줄임.
212) 대흥사본에는 '夜意' 가 '意自' 로 되어있다.

雲臥他年拂衣去　　　　好於瓶錫付閑忙
운와타년불의거　　　　호어병석부한망

세속을 떠나 그윽한 곳에 머문 지 40년,
연꽃 씨 뿌리니 때가 다시 와 유유민[213]을 인도하네.
강의에 넘실대는 꽃 그림자는 경상에 다투어 휘몰아치고,
선정이 일어나는 곳은 이끼의 흔적이 자리를 반쯤 가렸네.
꿈속에서는 스스로 천리의 달을 생각하며,
속세에서 헛되이 보냈네.
거친 길이라 늦게 돌아온다고 이상하게 여기지 마시고,
어느 날엔가 이룬 공은 한 깃발을 올리리라.

屛俗幽居四十春　　　　種蓮時復引遺民
병속유거사십춘　　　　종련시복인유민

講闌花影爭飄榻　　　　定起苔痕半沒茵
강란화영쟁표탑　　　　정기태량반몰인

魂夢自勞千里月　　　　光陰虛遣九街塵
혼몽자로천리월　　　　광음허견구가진

徑荒莫怪歸來晩　　　　他日功成一幅巾
경황막괴귀래만　　　　타일공성일폭건

● **동문원 평사 정흥[214]께서 보낸 입사시 2수에 운을 따라 답한다**

次韻[215]答同文院鄭評事興　　所寄入社詩二首
차운　　답동문원정평사흥　　소기입사시이수

---

213) 유민이란 혜원의 결사에 참여했던 劉遺民을 말함.
214) 鄭興(?~1298)은 13세기 후반기에 외교와 역사서술에 뛰어난 중신이고 학자였다. 그의 관직으로
　　　보아 1250년대에 쓴 詩라고 추측된다.
215) 대흥사본에는 '次韻'이 없다.

지금까지의 행동이란 후회스러울 만한데,

일찍이 결혼과 벼슬에 얽매었으니 스스로가 처량하구나.

(정홍은 일찍이 나를 따라서 불교를 배우려고 하였다. 그러나 결혼과 벼

슬에 얽매여서 아직 뜻을 이루지 못했기 때문에 한말이다.)

진리를 찾아 삼매를 닦아야만 하는데,

이익을 좇아서 어찌 수고로이 물거품을 다투리오.

노닌 행적은 별로 구실한 것 없이 푸른 이끼 낄 뿐이고,

꽃다운 소식이 백련사를 기쁘게 하네.

벼슬을 그만 두고[216] 언제 한가로울 수 있으리오.

소란스럽고 분망함을 심히 한탄하네.

行止如今悔可量 행지여금회가량	早拘婚官自哀凉 조구혼관자애량
(興早發愿欲從吾學佛氏 흥조발원욕종오학불씨	反爲婚官所拘未果故云) 반위혼관소구미과고운
尋眞但要修三昧 심진단요수삼매	趨利何勞競一茫 추리하로경일망
遊迹政稀蒼蘚路 유적정희창선로	芳音喜及白蓮堂 방음희급백련당
掛冠何日能閑暇 괘관하일능한가	深恨紛紛擾擾忙 심한분분요요망

고요한 마음은 세간의 봄과 같지 않으니,

일찍이 번잡스러운 여러 가지 일에 묶여버렸네.

숨 쉬는 그림자는 비록 모든 곳에 걸려 있지만,

편안한 몸이 절로 큰 수레 자리에 있네.

편안한 생각은 천리의 구름을 널리 윤택케 하며,

즐거운 배움은 육진의 눈을 깊이 닦네.

---

216) 掛冠은 관인이 퇴관하고 만년을 조용히 보냄을 말함.

장자의 거북이가 꼬리를 끄는 것217)을 괴이하게 여기지마라.

뼛속 깊은 생각이 명예를 귀하게 여기는 것보다 수승하네.

灰心不似世間春	曾把紛譁等黍民
회심불사세간춘	증파분화등서민
息影雖居懸磬218)室	安身自有大車茵
식영수거현경　실	안신자유대거인
寧思普潤雲千里	聊學潛修雪六塵
영사보윤운천리	요학잠수설륙진
莫怪莊龜閑曳尾	却勝留骨貴藏巾
막괴장구한예미	각승류골귀장건

〇 우면이 보낸 글

운을 따라서 용혈대존숙 방장에게 진도현령 우면219)이 올립니다.

次韻寄呈龍穴大尊宿丈室	珍島縣令于勉上220)
차운기정룡혈대존숙장실	진도현령우면상

용혈의 공부는 자연스럽지 못하지만,

숨 쉬는 작은 가슴은 풍년을 빗네.

여유로운 파도는 백성들이 풀을 묶는 데까지 이르고,

특이한 은혜는 멀리 재상들의 연당에까지 이르네.

어찌 오직 선방에서 먼저 윤택함을 빌렸는가.

함께 경전을 보니 다시 원만함을 이루네.

일찍이 학교에서 학맥을 전하셨고,

---

217) 장자가 벼슬을 거절할 때 거북이 살아(점괘) 점쟁이 상위에 오르는 것보다 죽어서 꼬리를 진흙에 끄는 것이 낫다고 한 고사임.
218) 일지암본에는 磬 字로 쓰여 있음.
219) 그의 행적은 고려사에 실려 있지 않다.
220) 萬德寺志에만 실린 시이다. 「珍島縣令于勉上」이라 끝에 밝혀져 있다.

조심스럽게 지금 조잡한 글을 올립니다.

穴處功夫不自然	屢噓膚寸釀豊年
혈처공부부자연	누허부촌양풍년
餘波遞及民編草	異渥遙漸相府蓮
여파체급민편초	이악요점상부련
豈獨禪林先借潤	并看敎海更成圓
기독선림선차윤	병간교해갱성원
早從鷁泮曾傳脈	注意如今獻惡篇
조종악반증전맥	주의여금헌악편

● 운을 따라 옥주 태수인 우면에게 보낸 답이다

次韻答沃州于太守所寄 차운답옥주우태수소기

빼어난 양지는 백미[221]와 같고,
(형제가 모두 관직에 나아감을 말함)
학문에 뜻을 둔 문장은 젊은 시절부터 눈에 띄네.
과거급제 명부[222]의 이름은 옥순을 다투어서 전하며,
꽃무늬 벽돌 같은 재주는 금련[223]을 끌어 안네.
두 마리 오리는 태양을 헤아려 남쪽으로 향하고,
한 마리 물수리는 바람을 타고 위로 원을 그리네.
(가을에 왕명을 받고 벼슬이 올랐음을 말함)
청운을 이루려는 기약은 멀지 않으니,
고문[224]에 경사 있어 유유민의 글을 노래하네.

---

221) 白眉는 훌륭한 형제 가운데서 뛰어남을 말함. 촉한의 마씨 5형제 가운데 마량을 일컫는 말에서 유래함.
222) 고려시대에 작성해 두던 과거 급제자의 명부. 방(榜)·방목(榜目).
223) 여자의 아름다운 발을 비유적으로 이르는 말.
224) 高門 : ① 부귀하고 지체가 높은 이름난 집안 ②남의 집안이나 문중을 높여 이르는 말.

最良知是白眉然　　　　　(兄弟二人皆登桂)
최량지시백미연　　　　　　형제이인개등계

志學文章目綺年　　　　　桂籍名爭傳玉筍
지학문장목기년　　　　　　계적명쟁전옥순

花甎才合擁金蓮　　　　　雙鳧計日辭南紀
화전재합옹금련　　　　　　쌍부계일사남기

一鶚搏風繫上圓　　　　　(秋月宣召榮拜復命故云)
일악박풍계상원　　　　　　추월선소영배부명고운

到了靑雲期不遠　　　　　高門有慶詠劉篇
도료청운기부원　　　　　　고문유경영유편

모든 일은 일찍이 자연의 기운을 버리고,

아침에 핀 버섯은 원래 오랜 세월과 같구나.

구름처럼 노니면서 일찍이 신발을 버리었고,

산에서의 물소리로 다만 열두련[225]만을 들었도다.

기관을 잡지 않고도 기교를 돌릴 수 있는데,

어찌 걸음쇠와 자를 가지고 모나고 둥글게 할 수 있으리오.

감격한 그대가 암자의 삶을 강조하여 기록하니,

숲속에서 은근한 시 한 편을 보냅니다.

方事曾抛溟涬然　　　　　菌朝元是等椿年
방사증포명행연　　　　　　균조원시등춘년

雲遊早捨一雙屨　　　　　山漏唯聞十二蓮
운유조사일쌍리　　　　　　산루유문십이련

不把機關廻伎倆　　　　　那將規矩更方圓
불파기관회기량　　　　　　나장규구갱방원

感君枉記庵居趣　　　　　林下殷勤寄一篇
감군왕기암거취　　　　　　임하은근기일편

---

225) 蓮華漏가 아닌가 한다. 蓮華漏 : 蓮華의 물시계의 뜻, 慧遠의 제자 慧要가 산중에 시계(漏刻)가
　　없기 때문에 연못에 12개 연화잎을 세워서 물결이 움직임에 따라서 12시를 정했다고 함.(『高僧
　　傳』 6卷 「道祖傳」, 『大正藏』 卷 50, p.363上)

○ 김서가 보낸 글

용혈대존숙 방장께 세속 제자 낭주(영암)태수 김서[226]가 올립니다.

寄呈龍穴大尊宿丈下　　　　俗弟子郎州守金愔上[227]
기정룡혈대존숙장하　　　　속제자낭주수김서상

저는 봄에 과거장이 열린다는 이야기를 들었고,

노스님께서도 같은 과거에서 급제 하셨지요.

용[228]이 숨은 굴에는 설법하는 소리가 우뢰와 같고,

학이 날아드는 중천에는 시로서 달을 대신 하는군요.

도가 높은 생애는 지팡이와 짚신이 풍요로우며,

결사의 높은 뜻에 참여하는 선비가 두루하네,

영암에는 다행히 친히 지낼 집이 있으니,

차를 마시는 자리에 귀찮은 손님이 될까요.

膝下嘗聞桂苑春　　　　老禪同是榜[229]中人
슬하상문계원춘　　　　노선동시방　　중인

臥龍一穴法雷殷　　　　鳴鶴半天月一新[230]
와룡일혈법뢰은　　　　명학반천월일신

道富生涯餘杖屨[231]　　　社高投契遍簪紳
도부생애여장구　　　　사고투계편잠신

朗州幸有通家好　　　　茶席猶堪備惡賓
낭주행유통가호　　　　다석유감비악빈

---

226) 金愔(?-1284)의 고려사에 실린 행적은 『湖山錄』 보다 후의 행적이다.
227) 『東文選』 과 『호산록』 은 詩題로는 맞지 않는다. 첫 二句에서 金愔와 眞靜國師와는 同年及第者
임이 드러난다.
228) 臥龍 : ①누워 있는 용. ②앞으로 큰일을 할, 초야에 묻혀 있는 큰 인물을 비유로 이르는 말.
229) 『東文選』 에는 '榜' 으로 되어 있으나 일지암본에는 '牓' 으로 되어 있음.
230) 이 구절은 대흥사본에는 鶴鳴半天詩月新으로 되어 있고, 일지암본에는 鳴鶴半天月一新으로 되어
있다.
231) 一枝庵本에는 '屨' 字가 여러 번 쓰였음.

● **영암태수[232] 김서가 보내온 시의 운을 따서 시로 지어 답함**

次韻[233]答朗州太守金惰所寄 차운답낭주태수김서소기

어진 정치는 봄의 자취보다 따사롭고,

성을 다스리고 낭주 백성 편안케 하러 오신다네.

누가 알리오. 누각에 누워 밝은 정신으로 백성을 교화하고,

아울러 불문[234]에도 새 기운이 불게 할 지.

결사에 보낸 훌륭한 시는 구슬을 꿴 듯하고,

세속을 끊은 맑은 구절은 편지로 보낼 만하네.

두건을 쓰고 언제쯤 먼 남쪽을 찾을는지,

법도에 맞추어 귀한 손님으로 바삐 맞이하겠네.

仁政溫於有脚春	專城來鎭朗州人
인정온어유각춘	전성래진낭주인
誰知臥閣神明化	兼得空門氣味新
수지와각신명화	겸득공문기미신
投社佳篇如串玉	絶塵淸句可書紳
투사가편여천옥	절진청구가서신
幅巾何日參南遠	忙待[235]程之作上賓
복건하일참남원	망대　정지작상빈

옛날 선비들은 비록 급제[236]하였지만,

참된 즐거움은 세속 밖의 사람을 따르기 좋아하네.

마땅히 이익에 밝음이 악에 더럽힌다 부끄러워,

그러므로 적멸로서 정신을 씻어내네.

---

232) 太守는 지방 각 郡의 으뜸 벼슬.
233) 대흥사본에는 次韻이 없다.
234) 空門 : 불교를 말함.
235) 동문선에는 待대신 得으로 쓰였다. 得으로 해석함.
236) 桂林 進士에 급제한 것을 이르는 말.

마음을 불롱봉으로 귀의함을 양숙[237])에게 들었고,

도를 찾아 천태를 방문해서 이신[238])을 보네.

태수의 풍류는 옛날 소철을 뛰어넘고,

왕래를 꺼리지 않고 신묘한 손님으로 배우네.

先儒雖籍桂林春	眞樂好從方外人
선유수적계림춘	진락호종방외인
應愧利名牽濁惡	故將寂滅洗精神
응괴리명견탁악	고장적멸세정신
歸心佛隴聞梁肅	訪道天台見李紳
귀심불롱문양숙	방도천태견이신
太守風流超古轍	不妨來往學玄賓
태수풍류초고철	불방래왕학현빈

○ 정흥이 보낸 글

운을 따라 시를 지어 보냅니다. 제자 동문원 록사[239]) 정흥 올림

次韻寄呈[240])	弟子同文院錄事鄭興上
차운기정	제자동문원녹사정흥상

단정히 앉아 법을 펴니 여러 해가 되고,

은밀한 교화로 가르침을 펴니 백성을 윤택하게 하네.

숲에서는 나물을 캐어 음식을 맛있게 하고,

개울가에 흩어진 잡초로 자리를 크게 꾸미네.

난아[241])을 따라와 서로 의발을 전하고,

---

237) 당나라 때 관리. 담연의 재가 제자.
238) 唐 武宗때 사람(?-846). 追昔游詩 3권이 있음.
239) 同文院은 고려 때 학문과 문서기록을 맡아보던 관청으로, 관원은 使(3품관)1인 副使(5품관)1인
　　錄事4인이었다.
240) 만덕사지에는 詩題를 단지 '又獻'이라 했다.
241) 南岳慧思(515~577), 천태지의의 스승.

서풍을 만나서 아득히 세속을 피하네.

언제쯤 초가를 지어 은거를 하며,

지팡이에 의지해 긴 휘파람 불며 풍류의 뜻을 드러내리오.[242]

端居演法許多春	密化遙知澤萬民
단거연법허다춘	밀화요지택만민
林下摘蔬甘美食	溪邊藉[243]草侈文茵
임하적소감미식	계변자　초치문인
來從南岳相傳鉢	當遇西風謾避塵
래종남악상전발	당우서풍만피진
卜隱何年結茅草	倚筇長嘯岸綸巾
복은하년결모초	의공장소안륜건

미망을 달린지 일곱 번이나 봄이 되니,

부처님은 어찌 백성을 애석해하며 구제하리오.

다만 지팡이와 짚신신고 백련사를 찾으려하나,

그린네도 생황[244]불고 싶고 비난자리에 쥐하네.

기골이 시원한 그대는 달 이슬이 눈에 비침인가,

얼굴이 불그레한 나는 풍진에 지침을 부끄러워하네.

결사에 참여한 종과 뢰에게 말하니,

다만 머리 긁고 옛 부귀영화를 그리워하지 마라.

走妄駈迷七見春	空王何惜濟窮民
주망구미칠견춘	공왕하석제궁민
但期杖屨尋蓮社	肯要笙歌醉錦茵
단기장구심련사	긍요생가취금인
骨爽知君眼月露	顔醺愧我困風塵
골상지군안월로	안훈괴아곤풍진

---

242) 岸綸巾: 두건을 젖혀 머리를 드러낸다는 뜻으로 禮法에 구애되지 않고 친숙하게 대함.

243) 일지암본에는 籍으로 되어 있음.

244) 대나무관으로 만든 관악기.

爲言講下宗雷輩　　　　　　且245)莫搔頭戀舊巾
위언강하종뢰배　　　　　　차　　막소두연구건

고요한 마음속 작용은 헤아릴 수 없으니,

몇 해 동안 높이 누우니 북창은 서늘하네.

문득 구름 낀 골짜기를 생각하니 한가로이 쉬고 싶네

도리어 더럽혀진 몸을 부끄러워 하니 혼란해집니다.

도를 사모하면서도 깊은 곳을 엿볼 수 없었으니,

아이를 사랑한다고 어찌 위험을 무릅쓰지246) 않겠습니까.

어느 날 아침 용감히 버릴 것을 그대는 아실까.

이미 세상의 분주한 일은 침 뱉었습니다.

靜裏機關沒比量　　　　　　幾年高臥北窓涼
정리기관몰비량　　　　　　기년고와북창량

忽思雲壑閑栖息　　　　　　反愧塵區自混茫
홀사운학한서식　　　　　　반괴진구자혼망

慕道未能窺奧室　　　　　　愛兒奚止誡247)垂堂
모도미능규오실　　　　　　애아해지성　　수당

一朝勇捨君知否　　　　　　已唾紅衢事事忙
일조용사군지부　　　　　　이타홍구사사망

몸은 깨끗한 옷감과 같아서 마름질할 수 있으나,

누가 불문의 맛이 시원함을 빌겠는가.

상투를 틀지 않고서도 살아갈 수 있으니

삿갓을 띄워 푸른 바다 건너기를 기약하네.

소요하며 연하굴(신선이 사는 곳)과 떨어지지 않고,

쌓은 공업은 헛되이 벼슬아치 되었네.
타향에서 방랑하며 떠도는 이는 웃음거리가 되니,
한 생이 백년이라 해도 바쁘기만 하네.

身如匹素可裁量　　　誰借空門氣味涼
신여필소가재량　　　수차공문기미량

未得投簪敲剝喙　　　潛期泛笠渡滄茫
미득투잠고박훼　　　잠기범립도창망

逍遙不分煙霞窟　　　功業徒爲翰墨堂
소요불분연하굴　　　공업도위한묵당

笑殺他鄕浪遊子　　　一生多至百年忙
소살타향랑유자　　　일생다지백년망

지난날 제가 금성에 있을 때 병석[248]을 받들어 모셨습니다. 무릇 아름다운 산과 빼어난 경치로 발길이 이를 수 있는 곳까지 보지 않은 곳이 없도록 방외[249]에 놀았기 때문에 흉금은 날로 트여서 인간 세상의 한 짐 디끌과 끝은 걱정은 특별히 없었습니다. 그리고 내 몸이 의지하고 있는 것을 벗어버리고 한 가지 순수한 복색으로 영원히 도의 반려자가 되고자하였습니다. 이 뜻은 숙세의 인연으로 인해서 아직 용단을 내리지 못하고, 도리어 혼인하고 벼슬에 얽매어서 소원을 이루지 못하였습니다. 끝내 마음에 품은들 어쩌겠습니까?

往歲僕在錦城　奉陪瓶錫　　　凡嘉山勝水　足迹可至處　無不□閱
왕세복재금성　봉배병석　　　범가산승수　족적가지처　무불□열

以成方外之遊　胸襟日益豁然　　　殊無人間世一點塵慮
이성방외지유　흉금일익활연　　　수무인간세일점진려

遂欲脫略機關　一純形服　永爲道侶　　　是意因循　未卽勇斷　反爲婚宦所役
수욕탈략기관　일순형복　영위도려　　　시의인순　미즉용단　반위혼환소역

---

248) 瓶은 淨水를 넣는 그릇이고 錫은 행각할 때 쓰는 錫杖을 말한다.
249) 方은 세속의 삶을 의미하며 유교에서 도교와 불교를 方外라고 함.

愿莫之 遂悔懷何勝
원막지 수회회하승

지난 경술년(1250) 가을에 오언절구 6수를 저에게 보이시고 그 중에 한 수를 말씀하신 적이 있습니다.

> 나의 말은 모두 약석이라 하지만
>
> 너의 뜻은 어찌 생각하는가.
>
> 다만 믿어주지 않을까 두려우니
>
> 머뭇거리며 애간장을 끊는구나.

越於庚戌秋 以五言絶句六首示子　　　其中有一首云
월어경술추 이오언절구육수시자　　　　기중유일수운

吾言皆藥石 汝意何商量　　　但恐不信受 跼蹶可斷腸
오언개약석 여의하상량　　　　단공불신수 지주가단장

이 시를 본 지가 지금부터 20년이나 됩니다. 일찍이 하루도 마음에서 잊지 못하였습니다. 다만 자식으로서 아버지의 뜻을 따라. 속세를 버리고 불자가 되어 소박한 소원을 조금이라도 갚고 싶을 뿐입니다. 이에 서릉250)의 일에 비하면 저의 원력이 미열하니 어찌 감당할 수 있겠습니까? 지금 드리는 보잘 것 없는 시는 말뜻이 모두 졸렬하여 하나도 아름답다고 할 수 없습니다. 그러나 향하는 마음은 조금이나마 알 수 있으실 것입니다. 바라옵건대 오직 이것을 자세히 살펴주시면 다행이겠습니다.

得此詩于今二十年矣　　　未嘗一日忘于心
득차시우금이십년의　　　　미상일일망우심

但以愚息述父之志　　　捨爲佛子 粗償素願耳
단이우식술부지지　　　　사위불자 조상소원이

---

250) 서릉(507–583)은 시인으로 美文을 쓰고 편집하기로 유명하였음. 지의선사의 속제자로 우복야를 지냈음.

乃若徐陵之事　　　　　　　　　　僕之願力微劣
내약서릉지사　　　　　　　　　　복지원력미열

豈敢當豈敢當　今所獻惡詩　語義皆鄙拙　無一可嘉者　然其所傾企之意　略可知矣
기감당기감당　금소헌악시　어의개비졸　무일가가자　연기소경기지의　약가지의

伏惟詳察之是幸
복유상찰지시행

● 평사 정흥에게 서문을 곁들여 보냄

寄鄭評事興幷序 기정평사흥병서

옛날에 그대가 관례를 치루지 않았을 때, 일찍이 스스로 발원하기를 "나를 따라 도포251)를 벗고 무명옷252)을 입고 싶습니다." 라고 하였다. 도리어 결혼과 벼슬에 얽매여 평소의 뜻을 이루지 못하였으니 애석하네. 금월 청명일253)에 도착하였으므로 2월 초에 보낸 편지를 볼 수 있었네. 늘어놓은 이야기가 지난번과 같아 회한이 있는 것 같으니 가히 가상하구나. 진(陳)의 좌복야254) 서릉이 지자대사를 친히 만나고서 간절히 세속을 떠나고자 하여 원하는 바를 이렇게 말한 것을 보지 못하였는가.

昔君未冠之時　嘗自發願　　　　　欲從吾解縫掖而披屈朐
석군미관지시　상자발원　　　　　욕종오해봉액이피굴현

反爲婚宦所拘　未成素志惜也　　　今月踏靑日　得見二月所寄書
반위혼환소구　미성소지석야　　　금월답청일　득견이월소기서

委陳曩愿　似有悔恨可嘉也　　　　不見陳左僕射徐陵　親逢智者
위진낭원　사유회한가가야　　　　불견진좌복야서릉　친봉지자

切欲出纏　披陳所願云255)
절욕출전　피진소원운

---

251) 옛날 儒學者들이 입었던 옷을 말함.
252) 第一布, 第一好布, 大細布라고 하며 목면으로 짠 베를 말한다. 여기서는 승복을 의미함.
253) 24절기의 하나로 음력 2월 23일이다. 따뜻하고 청명한 동남풍이 부는 좋은 시기로 춘분(春分;음력 2월 8일)과 곡우(穀雨;음력 3월 8일)의 사이에 있다.
254) 秦의 활 쏘는 일을 주관하던 관리를 말한다. 唐 이후에 尙書省의 長官을 이르던 말로 左右僕射가 있다.

"제자가 새장256)에서 벗어나고자 생각하지만, 날개가 없어 날아오를 수 없습니다. 이미 선근이 미약하여 원력으로 장엄하기를 바랄 뿐입니다. 첫째는 원컨대 임종할 때 올바른 기억을 성취하기를 바랍니다. 둘째는 원컨대 지옥 등 삼악도를 다시 가지 않기를 바랍니다. 셋째는 원컨대 인간 세상에 태어나면 바로 높지도 낮지도 않은 곳에 태어나기를 바랍니다. 넷째는 원컨대 동진257)으로 출가하여 법대로 계를 받들기를 바랍니다. 다섯째 원컨대 세속에 타락하지 않은 스님이 되기를 바랍니다. 이 서원에 의지하여 서쪽으로 해가 저물도록 채찍질하겠습니다. 지금 진심으로서 간절히 증명하기를 바랍니다."

弟子思出樊籠 無由羽化
제자사출번롱 무유우화

既善根微弱 冀愿力莊嚴
기선근미약 기원력장엄

一願臨終正念成就
일원임종정념성취

二愿不更地獄三途
이원불경지옥삼도

三願卽生人中 不高不下處許生
삼원즉생인중 불고불하처허생

四愿童眞出家 如法奉戒
사원동진출가 여법봉계

五願不墮流俗之僧
오원불타유속지승

憑此誓愿 以策西暮
빙차서원 이책서모

今書丹款 仰乞證明
금서단관 앙걸증명

또한 서릉과 같은 위치에 들어가서 문장의 으뜸이 되어, 홀로 강좌258)에 독보적인 존재가 되면 인륜에 상서로울 것이네. 뿐만 아니라 용과 기린이 날고뛰는 것은 오히려 속세에 헛된 꽃이나 불문[眞門]에는 아름다운 무늬라고 할 수 있다. 큰 서원을 발하면 곧 천태의 석손이 되어 묘승을 전하고 그 현묘한 공덕으로 꽉 찬 교화를 헤아릴 수 있을 것이네.

---

255) 『국청백록』(대정장 46, p.801중), "陳徐陵五願上智者禪師 陵和南… …"
256) 관직에 매여 자유롭지 못한 것을 의미함.
257) 한 평생 결혼을 하지 않은 사람을 말함.
258) 양자강 동쪽, 강소성.

且陵位居入座 爲文章巨魁　　　　獨步江左 瑞乎人倫
차릉위거입좌 위문장거괴　　　　독보강좌 서호인륜

不啻龍麟之於飛走　　　　　　　　尙能空花乎浮世 黼藻乎眞門
불시용린지어비주　　　　　　　　상능공화호부세 보조호진문

發大願海 卽爲天台之的孫　　　　流傳妙乘 其玄功密化 可量也哉
발대원해 즉위천태지적손　　　　유전묘승 기현공밀화 가량야재

그러므로 남병범진[259] 스님의 찬시에서 "옛날에 입좌하여 지위가 더욱 높아졌으며 일찍이 육조의 문장을 배워 말년에 뛰어나서, 친히 지자대사를 만나 진실한 소원을 말하니 과연 종사로 일찍이 바라던 바를 이루었다."라는 구절이 있다네. 지금 그대가 어쨌든지 일찍이 발심을 했으니, 하물며 대를 이을 사람이 속세를 떠나 비구가 되고자 하고 큰 일을 짊어지니 내세의 숙원이 끊어지지 않음을 어찌 알리오. 다시 서릉의 과가 법화사의 지위선사[260]가 됨을 보지 않았는가. 나는 그대가 처음의 마음을 묻어 버리지 않는다면 다행으로 여기겠네. 지난해에 보낸 결사 시에 운으로 각 2편을 지어 가볍게 써서 부쳤네.

(법화란 절 이름임)

故南屛梵臻公讚中有　　　　　　　昔居入座位彌崇
고남병범진공찬중유　　　　　　　석거입좌위미숭

嘗佐六朝文獨季 親逢智者陳良願　　果作宗師副夙期之句
상좌육조문독계 친봉지자진양원　　과작종사부숙기지구

今左右早曾發心　　　　　　　　　況以胤子欲捨爲除饉男 荷擔大事
금좌우조증발심　　　　　　　　　황이윤자욕사위제근남 하담대사

則焉知來世宿愿不泯 更見徐陵之果　　爲法花威禪耶
즉언지래세숙원불민 갱견서릉지과　　위법화위선야

---

259) 中國 宋代의 天台山家派의 四明知禮의 적손으로서 다음으로 從諫이 법제자이고 이어서 高麗 義天이 법을 계승했다.

260) 法華 智威(?~680)는 국청사에서 章安 灌頂의 제자가 되었다가 法華三昧를 증득하고 法華寺를 지어 주석하여 習禪者 300명 청강자 700여 명이었다. 『불조통기』(대정장 49, p.187중)에 의하면, 지위스님은 어느 범승에게서 서릉의 5가지 원을 듣고 공부하게 된다.

師冀不埋沒初心幸甚   次去年所寄結社詩韻
사기불매몰초심행심   차거년소기결사시운

各成二首 漫書寄示   (法花 寺名)
각성이수 만서기시   법화 사명

그대의 재주는 한참[261]의 봄과 같고,

소요함이 거의 갈천민[262]과 같네.

만약 명예와 이익을 가벼이 여겨 갈고리로 걸어버리고,

어찌 미친 짓을 배워서 취하여 자리에 토하겠는가.

고요한 가운데 공부는 백겁을 뛰어 넘고,

꿈속의 신세는 작은 먼지와 같네.

진실로 날마다 깊은 곳으로 나아가기를 기약한다면,

방거사처럼 오히려 두건을 쓴 것이 괜찮지 않을까.

喜子才當綠髮春   逍遙庶作葛天民
희자재당록발춘   소요서작갈천민

儻[263]輕名利鉤如鎖[264]   肯學麤狂醉吐茵
당   경명리구여쇄   긍학추광취토인

靜裏功夫超百劫   夢中身世等微塵
정리공부초백겁   몽중신세등미진

苟能日日期深造   不害尨翁尙戴巾
구능일일기심조   불해방옹상대건

세월은 흐르고 흘러 아직 봄이 남았으니,

뜬구름 세상에는 원래 죽지 않는 사람이 없네.

(『산해경』에 "신선의 나라에서는 죽지 않는 백성" 이라고 말한다.)

261) 윤이 나고 아름다운 검은 머리라는 의미이고 특히, 젊은 사람의 머리를 말함.
262) 葛天氏(民)는 上古의 帝王이름이고 無爲로써 天下를 잘 다스렸다고 함.
263) 대흥사본에는 '儻' 으로 되어 있다.
264) 대흥사본에는 '鎖' 로 되어 있다.

오묘한 맛은 달콤한 사탕수수맛265)을 찾는 것 같고,

원음266)은 꽃비 내리는 방석을 거느리네.

더구나 남악을 만나 전세를 추모하고,

어찌 동림결사에서 후진을 이을 뿐이겠는가.

삼가하여 좋은 시절을 헛되이 보내

공연히 답답하게 눈물로 수건을 적시지 말라.

年光荏苒又殘春　　　浮世元無不死民
연광임염우잔춘　　　부세원무불사민

(山海經云羽人之國不死之民)　妙味如尋甘蔗境
산해경운우인지국불사지민　　묘미여심감자경

圓音可領雨花茵　　　況逢南岳追前世
원음가령우화인　　　황봉남악추전세

何啻東林繼后塵　　　愼莫虛經好時節
하시동림계후진　　　신막허경호시절

空增悒悒淚霑巾
공증읍읍루점건

재능 있는 누가 도량을 헤아리랴.

어리석게 우두커니 세월만 보내네.

소나무와 대나무가 있는 그늘진 뜰은 그윽함을 더하며,

호산267)의 울타리로 들어가니 더욱 망망하네.

선으로 푸른 안개를 파하니 전인268)이 드러나고,

꿈을 깨니 밝은 달이 바위집을 비추네.

아! 누가 고요한 진리를 두드려 현묘한 종지를 찾으며

속진 세상을 등지고 물러나 바쁜 걸음 재촉하겠는가.

---

265) 蔗는 사탕풀. 이야기나 경치, 문장이 점점 재미있음을 의미함.
266) 부처님의 말씀
267) 만덕산과 앞 바다를 함께 이름.
268) 전자(篆字)로 새겨져 있는 전각(篆刻)을 말함.

伎倆何人解度量　　　憨憨兀兀送炎凉
기량하인해도량　　　감감올올송염량

蔭庭松竹添幽靜　　　入檻湖山得杳茫
음정송죽첨유정　　　입함호산득묘망

禪罷碧烟鎖篆印　　　夢廻明月側巖堂
선파벽연쇄전인　　　몽회명월측암당

阿誰扣寂269) 求玄旨　　　廻謝紅塵步步忙
아수구적　구현지　　　회사홍진보보망

● **서방의 세 성인을 찬양한 다섯 수를 운을 따라 지음**

次韻西方三聖讚五首 차운서방삼성찬오수

무량수여래(아미타여래)

無量如來 무량여래

서방의 주인은 아미타여래이시고,

다섯 수미산은 모습에서 가장 높네.

무수한 성현이 주위를 감싸 돌고,

법라의 소리는 천둥 번개의 울림과 같네.

일찍이 넓은 서원을 두루 하여 정토를 이루고,

수많은 세계에 두루 자비문을 여네.

아미타불 열 번 부르자마자 곧 연화대이니,

서방 정토가 어찌 멀겠는가?

西方主如來　　　　　五須彌相崔嵬
서방주여래　　　　　오수미상최외

無數賢聖圍繞廻　　　螺舌如震雷
무수현성위요회　　　나설여진뢰

---

269) 일지암본에는 '投' 라고 되어 있으나 대흥사본에는 '扣寂' 으로 되어 있다.(『한불전』 6, p.202
下 참조).

早圓弘誓成淨土　　　遍塵刹慈門開
조원홍서성정토　　　편진찰자문개

稱十念己卽蓮臺　　　安養270) 豈遠哉
칭십념이즉련대　　　안양　　기원재

관세음보살

觀世音 관세음

세간의 소리를 잘 볼 수 있고,

만물의 기틀271)은 스스로 삼라만상 앞에 항상 하네.

보살은 자비와 지혜의 깊음을 기약하고,

모든 고통에 빠진 이를 애써 구제하는구나.

삼천대천 사바세계에 응하지 않음이 없으니,

마치 수은이 진금으로 화하는 것과 같네.

오직 원하기는 뽑아내어 두들겨 부셔서272),

나의 뜨거운 번뇌를 없애버리네.

能觀世間音　　　物機常自前森
능관세간음　　　물기상자전삼

期乃菩薩悲智深　　　勞攏諸苦沈
기내보살비지심　　　노록제고침

大千沙界無不應　　　若水銀和眞金
대천사계무불응　　　약수은화진금

惟願與拔作槌磁　　　鎖我熱惱心
유원여발작퇴침　　　쇄아열뇌심

---

270) 아미타불의 정토 또는 극락이라고도 한다. 원래 의미는 마음을 편안하게 하고 몸을 기르는 것을 말한다.
271) 莊子의 "萬物皆出於機"에서 나온 말이다.
272) 槌는 일반적으로 사용하는 木槌의 자루가 없는 것. 침은 8각의 柱狀의 것으로 높이 3~4척이다. 선원에서 소리를 내는 것의 하나로 僧衆의 잠을 깨우고 정숙케 하기 위하여 추로 침을 두들겨 소리를 낸다. 또는 다듬잇돌과 방망이를 가리킴.

대세지보살273)

大勢至 대세지

무량광명을 놓으시는 왼쪽의 보살이며,

자리는 위없는 금인274)의 이웃이네.

이 빛을 입은 자는 모든 번뇌를 제거하고,

삼계275)의 언덕을 벗어난다.

진동하여 놀란 모든 국토는 불사를 행하며,

미래가 다하도록 자비를 새롭게 닦는다.

오직 원컨대 나로 하여금 파순276)을 항복케 하고,

청정하게 육륜의 지위277)를 증득케 하소서.

光明放左神	位隣無上金人
광명방좌신	위린무상금인
蒙此光者除惑塵	咸出三有津
몽차광자제혹진	함출삼유진
震警諸刹行佛事	盡未來修慈新
진경제찰행불사	진미래수자신
惟願使我伏波旬	淸淨證六輪
유원사아복파순	청정증육륜

---

273) 대세지보살 : 아미타여래를 왼쪽에서 보필하는 보살.

274) 여기서 無上金人은 아미타부처를 말함.

275) 三有는 불교의 존재의 세계인 욕계·색계·무색계의 三界와 같은 말.

276) 산스크리트어로 Pāpīyān의 음역이고 나쁜 사람 또는 악마의 호칭.

277) 十信·十住·十行·十廻向·十地·等覺에 각각 鐵輪·銅輪·銀輪·金輪·琉璃輪·摩尼輪王을 배대함.(『보살영락본업경』)

서방정토를 찬탄함

西方讚 서방찬

장엄한 정토의 모습이여,

둘러싼 난간 보배 그물의 망이네.

주야로 비 내리니 꽃이 무성하고,

허공의 바람은 즐거운 풍악소리네.

금으로 된 도랑은 열 네 겹[278]이며,

아름다운 나무는 천 길이네.

세 성인[279] 뵙기를 원하니,

이 국토 위에 왕생하네.

莊嚴淨土容	欄楯寶羅網
장엄정토용	난순보라망
晝夜雨花穠	虛空風樂響
주야우화농	허공풍악향
金渠十四重	瓊樹幾千丈
금거십사중	경수기천장
三聖愿遭逢	往生玆地上
삼성원조봉	왕생자지상

관세음보살을 찬탄함

觀音讚 관음찬

괴로움을 구제하고자 항상 지옥[280]에 노닐고,

꾀하지 않고도 번뇌의 중생을 잘 교화하네.

---

278) 十四는 인왕경에서 말하는 三賢과 十聖의 13忍에 正覺忍을 더하여 十四忍이라고 하는데, 이를
　　 말하는 것이 아닌가 한다.
279) 三聖은 아미타불, 대세지보살, 관세음보살을 말한다.
280) 奈落迦는 지옥(naraka)의 음역.

널리 비춘 천파의 달을 누가 알겠으며,

영대에 한 구석을 훤히 비추네.

보검은 마구니를 항복시켜 슬픔과 두려움을 없애고,

화관은 중생을 가엽게 여겨 기울어져 있네.

잠깐 동안의 예에도 공덕은 오히려 빠르며,

겨우 '관' 한 자를 불러도 감응함이 멀지 않구나.

(사문의 법력은 불을 만나 '관'을 부르고 '세음'에 이르지 않아도, 곧 불은 꺼지고 바람이 주위를 맴돈다.)

자주 계림을 향하나 생의 도로 돌아가고,

일찍이 마씨와 약속하여 『법화경』을 권하네.

현전하는 즉시 원통281)의 경계인데,

무슨 일로 미혹한 자네는 집282)에 이르지 못하는가.

濟苦常遊奈落迦	無誤善化豆塵沙
제고상유나락가	무모선화두진사
誰知普印千波月	洞照靈臺一寸霞
수지보인천파월	동조영대일촌하
寶劒降魔除怖畏	花冠憫物任欹斜
보일항마제희외	화관민물임의사
片時暫禮功猶速	一字才稱應不遐
편시잠례공유속	일자재칭응불하
(沙門法力遇火稱觀不及世音 即火滅風廻)	
(사문법력우화칭관불급세음 즉화멸풍회)	
頻向鷄林廻木道	曾期馬氏勸蓮花
빈향계림회목도	증기마씨권련화
現前卽是圓通境	何事君迷不到家
현전즉시원통경	하사군미부도가

---

281) 周圓融通의 준말로 불보살의 깨달음의 경지를 말한다. 또한 관음의 덕을 칭송하여 원통이라고도 한다.
282) 불교의 전통을 집에 비유해서 말한 것이다[佛家].

● 선방의 노래

禪堂偈 선당게

난간 반 쪽에 해 떨어지니,

방안 가득 맑은 바람이 일더라.

오래 앉으니 경계 더욱 깊어지니,

공가중[283]을 말하지 마라.

半軒猶落日　一室自淸風
반헌유락일　일실자청풍

坐久境逾寂　莫言空假中
좌구경유적　막언공가중

● 무상의 노래

無常偈 무상게

뜬구름 인생은 허깨비 같고 거품 같으나,

생각생각 속세로 행하게 재촉하는구나.

무슨 행복인지 널리 수행하기를 권하니,

극락세계에 함께 살자구나.

浮生如幻泡　念念促行色
부생여환포　염염촉행색

何幸普勸修　同生極樂國
하행보권수　동생극락국

---

283) 天台에서 空觀假觀中觀(空諦假諦中諦)을 一心으로 觀하는 관법.

● 김태수에게 답하다

次韻答金太守 차운답김태수

바삐 하루 종일 일에 쫓기면서,
언뜻 머리를 돌려 돌아보네.
섣달하고도 홀연히 30일이니,
문득 막다른 길이라 몸 되돌리기 어렵네.

紛紜二六時中事　　　急急廻頭子細看
분운이육시중사　　　급급회두자세간

臘月忽當三十日　　　方知狹路轉身難
납월홀당삼십일　　　방지협로전신난

● 공림사에서 경서스님이 거문고 타는 소리를 듣다

公林寺聞敬西上人彈琴 공림사문경서상인탄금

사바세계 중생은 이근이 밝으니,
모두 음성으로 불사를 하네.
상인은 무엇을 전하려고 거문고로 인연을 삼았는지,
맑고 맑은 옛 모습으로 묘한 이치를 머금었네.
자네는 노란 앵무새가 천축의 숲을 울림을 보지 못했는가.
오직 나의 본사만이 기별을 주네.

裟婆衆生耳根利 皆以音聲爲佛事　上人何傳緣綺琴 淸淨古風含妙理
사바중생이근리 개이음성위불사　상인하전연기금 청정고풍함묘리

君不見　　　　　　　　　　　　黃鸎一囀天竺林 惟我本師曾284)授記
군불견　　　　　　　　　　　　황앵일전천축림 유아본사증수기

---

284) 일지암본에는 '會'로 되어 있으나, 대흥사본에는 '曾'으로 되어 있다.

● 법화수품찬 1축

法華隨品讚 一軸285)

중통 3년286) 임술 5월 초 6일에 법운탁연287) 노선사가 전한 것을 엎드려 받아서 송나라 연경사288)의 여러 고승들이 지은 법화수품찬 한 두루마리를 보게 되었습니다. 구구 절절이 모두 부처님의 정수와 조사들의 골수로 수놓은 글이었습니다. 부처님이 세상에 오신 인연의 큰 뜻을 해외에까지 밝게 비추니, 그 얼마나 위대한 일인가. 제가 일찍이 만덕산 백련사에 참여하여 원묘국사289)를 배알하고, 처음으로 보현도량290)을 개설하였습니다. 그래서 법화묘전을 개현함에 항상 생각마다 어떻게 일체 중생이 발심하도록 권할까 하였습니다. 하물며 지금 보배로운 게송(법화수품찬)을 얻어 보니, 큰 기쁨을 금할 수가 없습니다. 억지로 운의 말을 어우러지게 하여 글을 지어서 멀리서 올립니다. 비록 운무는 만 리에 걸쳐있고 바다와 육지는 천리 길이나, 도의 눈으로 서로 비추어 보면 한 실오라기의 터럭만큼도 거리가 없습니다.

中統三年壬戌五月初六日　　　　　伏承法雲然禪老所傳示
중통삼년임술오월초육일　　　　　복승법운연선로소전시

大宋延慶寺諸尊宿法華隨品讚一軸　句句皆佛精祖髓補黻
대송연경사제존숙법화수품찬일축　구구개불정조수보불

一大事光輝海外　何其韙歟　　　　某早參萬德山白蓮社頂謁圓妙國師
일대사광휘해외　하기위여　　　　모조참만덕산백련사정알원묘국사

---

285) 일지암본에는 '中統三年壬戌……'이라고 하며 본문을 그대로 제목으로 삼았다. 여기서는 역자가 편의상 '법화수품찬 1축'이라는 제목으로 바꾸어 붙인다.

286) 1262년 원 世祖 3년 元宗 3년.

287) 주 18) 참조.

288) 지금의 浙江省 寧波에 있던 사원으로 북송시대에 창건되고 1160년대에 중수함.

289) 了世(1163~1245). 속성은 徐씨. 경남 합천 사람. 12세에 출가하여 天樂寺에서 均定법사 문하에 출가하여 천태교관을 배우고 23세에 僧選에 합격되고 후에 천태교학을 익혔다. 전국 명산을 순력하다가 靈洞山 長淵寺에서 법회를 열고 강설을 한다. 이때 보조 지눌이 수선을 권하는 시를 보내므로 지눌에게 가서 선법을 익힌다. 백련사와 보현도량을 개설하고 수참법회를 법화삼매참에 근거하여 행하는 등 천태종의를 선양했다. 저서에는 『삼대부절요』가 있다.(원묘국사비문 참조)

290) '법화도량'이라고도 하며 天台의 『법화삼매참의』에 의한 법화삼매를 닦으며 정토를 구하고 참선과 더불어 『법화경』을 독송하고 준제주를 염송하는 것이다.

始立普賢道場故此開顯妙典　　　　常於念念何擔勸發一切
시립보현도량고차개현묘전　　　　상어념념하담권발일체

況今獲覩宝偈栢悅無已　　　　　　强和成韻語聯書遙獻
황금획도보게백열무이　　　　　　강화성운어련서요헌

雖煙雲萬里海陸千里　　　　　　　想道眼相照　不隔一絲毫許
수연운만리해륙천리　　　　　　　상도안상조　불격일사호허

서품

序品

이 땅과 저 땅에 여섯 가지 상서로운 신통291)은(경에서와 같이 저 땅의 여섯 가지 상서는 오시292)에 해당되지 않는다.) 대인이 장차 큰 공훈을 이루려하네. 우뢰가 치고 땅이 흔들리는 모습과 소리는 기이하고,(『소』와 같다) 비 오듯 하는 하늘 꽃은 희고 붉고 어지럽다(『소』와 같다). 저 낱낱 오시 설법의 숲은 마치 거울의 비침과 같고, 우러르며 모이는 사부대중은 구름과 같다. (부처님의) 대 광명을 보고 선정을 보며 모두 해탈을 하니, 어찌 글 읽는 소리를 비로소 듣기를 기다리겠는가?

此土他方六瑞神　　　　　　　　　(如經他土六瑞不於五時)
차토타방육서신　　　　　　　　　여경타토육서불어오시

大人將結大功勳　　　　　　　　　雷騰地軸形聲異
대인장결대공훈　　　　　　　　　뢰등지축형성이

---

291) 『법화문구』(대정장 34, pp.27-29)에서 此土他土六瑞의 개념이 설명되어 있음.
이 땅의 여섯 가지 상서로운 조짐(此土六瑞)은 ① 부처님께서 무량의경을 설하신 것(說法瑞) ② 부처님께서 무량의처삼매에 드신 것(入定瑞) ③ 하늘에서 꽃이 비처럼 내린 것(雨華瑞) ④ 대지가 여섯 가지로 진동한 것(地動瑞) ⑤ 회중의 4중·천룡 8부중들이 그것을 보고 환희한 것(衆喜瑞) ⑥ 부처님께서 미간의 백호상에서 빛을 발하신 것(放光瑞)임. 저 땅의 여섯 가지 상서로운 조짐(他土六瑞)은 ① 저 땅의 6도 중생을 본 것(見六趣瑞) ② 저 땅에 계시는 제불(諸佛)을 본 것(見諸佛瑞) ③ 제불의 설법을 들은 것(聞諸佛說法瑞) ④ 4중이 수행하고 득도하는 것을 본 것(見四衆得道瑞) ⑤ 보살들이 수행하는 것을 본 것(見行瑞) ⑥ 제불이 반열반(般涅槃)하는 것을 본 것(見佛涅槃瑞)임.

292) 五時 : 부처님께서 말씀하신 가르침을 순서대로 다섯 시기로 분류·해석한 것. ① 화엄시 ② 녹원시 ③ 방등시 ④ 반야시 ⑤ 법화열반시를 말함.

(如疏)
　여소

雨散天花赤白紛
우산천화적백분

(如疏)
　여소

彼彼五時森若鏡
피피오시삼야경

顒顒四衆集如雲
옹옹사중집여운

見光覩定咸資脫
견광도정함자탈

何待喃喃始是聞
하대남남시시문

방편품

方便品

안온하게 삼매로부터 일어나 방편을 여시니, 해는 한가운데 바로 있으니 조금도 기울지 아니하네. 산란한 작은 인연으로도 불도를 이루니, 무성한 새싹을 널리 끌어안아 인정을 높이네. 찰나 생각 생각이 삼천 세계[293]를 갖추고, 아수 삭은 티끌들도 네 가지 일승[294]으로 밝히네. 오래도록 침묵한 부처님의 본래 마음을 지금 비로소 펼치니, 바르게 우리나라 모두 편안하고 평화로움을 아네.

安詳定起開方便
안상정기개방편

日正當中不暫傾
일정당중부잠경

散亂小緣成佛道
산란소연성불도

繁芿廣引尙人情
번잉광인상인정

刹那念念三千具
찰나염염삼천구

么麼塵塵四一明
요마진진사일명

久黙本懷今始暢
구묵본회금시창

端知我國晏然平
단지아국안연평

---

293) 一念三千說 : 10界가 서로 10界를 갖추므로 100界가 되고, 다시 100界가 각각 10如是를 갖추므로 1000如가 되며, 1000如에 3世間이 두루 하므로 3000世界라 한다. 우리들의 한 순간적인 마음[一念]에 우주만유인 3000세계가 갖추어져 있음을 표현한 것.

294) 四一은 성불의 가르침인 일승을 네 가지로 설명한 것이다. 敎一; 行一; 因一; 理一을 말함.

비유품

比喩品

위태롭고 외딴 집은 반이나 기울었고, 부자는 나이 들고 쇠약하여 죽을 때
가 되었네. 귀신과 짐승은 가득하고 연기는 문을 막으니, 아이들이 다투어
화염에 쌓인 집을 나오려하네. 평등한 마음이 차마 다른 수레295)를 나누
어주지 못하고, 모든 아이들에게 치우침 없이 두루 큰 수레296)를 주었네.
집안을 향해 훌륭한 묘책 세우니, 원래 걸음걸음마다 미묘한 연꽃이네.

孤危堂閣半欹斜 고위당각반의사	長者年衰生有涯 장자년쇠생유애
鬼獸尙藏煙塞穴 귀수상장연새혈	兒童爭出火炎家 아동쟁출화염가
等心不忍分殊軱 등심불인분수범	咸子無偏賜大車 함자무변사대거
試向宅中高着眼 시향택중고착안	元來步步妙蓮花 원래보보묘련화

신해품

信解品

어리석은 아이가 집 나간 지 오십여 년, 마을을 절름절름 비틀거리며 돌
아다녀도 누가 불쌍히 여겨 돌볼 것인가. 오래 타향을 돌아다니며 쓰디
쓴 고초를 겪다가, 고향을 모두 잊은 채 인연을 맺네. 두 사람297)이 함
께 일하며 거칠고 피곤함도 달게 여겼더니, 어느 날 그 공으로 가고 옴
을 마음대로 하게 되었네. 종친을 모두 모아 놓고 가업298)을 맡기니,

---

295) 사슴 수레양 수레 등을 뜻하는 것으로 성문연각을 말함.
296) '크고 흰 소 수레' [大白牛車]로서 一佛乘을 뜻함.
297) 장자의 하인 두 명

바야흐로 아버지와 아들 사이였음을 천하에 알렸네.

癡兒五十有餘年　　　　流落跉跰孰眷憐
치아오십유여년　　　　유락침변숙권련

久向他鄕曳辛苦　　　　都忘自國結因緣
구향타향수신고　　　　도망자국결인연

二人同事甘麤弊　　　　一日傭功恣往還
이인동사감추폐　　　　일일용공자왕환

大會宗親付家業　　　　方知父子性鍾天
대회종친부가업　　　　방지부자성종천

약초유품

藥草喩品

약초가 나타내는 이름의 의미가 새롭게 바뀌어, 부처님께서 다시 설하시니[299] 가섭[300]이 홀로 깨닫는다. 막힘을 트이게 하여 홀연히 고루 내리는 비를 맞게 하니, 약으로 먹게 하니 오히려 늙지 않고 젊어지게 하네. 힘씀이 아주 강하여 온전히 단약보다 수승하여, 뿌리와 줄기가 병들지 않으니 스스로 자라네.

藥草標名意轉新　　　　述成迦葉獨爲親
약초표명의전신　　　　술성가섭독위친

扶踈忽被無私雨　　　　服餌還令不老春
부소홀피무사우　　　　복이환령불노춘

力用寂强全勝丹　　　　根莖不瘁自□□[301]
력용최강전승단　　　　근경부췌자□□

---

298) 一乘 또는 一佛乘의 가르침.
299) 깨닫지 못한 사람을 위하여 부처님께서 비유를 들어 다시 설하시는 것.
300) 부처님 제자 가운데 가장 수승한 제자. 두타제일 가섭존자.
301) 이 아래 2句 14字가 빠진 듯하다.(편자 교감)

수기품

授記品

단련된 행이 많아 오관을 잘 다스리고, 마음이 거울같이 맑아 티끌이 없네. 과연 수기를 받고 초주[302]에 올라, 오랜 세월 무심하게 한 번에 터득했도다. 누가 중근기에 이르러 연각을 두텁게 하며, 숙세를 확 열어젖뜨려서 교화를 넓게 하리오. 스스로 앉은 자리에서 무생법인을 증득하여, 생멸하는 지혜를 보지마라.

鍊行殷勤理五官 연행은근리오관	靈臺鏡淨勿塵干 령대경정물진간
果然得記登初住 과연득기등초주	海劫無心取一餐 해겁무심취일찬
誰道中根[303]緣獨厚 수도중근연독후	通開宿世化能寬 통개숙세화능관
自從坐證無生忍[304] 자종좌증무생인	莫作當生滅[305]智看 막작당생멸　지간

---

302) 원교의 수행계위 십주 중 첫 단계. 住란 마음이 가라앉아 침착해진다는 뜻으로 이 계위에서는 견혹과 사혹을 끊고 공의 이치를 증득하여 그 이치에 마음을 머무르게 하는 것이다. 초주에서는 1품의 무명을 끊고 3덕을 증득하는 것이다.(諦觀 著, 리영자 譯註, 『천태사교의』, p. 234)

303) 천태 지의는 『법화경』의 내용을 다음과 같이 세 가지 근기에 맞추어 설한 것으로 구분하였다.

근기	방법	대상	『법화경』의 품
상근기	법설	사리불	방편·비유품
중근기	비설	가섭·목건련	비유·신해·약초유품·수기품
하근기	인연설	부루나	화성유품·인기품·오백제자수기품

304) 무생법인. 일체의 존재는 모두 공이며 따라서 자성이 없으며 생멸을 초월한다는 도리를 받아들여 깨닫고 그 경지에 머무는 것.

305) 藏敎의 기본적 원리. 모든 것은 인연 화합에 따라 생겨나고 없어지는 것이므로 모든 것은 실제로 있다고 보는 관점이다.(諦觀 著, 리영자 譯註, 『천태사교의』, p.164)

화성유품

化城喩品

인연을 맺은 후로 여러 겁이 지나고, 만날 때마다 좋은 방편에 머무르게
한다. 장사꾼들이 고달파서 돌아가려 하나 길이 멀고도 멀어, 부처님께
서 방편으로 빨리 편안히 쉴 수 있는 성을 지으셨네. 법음으로 앉으셔서
두루 삼주설법을 하시니, 보배 있는 곳까지 한걸음에 오르는구나. 걷다
가 시내와 산이 끝나면 행각은 다하고, 다시 지팡이를 짚고 왔던 길로
되돌아가네.

緣結已後劫多經	逢値時時善巧停
연결이후겁다경	봉치시시선교정
商客倦還攸遠路	導師權作快安城
상객권환유원로	도사권작쾌안성
法音坐歷三周說306)	寶所行一期步登
법음좌력삼주설	보소행일기보등
踏盡溪山行脚畢	又携藜杖返歸程
답진계산행가필	우휴려장반귀정

오백제자수기품

五百授記品

오백제자들은 전생의 인연을 맺은 사람들이니, 영축산에서 기별을 받고
비로소 진리를 증득했네. 마른 땅과 메마른 들은 바야흐로 물을 얻고, 마
른 싹과 썩은 종자가 홀연히 소생함과 같구나. 근기에 따라서 아야교진여
가 옷 속의 보물을 얻고, 부처님을 도와 부루나는 법의 수레를 굴리는구

---

306) 三周說法 : 법화경을 本門과 迹門으로 나눌 경우, 이것은 迹門의 正宗分에 해당하며 法說周·譬說
周·因緣周 등 세 가지로 나뉘어져 있다. 상근기를 위해서는 법설주, 중근기를 위해서는 비설주,
하근기를 위해서는 인연주를 설하는 것인데 직접적으로 설하면 법설주가 되고, 그것을 비유로써
설하면 비설주가 되며, 다시 하근기는 인연을 통해 설하므로 인연주가 된다. 이처럼 같은 법문
을 세 번 설한다고 하여 3주설법이라고 한다.(앞의 주303)의 표와 같음.)

나. 시방세계 모두를 다 깨닫게 하니, 누가 유랑하며 미혹의 나루로 다시
달려가리오.

半千宿世結緣人	受記靈山始證眞
반천숙세결연인	수기령산시증진
燥土焦原方得水	枯芽敗種忽生春
조토초원방득수	고아패종홀생춘
當機阿若資衣寶307)	輔佛樓那308)轉法輪
당기아약자의보	보부루나　전법륜
盡向十方咸決了	有誰浪走更迷津
진향시방함결료	유수랑주갱미진

수학무학인기품

授學無學品

출가할 때는 모두 대장부였는데, 밀행 제일(라훌라)과 다문 제일(아난)도
오히려 둔하고 느리구나. 의심을 버려서 자비를 깨닫고 기별309)을 받아,
처음엔 모름지기 중생이 널리 듣고 알기를 바랐다. 현재는 장자가 되어
잉태의 가르침을 힘쓰고, 멀리 공왕여래310)를 이끌어 적문311)의 의심을
없애버린다. 동료 이천 인이 모두 함께 더불어 의심을 풀고, 감로법문을
기쁘게 들으니 말씀이 눈앞에 드러난다.

出家均是丈夫兒	蜜行多聞尙鈍遲
출가균시장부아	밀행다문상둔지

---

307) 의리계주(衣裏繫珠)의 비유를 말함.
308) 부루나 : 부처님의 제자 중 설법제일.
309) 기별(記莂) : 부처님이 수행하는 사람에게 미래에 성불할 것을 예언하는 것. 수기라고도 한다.
　　국토·겁수·불명·수명 등을 예언.
310) 불타의 다른 명호. 법을 법공이라고 하고, 불타를 공왕이라고 하는데 모든 잘못된 집착을 여의고
　　열반에 드는 요문이 되기 때문이다.
311) 적문과 본문. 본문은 가르치는 사람 즉, 부처님의 사실을 밝히고, 적문은 가르침을 받는 사람
　　의 이익을 다하는 것이다. 전반 14品을 적문 즉, 부처님께서 몸소 깨달음을 얻게 하려고 한
　　것이며, 후반 14品은 본문으로 적문에서 가르치지 않았던 부처님의 본체를 밝히는 것이다.

給投覺慈蒙記莂   端須衆望廣聞知
태투각자몽기별   단수중망광문지

現爲長子勤胎敎   遠引空王掃迹疑
현위장자근태교   원인공왕소적의

同輩二千幷与決   喜聞甘露現前詞
동배이천병여결   희문감로현전사

법사품
法師品

어리석은 무리를 거두어 스스로 이끌게 하고, 오탁악세에 경을 널리 펴서 듣고 알기를 권하네. 집집마다 곧 원만한[312] 믿음을 일으키고자 하니, 생각 생각에 어찌 일찍이 대비심을 버릴 수 있으리오. 한마디로 그 공을 찬탄하려면 헤아리기 어려우며, 다섯 가지 공덕[313]을 널리 유통시킨 복은 생각하기 어려우니, 인욕의 옷을 입고 법공의 자리에 앉아 여래의 심부름꾼[314]이 되어, 법을 귀하게 여기고 사람을 존중함이 참된 법사이네.

撈攎群迷自挈提   弘經濁世勸聞知
로록군미자설제   홍경탁세권문지

家家直欲生圓信   念念何曾捨大悲
가가직욕생원신   념념하증사대비

讚歎一言功叵測   流通五種福難思
찬탄일언공파측   유통오종복난사

---

312) 圓이란 '한쪽으로 치우치지 않다' 는 뜻으로 '원교' 를 말한다. 즉, 원교는 부사의한 인연을 밝히고, 공가중의 이치가 모두 갖추어져 있어서 어느 한쪽으로 치우치지 않기 때문에 붙여진 이름이다. 장교·통교·별교를 다 포섭하여 일불승으로 회통하기 때문에 '圓敎' 라고 하는 것인데 '법화경' 만이 진정한 원교에 해당된다고 한다. 그것은 성문연각보살을 다 회통하여 하나의 부처가 되는 길로 인도하기 때문이다.(諦觀 著, 이영자 譯註, 『천태사교의』, p. 248)

313) 경전을 지니고(수지), 읽고(독), 외우고(송), 해설, 서사하는 공덕을 오종법사라고 한다.

314) 보살을 가리키는 것으로 여래의 방에 들어가 여래의 옷을 입고 여래의 자리에 앉아 두려워말고 법을 설하라고 권유하는 것. 방은 자비, 옷은 인욕, 자리는 空을 말하며, 이 세 가지를 홍경삼궤(弘經三軌)라고 한다.

忍衣空座如來使   *法貴人尊眞法師*
인의공좌여래사   법귀인존진법사

견보탑품
見寶塔品315)

앞에서 증명하고 뒤에 일어나 두 가지는 서로 받아들이며, 삼주설법의 세월이 지나 (탑이)솟구쳐 허공에 있네.316) 오른손으로 탑을 여니 훤히 드러나며, 부처님 분신불들이 더불어 모이는 기세가 웅장하다. 시방에서 법을 들음은 부처님의 신통묘317)이며, 오탁318)악세에서 사람을 구함은 맡은 바에 성실함이다. 어찌 이 몸을 얻은 것이 지적보살과 같겠으며, 매번 따라 공양하며 널리 유통함을 돕더라.

證前起后兩從容   *歲過三周湧在空*
증전기후양종용   세과삼주용재공

右指忽開呈露露   *分身與欲集雄雄*
우지홀개정로로   분신여욕집웅웅

十方聽法神通妙   *五濁求人擔愿同*
시방청법신통묘   오탁구인담원동

安得此身如智積   *每隨供養助流通*
안득차신여지적   매수공양조유통

---

315) 「견보탑품」은 석가모니 부처님께서 영산회상에서 하셨던 『법화경』의 설법이 시방삼세 제불께서 설법하시는 『법화경』과 다름없는 진실한 법이라고 多寶如來께서 출현하시어 증명하시는 내용이다.

316) 칠보다보불탑의 출현. 높이 5백 유순, 종광 2백50 유순의 칠보대불탑이 땅으로부터 나와 허공에 머무르고서 다보여래가 석가모니불에게 『법화경』 설법이 진실하다고 증명하였다.

317) 神通妙 : 迹門 十妙의 신통묘.

318) 五濁(Panca-kasaya) : 나쁜 세상에 대한 5종의 더러움. ①劫濁 ②見濁 ③煩惱濁 ④衆生濁 ⑤命濁. 五濁惡世 : 5탁의 모양이 나타나 악한 일이 많은 세상. 사람의 수명이 가장 많은 8만4천 세로부터 감하여져서 2만 세 때에 이르면 점차로 5탁의 모양이 많아지는 세상.

제바달다품319)

提婆達多品

모두가 항상 근본경전을 지송하니, 묘법연화는 청정하여 스스로 활짝 피우도다. 모름지기 북을 두드려서 심오한 뜻을 구하지 않아도 되니, 어찌 상을 마련하여 정성된 마음을 드러냄과 같겠는가. 바다 용궁에 들어간 문수보살이 설법을 마치고, 구슬을 바친 용녀320)는 찰나 사이에 성불하였구나. 두 번 거듭한 공안은 남을 속이기 심하니, 청천백일의 밝음을 어찌 다투리오.

箇箇常持本有經　　法蓮淸淨自敷榮
개개상지본유경　　법련청정자부영

不須擊鼓求玄旨　　何若爲床露赤誠
불수격고구현지　　하약위상로적성

入海文殊宣說了　　獻珠龍女利那成
입해문수선설료　　헌주용녀찰나성

兩重公案瞞他甚　　爭奈靑天白日明
양중공안만타심　　쟁나청천백일명

---

319) 「제바달다품」은 석가 세존께서 평생 세존을 괴롭히던 제바달다에게도 전생 인연으로 성불한다는 수기를 주셨다. 과거세에서 석존께 「법화경」을 가르친 불가사의한 인연이 있기 때문이다. 지적보살이 문수보살에게 질문하되 중생이 「법화경」을 공부하여서 빠르게 성불할 수 있는 예를 묻자 문수사리의 답에 중생 중에 제일 하근기인 여인성불 8세 용녀의 성불을 보이는 설법이다.

320) 龍女의 성불 : 지적보살이 빨리 성불한 예를 묻자, 문수보살이 8세 용녀의 성도를 말했고 지적보살의 의문이 석존의 난행 고행 후 성도하심과 사리불도 여자의 몸은 법기가 못된다고 의문을 가졌으나 용녀가 보주를 바치고, 남자가 되어 성불하였다. 지적보살과 사리불은 용녀의 법다운 과정을 받아들이니 龍女는 사갈라 龍王의 딸이다.

권지품321)

勸持品

때로 이 경은 가야될 방향을 분명히 말하고, 처음 행할 때는 마땅히 모
름지기 자세히 보아라. 가사와 바루를 가지고서 헐뜯고 시샘하는데, 의
당 갑옷과 투구를 입고 더위와 추위를 참고 견뎌야 한다. 이미 장애를
싫어하니 온몸이 벌거숭이며, 감히 사람을 만나면 간절한 마음을 토한
다. 사바세계를 인도하는데 성내며 아첨하고 곡해하지 말라. 대자대비심
으로 능히 평온하지 않음을 평온하게 하라.

時經方軏分明說	始行應須子細看
시경방범분명설	시행응수자세간
要任衲盔嬰嫉謗	宜將忍鎧胄炎寒
요임납회영질방	의장인개주염한
已嫌入障渾身赤	敢賀逢人吐懇丹
이혐입장혼신적	감하봉인토간단
莫導娑婆嗔諂曲	大悲能使未安安
막도사바진첨곡	대비능사미안안

---

321) 「권지품」은 영산회상에서 칠보대탑 속에 석존과 다보불께서 나란히 계시고 시방의 化佛께서 동
참하신 法席에서, 세존께서 『법화경』의 受持를 맹세하라는 권장과 칙명이 계시다. 약왕, 대요설
보살마하살과 그의 권속 2만 보살과 5백 아라한과 學, 無學 8천인이 미래세에 『법화경』을 受持
할 것을 맹세하고 발원하였다.

안락행품322)
安樂行品

아주 위험에 이르는 일이 날마다 많지만, 네 가지323) 안락행은 능히 말세의 거짓을 치료해 고칠 수 있다. 묘하다! 초발심이 열 가지 번뇌324)를 여의고. 애석타! 여러 성인이 세 마구니325)와 싸우는구나. 원망하고 혐오하며 찬탄함은 트는 조짐이 없고, 서원과 자비는 자타에 미치네. 곳곳에 널리 유통하면 스스로 안락하고, 둥글고 밝은 달이 일 천의 물결에 비춰지네.

<table>
<tr><td>到頭危險日生多</td><td>四法能醫叔世訛</td></tr>
<tr><td>도두위험일생다</td><td>사법능의숙세와</td></tr>
<tr><td>妙矣初心離十腦</td><td>咄哉諸聖戰三魔</td></tr>
<tr><td>묘의초심리십뇌</td><td>돌재제성전삼마</td></tr>
<tr><td>宛嫌讚歎無萌朕</td><td>誓願慈悲亘自他</td></tr>
<tr><td>원혐찬탄무맹짐</td><td>서원자비긍자타</td></tr>
<tr><td>處處流通自安樂</td><td>一輪明月326)　千波</td></tr>
<tr><td>처처유통자안락</td><td>일륜명월　　천파</td></tr>
</table>

---

322) 「안락행품」은 부처님께서는 문수사리보살로 하여금, 未法時代에 法華修行者가 四安樂行法에 安住하고 行處와 四親近處에 안주하여 『법화경』을 수지, 독, 송, 해설, 서사하라고 설법하셨다.

323) 사법(四法) : 四安樂行을 말하며 훗날 악한 세상에 이 『법화경』을 수자독송해설·서사하는 보살이 身·口·意를 이상의 친근처와 행처와 같이 하고 보살의 자비심을 발해 중생을 제도하는 서원을 발원한다.

324) 十煩惱 : 貪瞋癡慢疑·身見·邊見·邪見·見取見·戒禁取見.

325) ① 五陰魔 - 오음(색수상행식온)의 심신이 괴로움을 받아 갖가지 苦를 낳기 때문에 魔라 한다. ② 煩惱魔 - 중생의 심신을 괴롭히는 탐잔치의 번뇌들. ③ 死魔 - 중생들이 죽음을 면치 못하므로 이를 魔라 한다.

326) '月' 아래에 한 글자가 빠진 듯하다.(편자 교감)

종지용출품327)

從地湧出品

무리의 즐거움이 가까이서 일어 우뢰를 잡은 것 같고, 어린 나무는 다듬기 어려우니 누가 어리석음을 깨우치랴. 적정을 당하여 늙은 아이는 명을 따라 나오고, 사바세계의 보처보살은 그 중에 떨어져 일어나네. 세존은 떨쳐버리고 새로이 자취를 이루며, 이 때 대중은 옛 교화의 공덕을 처음 듣네. 맑고 맑은 하나의 허공은 걸림 없는 해탈이며, 많은 세월을 다 엿볼 필요가 없네.

興情樂近執雷同	少木難裁孰發蒙
흥정요근집뢰동	소목난재숙발몽
當寂老兒承命出	娑婆補處墮起中
당적노아승명출	사바보처타기중
世尊爲拂新成迹	時衆初聞遠化功
세존위불신성적	시중초문원화공
湛一虛空無碍脫328)	驢年鶴日不須窮
잠일허공무애탈	려년학일불수궁

---

327) 「종지용출품」은 佛滅後에 『법화경』을 護持하고 讀, 誦하고, 널리 이 經을 설하기 위하여 四菩薩인 上行, 無邊行, 淨行, 安立行菩薩이 上首가 되어 땅에서 無量千萬億 보살마하살과 함께 솟아난다.
328) 일지암본은 晩으로 되어있으나, 脫로 보인다.

여래수량품329)

如來壽量品

크고 작은 비로자나불이 도량에 앉았는데, 모두 망어로 빛을 오래 감추었네. 몇 번 이 세상330)을 돌아 남을 속이고 갔던가. 홀로 영취산331)을 향하여 목숨이 길었음을 보였네. 연등불332)에게 기별을 받음은 진실한 희극이요. 대통지승불로부터 『법화경』을 들음은 가히 헤아릴 수 있다. 내가 지금 크게 다행히 여기는 것을 그대는 아는가? 옷과 신발의 소매 끝과 신발 끈이 열려 헤쳐져 드러나는구나.

大小遮那坐道場	都將妄語久埋光
대소자나좌도량	도장망어구매광
幾廻忍土瞞他去	獨向靈山現壽長
기회인토만타거	독향영산현수장
受記然燈眞戲劇	聞經智勝可思量
수기연등진희극	문경지승가사량
我今慶幸君知否	衣屛衿蓑解辮揚
아금경행군지부	의리금혜해발양

---

329) 「여래수량품」은 석가 세존께서는 금생에 비로소 성불하신 것이 아니라, 無量阿僧祇劫 전에 성불하시어 항상 이 사바세계에 머무르시면서 중생을 제도하셨고, 타방 세계에서도 그렇게 하셨으며, 쿠시나가라에서 열반하신 것은 방편으로 보이신 것일 뿐으로 여래 법신의 수명은 한량없다는 法身成佛의 참뜻을 나타내셨다. 이러한 여래 법신의 영원함은 醫子喩를 통하여 밝히시니, 法華七喩의 하나이다.

330) 사바세계를 말한다. 걱정 근심이 끊이지 않는 세상이니 참는 수행이 필요하며 인토라 했다.

331) 靈鷲山 : 耆闍崛山의 번역. 중인도 마갈타국 왕사성 부근에 있는 산. 부처님이 설법하시던 곳. 이 산에는 신선들이 살았고, 또 독수리가 많이 있으므로 영추산. 또는 鷲頭·鷲峰·鷲臺라고도 한다. 혹은 산의 모양이 수리의 머리와 비슷하므로 이렇게 이름.

332) 燃燈佛 : 錠光佛의 번역 이름. 석존이 전생에 보살로 있을 적에 이 부처님에게서 "미래에 반드시 성불하리라"는 授記를 받았다 한다.

분별공덕품333)

分別功德品

여래는 방편을 열어 진실을 나타냄에서 오고, 원교의 공덕은 언제나 모든 경전에 갖추어져 있구나. 어린 손자는 지금 마땅히 서로 사랑하고, 부모의 나이에 다시 미혹하지 않는다. 가까운 일생에서 가장 오묘한 이치를 알며, 마음에서 십신334)을 발함이 모자라는 것 같구나. 나타난 많은 국토가 진실로 상주를 설법하니, 영산을 향하여 다시 배꼽을 물지 마라.

如自開權顯實來　　　圓功或與衆經齊
여자개권현실래　　　원공혹여중경제

兒孫此日應相愛　　　父母之年更不迷
아손차일응상애　　　부모지년경불미

隣極一生知最妙　　　發心十信似缺低
린극일생지최묘　　　발심십신사결저

現前塵刹眞常說　　　莫向靈山更噬臍
현전진찰진상설　　　막향영산갱서제

---

333) 「분별공덕품」은 청정법신 여래의 수명이 三世에 長遠함을 설하시니, 각각의 근기에 따라 듣고 분별하여 공덕을 얻고, 보살들이 믿고 이해하여 실천한 공덕에 따라 성불의 차등이 있음을 밝혔다.

334) 十信 : 보살이 수행하는 階位 52위 중, 처음의 10位. 부처님의 교법을 믿어 의심이 없는 지위. 信心·念心·精進心·慧心·定心·不退心·護法心·廻向心·戒心·願心.

수희공덕품335)

隨喜功德品

법을 듣고 따라 기뻐하는 초심자336)는 복이 얼마이며, 성문의 아라한과
는 많다고 말할 수 없네. 여산 궁궐337)의 물물은 모두 여의주이고, 왕
실 창고의 칼은 하나같이 잘 드는 보검이네. 만약 영리한 자질을 믿고
지혜를 더한다면, 어찌 강좌를 의심하여 잠깐이라도 지나치리오. 불퇴전
의 대승보살338)을 자랑하지 말며, 이 경계를 벗어나면 어찌 자라의 절
룩거림과 같지 않으리오.

隨喜初心福幾何
수희초심복기하

聲聞極果未云多
성문극과미운다

驪宮物物皆如意
여궁물물개여의

王庫刀一盡大阿
왕고도일진대아

若信利根增智慧
약신이근증지혜

何疑講座暫經過
하의강좌잠경과

休誇不退摩訶薩
휴과불퇴마하살

漁景奚同跛鼈跎
일경해동파별타

---

335) 「수희공덕품」은 「분별공덕품」에서 설한 5품 보살도 중에 초수희품에 대해 거듭 찬탄한다.

361) 미륵의 질문에 부처님께서 설법하시길 수희하는 사람들은 50명째에 이르기까지 설법을 전해 듣
고 믿어 기뻐한 공덕이 무량하고 그 공덕은 팔해탈보다 수승하다함.

337) 華淸宮. 唐나라 현종과 양귀비가 사랑을 나누었던 곳으로 유명하다.

338) 不退 : Avinivartaniya 阿鞞跋致·阿惟越致라 음역. 不退轉이라고도 한다. 퇴는 퇴보·퇴폐의 뜻. 한
번 도달한 수양의 계단으로부터 뒤로 물러나거나 수행을 퇴폐하는 일이 없는 것. 그 지위를 不
退位라 하고 8地菩薩 이상을 말한다.

법사공덕품339)

法師功德品

경전을 의지하여 읽고 외우고 해설하며 베껴 쓰거나 받아 지니면, 부모님께 받은 몸 한결같이 지님이 기이하네. 코로 맛보고 혀로 향기 맡음이 원래 걸림 없으니, 눈으로 듣고 귀로 보는 모든 것이 서로 이치에 맞도다. 퍼 올린 강물과 바다가 생소와 낙미로 변하고, 집어 낸 모래더미가 패옥으로 화하네. 청정한 육근340)은 능히 서로 작용하니, 서쪽 송나라와 동쪽 고려가 떨어져 있다 하지 마시오.

依經讀誦說書持 의경독송설서지	父母生身一持奇 부모생신일지기
鼻味舌香元不㝵 비미설향원부애	眼聞耳見總相宜 안문이견총상의
攬來河海成酥酪 람래하해성소락	坫出砂㠀化貝琦 점출사범화패기
淸淨六根能互用 청정육근능호용	莫言西宋隔東麗 막언서송격동려

---

339) 「법사공덕품」에서는 「법화경」을 수지, 독, 송, 해설, 서사(5종 법사)하는 이는 六根이 청정해지는 공덕을 얻는다고 한다. 이 5종 법사는 법화삼매와 육바라밀을 실천해 일불승을 지향한다.

340) 육근청정의 공덕을 간략히 말하면 다음과 같다.
①안근청정 : 8백 가지 공덕이 있는 수승한 눈(시각)으로 청정하게 장엄. 삼천 대천 세계 안팎의 산천과 아비지옥에서 유정천까지를 보게 된다.
②이근청정 : 1,200가지 공덕이 있는 수승한 귀(청각)로 청정하게 장엄. 삼천 대천세계 아비지옥에서 유정천까지 그 안밖의 갖가지 말과 소리를 듣게 된다.
③비근청정 : 8백 가지 공덕이 있는 수승한 코(후각)로 청정하게 장엄. 十法界의 생활 상태를 냄새 맡고 알게 된다.
④설근청정 : 1,200가지 공덕이 있는 수승한 혀(미각)로 청정하게 장엄. 씹는 것이 다 감로의 맛으로 화하고, 깊고 묘한 음성으로 설법해 듣는 이가 환희하게 된다.
⑤신근청정 : 8백 가지 공덕이 있는 수승한 몸(촉각)으로 청정하게 장엄. 몸이 맑은 유리 같아 모두 보기 좋아하고, 十法界가 모두 그 몸속에 비친다.
⑥의근청정 : 1,200가지 공덕이 있는 수승한 뜻(감각)으로 청정하게 장엄. 한 게송, 한 구절을 들어도 무궁한 뜻을 통달하고, 삼천 대천세계 육취 중생의 마음 상태를 다 안다.

상불경보살품341)

常不輕菩薩品

일체는 잘못됨이 없으니 경계를 가벼이 하지 말고, 가벼이 여기지 않음을 항상 지어서 마음을 가벼이 하지 말라.342) 분주히 뛰어다니며 싫증 내지 않고 큰소리로 노래하니, 멀고 가까이에서 들이는 소리마다 해로운 소리뿐이네. 넓은 땅에 과녁이 많으니 적중시킬 줄 알고, 육근의 티끌이 맑아지니 공덕은 깊어짐을 아네. 필경을 알지 못하니 무슨 일을 이루며, 수많은 사람들이 속세에서 헤매네.

一切無非不輕境	不輕常作不輕心
일체무비불경경	불경상작불경심
奔馳不厭高聲唱	遠近咸聞毒鼓音
분치불염고성창	원근함문독고음
大地的多知射中	六根塵淨覺功深
대지적다지사중	육근진정각공심
不知畢竟成何事	無限人人被墮沈
부지필경성하사	무한인인피륙침

---

341) 「상불경보살품」은 석가모니 부처님께서 과거 무량겁 전에 이만억 威音王佛 중 최초 불의 像法시대에 常不輕菩薩로 출현하시어 상불경보살행을 하시었다. 그 공덕으로 이만억 위음왕불시대는 물론 日月燈明佛, 雲自在燈王佛 법 중에서 「법화경」을 광설 유포하시고 그 이후로 계속 묘법을 설법하셨다.

342) 常不輕菩薩行 : 상불경보살은 「법화경」에서 모든 사람을 만날 때마다 인사하면서, "나는 당신들을 가볍게 업신여기지 않겠습니다. 여러분들은 다 보살행을 행하여 앞으로 성불하기 때문입니다." 라고 하여 많은 사람들에게 성불한다는 확신을 심어 준 공덕이 있다.

여래신력품

神力品

상행보살이 경전을 널리 폄에 서원은 다함없고, 미래세에 유포하기를 청하여 말씀드린다. 여래께서 열 가지 신통력을 드러내 보이니, 보살이 바야흐로 사구 게송의 공덕을 입네. 손가락을 튕기는 그 소리는 천세계에 날아오르고, 몸에 두루한 광명은 큰 허공을 가르네. 모두 이 일을 집어내어 두루 알게 하니, 드러난 법을 어찌 수고롭게 자세히 통하게 할 것인가.

上行弘經願不窮	請言流布未來中
상행홍경원불궁	청언유포미래중
如來爲現十神力	菩薩方霑四句功
여래위현십신력	보살방점사구공
彈指聲飛千世界	偏身光透一虛空
탄지성비천세계	변신광투일허공
全提此事會分付	表法何勞委細通
전제차사회분부	포법하로위세통

촉루품

囑累品

근심하고 슬퍼함을 그치지 못하고, 사십여 년 동안에 차이가 있는 것 같네. 오늘 아침에 진실을 열어 나타내 면면을 드러내고, 후세에 유통하기를 모두에게[343] 권하네. 세 번 이마를 어루만져[344] 법을 주니 인색함이 없고, 일체의 경을 베푸니 막히거나 머무르지 않네. 연꽃을 세계에 두루 피어나게 하며, 몸을 굽혀 부처님의 칙명을 받드니 비로소 보답하네.

---

343) 頭頭物物은 모든 종류의 여러 가지를 말함.
344) 석가여래가 여러 보살의 이마를 세 번 만지고 법화경을 咐囑한 것.

切切怛怛未能休　　四十餘年似有差
도도달달미능휴　　사십여년사유차

開顯今朝呈面面　　流通后世勸頭頭
개현금조정면면　　유통후세권두두

三摩授法無慳吝　　一切宣經莫關留
삼마수법무간인　　일체선경막관류

要使蓮花生偏界　　曲躬承勅始堪酬
요사련화생편계　　곡궁승칙시감수

약왕보살본사품

藥王品

약왕보살[345]의 정진은 스스로 갈고 닦은 것이니, 본사[346]는 마치 지금 오히려 자랑하는 것 같네. 소신공양을 거듭 펴니 세상을 깨끗하고 밝게 하며, 인연으로 홀연히 정덕왕가를 의지하네. 몸을 불 사루니 여러 부처님이 참된 법공양이라 이름하고, 다시 또 팔을 태워 공양하니 수많은 하늘에서 보배 꽃을 비 내리네. 태산을 한번 쳐서 『법화경』의 가르침을 받드니, 어느 누가 작은 정성의 빛이나마 갖추지 않으리오.

藥王精進自礱磨　　本事如今尚似誇
약왕정진자농마　　본사여금상사과

供養重申淨明國　　因緣忽寄德王家
공양중신정명국　　인연홀기덕왕가

然身諸佛名眞法　　還臂多天雨寶花
연신제불명진법　　환비다천양보화

一擲大山尊妙敎　　何人不具寸誠霞
일척대산존묘교　　하인불구촌성하

---

345) 이 보살은 항상 대비의 약으로 일체 중생의 惑業을 치료하고 즐거움을 주는데 자재를 얻었다고 한다.
346) 과거생에서 인행을 할 때 지은 일들.

묘음보살품

妙音品

영취산의 변재를 듣고자 하니, 팔만사천대를 변화시키네. 빛을 놓아 동쪽의 법 은근히 부르고, 명을 받들어 서쪽의 무리가 권속이 되어 오네. 가르침을 폄이 어찌 삼력[347]을 갖춤과 같겠으며, 연을 맺으니 모두 시방을 열게 하는구나. 모두 함께 거두어 교화함은 더욱 헤아리기 어렵고, 아들의 소와 양을 가지려 하는 한은 돌이키지 말라.

欲向靈山聽辯才	化成八萬四千臺
욕향영산청변재	화성팔만사천대
放光東法慇懃召	奉命西將眷屬來
방광동법은근소	봉명서장권속래
弘敎那如三力備	結緣咸使十方開
홍교나여삼력비	결연함사시방개
同凡攝化尤難測	將子牛羊恨莫廻
동범섭화우난측	장자우양한막회

관세음보살보문품[348]

普門品

보문[349]의 소식은 중도가 없으며, 오척십쌍[350]은 양끝이 아니다. 낱낱

---

347) 三力은 慧眼力·法眼力·化導力.

348) 이 품은 독립시켜 觀音經이라고도 한다. 『법화경』 제25품에 보이는 관세음보살이 중생을 여러 가지 방편으로 구제하는 모습을 설한 부분과 또 33應身을 나타내어 갖가지로 설법하는 것.

349) 모두에 골고루 미치는 보편적인 문호로서 『법화경』에 바탕하여 중도와 실상의 이치가 모든 것에 통하여 타당한 것을 보문이라 하고, 이것을 근거로 十普門을 설한다. 곧 慈悲普·弘誓普·修行普·斷惑普·立法門普·神通普·方便普·說法普·成就衆生普·供養諸佛普의 열 가지이다. 이것은 諸佛 菩薩이 일체에 두루 通하는 中道實相의 진리에 의거하여 無量의 문을 열어줌으로써 차례로 自行化他의 덕을 완성하도록 나타내는 것이다.

350) 五隻十雙 : 『觀音玄義』에서 「觀世音菩薩普門品」의 제목을 해석한 것. 人法, 慈悲, 福慧, 眞應, 藥珠, 冥顯, 權實, 本迹, 緣了, 智斷이 각각 쌍으로 이루어지는 것을 말한다. 이 때 별석으로 五隻을 논한다. 즉 觀世音·普門의 대한 의미를 설명하는 것이다.

사물은 티끌마다 종일 나타난다. 나툰 모습은 곳곳에서 사람을 속이지 않네. 소리를 듣고 괴로움을 없애주는 자비의 힘은 미묘하고, 칙명을 받아 경을 널리 펴니 서원은 넉넉하네. 조용히 관세음보살[351]을 생각하니 바다 같은 삼매 이루고, 흰 원숭이 재잘대는 달밤에 포단[352]에서 좌선하네.

普門消息沒中邊	五隻十雙非兩端
보문소식몰중변	오척십쌍비양단
箇事塵塵終日現	分形處處莫人瞞
개사진진종일현	분형처처막인만
聞聲拔苦慈悲妙	受勅弘經誓願寬
문성발고자비묘	수칙홍경서원관
緬想圓通三昧海	白猿啼月坐蒲團
면상원통삼매해	백원제월좌포단

다라니품

陀羅尼品

안으로 지켜주는 다라니가 특별한 땅에서 베푸니, 가공할 마구니의 괴수가 첫 기틀을 괴롭히네. 스스로 지혜의 칼을 가지니 그 힘을 생각하기 어려우며, 누구나 자비의 문을 알면 성내거나 위세 부리지 않으리. 약왕·용시보살과 비사문천·지국천왕이 항상 지켜주며, 모든 하늘과 열 명의 나찰녀[353]가 의지처를 만드네. 사람을 지키고 법을 수호함이 어찌나 빠른지, 여래께 귀의하여 보배의 도장을 휘날리네.

內護眞言特地施	恐多魔魁惱初機
내호진언특지시	공다마괴뇌초기

---

351) 널리 두루 통함으로 방해됨이 없는 것. 지혜에 의해 깨달은 眞如의 理는 그 본질이 원만하여 널리 모든 존재에 두루하고, 그 작용은 자재하여 방해됨이 없이 모든 존재에 두루 하기 때문에 그 理를 圓通이라고 한다.

352) 포단 : 좌선하거나 절을 할 때 사용하는 방석.

353) 『법화경』을 독송하는 사람들을 수호하려고 서원한 10명의 나찰녀.

自將慧劍難思力　　　　誰識慈門不怒威
자장혜검난사력　　　　수식자문불노위

兩聖二天常擁衛　　　　諸乾十女作憑依
양성이천상옹위　　　　제건십녀작빙의

護人護法何神速　　　　歸命如來寶印揮
호인호법하신속　　　　귀명여래보인휘

묘장엄왕본사품

妙莊嚴品

애석하구나. 묘장엄왕이 오래도록 미혹에 빠지니, 아직 불에 굽지 않은 질그릇과 같으니 가져오기 두렵네. 인천의 과보는 여러 생 동안 잘못되었으나, 아이와 어머니가 다듬이 소리를 내어 한 생각 돌리게 하는구나. 예전에는 승가의 처소를 지키며 『법화경』을 널리 펴고, 지금은 부처님으로부터 수기를 받아서 진기한 보배자리에 앉았네. 법문의 인연 있는 종자를 어찌 일찍이 잃었겠으며, 숨어있는 용과 뱀이 우뢰 치기를 기다리네.

惜也嚴王久滯迷　　　　如坯未火恐將來
석야엄왕구체미　　　　여배미화공장래

人天果服多生錯　　　　兒婦捿碪一念廻
인천과복다생착　　　　아부서침일념회

昔護僧居弘妙典　　　　今承佛記坐珍臺
석호승거홍묘전　　　　금승불기좌진대

法門緣種何曾失　　　　在蟄龍蛇待發雷
법문연종하증실　　　　재칩용사대발뢰

보현보살권발품

勸發品

보현보살이 맨 끝에 와서 거듭 청하니, 4가지 법354)의 큰 그물로 두루 펼쳐 거두는구나. 정진하고 참회하는 예법으로 다섯 가지 흐림355)을 씻어 버리고, 다라니356)와 밝은 주문357)으로 마구니들을 막아버리네. 여섯 이 가진 흰 코끼리를 타고 오는 보현보살을 만나며, 이르는 곳마다 크나큰 법소라358)를 불면서 돌아가네. 아주 가까이 은색계359)를 오를 수 있으니, 무생법인의 한 곡조를 그대 위해 부르리.

普賢最后來重請	四句宏網徧攝羅
보현최후래중청	사구굉망변섭라
精進懺儀流五濁	揔持明呪屛諸魔
정진참의류오탁	총지명주병제마
逢場駕出六牙象	到處吹廻大法螺
봉장가출육아상	도처취회대법라
咫尺可登銀色界	無生一曲爲君歌
시척가능은색계	무생일곡위군가

---

354) 四法이란, (1)모든 부처님의 호념함 (2)모든 덕의 근본을 심음 (3)모든 바른 선정에 들고 (4)모든 중생을 구원하려는 마음을 일으킴을 말한다.
355) 末世에 발생하는 피하기 어려운 사회적 정신적 생리적인 5種의 더러움으로 五滓라고도 한다. 오탁은 劫濁見濁煩惱濁衆生濁命濁을 말함.
356) 揔持는 다라니를 말한다. 한량없이 깊고 많은 것을 거두어 지니고 기억하여 잃지 않으며, 또한 갖가지 善法을 능히 가지므로 能持라고도 하며, 갖가지 악법을 막아주고 물리치므로 能遮라고도 한다.
357) 眞言을 가리킴.
358) 인도에서는 사람을 모이게 하는 경우에 이 조개를 불었다. 불타의 설법이 당당하고 번성한 모습을 소라를 부는 것에 비유한 것임.
359) 梅林의 매화꽃이 만발한 경치.

● 부처님의 설법 등 4편

佛舌等四篇 불설등사편360)

　지난 무오년(고종 45년, 1258) 8월 상순에 탁연스님은 송나라 연경사에서 보낸 불설명과 조사찬, 정토원기361)를 가져와서 나에게 보여주었다. 삼가 머리를 조아려 기뻐하며 찬미하나 부족합니다. 지금 함께 『초암록』362)가운데서 일본국사가 금니로 쓴 『법화경』을 헌상하는 일과 『진조집』363)에서 법우당이라 이름 한 연기를 골라 보았습니다.

　다시 다음과 같이 품을 따라 운으로 찬하여 찬탄을 펼쳤으나, 감히 즐겨서 하는 일은 아닙니다. 대개 또한 대국의 불조의 융성함을 사모하여 말할 뿐입니다.

越歲在戊午八月上旬　山人卓然以大宋延慶寺所寄佛舌諸祖師讚淨□364)院記
월세재무오팔월상순　산인탁연이대송연경사소기불설명조사찬정□　　원기

來示予　謹稽首
래시여　근계수

欣慶歎美不足　今幷取草庵錄中日本國師遙獻金字蓮經事
흔경탄미부족　금병취초암록중일본국사요헌금자련경사

振祖集中法雨堂命名緣起
진조집중법우당명명연기

復次隨品讚韻聊申讚歎　非敢好事也　盖亦向慕大國佛祖之盛事云爾
부차수품찬운료신찬탄　비감호사야　개역향모대국불조지성사운이

---

360) 일지암본에는 본문의 시작 부분인 '越歲在戊午'를 제목으로 삼았으나, 여기서는 편의상 '佛舌等四篇'이라는 제목을 붙인다.
361) 『淨土院記』는 延慶寺淨土院記를 가리킴.
362) 『草庵錄』은 『四明尊者敎行錄』 권4(대정장 46, p.885중)의 「四明石芝沙門宗曉編」 참조.
363) 『振祖集』은 사명지례가 스승인 보운의통선사의 행적을 편집한 집록. 『四明尊者敎行錄』(대정장 46, p.856상) 「寶雲振祖集」 참조.
364) 원문의 □는 '土' 라고 생각된다.(편자 교감)

부처님의 설법

佛舌 불설

사리가 굴러가듯 부처님의 설법은 신기하며,
자세히 생각하니 도리어 그것은 조각마다 공이 없네.
한 자도 설하지 않았거늘 어찌 묘함이 있으며,
망령되이 삼거365)를 설하였으니 어찌 번잡함을 면하리오.
우뚝 솟은 달은 온 세계의 물을 두루 머금고,
작은 티끌은 구름 같은 열 가지 불신366)을 본래 갖추었네.
하나하나 거듭하여 덧붙이는 말을 쓸 필요가 없으며,
의보와 정보367)가 항상 베풀고 종일토록 듣고 있네.

舍利離離佛舌神　　細思還是片無勳
사리리리불설신　　세사환시편무훈

未詮一字何曾妙　　妄說三車豈免紛
미전일자하증묘　　망설삼거기면분

孤月遍含千界水　　微塵本具十身雲
고월변함천계수　　미진본구십신운

箇中不用重饒舌　　依正常宣終日聞
개중불용중요설　　의정상선종일문

---

365) 三乘의 가르침을 비유한 것. 羊·鹿·牛車임.
366) 화엄경에서 말하는 10종의 佛身을 말함.
367) 依正은 依報와 正報이니 곧 국토와 유정(有情)을 말함.

금자법화

金字法華 금자법화

가르침을 듣고 다시 일으켜 현교를 열고,
해동의 여러 나라는 마음을 다하네.
하얀 종이 위의 글씨는 향기로운 안부를 전하고,
금으로 쓴 『법화경』은 작은 마음을 표하네.
일본 손님이 가져온 것이 비록 뛰어나지만,
탁연스님이 가져온 것은 더욱 분명하구나.
반드시 임금이 친히 쓴 손에서 나왔음을 알아야하지만,
어찌 다른 경과 더불어 평등함을 견주리오.

聞導中興開顯敎　　　海東諸國盡心□
문도중흥개현교　　　해동제국진심□

銀山木道傳芳訊　　　金字蓮經表寸情
은산목도전방신　　　금자련경표촌정

倭客齎歸雖勝妙　　　然師寄獻轉分明
왜객재귀수승묘　　　연사기헌전분명

須知出自皇親手　　　豈與他經一檠平
수지출자황친수　　　기여타경일개평

정토원

淨土院 정토원

정의 경계는 초관인데 해는 기울어 떨어지려 하며,
진실로 다른 정토에 생애를 의지하네.
일천의 존상은 함께 방에 앉아 있지만,
촌륙의 고인[부처님]은 각각 집을 차지하고 있네.
전인(현판)은 바람맞고 향기는 절에 가득 차고,

연꽃은 물에서 피어나니 크기는 수레 같구나.

이 연꽃은 구품연대에 귀 기울이지 않으니,

무슨 행운으로 상품화에 함께 태어나리오.

定境初觀落日斜	眞他淨土寄生涯
정경초관락일사	진타정토기생애
一千尊像同安室	寸六368)高人各占家
일천존상동안실	촌육　　고인각점가
篆印當風香滿院	蓮花出水大如車
전인당풍향만원	련화출수대여차
此蓮九品非聊爾	何幸同生上品花
차련구품비료이	하행동생상품화

법우당

法雨堂 법우당

원력의 법륜을 처음 전하기는 소희369)년간인데,

힘을 다하여 경영하였으니 실로 가련하구나.

담로370)가 이름 지어 그 덕을 드날렸고,

효사371)는 붓을 들어 연기를 쓰셨네.

흠뻑 은혜 입은 이는 꽃처럼 흩어지고,

중생372)은 성인의 종자를 이루어 돌아오네.

원근373)의 부처님이 함께 소생하니 분수를 알고,

보운374)은 고려의 하늘에서 와서 법을 일으켰네.

368) 흔히 丈六의 부처님을 말하지만, 여기서 寸六인 것은 작은 상을 말하는 듯하다.
369) 南宋의 年號(1190-1194).
370) 曇老는 정토종의 개조인 曇鸞(476~?)으로 추정된다.
371) 曉師는 宗曉(1151~1214)스님을 말하는 것으로 생각됨. 南宋僧으로 『四明敎行錄』을 편찬함.
372) 枯槁는 『법화경』「藥草喩品」에 나오는 枯槁衆生을 말함.
373) 遠近은 『법화경』에 나오는 구원실성의 부처님과 석가모니 부처님을 말함.
374) 義通(927~988)은 고려 스님으로 속성은 尹이고 字는 惟遠. 처음 吳越에 가서 天台德韶에게서

願輪初轉紹熙年　　　竭力經營實可憐
원륜초전소희년　　　갈력경영실가련

曇老命名揚厥德　　　曉師摛筆記玆緣
담로명명양궐덕　　　효사리필기자연

霑濡普被人華去　　　枯槁渾成聖種還
점유보피인화거　　　고고혼성성종환

遠近咸蘇知有分　　　寶雲興自海東天
원근함소지유분　　　보운흥자해동천

● 천태지자[375]

天台智者 천태지자

성인의 흔적은 제5조[관정]께서 지은 『천태지자대사별전』[376]과 두 성인 (道宣[377]과 法射)과 두 현인(法論과 智果[378])이 기록한 바와 더불어 모든 전기에 기록된 것과 같다. 다시 더 드날리고자 찬하여 말한다. "해가 푸른 하늘을 덮듯이, 어찌 다 기록할 수 있겠는가. 지금 또 의식에 의지하여 참회하는 주인을 예찬하는 뜻은 제자가 널리 그의 덕을 펴고자할 뿐이다."

聖迹具如第五祖所撰別傳及二聖(道宣法射)二賢(法論智果)所記
성적구여제오조소찬별전급이성(도선법사)이현(법론지과)소기

幷諸傳錄　更欲稱揚　如讚曰　日褏靑天　豈可殫記也耶　今且依式懺主禮讚意
병제전록 갱욕칭양 여찬왈 일포청천 기가탄기야야 금차의식참주예찬의

聊申子德耳
요신자덕이

螺溪義寂 문하로 다시 가 天台 第16祖가 되었다. 太宗이 「寶雲」이라는 額을 내리고 寶雲尊者는 號이다. 스님의 門下에 知禮와 遵式이 있다.

375) 天台智者(538-597)는 중국 수나라 때에 불교를 집대성하고, 천태교관의 기초를 확립한 고승.
376) 章安灌頂(561-632)임. 천태대사의 제자로 三大部를 편찬하고 『천태지자대사별전』을 지었음.
377) 道宣(596~667). 俗姓은 錢이고, 字는 法遍. 南山律師라고도 하며 南山律宗의 시조가 되었다.
378) 法論과 智果는 『속고승전』義解篇을 참조.

대소산379)에서 법화삼매를 닦음

大蘇山修法華三昧 대소산수법화삼매

보현삼매참법으로 나날이 새롭고,

지금 다시 와서 옛것에 의지하니 날로 친숙하네.

정진은 얼마나 외로운 달그림자를 좇는가

밝음을 발하는 불꽃은 백화가 만발하는 봄 같구나.

장엄한 묘법회상 영축산을 관하니,

탁 트였구나. 선에 돌입하여 궁극처를 깨쳤네.

문자법사가 천 만 무리라 해도

요설380)이 천진함에서 나옴을 누가 알리오.

普賢三昧懺惟新	今復來依昔日親
보현삼매참유신	금복래의석일친
精進幾隨孤月影	發明煥若百花春
정진기수고월영	발명환약백화춘
儼然妙會觀靈岳	豁矣淡禪證武津
엄연묘회관영악	활의돌선증무진
文字法師千萬衆	誰窮樂說出天眞
문자법사천만중	수궁요설출천진

---

379) 光州 大蘇山에서 법화삼매를 닦음. 慧思문하에서 법화경을 독송하다가 「약왕보살본사품」의 전
    생의 소신공양 구절에서 공관을 증득한다. 『묘법연화경』의 "其中諸佛同時讚言 是眞精進 是名眞
    法供養如來"에서 활연대오하였다.
380) 樂說은 『법화경』 「분별공덕품」에 나옴. '樂說無礙辯'은 四無礙辯의 하나이다. "復有一世界微塵
    數菩薩摩訶薩 得樂說無礙辯才"(『대정장』 9, p.44상).

와관사381)에서 법화묘의를 설법하다

瓦官寺開法華妙義 와관사개법화묘의

큰 법이 와관사로부터 널리 퍼지고,

귀의하는 마음이 외롭지 않아 늘어만 가네.

본문적문의 이십묘382)를 부지런히 펴고,

널리 제호의 한 맛을 베풀었네.

삼제가 원융함을 관하니 바로 이것이고,

5시의 교상판석의 개념은 더욱 넓구나.

다행스럽구나. 성구383)는 헤아리기 어려운 가르침이여,

날마다 향기로운 향로를 홀로 간취하고 있구나.

大法弘揚自瓦官	歸心不獨有長長
대법홍양자와관	귀심불독유장장
勤宣本迹什重妙	普施醍醐一味餐
근선본적입중묘	보시제호일미찬
三諦圓融觀卽是	五時判釋道彌寬
삼제원융관즉시	오시판석도미관
幸哉性具難思敎	日日馨爐獨把看
행재성구난사교	일일형로독파간

---

381) 瓦官寺는 중국 강소성에 있었던 절로서 천태대사가 이곳에서 『법화현의』을 강설하였다고 함.
382) 『법화현의』에서는 별석을 분과한 가운데 본문10妙와 적문10妙로 나누어 설명한 것을 합한 것.
383) 性具는 천태의 십계호구 사상.

화정봉384) 위에서 천마를 항복시키다

華頂峰上降伏天魔 화정봉상항복천마

아주 그윽한 화정봉에는 인적이 끊어지고,

홀로 하는 두타행은 잠시 머물러서 의탁하네.

한밤 좌선의 침묵은 진성의 바다에 노닐며,

마구니는 다투어 법신의 성을 괴롭히네.

탁마는 모두 삼관묘에 의지하여,

품위가 높아져서 일념으로 오르네.

새벽녘에 신승385)이 나와 칭찬을 하니,

공덕이 법을 가지고 바로 어려운 길을 고르게 하네.

最幽華頂絶人經 최유화정절인경	獨往頭陀寄暫停 독왕두타기잠정
夜坐黙游眞性海 야좌묵유진성해	天魔競惱法身城 천마경뇌법신성
消磨全仗三觀妙 소마전장삼관묘	品位彌高一念登 품위미고일념등
向曉神僧出稱歎 향효신승출칭탄	功將法正兩難程 공장법정양난정

---

384) 천태산 8봉 중에 하나. 화정봉상에서 마군을 항복받고 깨달음.

385) 神僧이란 천태지의가 화정봉에서 마구니를 물리친 후에 신승을 만나 칭찬을 받은 경지가 중도 일의제라고 함. 『별전』(대정장 50, p.193중) 「明星出時神僧現曰。制敵勝怨乃可爲勇」.

옥천사386) 보각에서 마하지관을 설법하다

玉泉寶閣說摩訶止觀 옥천보각설마하지관

자기 마음속을 말하여 다른 사람에게 널리 베푸니,

찰나가 모두 망념이면 모두 참되다.

빛나고 밝고 밝은 신주는 한 밤중에 있으며,

가지와 잎은 엉성하지만 보리수는 봄이네.

백우를 다루어 보배 길을 가게하며,

다른 곳에 보낸 모든 아들은 동륜에 들어가네.

새는 구구하고 쥐는 찍찍거리듯 많고 적음을 알며,

고해는 망망하여 갈 곳을 잊어버렸네.

說己心中遍施人	利那全妄卽全眞
설기심중편시인	찰나전망즉전진
光明晃朗神珠夜	枝葉扶踈覺樹春
광명황랑신주야	지엽부소각수춘
賀此白牛行寶路	送它諸子入銅輪
하차백우행보로	송타제자입동륜
鳥空鼠喞知多少	苦海茫茫失要津
조공서즉지다소	고해망망실요진

태극전에서 『인왕반야경』을 강연하고 불롱도량에서 『정명경』을 해설하고 영석해안에서 『열반경』 100구를 열었다

太極殿上講仁王般若 佛隴道場解淨名經 靈石海岸開涅槃百句
태극전상강인왕반야 불롱도량해정명경 영석해안개열반백구

사자는 사자 새끼를 거느리고,

전단 숲 속에서 여유롭게 노니네.

---

386) 옥천사는 형주에 있는 절로서 『마하지관』을 설한 곳.

이시[387]의 자비의 비가 내려 울부짖으니,

곳곳에서 듣고 놀라 깨달아 알 것을 잃어버리네.

하물며 인왕경을 강하니 황제가 예를 올리고,

또한 유마경을 담론하여 사람들의 의심을 없애버리네.

다시 영석에서 불신상주[388]를 평석하니,

열반경 백구는 어에 만구의 글로 열리네.

師子相將師子兒	栴檀林下寄捿遲
사자상장사자아	전단임하기서지
二時慈霔能哮吼	幾處驚聞失覺知
이시자주능효후	기처경문실각지
況講仁王消帝拜	又譚摩詰決人疑
황강인왕소제배	우담마힐결인의
更於靈石評常住	百句仍開萬句詞
갱어영석평상주	백구잉개만구사

진과 수의 두 나라에서 궁을 짓고 돈계[389]를 주고, 못에서 방생하고 『금광명경』의 유수품을 강의하니 서천과 동국에서 모두 스승으로 우러렀다

陳隋兩國 授工宮頓戒 放生池上 講金經流水 西天東國 咸仰爲師
진수양국 수공궁돈계 방생지상 강금경류수 서천동국 함앙위사

문득 모인 대중에게 널리 절을 짓고,

텅빈 들의 숲과 물위의 배[390]가 스스로 끌려오네.

궁중에서 계를 주니 악을 멈추고 선을 지음[391]이 우뢰 같고,

---

387) 二時는 『대지도론』에서 假實 2종으로 나눈다. 여기서는 權과 實로 쓰인 것 같음. 가라시와 삼매야시.

388) 常住는 불신상주를 의미하고 있는데, 제목에서는 『열반경』을 열었다고 한다. 제자 관정의 『열반경소』가 현존하고 있음.

389) 頓戒는 원돈계를 의미하며, 천태에서는 모든 계가 그대로 絶對圓頓戒라고 보고 있다.

390) 浮囊은 『열반경』에 나오는 말로서 계율에 의지하여 강을 건너는 것에 비유함.

못에 방생하니 자비의 비 내리네.

교판은 높아 일찍이 서역 구마라집을 압도하고,

관법의 묘함은 친히 남악 혜사로부터 전하였네.

사견과 정견, 편벽과 원만함을 밝게 가리니,

우리나라와 인도에서 모두 스승으로 삼네.

頓合焦類普招提	空筏浮囊自挈持
돈합초류보초제	공패부랑자설지
授戒宮中雷止作	放生池上雨慈悲
수계궁중뢰지작	방생지상우자비
判高早壓西山什	觀妙親傳南岳思
판고조압서산십	관묘친전남악사
邪正偏圓精揀曉	桑丘竺域盡爲師
사정편원정간효	상구축역진위사

● 보운조사를 찬미하다

寶雲祖師讚 보운조사찬

자비한 눈은 얼음처럼 맑고 만월 같은 얼굴,

일찍이 출가하여 공을 알았네.

잠시 운수행각을 하였지만 몸이 얽매임을 싫어하고,

조각배로 푸른 바다를 건너니 큰 뜻을 폈네.

바다 같은 마음은 지난날 얻은 바 없이 얻었지만,

강물 같은 선은 오늘에 갚지 않지만 갚구나.

옳구나! 다시 나계의적의 방에[392] 들어가니,

십계호구를 체득한 소리는 사방으로 멀리 두루 미치네.

---

391) 止作은 善을 짓고[作]하고 惡을 그치는[止] 戒의 정신으로 '作止戒'라고 한다.
392) 天台山 나계의적의 제자가 된 것을 말함.

慈眼氷淸滿月容　　　　早求零染便知空
자안빙청만월용　　　　조구령염편지공

咫遊靑微嫌身繫　　　　盃渡蒼溟挺志雄
지유청요혐신계　　　　배도창명정지웅

性海昔年無得得　　　　禪河今日不同同
성해석년무득득　　　　선하금일부동동

韙哉更入螺溪室　　　　具體之聲四遠通
위재갱입나계실　　　　구체지성사원통

전공393)이 받들어 수계사로 삼음

錢公奉爲戒師 전공봉위계사

전유치 공이 인도의 경전에 깊은 맛을 찾으니,

법을 그리워함이 오직 깊을 뿐 영화를 따르지 않네.

크게 스승을 받들어 보살계를 받으니,

제자라 칭하며 공손히 성의를 다하네.

보살계목의 무거운 계나 가벼운 계394)는 들어도 싫어하지 않으니,

해변에서 돌아가기를 버리고 계획해도 이룰 수 없네.

이로부터 머물면서 묘법의 교화를 펴서,

혜명의 등불이 처음으로 사명산395)을 밝혔네.

錢公探味竺乾經　　　　慕法惟深勿恃榮
전공탐미축건경　　　　모법유심물시영

寅奉尊師承戒品　　　　稱爲弟子貢虔誠
인봉존사승계품　　　　칭위제자공건성

木叉輕重聞無猒　　　　棄渚歸來計未成
목차경중문무염　　　　기저귀래계미성

393) 충의왕 전홍숙의 아들인 錢惟治로서 보운조사를 스승으로 삼고 그를 고려로 돌아가지 못하게
하였다. 『불조통기』(대정장 49, p.191b19), "必從父母之邦 始乃括囊東下 假道四明將登海舶 郡守太
師錢惟治(忠懿王俶之子)聞師之來 加禮延屈咨問心要 復請爲菩薩戒師 親行授受之禮"
394) 『범망경』의 보살계목 중에서 10중 48경계를 말함.
395) 산가파의 본산인 명주로서, 현재의 寧波를 말함.

從此留連敷妙化　　　　慧燈初向四明明
종차류연부묘화　　　　혜등초향사명명

고씨396)가 자기 집을 내놓아 절로 삼다

顧氏捨家爲寺 고씨사가위사

진실로 쾌히 집을 희사하여 삼보를 받들고,

어찌 황금을 써서 곁에 땅을 골라 하리오.

백마사를 새로 단장하여 장엄한 아름다움을 만드니,

낡아 우뚝한 옛집이 거칠고 쓸쓸하여 쓸어버렸네.

이미 아란야를 이루어 모든 티끌을 씻어버리니,

반드시 보시의 정성스러운 마음을 믿어야 하네.

진중한 의로운 용은 법우를 일으키고,

두루 적심은 옥토와 마른 땅을 다 편안하게 하네.

苟能頓捨尊三寶　　　　何用黃金側地看
구능돈사존삼보　　　　하용황금측지간

白馬新莊開壯麗　　　　蒼鷹舊宅掃荒寒
백마신장개장려　　　　창응구택소황한

已成蘭若諸塵淨　　　　須信檀那一寸丹
이성란야제진정　　　　수신단나일촌란

珍重義龍興法雨　　　　普霑能使沃焦安
진중의룡흥법우　　　　보점능사옥초안

---

396) 고승휘를 가리킴. 『불조통기』(대정장 49, p.191b), “開寶元年(本朝太祖)遣使顧承徽廈親師誨 始舍
宅爲傳敎院 請師居之”.

천태교관을 다시 일으키다

中興天台敎觀 중흥천태교관

천태의 교관이 흥망성쇠가 많지만,

구름이 진 치듯 한 오대[397]의 와전에 비교하리오.

크게 진문을 열어 비조가 되어,

항상 법란도 헤치고 마음의 마를 항복시키네.

부처님의 말씀 곳곳마다 원래는 무아며,

두 번째는 크고 두루 다른 이를 교화하네.

빈 것은 가고 실은 오니 인연은 씨앗대로 있으니,

승속을 바르게 가르치니 앞 다투어 모이는구나.

天台敎觀散離多　　　況復雲屯五季訛
천태교관산리다　　　황복운둔오계와

大闢眞門爲鼻祖　　　恒開法障伏心魔
대벽진문위비조　　　항개법장복심마

一音亹亹元無我　　　一紀刊[398]　□[399]遍化他
일음흔흔원무아　　　이기공　　□　　편화타

虛往實來緣種在　　　直敎緇素盡奔波
허왕실래연종재　　　직교치소진분파

뛰어난 인물이 문하에서 많이 나와서 묘법 교화를 펴도록 도와 주었다

異人多出門下助揚妙化 이인다출문하조양묘화

큰 헤아림은 넓고 넓어 다름과 같음이 끊어졌고,

---

397) 五季는 후량·후당·후진·후한·후주의 당말 오대를 가리킨다.

398) 일지암본은 孔이나, 吼로 쓰기도 한다.

399) □는 '孔'이라 생각된다.(편자 교감)

정성스럽게 이끌어서 어두움에 덮임을 교화하네.
뛰어난 사람이 높은 문하에서 많이 나오고,
큰 가르침은 오탁악세에서 거듭 빛나네.
법지존자400)는 경을 설하여 성인의 가르침을 베풀고,
자운존자401)는 붓을 들어 참 공덕을 기록하네.
수많은 용과 코끼리들이 얼마나 웅장하고 위대한가,
타오르는 불꽃을 전하여 밝힘은 영원히 다하지 않는구나.

洪量恢恢絶異同	諄然善誘化昏蒙
홍량회회절이동	순연선유화혼몽
異人多出高門下	大敎重光濁世中
이인다출고문하	대교중광탁세중
法智講經敷聖化	慈雲秉筆記眞功
법지강경부성화	자운병필기진공
百千龍象何雄偉	續焰傳燈永不窮
백천용상하웅위	속도전등영불궁

처음부터 끝까지 신령스러움을 드러내니 사부대중이 우러르다

始末神異彰灼四衆欽仰 시말신이창작사중흠앙

일찍이 출가하여 깨달음을 얻으니,
허깨비처럼 화현하여 문득 중생을 교화하네.
인연 따라 글을 지으니 군더더기 생각을 잘라버리고,
전홍숙이 올린 시는 뜻이 뛰어나구나.
돌아가신 후 신령스런 자취는 더욱 헤아릴 수 없고,
살았을 때 묘한 흔적은 도리어 측량하기 어렵네.
내가 지금 행복하게 절402)에 있지만,

---

400) 법지는 의통의 제자로서 四明知禮임.
401) 자운은 의통의 제자로서 慈雲遵式임.

공연히 시구로서 다시 찬양하네.

早是龍尊證覺場	能同幻化便和光
조시용존증각장	능동환화편화광
道因製疏翹誠切	錢俶呈詩用意長
도인제소교성절	전숙정시용의장
□後神蹤尤叵測	生前妙迹反難量
□후신종우파측	생전묘적반난량
我今幸在維桑地	空把伽陀更讚揚
아금행재유상지	공파가타갱찬양

● 법지존자

法智尊者 법지존자

스승을 찾아 수업하고 비로소 보운존자에게서 배우기 시작하다

求師受業始學寶雲 구사수업시학보운

마음을 비우고 보운을 향해 처음 찾아오니,

특히 천기를 발하니 누구와 더불어 비교하리오.

수 년 동안 일찍이 대신 강의함을 의심하지 말라,

문득 삼 일 만에 일찍 미혹함을 깨달았네.

스승은 묘한 덕이 있어 존숭됨이 한이 없고,

몸이 바로 라훌라403)로 증득함은 끝이 없네.

어찌 다시 힘써 수고롭게 요체404)를 닦아,

도리어 호흡을 관하여 배꼽에 멈추리오.

虛心試向寶雲來	特發天機孰與齊
허심시향보운래	특발천기숙여제

---

402) 桑地는 사문이 거처하는 곳.
403) 羅云은 라훌라의 음역.
404) 肯綮 : 사물의 가장 요긴한 곳.

莫訝數年曾代講 　便能三日早開迷
막아수년증대강 　편능삼일조개미

師爲妙悳尊無極 　身是羅云證不低
사위묘덕존무극 　신시라운증불저

何更劬勞修肯綮 　還觀氣息止於臍
하갱구노수긍경 　환관기식지어제

붓을 들고 논을 지어 성인의 가르침에 찬함을 돕다

秉筆造論毗贊聖敎 병필조론비찬성교

모든 스님들의 편벽된 해석을 내 어찌하며,

비릉에 뒤를 이어 저술이 많구나.

어찌 반딧불을 가지고 낭낭한 밝음을 다투며,

누가 개미집을 가지고 층층이 쌓인 언덕을 대적하리오.

현묘한 종지는 천태가 이끌어서 판석하고,

바른 답은 일찍이 일본으로 돌아가네.

주를 보여주는 사람은 반드시 흔적을 새롭게 하니,

너와 내가 모두 빠져서 절룩거리며 걸어가네.

諸師僻解奈吾何 　繼蹤毗陵著述多
제사벽해나오하 　계사비릉저술다

肯把螢光爭朗曜 　誰將蟻蛭敵層阿
긍파형광쟁랑요 　수장의질적층아

玄宗盛引天台判 　明答曾從日本回
현종성인천태판 　명답증종일본회

示註之人須改轍 　自他咸沒轉蹉跎
시주지인수개철 　자타함몰전차타

오랫동안 일만인을 모아 미타불을 염하여 정토에 나길 구하다

長年結一萬人念彌陀佛求生淨土 장년결일만인염미타불구생정토

미타불을 염하는 것을 어찌 알고 널리 권장하니,

안양국에 왕생함이 매우 기이하구나.

일만인 결사 가운데서 그대로 줄어듦이 없고,

둘이 들어가 관하는 가운데 각각 마땅히 나아가네.

어느 날 보배 연못에 연꽃봉오리가 피면,

오랫동안 정토에서 금과 옥을 밟네.

누가 알리오. 삼업을 부지런히 회향하면,

고해의 과보를 재빨리 바다에 던지고 아름다운 그곳에 올라갈지.

念佛那知如普勸　　持往生安養甚奇
염불나지여보권　　지왕생안양심기

十千結內元無減　　二入觀中各廸宜
십천결내원무감　　이입관중각적의

亡口寶池開菡萏　　長年淨刹踏金碕
타일보지개함담　　장년정찰답금기

誰知三業勤廻向　　苦報忙抛海上麗
수지삼업근회향　　고보망포해상려

3년 동안 10인이 결사하여 법화참법을 닦고 몸을 태워 공양하다405)

三年結一十人 修法華懺 然身供養 삼년결일십인 수법화참 연신공양

영축산에서 진 짐으로 가르침을 권하여 여니,

나아가기 어려운 많은 생에 보리심을 일으키네.

일찍이 10인이 결사하여 법화참을 닦으니,

정해놓은 삼년동안에 부처님 말씀을 노래했네.

도량에는 목숨을 바친 정근이 가득 차니,

정토에 몸을 맡기려 서원이 깊었네.

은대의 양학사406)가 없었더라면,

어찌 세상에 머물러서 미혹에 빠진 이를 구제하리오.

靈山荷擔開勸敎	赴難多生發大心
영산하담개권교	부난다생발대심
嘗結十人修妙懺	定期三載誦圓音
상결십인수묘참	정기삼재송원음
道場畢命精勤滿	淨土抴身誓願深
도량필명정근만	정토천신서원심
不有銀臺揚學士	何能住世拯迷沈
불유은대양학사	하능주세증미침

---

405) 然身供養은 「약왕보살본사품」의 燒身供養을 말함.

406) 『四明尊者敎行錄』(대정장 46, p918중)「尊者年譜」, "天禧紀元之初年(1017) 及耳順謂其徒曰 半偈
亡軀 一句投火 聖人之心 爲法如是 矧其去佛滋久 慢道者衆 吾不能損捨壽命以警發懈怠 則勇猛精進
胡足言矣 於是結十僧 而入懺 期三載以共焚 是時翰林學士楊公(億)駙馬都尉李公(遵勗)" 銀臺는 혜
가가 눈 위에서 법을 구한 것에 비유함.

그윽한 덕을 멀리 퍼뜨리다

玄惪播遠 현덕파원

경 읽는 소리가 우뢰와 같아 멀리 끝이 없고,

많은 현인들의 덕을 찬함이 시 가운데 있네.

겨드랑이를 자리에 대지 않고 참선 즐거움에 앉았네.

혀는 물결치듯이 가르침의 공덕을 펴네.

일찍이 이 한 몸을 허락하여 법공양하고,

세 손가락을 태워 진실한 공에 부쳤네.

가르침의 문이 널리 퍼지니 자네는 괴이히 여기지 말라.

울리는 부처님의 말씀은 바다 밖까지 통하네.

道韻雷訇遠莫窮	群賢讚德紀詩中
도운뇌굉원막궁	군현찬덕기시중
脇無至席安禪樂	舌若飜瀾演敎功
협무지석안선락	설약번란연교공
早許一身爲法供	曾然三指付眞空
조허일신위법공	증연삼지부진공
敎門廣布君休怪	肹蠁蘭風海外通
교문광포군휴괴	힐향란풍해외통

신이로서 임종을 고하다

神異告終 신이고종

숨이란 때가 오면 마땅히 편히 쉬는 것이나,

예전에 많은 신이로움이 도리어 수치스럽네.

손톱 끝은 다시 자라 십일이 지나니 손가락만큼 되고,

짧은 머리카락은 다시 자라 하루를 지나니 머리만큼 되었네.

불타지 않은 신이한 향은 먼저 향기를 더욱 짙게 하고,

재가 되지 않고 남은 혀는 홀로 고요히 머무르네.

뼈 속에서 사리가 무수히 생기니,

부질없어서 낱낱이 답하기 더욱 어렵네.

機息當時應便休	故多神異却成羞
기식당시응편휴	고다신이각성수
爪尖更長經旬指	髮短還生隔日頭
조첨갱장경순지	발단환생격일두
未火異香先馥郁	不灰遺舌獨停留
미화이향선복욱	불회유설독정유
骨間舍利生無數	敗闕尤難一一酬
골간사리생무수	패궐우난일일수

● **자운참주**407)

慈雲懺主 자운참주

책궤를 매고 스승을 구하여 성스런 가르침을 배우기로 맹세하다

負笈求師 誓學聖敎 부급구사 서학성교

구족계를 받은 그 해에 수계작법408)을 행하고,

명주같은 계행이 사방에 빛나도 자랑하지 않네.

스님의 옷409)으로 미리 보여준 꿈은 의통스님의 방이니,

책짐을 지고 지자대사의 집으로 마음을 돌렸네.

명리 좇는 분주함은 물거품임을 탄식하고,

말씀의 향기410) 넓고 넓어서 하늘 꽃 같구나.

감로를 마시고서 청량하여 만족하니,

---

407) 자운준식을 말함.
408) 갈마는 業(karma)의 음역이지만, 受戒·참회 등 계율에 관한 행사의 作法이다.
409) 樞衣는 천자의 관복을 의미하기도 한다.
410) 聲香은 부처님의 말씀을 말함.

어찌 영주411)에 올라 신선의 뜰412)에서 호흡하겠는가.

(어떤 본에 ‘妙□何須□慧霞’ 라고 한다.)

受具當年稟羯磨	戒珠圓瑩勿人誇
수구당년품갈마	계주원영물인과
樞衣預夢通公室	負笈歸心智者家
추의예몽통공실	부급귀심지자가
名利遑遑嗟水沫	聲香浩浩等空花
명리황황차수말	성향호호등공화
服膺甘露淸涼足	何啻登瀛吸九霞
복응감로청량족	하시등영흡구하

(一作妙□何須□慧霞)413)
(일작묘□하수□혜하)

법화경을 강의하니 짐승이 와서 듣다

開講法花 異類來聽 개강법화 이류래청

설법하는 소리가 낭랑하니 하늘이 준 재주며,

나이 겨우 20세에 출가하여 구족계414)를 받았네.

때때로 스님들은 경전을 들고 모이며,

날마다 새끼 밴 당나귀415)도 법을 들으러 오네.

거센 북소리와 천둥번개는 마구니의 간담을 떨어트리고,

자비로운 구름이 비를 내려 깨달음의 싹을 트이네.

---

411) 瀛州 : 신선이 사는 곳.
412) 九霞 : 신선이 사는 뜰.
413) ‘妙□何須□慧霞’ 에서 원문에 의하면 □에 啻와 吸자를 넣을 수 있다.
414) 倪臺 : 『불조통기』(대정장 49, p.207상), “潛往東山依義全師出家 全先夢有童子踞佛像之首 已而師 至 年二十(太宗太平七年癸未)往禪林受具戒 明年習律學於守初師 繼入國淸 普賢像前爇一指 誓傳天 台之道” 로 20세에 출가하여 구족계를 받은 것을 말함.
415) 『불조통기』(대정장 49, p.207중), “淳化元年(年二十八)衆請居寶雲 講法華維摩涅槃光明 未嘗間歇 有 施氏懷胎驢 日伏座下 若聽法狀 如是四旬 産已不復至” 설법시에 새끼 밴 나귀가 법을 들으러 옴.

다시 일으키는 큰 가르침이 누구의 힘인 줄 알면,

날마다 이 원교416)로 손잡고 회향하네.

講舌琅琅天賦才	年纔卄入陟倪臺
강설랑랑천부재	연재입입척예대
時時毳客橫經集	日日胎驢聽法來
시시취객횡경집	일일태려청법래
毒鼓震雷魔膽落	慈雲作雨覺芽開
독고진뢰마담락	자운작우각아개
中興大教知誰力	日過昆吾逐手廻
중흥대교지수력	일과곤오축수회

오랜 동안 법화참법을 닦으니 진실로 감응이 드러나다

長修妙懺 眞應彰著 장수묘참 진응창저

누가 이 끝없는 정근을 인도하리오.

글마다 나타나는 감응은 진실로 많구나.

함께 수행하니 보현보살이 도량에 나타나며,

꿈에 서는 문수보살이 길 위에 보이네.

곡우 때에 비를 바라는 것과 같이 신의 감응이 빠르고,

버드나무 가지가 서로 접하듯 성인의 자비는 부드럽네.

누가 감히 무생법인의 참법을 본받을 줄 알리오.

생각 생각마다 그윽이 관하니 한 거울 속에 덩어리구나.

誰導精勤是未邊	章章顯應固多端
수도정근시미변	장장현응고다단
同修遍吉場中現	入夢文殊路上瞞
동수편길장중현	입몽문수로상만
穀雨如期神應速	楊枝自接聖慈寬
곡우여기신응속	양지자접성자관

---

416) 昆吾 : 둥근 그릇.

誰知敢效無生懺　　　念念冥觀一鏡團
수지감효무생참　　　염염명관일경단

글을 지어 현묘한 교화를 더욱 찬하다

著文毗贊玄化 저문비찬현화

붓끝이 묘하고 아름다워 집집마다 베풀고,

지은 묘한 공덕으로 중생에게 권하네.

백련사 결사문은 높아 여산까지 이르니,

어찌 비문의 묘법을 자운에 견주리오.

함께 많은 글 전하여 삼매를 이루니,

몇 번인가 근본을 발하여 사의[417]를 찬하네.

아비에 통하고 형제에게 예하며 불조의 덕을 아우르니,

해와 달의 밝음과 다투어도 더욱 드러내 밝으리.

筆端神錦軒戶施　　　爲述玄功勸物機
필단신금헌호시　　　위술현공권물기

蓮社詞高廬岳達　　　□豈碑妙□雲威
련사사고려악달　　　□기비묘□운위

共傳文海成三昧　　　幾發言泉讚四依
공전문해성삼매　　　기발언천찬사의

通父禮兄幷祖德　　　爭[418] 日月更揚輝
통부예형병조덕　　　쟁　　일월갱양휘

---

417) 四依 : 의지해야할 네 가지 것과, 의지하지 말아야 할 네 가지 것을 말함. 여기에 다섯 종류가
　　 있다. 즉, 法四依行四依人四依說四依身土四依를 말함.
418) '爭' 다음에 한 글자가 빠진 듯하다.(편자 교감)

결사하여 정토로 회향하다

結社廻向淨土 결사회향정토

먼저 무생법인을 깨달아 널리 미혹한 중생을 제도하고,

극락세계와 같지 않아 즐겨 묘법에 귀의하네.

관하여 온 것은 홀로가 아니며 마음으로 이어지고,

깨끗한 업은 바라는데 마다 나날이 회향하네.

육도를 벗어나기를 바라서 화택을 말하며,

세 분의 성인[419]을 관하기를 바라서 금대로 이끄네.

현인을 불러서 다행히 계승하니 깊은 강의 양지바른 일이며,

염불의 소리 가운데에서 이 우뢰는 누구의 것인가.

(어떤 본에 '생각하기 어려운 감응을 그대는 아는가 모르는가. 상아에서
꽃이 자라서 진동하는 우뢰 속에 있네' 라고 되어 있음)

先證無生廣度迷　　莫如安養好歸妙
선증무생광도미　　막여안양호귀묘

觀來不獨心心續　　淨業應須日日迴
관래불독심심속　　정업응수일일회

期出六凡辭火宅　　待觀三聖引金臺
기출육범사화택　　대관삼성인금대

招賢幸繼潯陽事　　念佛□中誰是雷
초현행계심양사　　염불□중수시뢰

(一作難思感應君知否　生象牙花在震雷)
(일작난사감응군지부　생상아화재진뢰)

---

419) 三聖은 아미타불, 대세지보살, 관음보살을 말한다.

● 찬하는 사람이 간단하게 마음을 펴다

讚者畧陳方寸 찬자략진방촌

지금 네 분 조사[420]의 흔적을 살펴보니,

진, 수와 송, 신라로 부터 나왔다.

안으로 진리의 영원성[421]을 증득하니 옛 부처님과 같으며,

밖으로는 어지러운 세상에 사니 날뛰는 마귀를 제압하네.

나는 본래 강을 건너는 코끼리[422]가 아님을 슬퍼하며,

덕을 찬하는 것은 바다를 측량하는 미미한 고동이라 부끄러워하네.

단지 인연을 맺어 마음의 맑은 빛을 취하며,

억지로 높은 소리로 노래를 읊네.

今觀四祖師之迹　　　　出自陳隋與宋羅
금관사조사지적　　　　출자진수여송라

內證眞常同古佛　　　　外遊衰季制强魔
내증진상동고불　　　　외유쇠계제강마

嗟予本匪渡河象　　　　讚悳慙微測海螺
차여본비도하상　　　　찬덕참미측해라

只爲結緣心耿取　　　　强賡高韻詠而歌
지위결연심경취　　　　강갱고운영이가

---

420) 이제까지 앞에 나온 천태·의통·사명·준식을 말함.
421) 부처님의 영원성을 말함.
422) 渡河象은 『천태사교의』의 통교의 비유로서 象은 보살, 馬는 연각, 兎는 성문에 비유되는 삼수
　　도하. 『열반경』 「덕왕품」에 나옴.

● 다시 법화수품찬에 서문을 덧붙여 화답하다[423)

更和法花隨品讚幷序 갱화법화수품찬병서

예전에, 영명지각선사[424)께서 '뛰어난 가르침은 찬양함으로써 아름다워
지고, 왕도는 노래함으로써 우선이 된다. 『법화경』은 모든 부처님의 영
험을 나투시는 바탕이요, 중생이 도를 얻는 근원이다. 오직 묘하고, 오
직 존귀하여, 착함을 다 나타내고 아름다움을 다하였다고 할 수 있다.
그러므로, 겸·단·대·대[425)라는 말은 맞지 않는다.[426) 수많은 성인에
게 맡겨서 『법화경』을 찬양한다고 하더라도, 미묘한 뜻은 체득하기가 참
으로 어렵다' 라고 말씀하셨습니다.

昔永明智覺禪師云 聖敎以讚楊[427)爲美　　王道以歌詠爲先 法華經者
석영명지각선사운 성교이찬양　　위미　　왕도이가영위선 법화경자

諸佛降靈之體 群生得道之源　　　　可謂獨妙獨尊盡善盡美
제불강령지체 군생득도지원　　　　가위독묘독존진선진미

故無兼但對帶之說 任千聖以讚揚　　難窮妙旨誠哉
고무겸단대대지설 임천성이찬양　　난궁묘지성재

이 말씀에 재주 없는 제가 『법화경』을 널리 펼 것을 발원하여 40년 동

---

423) 이것은 일지암본에 수록되어 있는 두 번째 법화수품찬이다. 앞의 수품찬은 中統 3년 壬戌年
(1262 : 元宗 3년)에 쓰여졌으므로, 천책이 57세 되던 해이다. 따라서, 천책이 처음 법화수품찬
을 쓴 것은 57세 때이거나 이후일 것이다. 이 두 번째 법화수품찬은 『法華經』을 널리 펴기로
발원하여 40년 동안 찬양하였다는 幷序의 기록으로 볼 때, 이는 1264년(元宗 5년)으로 천책이
59세 되는 해이다. 천책의 생애에 대해서는 보다 구체적인 사료의 고증과 검토가 필요하다.
424) 永明延壽(904∼975)라고 하는데, 法眼文益, 天台德韶의 法을 이어 法眼宗의 3祖가 된다. 저서로
『宗鏡錄』 100권, 『萬善同歸集』 3권, 『禪宗唯心訣』이 있다.
425) 兼但對帶 : 五時 중 法華涅槃時 이진의 四時를 설명하는 天台宗의 교학체계. 華嚴時는 圓敎에
別敎를 겸하고 있으므로 兼이라 규정하고, 鹿苑時의 설법은 다만 三藏敎이므로 但이라 하고, 方
等時는 三藏敎通敎別敎圓敎를 대립시켜 비교해가면서 설하므로 對라 하고, 般若時는 通敎別敎
를 아우르면서 圓敎를 설하므로 帶라 한다.
426) 法華時 이전의 가르침에서 圓敎를 설했다고 하더라도 兼但對帶하기 때문에, 순수한 圓敎가 아니
므로, 法華涅槃時에서 오직 순수하고 잡됨이 없는[淳一無雜] 法華圓敎의 가르침만이 妙하다는 이
름을 얻는다.
427) '楊'은 '揚'으로 보아야 할 것 같다.(편자 교감)

안 간절히 그 오묘한 뜻을 찬양하고 여래께서 세상에 오신 일대사인연을
드러내고자 하였으나 바빠서 틈이 없었습니다. 지난번 남송 연경사[428)
의 법화수품찬을 보았습니다. 부족한 식견이지만 번잡스러이 시를 지어
상선에 부탁하기 전에 스님들께 보내드렸습니다. 지금 또 다시 한 두루
마리를 완성하였지만, 저의 견해가 다른 사람들과 다르지는 않습니다.
이제 헤아리기 어려운 미묘한 법을 드러내고자하나, 비록 오랜 세월이
지나 티끌이 산을 이루고 붓끝이 바다를 이루도록 쓴다고 하더라도『법
화경』의 만분의 일의 반구도 찬미하기에는 부족할 뿐입니다.

此言 貧道不佞 發願弘經 將四十年　切欲讚揚玄旨發揮大事 而因循未暇
차언 빈도불영 발원홍경 장사십년　절욕찬양현지발휘대사 이인순미가

昨見大宋延慶寺隨品讚　不香暗短 聊賡讚詠 近託商船
작견대송연경사수품찬　불향암단 요갱찬영 근탁상선

先已寄呈諸尊宿座下 今又更成　一軸者 非鄙見異於人也
선이기정제존숙좌하 금우갱성　일축자 비비견이어인야

將以顯妙法難思　雖歷劫塵山毫海墨
장이현묘법난사　수력겁진산호해묵

不足讚美於金文半句之萬一爾
부족찬미어금문반구지만일이

<hr>

428) 南宋 延慶寺는 오늘날 浙江省 寧波府에 있던 사원으로, 北宋 시대에 창건되고 1160년대에 중수
하였다.

서품

序品

경을 열어서 설하니 응어리진 마음을 편하게 하고, 여래가 세상에 나오
신 인연의 공덕을 드러내고자 함이네. 하나에서 모든 가르침이 빽빽하게
나오고, 모든 것이 하나로 돌아가니 바쁘네. 계속되는 의심은 사해가 항
복하니 거꾸로 흐르는 물과 같고, 옛것을 이끌어 삼승이 하나 되니 마치
구름을 거두는 것 같다. 성문연각의 두 승은 부처님의 교화 받아들이니,
바로 어리석은 물소를 가르치니 단번에 듣는다.

說開經已便凝神	欲顯如來出世勳
설개경이편응신	욕현여래출세훈
從一派諸藏密密	收諸歸一解紛紛
종일파제장밀밀	수제귀일해분분
騰疑四伏如翻水	引古三同若卷雲
등의사복여번수	인고삼동약권운
兩聖乘機酬酢了	直敎憂兕一時聞
양성승기수작료	직교우시일시문

방편품

方便品

여래께서 '멈추어라. 멈추어라. 말할 수가 없다.' 라고 하시니, 사리불
이 간절히 거듭 듣기를 갈망하네. 하나의 크나큰 인연으로 바야흐로 진
실을 드러내니, 五三七九는 다만 중생을 따르네. (어떤 곳에는 五三은
방편인 假라고 한다.) 공전과 사전의 땅이 가을에는 모두 무르익고, 깊
은 골짜기와 높은 산에는 햇살이 골고루 비추네. 말세에 작은 나라의 왕
들은 크게 교화하여 하나 되고, 모든 하늘 아래는 오르고 고른 것을 품
고 있구나.

如來止止不須說　　身子慇懃再渴傾
여래지지불수설　　신자은근재갈경

一大因緣方顯實　　五三七九但隨情
일대인연방현실　　오삼칠구단수정

(一作五三權假)　　公田私畝秋皆熟
일작오삼권가　　공전사묘추개숙

幽谷高山日共明　　廢劫小王同大化
유곡고산일공명　　폐겁소왕동대화

普天之下惜昇平
보천지하석승평

비유품

譬喩品

아! 불타는 집이 갑자기 기우러지니, 괴로워 서로 태우며 퍼져 걸림이 없구나. 부자는 이 때 기량을 발휘하여, 편안하게 한가로이 아침 일찍 큰집에서 나왔다. 어리석은 아들은 종일 즐거운 놀이를 탐내니, 방편으로 세 수레[429]를 구하여 권하고 인도하네. 진실로 큰 수레[430]를 내려 본래 바람을 넘어서니, 진기한 장식으로 금화를 따르게 하네.

嗟哉火宅忽催斜　　苦惱相煎浩莫涯
차재화택홀최사　　고뇌상전호막애

長者是時多伎倆　　安閑早出一門家
장자시시다기량　　안한조출일문가

癡兒終日貪嬉戱　　勸引方求三種車
치아종일탐희희　　권인방구삼종거

眞賜大車超本望　　珍奇校飾悅金華
진사대거초본망　　진기교식열금화

---

429) 三種車 : 羊車·鹿車·牛車. 성문연각보살의 가르침을 비유함.
430) 大車 : 大白牛車. 一佛乘의 가르침을 비유함.

신해품

信解品

성문을 헐뜯는 것은 예로부터 있으며, 몇 번이나 짐 지고 부처님의 은혜를 가엾게 한다. 생각마다 작은 근기를 취하는 둔함이여, 간절히 크고 원만한 교화의 인연을 보이는구나. 다듬잇돌과 방망이에 의지하여 삼미431)를 익히니, 진기한 보배를 구하지 않아도 한 번에 돌아왔구나. 예전에는 나그네였으나, 이제는 아들이 되어, 왕성에 돌아와서 천자를 뵈었네.

毁訾432)聲聞自昔年	幾廻專負佛恩憐
훼자　　성문자석년	기회전부불은련
念念取小根嗟鈍	切切襃圓示化緣
념념취소근차둔	절절포원시화연
賴荷槌碪三昧熟	不求珍寶一時還
뢰하추침삼미숙	불구진보일시환
昔爲客作今爲子	歸命王城定會天
석위객작금위자	귀명왕성정회천

---

431) 三昧는 酪味生酥味熟酥味를 말한다.

432) 許興植의 『眞靜國師와 湖山錄』에서는 ‘毁譽聲聞自昔年’ (民族社, 1995, p.215)으로 되어 있으나 一枝庵本에는 譽가 아니라 訾로 되어 있다. 雲黙의 『釋迦如來行蹟頌』 90頌에서도 ‘毁訾二乘人’ 이라는 부분이 있다.

약초유품

藥草喩品

한 먹구름을 따라 한 차례의 비가 내리니 산뜻하고, 모든 땅을 고루 촉촉이 적시어 차별이 없네. 숲과 초목은 번영하여 빛나고, 가지와 잎, 뿌리와 줄기는 봄에 잘 자라네. 홀연히 마른 싹으로 묘한 열매를 이루며, 문득 감로를 알아 그윽한 나루터에 뿌리네. 최상의 진실을 알려면 방편을 여는 것이니, 결과는 순수하고 원만하여 하나하나가 진실이다.

從一雲興一雨新	普霑一地蔑疎親
종일운흥일우신	보점일지멸소친
叢林卉木敷榮日	枝葉根莖長養春
총림훼목부영일	지엽근경장양춘
忽使焦芽成妙果	定知甘液瀉玄津
홀사초아성묘과	정지감액사현진
欲知最實開權事	結果純圓箇箇眞
욕지최실개권사	결과순원개개진

수기품

授記品

수행하면 곧바로 부처가 될 수기를 받으니, 진실한 자리와 진실한 문을 약간 지난다. 마지막 제호미[433]를 비로소 맛볼 수 있으니 종전의 낙미·생소미·숙소미는 감히 먹지 않는다. 흰 소가 끄는 수레를 칠보로 장엄하게 갖추니, 여러 아이들이 사방을 두루 노닐며 즐기는구나. 비유설주[434]에서 신해를 드러내 보이니, 그런 가운데 화성유품[435] 보기를 기다리지

---

433) 五時 五味 가운데, 法華涅槃時가 醍醐味에 해당한다.
434) 三周說法인 法說周·譬喩說周·因緣說周 가운데 하나이다.
435) 제7 「化城喩品」은 因緣說周에 해당한다.

마라.

修行直授佛陀官	眞位眞門歷若干
수행직수불타관	진위진문역약간
最後醍醐方有味	從前酥酪不堪餐
최후제호방유미	종전수락불감찬
白牛七寶莊嚴具	諸子四方遊戲寬
백우칠보장엄구	제자사방유희관
譬喩周中呈信解	中途不待化城看
비유주중정신해	중도부대화성간

화성유품

化城喩品

티끌 수 같은 겁 이전부터 『법화경』을 강의하니, 거듭하여 근기가 무르익으니 일찍이 머무름이 없다. 이는 상근기의 지혜가 모두 지극에 오름을 알 수 있으니, 단지 도중에 이를 잊으므로 문득 성을 거짓으로 만들었다. 숙세의 인연은 원래 잃어버리지 않으니, 도사가 방편으로 인연주로 끌어올려 인도한다. 현재 떠나지 않은 바로 그곳이 보배가 있는 곳436)이니, 어느 누가 이곳을 뛰어 넘어 달아나려 하는가?

塵劫之前講此經	番番熟脫不曾停
진겁지전강차경	번번숙탈부증정
是知上智皆登極	只爲中忘更化城
시지상지개등극	지위중망갱화성
宿世因緣元不失	導師方便引周登
숙세인연원부실	도사방편인주등
不離當處卽寶所	適越何人向北程
불리당처즉보소	적월하인향배정

---

436) 寶所는 성문연각의 二乘인 化城이 아니고 一佛乘을 가리킴.

오백제자수기품

五百弟子授記品

아! 전도망상으로 고달프고 가난한 자여! 친한 벗이 서로 만나, 마주 대하는 얼굴이 진실하구나. 옷 속에 값진 보배구슬 지니고 있으면서, 도중에 도리어 아무 것도 없는 몸으로 봄을 맞는다. 뒤뚱이는 발걸음은 맑은 바람이 이는 땅을 밟으며, 가슴을 비워 깨끗한 달무리를 머금는다. 비로소 옛 인연이 원래 따르지 않았음을 믿게 되니, 의연하게 밝은 해는 나루터에 떠오르는구나.

快哉顚倒苦貧人	親友相逢面目眞
쾌재전도고빈인	친우상봉면목진
衣內忽收無價寶	途中却領白家春
의내홀수무가보	도중각령백가춘
脚跟踏着淸風地	胸次虛涵淨月輪
각근답착청풍지	흉차허함정월륜
始信昔緣元不隨	依然杲日出乘津
시신석연원불수	의연고일출승진

수학무학인기품

授學無學人記品

하나는 사촌 동생이고 하나는 아들인데,437) 오늘 아침에서야 수기를 받으니 어찌 이리 늦을까. 다만 하근기라 아직 깨닫지 못하고서 그 때문에 다른 무리를 따르니 무지한 이 같구나. 살구와 매화는 봄의 색이나 일찍이 무리는 아니며, 가지와 잎은 같은 편이니 단호히 의심하지 말라. 무학인과 학인438)이 서로 이어 들어가니, 이는 적문을 설하니 정종분439)의 말이다.

---

437) 阿難과 羅睺羅와 學無學의 聲聞弟子 2千人이 成佛한다는 授記를 받는다.
438) 學은 진리를 닦아 번뇌를 끊는 이며, 無學은 더 이상 배울 것이 없고 끊을 번뇌가 없는 阿羅漢

一爲堂弟一家兒　　　得記今朝何大遲
일위당제일가아　　　득기금조하대지

但爲下根猶未悟　　　故隨他輩似無知
단위하근유미오　　　고수타배사무지

杏梅春色曾無黨　　　枝葉天倫斷莫疑
행매춘색증무당　　　지엽천륜단막의

無學學人相繼入　　　斯爲迹說正宗詞
무학학인상계입　　　사위적설정종사

법사품

法師品

유통분440)이 비로소 시작하니, 부처님께서 남기신 친절한 말씀은 본받아 지킬만하구나. 사부대중이 모두 유화인욕이라는 여래의 옷을 입고, 시방의 대중이 모두 자비심이라는 여래의 방에 들어가, 다시 모든 법이 공함을 여래의 자리를 삼아서,441) 항상 일심삼관442)을 닦으니 그 미묘함은 생각하기 어렵구나. 『법화경』의 한 구절이라도 듣게 되면 수기를 받는 것과 같으니, 날 때마나 원을 지어 다른 사람 교화하는 스승이 되기를 바라노라.

流通之分始拈提　　　遺誡丁寧可軌持
유통지분시점제　　　유계정녕가궤지

의 位를 얻은 이를 일컫는다.

439) 이 품은 迹門의 正宗分에 해당한다.

440) 迹門의 流通分은 제10 「法師品」에서 제14 「安樂行品」 까지이다.

441) 법화경을 설하는 법사는 如來室에 들어가 如來衣를 입고 如來座에 앉아서 설법해야 한다는 뜻이다.

442) 우주 현상을 '空假中' 三諦로 설명하며, 이를 圓融三諦라 한다. 일체 현상을 空한 것으로 관찰하는 것이 空觀이며, 이렇게 인연에 의해 나타나는 현상은 있으나 실제 있는 것이 아니라고 보는 것이 假觀이다. 본래 空이면서 假로 나타나고, 假이면서 또한 空인 그 자체는, 空도 아니며 假도 아니다. 그것을 中道라고 하는데, 中道는 곧 實相이다. 이런 이치를 한마음에 觀하는 것이 一心三觀이다.

四衆盡包衣寂忍　　十方都納室慈悲
사중진포의적인　　시방도납실자비

更將諸法空爲座　　常作三觀妙叵思
갱장제법공위좌　　상작삼관묘파사

一句獲聞猶荷記　　生生願作化他師
일구획문유하기　　생생원작화타사

견보탑품443)

寶塔品

드러난 그대로 들어가니 모습을 드러내지 않고, 오백유순444) 높이 허공에 우뚝 솟았다. 성덕445)을 성스러운 재물로 장엄하여 갖추었고, 찬탄하는 말은 범음을 진실하게 하여 더욱 웅장하구나. 꽃을 뿌려 공양하니 하늘과 사람이 우러르며, 자리에 들어가 가부좌하니 법신과 보신이 함께 하도다. 곳곳에 나타난 그대로 항상 법문 들었음을 증명하니, 너희들은 노력하여 널리 유통시키기를 청한다.

顯然入不自形容　　五百由旬屹半空
현연입불자형용　　오백유순흘반공

性德莊嚴聖財具　　讚言眞實梵音雄
성덕장엄성재구　　찬언진실범음웅

散花供養人天仰　　入座跏趺法報同
산화공양인천앙　　입좌가부법보동

處處現前常證聽　　請君努力廣流通
처처현전상증청　　청군노력광류통

---

443) 이 品에서는 대지로부터 높이 5백유순의 칠보탑이 공중에 솟아올라 석가여래와 다보여래의 두 부처님이 탑 중에서 『법화경』의 理想을 찬탄하고 있다. 虛空으로 솟아오른 多寶塔안에서 釋迦牟尼부처님을 讚嘆하는 多寶如來소리가 들리고 大衆들은 多寶如來를 보길 원하자 十方 世界에 가득 찬 釋迦牟尼부처님의 分身이 모두 모일 때 多寶如來가 나타난다고 한다. 이는 온 國土에 있는 모든 사람들을 부처로 보게 되는 경지에 이르면 바로 이 세상이 佛國土가 된다고 한다.

444) 由旬은 범어 yojana의 음역이며, 소가 짐을 싣고 하루 걸어가는 거리이다. 이것은 舊譯語이고, 新譯에서는 '踰繕那'라고 하며 限量一程 등으로 번역한다.

445) 性德 : 性得修得 또는 自性得人功得과 같은 것이며, 德字를 사용하기도 한다. 중생이 본성으로 갖추고 있는 선천적 능력을 性德, 수행으로 얻는 후천적인 능력을 修德이라 한다.

제바달다품446)

達多品

미혹을 말하는 미묘한 가르침을 진실로 듣는다면, 범인이 어찌 비천하며 또 부처가 어찌 영화로우랴. 단지 연꽃대에 앉아 바다와 같은 법회를 열고, 혹은 과일을 따서 아름다운 정성을 표시하네. 용녀와 제바달다는 법을 넉넉히 하고, 용녀와 석가모니는 함께 성불하도다. 사람과 짐승이 번갈아 태어나는 인과가 미묘하니, 시험 삼아 의지한 유포를 분명히 보이는구나.

詮迷妙旨苟聞經	凡豈卑方佛豈榮
전미묘지구문경	범기비방불기영
祇爲坐蓮開海會	或因採菓表霞誠
지위좌련개해회	혹인채과표하성
龍尊調達饒宣說	蚪女迦文共化成
용존조달요선설	규녀가문공화성
人畜畜番因果妙	試憑流布示分明
인축축번인과묘	시빙류포시분명

권지품447)

持品

『법화경』을 오탁악세에 유통시키려면 원망과 해침이 많고, 성인이라고 자칭하는 이들이 질투한다. 인내심을 이루면 얼음이 저절로 뜨거워지는 것과 같고, 신심을 잃으면 불이 오히려 차가워지는 것과 같다. 기골이 평범하면 창의 쇠자루가 푸르기를 기다리며, 신선448)이 되면 어느 누가

---

446) 이 品에서는 提婆와 같은 악인이나 8세의 용녀도 성불할 수 있다고 한다. 때문에 이 品은 '惡人成佛'과 '女人成佛' '畜生成佛'의 근거가 되는 品이다.
447) 「勸持品」에서는 불제자들이 이 세상에서 법화를 수지하고자 맹세하고 있다.
448) 羽化登仙 : 사람의 몸에 날개가 생기어 하늘로 올라가서 神仙이 됨을 말한다.

정단[449]을 먹겠는가. 많은 성인들이 넓고 깊은 바다 같은 서원을 베푸
니, 이때에 메마른 뜻과 곤란함을 뒤집는구나.

通經五濁多冤害	僭聖之人例嫉看
통경오탁다원해	참성지인예질간
忍力若成氷自熱	信心如失火猶寒
인력약성빙자열	신심여실화유한
骨凡磋爾酖鐏綠	羽化何人服鼎丹
골범차이탐준록	우화하인복정단
衆聖宣弘深願海	此時傾渴意難安
중성선홍심원해	차시경갈의난안

안락행품

安樂行品

진중하게 초심으로 안락을 행하면, 세간에 어떤 것이 마구니의 거짓을
시어내겠는가. 존재의 참모습을 바로 보면 마구니가 부처가 되고, 만약
수행한 공에 집착하면 부처도 또한 마귀가 되느니라. 이마의 구슬 하
나[450]가 어찌 그대를 희롱하겠는가. 꿈속의 십지는 다른 것이 아님을
믿어야 한다. 항상 인욕을 행하면 유순할 수 있으니, 어찌 천파만파에
몸을 맡기랴.

珍重初心安樂行	世閒何物作魔訛
진중초심안락행	세간하물작마와
正觀實相魔爲佛	若着修功佛亦魔
정관실상마위불	약착수공불역마
頂上一珠寧戲汝	夢中十地信非他
정상일주녕희여	몽중십지신비타

---

449) 道家에서 丹藥을 넣어두는 그릇을 丹鼎이라 하며, 鼎丹은 靈藥인 듯하다.
450) 전륜성왕이 상투 속의 맑은 구슬을 최후에 큰 공이 있는 이에게 주듯이, 『법화경』을 최후로 설
한다는 비유.

常行忍辱能柔順　　　　也任千波與万波
상행인욕능유순　　　　야임천파여만파

종지용출품

湧出品

곳곳마다 처음 교화하는 것은 같고, 오직 가까운 곳에서 사람을 깨우치게 하네. 사시[451]는 모두 방편의 문[452]으로 들어오니, 어느 날 아침 마침내 근본 자리로 달린다. 부처님의 뜻은 다만 진실한 말을 드리우고자 하는 것이니, 근기의 중생이기 때문에 진실한 공은 드러나지 않는다. 도리어 오래 복용함으로 인해 약을 다시 먹어야하니, 짧은 세월을 헤아려서는 알 수 없네.

處處初成化事同　　　　唯將近盆使人蒙
처처초성화사동　　　　유장근분사인몽

四時都入權門內　　　　一旦方驅本地中
사시도입권문내　　　　일단방구본지중

佛意但期垂實語　　　　機生故未顯眞功
불의단기수실어　　　　기생고미현진공

却因久服還年藥　　　　小反之年不可窮
각인구복환년약　　　　소반지년불가궁

---

451) 『法華經』을 설하기 이전의 四時期로서 華嚴時鹿苑時方等時般若時를 말한다.
452) 權門은 진실한 구경의 진리에 들어가기 위한 通入의 門이 되는 假說의 敎法을 말한다.

여래수량품453)

壽量品

즐거운 영취산의 한 곳에 모이니, 비로소 영원한 수명이 열려 갑자기 빛이 나네. 삼천점묵겁454)은 자취로서 오히려 가깝고, 오백미진455)의 본 모습은 스스로 길구나. 병을 고치는 훌륭한 의사가 본디 없지 않고, 정신을 잃은 미친 아들이 어찌 알리오. 이전에 이미 원융한 말씀을 지극하게 하니, 오래 전 깨달음을 어떻게 드러내 보이지 않으리오.

取賀靈山一會場	始開遠壽頓生光
취하영산일회장	시개원수돈생광
三千點墨迹猶近	五百微塵本自長
삼천점묵적유근	오백미진본자장
治病良醫元不無	失念狂子豈能量
치병양의원불무	실념광자기능량
爾前旣極圓融說	久證如何未擧揚
이전기극원융설	구증여하미거량

분별공덕품

分別功德品

겸과 단456)과 편과 원457)이 출몰하니, 중생의 차별을 가지런하게 할 수

---

453) 부처님이 아득한 옛날 이미 성불하여 미래 영겁토록 멸하지 않는 常主本佛인 것을 밝히고 있다.

454) 三千點墨劫 : 塵點을 點墨劫이라고 한 것은 化城喩品의 겁명을 따른 것이다.

455) 「如來壽量品」의 五百千萬億那由他阿僧祇三千大千世界의 미진겁. 즉 三千點墨劫은 迹門의 표현이고, 五百微塵劫은 本門이라는 의미임.

456) 兼但對帶 : 兼이란 화엄부에서 圓敎와 더불어 別敎를 겸하여 설하는 것을 가리키고, 但이란 아함부에서 오직 藏敎만 설하는 것을 가리키며, 對란 방등부에서 藏通別圓의 4교를 모두 설하면서 대승과 소승의 가르침을 대조적으로 설하는 것을 가리키고, 帶란 반야부에서 圓敎를 비롯하여 通敎와 別敎를 더불어 설하는 것을 가리킨다. 따라서 이 넉 자는 부처님께서 베푸신 법화이전의 가르침을 함축적으로 표현한 말이다.

457) 偏圓은 하나의 극단으로 치우친 것과 일체가 완성된 것. 교리의 우열을 판정하는 기준.

없다. 문득 여래의 수명을 듣고 모두 뛰어 넘으니, 어떤 근기가 다시 막혀 헤매리오. 일생보처보살의 게송으로 깨달음을 드러내고, 법신이 친히 깨달음은 높고 낮음이 없다. 본문458)은 앞의 시459)가 구하는 것과는 다르니, 살아있는 머리를 쥐고 사슴 배꼽에 대지마라.

兼但偏圓出沒來　　　　衆生差別不能齊
겸단편원출몰래　　　　중생차별불능제

忽聞壽量咸超入　　　　何有機根更滯迷
홀문수량함초입　　　　하유기근갱체미

補處伽陀呈領解　　　　法身親證沒昂低
보처가타정령해　　　　법신친증몰앙저

本門求與前時別　　　　莫把生頭當麝臍
본문구여전시별　　　　막파생두당사제

수희공덕품

隨喜功德品

방편문의 지극한 자리는 어찌 무엇에 치우치며, 장을 넘기며 경을 들으니 복이 많아지는구나. 산골짜기의 송아지가 어찌 동산에 있는 기린과 같으며, 집안의 새가 어찌 봉황이 언덕에 깃드는 것에 미치리오. 하물며 법회에서 듣고 최초로 따라 기뻐하면, 얻은 바 참된 공덕은 몇 배가 넘으리라. 아! 들판에서 한가로이 노니는 귀머거리들에게 말하노니, 일생을 헛되이 보내면 크게 어긋나리라.

權門極位奈偏何　　　　展轉聞經福尙多
권문극위내편하　　　　전전문경복상다

磵460)犢豈同麟在囿　　　屋鳥寧及鳳巢阿
간　　독기동린재유　　　옥조녕급봉소아

---

458) 本門은 『法華經』 제15 「從地湧出品」 으로부터 제28 「普賢菩薩勸發品」 까지 해당한다.
459) 5時 가운데 화엄·아함·방등·반야시의 4時를 가리킴.
460) 一枝庵本의 「壖」 은 「磵」 의 잘못인 듯하다. 「磵」 은 「澗」 과　同字.

況從法會初隨喜　　　　所獲眞功幾倍過
황종법회초수희　　　　소획진공기배과

咄彼徉聾田里說　　　　一生虛送大蹉跎
돌피양농전리설　　　　일생허송대차타

법사공덕품
法師功德品

은근히 다섯 가지 공덕461)을 스스로 행하며 지니니, 가까운 결과가 원만히 이루어짐 크게 기이하도다. 육근이 청정한 6천 가지 공덕462)은 하나 하나가 본래 같지 아니하며, 장엄함은 차고 줄고 혹은 마땅하기도 하다. 모든 오동나무는 거문고와 비파를 만들기 위해 모이고, 원래 함이란 보석을 모아두는 것임을 안다. 무명인 근본의 적을 파하고자 하면, 일심삼지463)로 물고기처럼 어우러져라.

殷勤五種自行持　　　　近果圓成也大奇
은근오종자행지　　　　근과원성야대기

清淨六千無自等　　　　莊嚴盈縮或隨宜
청정육천무자등　　　　장엄영축혹수의

徐桐必合供琴瑟　　　　元櫝焉知蘊珛464)琦
서동필합공금슬　　　　원독언지온후　　기

欲破無明根本賊　　　　一心三智作魚麗
욕파무명근본적　　　　일심삼지작어려

461) 五種이란 『法華經』 「法師品」에 설해진 受持讀經誦經解說書寫의 다섯 가지를 말한다.
462) 이 「법사공덕품」에 "若善男子善女人 受持是法華經 若讀若誦若解說若書寫 是人當得八百眼功德 千二百耳功德八百鼻功德 千二百舌功德 八百身功德 千二百意功德 以是功德莊嚴六根皆令清淨."(대정장 9, p.47하)라고 있다.
463) 一心三智는 一切智·道種智·一切種智의 셋을 동시에 일심으로 증득함을 말하고, 空假中의 三觀에 의해서 이 三智를 얻는다고 한다.
464) 一枝庵本에는 「玥」로 쓰였으나 「珛」의 잘못인 듯하다.

상불경보살품

常不輕品

보살이 만날 때 예배를 하니, 뭇 사람들이 헐뜯고 가벼이 여기는 마음이
많더라. 서로 만나면 곧 나는 믿지 못한다고 때리면, 멀리 달아나면서
오히려 부처님의 말씀을 널리 베푸는구나. 다만 귀한 삼인불성[465]은 모
두가 본래 갖추고 있는 것이니, 오로지 한 구절을 가지고 인연을 깊이
맺는다. 위음왕[466]과 나반존자[467]는 옛 과 지금이 없으니, 둥근 달이
항상 걸려 있음은 오히려 비유할 수 없도다.

菩薩當年行禮拜	衆人多有毁輕心
보살당년행예배	중인다유훼경심
相逢卽打不我信	遠走猶宣作佛音
상봉즉타불아신	원주유선작불음
但貴三因咸本具	專將一句結緣深
단귀삼인함본구	전장일구결연심
威音那畔無今古	空月常懸尙不況
위음나반무금고	공월상현상불황

여래신력품

神力品

본적 두 문의 실상을 두루 살펴 마치고, 후세에 장차 부족하고자 한다.
현재와 미래를 법설로 드러내며, 말함이 없는 신력의 공덕을 보인다. 분
신이 천년동안 함께 따라 기뻐하며, 합장한 타방불이 함께 허공을 항힌

---

465) 三因佛性 : 佛性에 3종의 因이 있음을 말한 것. 곧 正因佛性[본연의 진여 이치]·了因佛性[진여
의 이치를 비추는 지혜]·緣因佛性[지혜를 도와 正因을 개발하는 6바라밀의 수행].
466) 威音王佛은 「常不輕品」에 나옴. 離衰劫 때에 가장 먼저 成佛한 大成國의 부처님. 오랜 과거 또
는 最初란 뜻으로도 쓴다.
467) 나반존자는 우리나라에서 말세에 출현한다는 나한을 말함.

다. 천세계의 미진수 같이 많은 대보살은, 스스로 큰 원을 펴서 영원히 유통시키겠다고 하네.

二門實相已周窮
이문실상이주궁

付囑將傳後世中
부촉장전후세중

表現表當呈法戲
표현표당정법희

無言無說示神功
무언무설시신공

分身千歲同隨喜
분신천세동수희

合掌他方共向空
합장타방공향공

千界微塵大菩薩
천계미진대보살

自陳弘愿永流通
자진홍원영유통

촉루품

嘱累品

영취산의 아름다운 모임 쉬기를 고하고, 음식을 먹여 보냄에 한 맛도 좋지 않음이 없다. 부촉을 권한 여래가 바야흐로 자리에서 일어나니 받들어, 공경하는 보살은 함께 머리 숙여 절하네. 사람은 제각기 들어서 익힌 몫이 있고, 곳곳마다 본디 막히거나 어려움에 머무름이 없다. 본적 2문과 3단을 마치면, 삼가 조심하여 다시 설법하는 뜻은 보답하기 어렵다.

靈山佳會告歸休
영산가회고귀휴

飽餞無非一味著
포전무비일미저

嘱勸如來方起座
촉권여래방기좌

祇承菩薩共低頭
기승보살공저두

人人身有聞薰分
인인신유문훈분

處處元無障難留
처처원무장난유

本迹二門三段畢
본적이문삼단필

虔虔更說意難酬
건건갱설의난수

약왕보살본사품

藥王品

금강같은 원력은 닳아 없어지지 않고, 보리에 이를 수 있으면 자랑할 만하다. 그래서 2문을 설하여 진실한 법으로 공양[468]하고, 오로지 일불승[469]인 부처님 집으로 돌아가니 가벼이 여긴 몸은 파초수 뿐만은 아니며, 묘한 씨앗은 오로지 연꽃봉오리를 우러러본다. 부처님의 유지를 이어 오늘에 이르러, 일생동안 참선과 송경으로 노을처럼 늙어 간다.

金剛願力不銷磨　　能至菩提足可誇
금강원력불소마　　능지보리족가과

故設兩重眞法供　　專歸一實覺皇家
고설양중진법공　　전귀일실각황가

輕身不啻芭蕉樹　　妙種唯尊菡萏花
경신불시파초수　　묘종유존함담화

仰繼遺風當有日　　一生禪誦老煙霞
앙계유풍당유일　　일생선송노연하

묘음보살품

妙音品

옛날에는 여래를 받들어 재주[470]를 올리고, 지금은 음악으로 수레를 삼는다. 유희하기 어려운 곳에서 유희할 수 있고, 오고 감이 없는 가운데서 가고 옴을 보인다. 부류를 따라 시방 항하사 같은 세계에 두루 하며, 경을 곳곳에 널리 펴서 흰 연꽃을 피우네. 유달리 어리석은 나를 탄식하니 상주하는 깨달음은 가까이 있고, 어두움 속에서 이어가기 어려우니

---

468) 藥王菩薩이 전생에 여래에게 공양을 하였던 燒身供養과 斷臂供養을 말한다.
469) 一實眞如一實諦라고도 하는데, 一乘의 敎法을 말한다.
470) 「妙音菩薩品」에 妙音菩薩이 전생에 雲雷音王佛에게 一萬二千年 동안 十萬가지 伎樂으로 공양 올린 것을 말한다.

쳐다 본 달은 넘어가고 있네.

昔奉如來獻伎才　　　　今將音樂作興臺
석봉여래헌기재　　　　금장음악작여대

難遊戲處能遊戲　　　　無去來中示去來
난유희처능유희　　　　무거래중시거래

隨類十方沙界遍　　　　弘經幾處雪蓮開
수류시방사계편　　　　홍경기처설련개

厓愚嗟我常彌近　　　　暗裏難承面月廻
애우차아상미근　　　　암리난승면월회

관세음보살보문품

普門品

크고 깊은 서원이 바다같이 넓어 가없고, 청정한 자비의 문이 미묘함은 끝이 없다. 부처님은 범상해도 버리지 않고, 중생은 게을러서 스스로 속이는구나. 한 소리로 법을 펴니 신실한 근기가 넓고, 십세에 나툰 모양을 교화하는 경계가 넓다. 한 조각달은 본래 둥글어 넘나들지 않음을 아니, 문득 지혜의 칼을 휘둘러 의심의 덩어리를 부수는구나.

弘深願海浩無邊　　　　淸淨慈門妙莫端
홍심원해호무변　　　　청정자문묘막단

大聖尋常無棄捨　　　　衆生放逸自欺瞞
대성심상무기사　　　　중생방일자기만

一音演法眞機普　　　　十界分形化境寬
일음연법진기보　　　　십계분형화경관

斷月本空知不賜　　　　儻揮慧劍破疑團
단월본공지불진　　　　당휘혜검파의단

다라니품

陀羅尼品

기꺼이 법을 바르게 베풀지 않고, 마침내 마군을 속여 근기에 시설함이 교묘하다. 말세에는 못살게 괴롭히는 일들이 많고, 초심자는 긴요하게 총지의 위엄을 빌린다. 자비로 거두어 보호하여 다함이 없음을 알고, 오고가고 널리 펴니 의지하기에 족하다. 부처님은 이미 서쪽에 계시니 나는 되돌아가고 싶다. 모든 하늘의 장수들이여! 창을 빌려 휘두르기를 원하노라.

喜令正法不敷施　　　　詛詐群魔巧設機
희령정법불부시　　　　조사군마교설기

末世例多侵惱事　　　　初心要借摠持威
말세예다침뇌사　　　　초심요차총지위

慈悲攝護知無旣　　　　往返宣揚足可依
자비섭호지무기　　　　왕반선양족가의

佛日已西吾欲反　　　　願諸天將借戈揮
불일이서오욕반　　　　원제천장차과휘

묘장엄왕본사품

妙莊嚴品

네 사람[471]이 옛날에 미혹함을 벗고자 하여, 함께 『법화경』을 가지고 땅을 가려 왔다. 세 가지의 삼매[472]로 즐거운 계곡에 은둔하여, 일생동안 정진하여 윤회를 빗어나네. 한 사람[473]만이 사바세계에 집착하여 경

---

471) 妙莊嚴王과 그의 부인 淨德, 그들의 두 아들인 淨藏과 淨眼을 말한다.
472) 세 가지 삼매는 『법화경』의 내용에 의거하면, 淨眼菩薩의 法華三昧, 淨藏菩薩의 離諸惡趣三昧, 왕의 부인의 諸佛集三昧를 말한다.
473) 妙莊嚴王을 말한다.

계를 어지럽히니, 오랜 동안 불을 꺼서 평정을 모으게 한다. 종자를 널리 뿌려 때를 기다리니 지금 열매를 맺고, 그을린 싹은 빼어 버렸으나 이미 우뢰소리를 듣는다.

四人往昔欲開迷
사인왕석욕개미

共把蓮經卜地來
공파련경복지래

三箇寂寥甘谷隱
삼개적요감곡은

一生精進脫輪廻
일생정진탈윤회

一人爲著塵紛境
일인위착진분경

多劫將顚火聚臺
다겁장전화취대

普種待時今結果
보종대시금결과

焦芽拔出已聞雷
초아발출이문뢰

보현보살권발품

勸發品

처음부터 끝까지 천여의 경계[474]를 끝까지 드러내니, 경문의 이치는 전부 가르침의 그물을 뛰어 넘는다. 어찌 다시 한 번 거듭하여 법을 청하며, 삼매를 열어 영원히 마가 없기를 바라노라. 강설하는 자리는 물 잠기듯 금 녹듯이 펼쳐지고, 선좌[475]는 아련한 산봉우리 푸른 소라에 까지 닿네. 적막한 산속에 살면서 묘한 지혜를 닦고, 언제나 육아백상을 타고 현악에 맞춰 노래를 짓는구나.

終始究顯千如境
종시구현천여경

文理全超入敎羅
문리전초입교라

何更一番重請法
하갱일번중청법

欲開三昧永無魔
욕개삼매영무마

講筵沈水銷金暢
강연침수소금창

禪榻遙岑封碧螺
선탑요잠봉벽라

---

474) 天台宗의 敎義로서 세계를 佛界로부터 地獄에 이르기까지 모두 十界로 나누고, 그 十界의 性相으로 보면 그 十界에 각각 十界를 갖추고 있으므로 百界가 된다. 그리고 이 百界에 각각 十如是의 원리가 다 갖추어 있으므로 千如是라   한다.
475) 좌선할 때 쓰는 걸상.

寂寞岩居修妙慧　　　　恒須象駕作絃歌
적막암거수묘혜　　　　항수상가작현가

● 다음은 이영 거사의 시의 운을 따라 서문을 부쳐 답하다

次韻李居士穎幷序 차운이거사영병서

산승이 지난 겨울에 한가하게 지내면서 우연히 산속의 시 12수를 지어서 멀리 있는 가까운 이들에게 보냈습니다. 이들이 연이어 화답하니 전·후에 무릇 두루마리[2축]로 24수가 되었습니다. 말의 뜻은 자연스러워 모두 산가의 가르침[476]을 따라 끄집어 낸 것입니다. 이에 입은 옷은 비록 다르지만 마음은 일대사인연법에서 오랫동안 공부한 것을 알 수 있습니다. 어찌 세상에서 시시비비를 따지겠으며, 보통의 잣대로 남과 같이 하겠습니까. 다시 하례하면서, 삼가 본래의 운을 따라 바람에 실어 멀리 보냅니다.

山野曩於冬月閑居中偶書　　　　山中作十二首 遙寄左右
산야낭어동월한거중우서　　　　산중작십이수 요기좌우

左右連和 前後凡二軸動盈二十四首　　　　語意天成 皆拈出山家道用
좌우연화 전후범이축동영이십사수　　　　어의천성 개념출산가도용

迺知羣服雖異 久游心於一大事　　　　豈與世上靑黃赤白之乎者也
내지군복수이 구유심어일대사　　　　기여세상청황적백지호자야

尋常之格雷同耶　　　　且賀且賀 謹次元韻因風遠寄
심상지격뢰동야　　　　차하차하 근차원운인풍원기

거사께서는 얼마 전부터 세속을 등진 흥취가 많아서,
물위에서 노니는 갈매기와 이상향[477]을 익히네.

---

476) 산가파로 생각됨.
477) 無何는 無何有之鄕의 뜻으로 이상향을 말한다.

(그때 이공은 정언벼슬을 하며 남쪽 섬인 완도에 귀양 가 있었음)

법화경 결사에 들어가 삼매를 이루고,

경전은 스님을 따라서 다섯 바리를 읽었네.

맑고 맑은 마음에는 달을 드러낼 수 있고,

어둡고 어두우면 번뇌를 알아 꾸짖을 수 없다.

그대는 아는가 향산노인[478]과 우아하게 어울리니,

몸은 출가하지 않았으나 마음은 이미 출가하였소.

居士年來逸興多　　　狎鷗波上學無何
거사년래일흥다　　　압구파상학무하

(時李公以正言竄流南島莞島)
(시이공이정언찬류남도완도)

蓮花入社成三昧　　　貝葉隨僧讀五馱
연화입사성삼매　　　패엽수승독오태

皎皎能令心月現　　　昏昏不受客塵呵
교교능령심월현　　　혼혼부수객진가

知君雅合香山叟　　　身未出家心出家
지군아합향산수　　　신미출가심출가

한가로이 후 500년에 태어나니 세상이 쓸쓸한데,

누가 백성을 위해 다시 바로 잡으리오.

재주 있는 이름을 드니 이백 두보와 같고,

비방함이 이르면 란과 초에 맡기고.

(자란[479], 자초)

일찍이 묘한 경구를 전하니 수많은 구슬을 꿴 듯하고,

맑은 표현은 한 조각 얼음과 같네.

근래 임금의 글을 받들어 황제를 뵈니,

---

478) 香山居士; 白樂天을 말함.
479) 자란은 全唐詩에 수록된 115명 중의 詩僧임.

새벽 원숭이가 놀라 일어나고 뭉게구름은 아득하구나.

閒生五百歲寥寥	誰向漁鹽復擧膠
한생오백세요요	수향어렴복거교
入手才名同李杜	到頭讒毀任椒蘭
입수재명동이두	도두참훼임초란
(子蘭 子椒)	
(자란 자초)	
早傳妙句珠千斛	況有淸標氷一條
조전묘구주천곡	항유청표빙일조
近奉紫泥朝玉帝	曉猨驚起白雲遙
근봉자니조옥제	효원경기백운요

아름다운 명성은 우뢰 소리처럼 사해에 드날리며,

근심스런 소문이 어찌 부처님의 근본 뜻을 가리리오.

(한창)

높은 지위는 반드시 뭇 종소리의 귀함에 머물고,

바위 골짜기에서는 한 벌 옷의 따뜻함에 눈길이 가네.

녹만 축내는 벼슬480)은 몸을 편안히 하여 꾀꼬리를 가벼이 보고,

글로서 임금을 깨우치니 임금의 자손을 바꾸었네.

훗날 공업을 이룸을 기다려 보면,

역사의 기록은 죽백(책)의 글로서 마땅히 전할 것이다.

美譽雷轟四海喧	博聞奚啻辦金根
미예뇌굉사해훤	단문해시판금근
(韓昶)	
(한창)	
霙霄必亭千鐘貴	嵒壑來眼一褐溫
운소필정천종귀	암학래안일갈온
尸素安身輕鴛相	文章悟主替龍孫
시소안신경려상	문장오주체용손

---

480) '尸素' 는 관위에 있을 뿐 직책을 다하지 않고 자리만 지키고 녹만 먹는 것을 말함.

待看他日成功業　　史筆應傳竹帛言
대간타일성공업　　사필응전죽백언

학업을 오래 닦으니 삼다[481]를 넉넉히 갖추고,
흩날리는 머리카락이 이제 반백이니 어찌하리오.
누가 조개 속을 갈라서 마침내 보배를 캐며,
도리어 용골을 탄식하며 나아가려 하지 않는다.
한림에서 지은 것은 세상을 움직이고,
너른 계곡은 상서롭지 못한 귀신을 꾸짖는다.
우리 이씨의 향기로운 뿌리는 출처가 빼어나니,
농서지방의 가문을 함께 이음을 잘 알겠습니다.

鐫年學業富三多　　鬢髮如今半白何
전년학업부삼다　　빈발여금반백하

誰剖蚌胎終探寶　　却嗟龍骨未容駄
수부방태종채보　　각차용골미용견

翰林所作乾坤動　　盤谷不祥神鬼呵
한림소작건곤동　　반곡불상신귀가

我李芳根殊出處　　信知雙繼隴西家
아이방근수출처　　신지쌍계롱서가

등불 아래서 책을 보니 밤은 더욱 쓸쓸하고,
일찍이 오조의 전기를 밝히니 서쪽의 가르침을 아네.
요염한 꽃은 스스로 뽐내니 어찌 대나무와 같으며,
감초가 아무리 아름다운들 도리어 산초를 맛 하리오.
멍에 한 수레가 오래 애쓰니 천리마는 언덕에 오르고,
거문고 재료의 비밀은 봉황의 노래에 있네.

---

481) 三多는 문장을 많이 읽고 많이 짓고 많이 구상하는 세 가지 일.

문인을 저울질하여 받드니 바야흐로 표문을 짓고,
구름 속을 헤치고 하늘을 나는 물수리가 노닌다.

燈下看書夜沈寥
등하간서야혈요

曾明五傳訓西膠
증명오전훈서교

妖花自媚寧如竹
요화자미녕여죽

甘草尤佳却味椒
감초우가각매초

車駕久勞騏驥坂
차가구노기기판

琴材獨秘鳳凰條
금재독비봉황조

薦衡文奉方裁表
천형문봉방재표

行見雲天一鶚遙
행견운천일악요

시가 육의[482]에 맞으니 다투어 널리 전해지며,
밝고 맑음이 어우러지니 일찍이 뿌리를 감싸네.
재빠름은 세 발짝 안에 있는 버드나무보다 뛰어나고,
맑고 신선함은 팔음의 따뜻함을 감싸네.
새가 지저귐은 웃음거리지만 바람에 날개 짓은 더하며,
걸음이 느린 말은 속여도 좋은 새싹은 숨어버리네.
세상에는 철부지들이 분분하게 떠들고,
오는 친구들은 치받으니 말로 다할 수 없네.
(이 6수는 거사(이영)의 행적이다)

詩含六義競傳喧
시함육의경전훤

噩噩渾渾早括根
악악혼혼조괄근

敏速優於三步柳
민속우어삼보류

淸新邁却八吟溫
청신매각팔음온

啁啾反笑培風翼
조추반소배풍익

款段還欺逸景孫
관단환기일경손

世上紛紛衆兒子
세상분분중아자

朋來欲突不能言
붕래욕돌불능언

---

482) 六義는 詩의 여섯 가지 體 즉, 風·雅·頌·賦·比·興을 말함.

(右六首居士行履)
(우육수거사행리)

늙어버리면 누가 기량이 많은 줄 알 것이며,

스스로 고향과 이름이 무엇이라고 말하겠는가.

경전을 강하여 감히 양이 다투어 무릎 꿇기를 바라고,

계를 받고 항상 준마로 짐을 지지 않기를 바랐네.

담박한 마음으로 노니니 좋고 나쁨이 없고,

지관으로 경계를 닦으니 혹 헐뜯기도 하누나.

산중에서는 항상 세속의 옛일을 근심하니,

오히려 보통 사람들의 일을 걱정하네.

老去誰知伎倆多	自言鄕國姓名何
노거수지기량다	자언향국성명하
講經敢望羊爭跪	受具恒期駬不駃
강경감망양쟁궤	수구항기이불견
淡泊游心無適莫	止觀硏境或噍呵
담박유심무적막	지관연경혹초가
山中尙恤塵中舊	猶記張三李四家
산중상휼진중구	유기장삼이사가

고요히 명상하니 뜻은 하늘에서 공활하고,

공양은 항상 그러하니 흐르는 물과 같다.

바다를 건너듯 몸은 가벼우니 삿갓을 띄워버리고,

산에서 노닐어도 힘들어 산정에 오르지 못하네.

오랜 세월 동안 갈고 닦은 삼종지관을 행하며,

맑고 고요한 유풍으로 십조483)를 지키네.

---

483) 十乘觀法을 가리키는 것 같음.

옆 사람이 번거로이 묻는 물음을 싫어하여,

다시 그윽한 곳을 골라 푸른 바위에 노니리라.

靜中冥想義天寥	供養常然況水膠
정중명상의천료	공양상연황수교
渡海身輕將泛笠	遊山力困不登椒
도해신경장범립	유산력곤부등초
消磨永日觀三種	淸肅遺風守十條
소마영일관삼종	청숙유풍수십조
近猒傍人煩問訊	幽棲更卜翠嵓遙
근염방인번문신	유서갱복취암요

총각 때 함께 서울(개성)의 거리[484]에서 노닐고,

얽혀진 인척 인연[485]은 하물며 뿌리도 이어 있네.

하늘 저쪽 떨어져서 소식편지는 끊어졌는데,

숲속에서 서로 만나니 웃음소리 따뜻하네.

밤 골짜기에 바람은 찬데 솔방울은 떨어지고,

봄 뜨락에 비가 지나가니 대나무는 싹을 틔우네.

이 때 청량한 즐거움을 모두 함께 찬양하니,

어찌 떠들썩하게 다시 말할 필요가 있는가.

總角偕遊紫陌喧	綢繆瓜葛況連根
총각해유자맥훤	주무과갈황연근
天涯遠別音書斷	林下相逢笑語溫
천애원별음서단	임하상봉소어온
夜壑風寒松落子	春庭雨過竹生孫
야학풍한송락자	춘정우과죽생손
此時淸樂皆同賞	何用嘮嘮更吐言
차시청락개동상	하용로로갱토언

---

484) 紫陌 : 도시의 시가. 서울.
485) 瓜葛 : 인척을 말함.

평상시가 곧 도이니 다시 말할 필요가 없으며,

이런지 저런지 싫증나게 묻는구나.

세 마리 짐승은 일찍이 물에 가면 건널 줄 알고,

한 마리 당나귀는 멋대로 산을 나와 달리네.

삼천 대천의 사바세계에 항상 유희하니,

무수한 파순486)은 꾸짖음을 당하네.

행인을 이끌어 저 언덕에 오르게 하고,

사공은 비로소 문득 집으로 돌아가네.

平常是道更無多	懶問如何與若何
평상시도갱무다	나문여하여약하
三獸早知臨水渡	一驢聊借出山駃
삼수조지임수도	일려료차출산견
大千沙界常游戲	無數波旬受禁呵
대천사계상유희	무수파순수금가
導了行人登彼岸	船師始得便還家
도료행인등피안	선사시득편환가

안으로 마음을 기르니 텅 비고 횅하며,

본래 집착할 것이 없는데 손에는 묻어나네.

뜰 앞에는 많은 사람들이 모여 기쁨의 북을 치고,

문밖에는 강남의 상인들이 촉나라 산초를 드리네.

일찍이 덧없는 인생이 꿈과 같다고 믿는데,

도리어 깨달음의 눈이 쑥대밭이 되어 슬프구나.

분주하게 일어나는 명성과 이양은 재미없고,

도리어 행을 숨기고 세상과 떨어져 있으니 다행이네.

內養靈臺空復寥	本來無着手中膠
내양영대공복료	본래무착수중교

---

486) 波旬 : pāpiyas의 음역으로 남의 善根을 끊는 魔王.

庭前天衆集台鼓
정전천중집태고

早信浮生如夢幻
조신부생여몽환

奔波聲利沒滋味
분파성리몰자미

門外江商獻蜀椒
문외강상헌촉초

還嗟道眼轉蕭條
환차도안전소조

反幸行藏與世遙
반행행장여세요

바람은 계곡의 새와 어우러져 봄 소리를 희롱하고,

구덩이에 씨앗뿌리니 뿌리 캐기 즐겁네.

세상밖에 담백한 반찬은 구리 솥에 있고,

시냇가의 둘러앉은 자리는 따뜻한 돌상이네.

함께 노니는 그릇들과 나는 모두 따뜻한 벗이며,

주고받는 말로 그대를 알고 나니 모두 외손이며.

집안일을 어찌 자세하게 논하리오,

원래 본 그대로 말을 하지 않네.

(위 6수는 산중에서의 소식이다.)

風和谷鳥哢春喧
풍화곡조롱춘훤

方外淡餐銅鼎足
방외담찬동정족

同遊盆我皆南友
동유분아개남우

家事何須論委曲
가사하수론위곡

掘得黃精好採根
굴득황정호채근

溪邊宴坐石牀溫
계변연좌석상온

異句知君盡外孫
이구지군진외손

元來目擊不容言
원래목격불용언

(右八首 山中消息)
(우육수 산중소식)

천성이 분방하여 호연지기가 많고,
계율에 얽매이고 선에 구속되니 나 어찌하리오.
하얀 눈은 사자후를 구하지 않으며,
금 안장은 훌륭한 코끼리에 싣는 짐에 어울리네.(『관보현경』과 같다)
일찍이 법을 중히 하고 생사를 가벼이 여기니,
하물며 마음을 길들이고 가책을 잘 다스리랴.
고요하고 수승한 공부는 누구와 더불어 이야기하며,
아무도 야승의 집에 이르지 않는구나.

天生縱性浩然多	律縛禪拘奈我何
천생종성호연다	율박선구나아하
玉塵不須師子吼	金鞍祇合象王馱(如普賢經)
옥진불수사자후	금안기합상왕견(여보현경)
早曾重法輕生死	況使調心善治呵
조증중법경생사	황사조심선치가
靜勝工夫誰與說	無人解到野僧家
정승공부수여설	무인해도야승가

스스로 기뻐하며 한가하게 사니 즐거운 일이 많고,
고요하고 번뇌 없는 세상 누구에게 무엇을 물을까.
하늘의 찬 기운이 다가오니 천리마는 내달리고,
하루하루 오직 부지런히 백마에 짐을 싣네.
눈 덮인 토굴에서 선정에 들어 묵묵히 관하고,
구름 덮인 산길을 노닐며 한바탕 웃네.
쓸쓸한 한밤의 달빛은 잔물결처럼 드러나고,
한 줄기 푸른빛은 나의 집을 감싸네.

| 自慶幽居樂事多 | 寂無塵世問誰何 |
| 자경유거낙사다 | 적무진세문수하 |

天寒已迫玄駒賁　　日用唯勤白馬駃
천한이박현구분　　일용유근백마견

入定雪龕觀嘿嘿　　出遊雲嶠笑呵呵
입정설감관묵묵　　출유운교소가가

可憐夜月波波現　　一亘淸光屬我家
가련야월파파현　　일긍청광속아가

숨어살 곳을 곧게 가려서 적정함을 다스리고,

사람들이 세상일에 얽매임을 비웃는다.

물들어 훈습됨은 일찍이 쪽빛과 꼭두서니로부터 알았고,

맵고 쓰림은 여뀌와 산초를 먹고서 일찍이 아네.

입으로 원음을 펴서 인도를 그리워하며,

몸은 방장에 머물면서 마음 한 조각에 의지하네.

나의 집은 크게 가난하지만 도리어 부자이며,

한번 강산을 쳐다보니 만리나 아득하구나.

卜隱居貞辨寂寥　　笑他人世事膠膠
복은거정판적요　　소타인세사교교

染熏早悟從藍茜　　辛辣曾知食蓼椒
염훈조오종람천　　신랄증지식료초

口演圓音慕西竺　　身栖方丈寄中條
구연원음모서축　　신서방장기중조

吾家計浩貧還富　　一望江山萬里遙
오가계호빈환부　　일망강산만리요

휘황한 거리는 떠들썩하지 않은 곳이 없고,

산중에서 고요하게 뿌리 찾음을 크게 감사하네.

『법화경』을 외우고 나니 구름 덮인 집은 냉랭하며,

타고남은 그루터기로 화로는 따뜻하네.

산마루에 달이 솟아오르니 스님들은 객을 부르고,

소나무 꼭대기에 바람이 차니 학이 새끼를 품네.

앉아서 세월을 보내니 해가 저물려 하고,

감감하고 명청하니 스스로 말이 없구나.

紅衢无處不喧喧	多謝山中靜探根
홍구무처불훤훤	다사산중정탐근
誦了蓮經雲屋冷	燒殘柴品地爐溫
송료련경운옥랭	소잔시품지노온
峰頭月湧僧呼客	松頂風寒鶴抱孫
봉두월용승호객	송정풍한학포손
坐餞流年垂欲暮	憨憨兀兀自无言
좌전류년수욕모	감감올올자무언

단정하게 있는 방안은 절로 고요한데,

찬바람이 번거로움을 끊어버리네.

눈 내린 밤에 언 항아리는 주춧돌에 붙어버리고,

구름 드린 아침에 청아한 풍경소리는 산봉우리를 울리네.

잔뿌리 있는 무우를 삶아 바릿대를 채우고,

몸을 가린 가사는 낡아 줄을 잃었네.

공양을 마치고 추위에 떨며 오래 쪼그리고 앉아서,

담백하게 분수를 따라 한가로움을 맛보네.

端居一室自寥寥	觱發嚴風劇折膠
단거일실자료료	필발엄풍극절교
雪夜凍瓶粘柱楚	雲朝淸磬響山椒
설야동병점주초	운조청경향산초
着毛蘿葍烹資鉢	掩體袈裟破失條
착모라복팽자발	엄체가사파실조
齋罷畏寒長縮坐	淡隨分味逍遙
재파외한장축좌	담수분미소요

깊은 계곡에 남아 있는 겨울은 세간의 시끄러움을 끊고,

경전을 펴 욕심을 돌려 깊은 뿌리를 탐구하네.

경문을 또 다시 읽으나 점점 차지고,

완골방석에 오래 앉아 좌선하니 오히려 온기를 녹이네.

따스한 햇살은 갓 끝에 걸려 불자를 어루만지고,

자비로운 바람은 고개를 넘어 왕손의 소식을 들려주네.

산가는 하루 종일 즐거우니,

다만 허허 할 뿐 말을 할 수 없네.

窮谷殘冬絶世喧　　　演經般欲究玄根
궁곡잔동절세훤　　　연경반욕구현근

更淶篆印燒成冷　　　坐久蒲團尙解溫
갱돌전인소성랭　　　좌구포단상해온

愛日臨簷捫佛子　　　悲風度嶺聽王孫
애일임첨문불자　　　비풍도령청왕손

山家二六時中樂　　　祇可呵呵不可言
산가이육시중악　　　기가가가불가언

만물의 도도함을 엿보니 땅에는 시끄러운 소리,

방안의 게으름에도 생기를 드리우네.

산이 머금은 뜻을 어찌 머리에 스치는 바람으로 맑게 하며,

야성으로 바치니 따뜻한 햇살을 등에 지네.

부처님을 구하고 공덕을 베푸니 무엇이 어긋나며,

스승을 찾아 도를 물으니 오히려 어린아이 같네.

객이 와서 이상하게 여기지 말라, 말없는 벙어리라고.

눈 깜박할 사이에 원을 이루나 말이 없는 바다라네.

萬窺刀刀地籟喧　　　踈慵一室睡生根
만규도도지뢰훤　　　소용일실수생근

山吟豈合頭風愈　　　野性將供背日溫
산음기합두풍유　　　야성장공배일온

求佛施功何錯謬　　　尋師問道尙兒孫
구불시공하착류　　　심사문도상아손

客來莫怪瘖無語　　　彈指圓成海墨言
객래막괴음무어　　　탄지원성해묵언

한가로움 속에 청정한 업을 닦아도 분별은 많고,

득실과 희비를 이 또한 어찌할고.

다문 입을 천천히 열어 황마를 달리고,

그윽한 마음을 관하여 익혀 백우를 타네.

숲 사이에 종일토록 스스로 봉우리가 되니,

소나무 아래의 살풍은 누구를 꾸짖는 할인가.

참다운 즐거움은 남면하는 즐거움을 뛰어 넘으며,

뭉게구름도 산골짜기도 모두 나의 집이네.

閑中淨業辦多多　　　得失欣悲又奈何
한중정업판다다　　　득실흔비우나하

杜口懶開黃馬騁　　　冥心觀熟白牛馱
두구나개황마빙　　　명심관숙백우태

林間終日自岑寂　　　松下煞風誰喝呵
임간종일자잠적　　　송하살풍수갈가

眞樂妥超南面樂　　　煙雲萬壑盡吾家
진악타초남면락　　　연운만학진오가

생각할수록 쓸쓸하나 본래 스스로 고요한데,

그래서 밖에서는 칠흑을 엉겨 놓은 듯하네.

삶은 단지 여러 집에 의지하여 탁발하나,

부귀란 남들로부터 온 백섬의 산초일뿐이네.

불 속에 있는 부용은 잎을 다스리지 못하는데,

눈 속의 송백이 어찌 가지를 시들게 할 것인가.

금비487)로 바로 범부의 눈을 고치니,

걸음걸음 고향길은 결코 멀지 않구나.

念念蕭然本自寥　　　故於方外漆提膠
염염소연본자료　　　고어방외칠제교

生涯只寄千家鉢　　　富貴從他百斛椒
생애지기천가발　　　부귀종타백곡초

火裏芙蓉非治葉　　　雪中松栢豈□條
화리부용비치엽　　　설중송백기□조

金錍倘決凡夫眼　　　步步還鄕定不遙
금비당결범부안　　　보보환향정불요

번뇌 없는 마음은 이익과 명예로 시끄럽지 않으니,

도둑들이 무엇 때문에 육근을 빼앗으리오.

꿈속의 사슴은 한곳에서 득실을 잊어버리고,

나는 메추라기는 기운 누더기에 추위와 더위를 맡기네.

점두산488) 위의 바위는 서로 도반이 되고,

정수리 쓰다듬는 정원의 소나무는 바로 그 자손이네.

마음의 창을 밝히니 청정해지며,

향 사르고 조용히 앉아 부처님의 말씀을 외우네.

灰心不涉利名喧　　　賊賊何由奪六根
회심불섭이명훤　　　적적하유탈육근

夢鹿一場忘得失　　　縣鶉百結任寒溫
몽록일장망득실　　　현순백결임한온

點頭山石堪儔侶　　　摩頂庭松是子孫
점두산석감주려　　　마정정송시자손

未禁明窓淸淨債　　　焚香宴坐諷金言
미금명창청정채　　　분향연좌풍금언

시비의 세상에는 옳고 그름 따짐이 많으니,

이 어찌 근기를 닦아 도를 즐김이 어떠하리오.

설법하는 즉시 제호는 묘한 뜻이 되며,

손 안에 즐표는 좋은 짐이 되네.

외로운 둥근 달은 연못을 향하여 마음을 새기고,

한줄기 구름은 골짜기에서 나오네.

눈에 닿는 것은 모두 진실한 모습이 되니,

의연하게 발걸음이 본래 집을 밟고 있네.

是非世上是非多　　　其奈硏機樂道何
시비세상시비다　　　기나연기락도하

舌下醍醐翻妙旨　　　手中樲標當良駄
설하제호번묘지　　　수중즐표당량태

孤輪月向池心印　　　一帶雲從谷口呵
고륜월향지심인　　　일대운종곡구가

觸目俱爲眞實相　　　依然踏着本來家
촉목구위진실상　　　의연답착본래가

세상일은 거북이의 터럭과 토끼의 뿔이며,

운수행각은 봉황의 골수요 난새와 붙어사는 것이네.

곧은 마음으로 스스로 공부하나 텅 빈 마음은 대나무 같고,

독을 품고 차라리 산초를 입에 문 것으로 생각하네.

분수를 지킴이 오래되니 발우는 다섯 번 꿰매고,

공부의 하루하루는 앉는 자리[489]가 객의 자리네.

내생에는 연화대를 향하고자 하니,

생각마다 서방정토 염하면 어찌 멀다고 하리요.

塵習龜毛兼兎角	雲游鳳髓與鸞膠
진습구모겸토각	운유봉수여란교
抱貞自學虛心竹	含毒寧思合口椒
포정자학허심죽	함독녕사합구초
分衛多年盂五綴	工夫一日線三條
분위다년우오철	공부일일선삼조
他生欲向蓮臺化	念念西方豈是遙
타생욕향련대화	염염서방기시요

---

489) 三條 : 좌선할 때 앉는 위치.

● **임진년에 보현도량의 시작을 알리는 글 (운임사 종윤대사가 쓰다)**

壬辰年普賢道場起始疏　(雲任寺大師宗銑行)
임진년보현도량기시소　(운임사대사종윤행)

무수한 경전 중에서 어느 것이 요의의 경전이겠는가! 회삼귀일[490]의 가르침 밖에서는 그 미묘한 이름을 얻기 어려우니 불가사의한 공덕입니다. 옛날에 여래께서 출현하시어 백호[491]에서 빛을 내어 만팔천국토를 비추셨다. 부처님의 설법은 49년이었으나 이근과 둔근기가 같지 않았으므로, 서로 상반되는 것이 얼마나 많겠는가!

於無數大千經中　孰爲了義　唯會三純一
어무수대천경중　숙위요의　유회삼순일

敎外紗得妙名　不思議其功德
교외선득묘명　부사의기공덕

昔如來之出現也　玉毫放光於萬八千土[492]
석여래지출현야　옥호방광어만팔천토

金口說法者四十九年　以利根鈍根之不同
금구설법자사십구년　이이근둔근지부동

何多蹢駁
하다준박

---

490) 會三純一은 會三歸一과 같은 뜻임
491) 玉毫는 眉間白毫와 같은 뜻임
492) 『법화경』 「서품」 "以何因緣而有此瑞神通之相. 放大光明照于東方萬八千土. 悉見彼佛國界莊嚴."

그러므로 만자와 반자의 가르침[493]이 각각 달라 경들의 분분함을 면치 못하였습니다. 누구나 손가락으로 제호를 맛볼 수 있는데, 어찌 모두 마음으로 생소와 락미[494]에서 그런대로 만족함에 그치겠습니까. 영산회상에서의 지극한 가르침에 비유하면 나머지 이승은 진실이 아닙니다. 갠지스강 모래 수 같은 중생들로 하여금 성불하지 못할 사람은 하나도 없다는 방편문을 열어 놓으셨습니다.

故滿字半字之各異　未免紛經
고만자반자지각이　미면분경

誰能染指於醍醐　皆止甘心於酥酪
수능염지어제호　개지감심어수락

比及靈山之極唱　餘二卽非眞
비급영산지극창　여이즉비진

咸使恒沙之衆生　無一不成佛　方便門開也
함사항사지중생　무일불성불　방편문개야

참다운 바른 길은 평평하기 때문에 모든 세계가 그대로 드러납니다. 그러므로 담벼락의 기와나 돌 같은 더럽고 추한 것도 불성이 함께 존재하지 아니함이 없고, 보지 못하고 듣지 못하는 장구벌레와 말똥구리[495]와 살모사 매미도 진여[496]는 상주하여 떠나있지 않습니다. 문자뿐만 아니라 색·성·향·미·촉·법이 모두 중도입니다. 기이하고 기이합니다.

眞正路坦[497]然　所以塵塵自然露露
진정로탄　　연　소이진진자연로로

---

493) 『대반열반경』 40권. "以佛性故等視衆生無有差別. 是故半字於諸經書記論文章而爲根本. 半字義皆是煩惱言說之本. 半字滿字者乃是一切善法言說之根本也. 譬如世間爲惡之者名爲半人. 修善之者名爲滿人."
494) 乳味는 처음 소로부터 나온 젖. 酪味는 젖을 끓여 만든 것. 生酥味는 낙미를 가공하여 만든 것. 熟酥味는 생소를 정제하여 만든 것. 醍醐味는 우유를 정제한 최고의 유제품.
495) 대개 蛣蜣(장구벌레와 쇠똥구리)으로 하는데, 여기서는 蛣蝸 즉, 장구벌레와 달팽이로 되어 있다.
496) 法位는 온갖 법이 安住하는 자리라는 뜻으로 眞如를 의미함
497) 坦자의 誤字로 추정됨. 坦然은 마음이 안정되어 평온한 상태를 의미함

然則牆壁瓦礫之穢惡　無非佛性俱存
연즉장벽와력지예악　무비불성구존

蛣蜣蝮蜷之盲聾　不離法位常住　文字非外
길강복진지맹롱　불리법위상주　문자비외

色香皆中　奇哉奇哉　如是如是
색향개중　기재기재　여시여시

이와 같은 소식은 서역에서는 용수가 그것을 열었는데 네 가지 의지함[498]에 의해 유통시켰고, 동쪽으로는 계림까지 알려지게 되었습니다. 그러나 부처님이 세상에 오셔서 교화를 할 때에도 오히려 원망과 질투가 있었다 하거늘, 하물며 마귀가 강하고 법이 약한 이 시대이겠습니까? 그 사람들이 (『법화경』을) 수지할 수 있으면서도 대행을 할 수 없음을 탄식하고 완고하게 작은 소견을 고치려 하지 않습니다. 그리고 그들은 단지 반딧불을 가지고 해와 달의 광명에 맞서려 하고 있습니다.

此一段消息　西焉龍樹啓之
차일단소식　서언용수계지

出四依流通　東又鷄林聞也
유사의유통　동의계림문야

然佛出化行　而猶多冤嫉　況魔强法弱兮
연불출화행　이유다원질　황마강법약혜

其能受持嘆未得於大行　頑不悛其小見
기능수지탄미득어대행　완부전기소견

以其　但將螢火　欲爭日月之光明
이기　단장형화　욕쟁일월지광명

미래가 영구하다고[499] 잘못 알고 세월이 남는다고 헛되이 점치었지만,

---

498) 四依는 (1)법에 의지하고 사람에 의지하지 않으며[依法不依人] (2)了義經에 의지하고 불요의경에 의지하지 않고[依了義經不依不了依經] (3)義에 의지하고 語에 의지하지 않으며[依義不依語] (4)지혜에 의지하고 識에 의지하지 않는 것[依智不依識]이다.
499) 당나귀는 12간지에 없는 동물로 驢年은 없으므로 未來永久하다는 비유로 쓰이는 말.

다행히도 지금 만덕산의 어르신이 계셔서 사명청규[500]를 사모하여, 게으름을 인도하였으니 이것이 곧 정진의 깃발입니다. 서원을 채워가면 자비의 뗏목을 만듭니다. 이미 전도된 세찬 물결을 돌리니 교관을 발흥시키어 감로수를 모든 곳에 뿌리셨습니다.

誤認驢年虛　卜春秋之餘閏
오인여년허　복춘추지여윤

幸今有萬德尊宿
행금유만덕존숙

慕四明淸規　引退儱則是精進之幢
모사명청규　인퇴려즉시정진지당

塡誓願則作慈悲之筏　廻狂瀾於旣倒
전서원즉작자비지벌　회광난어기도

敎觀以之勃興　洒甘露於無垠
교관이지발흥　쇄감로어무은

청량하고 따뜻함이 갑자기 있게 되었으나, 도리어 듣지 못하고 알지 못하고 깨닫지 못하는 얕은 지식의 사람들로 하여금 다 수지 독송하는 깊은 인연을 갖도록, 대법의 뜻을 널리 펴고 대법의 북을 쳐서 많은 법우를 내리고 대법의 나팔을 부셨습니다.[501] 한 음성으로 두루 하지 않는 곳이 없습니다.

淸涼穆然頓在　反令不聞不知不覺之淺識
청량목연돈재　반령불문부지불각지천지

皆有若持若讀若誦之深因　演大法義
개유약지약독약송지심인　연대법의

擊大法鼓　雨大法雨　吹大法螺
격대법고　우대법우　취대법라

---

500) "菩薩戒儀(十二科)第一求師授法　第二策導勸信　第三請聖證明　第四授三歸依　第五召請聖師　第六白佛乞戒　第七懺悔罪愆　第八問無遮難　第九羯麽授戒　第十略說戒相　第十一發弘誓願　第十二結撮迴向."（대정장46, p.858하）
501) 『묘법연화경』「서품」(대정장 9, p.03下) "如我惟忖　今佛世尊　欲說大法　雨大法雨　吹大法螺　擊大法鼓　演大法義"

一音無處不遍
일음무처불변

여래의 방에 들어가서 여래의 옷을 입고, 여래의 자리에 앉아서 여래의
일을 행하니502) 오탁인들 나를 어찌 하겠습니까? 더욱이 삼관503)을 꿰
뚫어서 보현도량을 세우고 모두를 이끌어서 말합니다. 아미타불의 정토
는 비단 오늘 뿐 만 아니라 다보여래까지도 기약합니다. 말을 돌이켜 보
면 고달픔을 바꾸는 바탕은 다만 불법을 만나기 어렵다는 생각과 짐을
나눔 없이 짊어진다는 생각을 없애는 것입니다.

入如來室 着如來衣 坐如來座 行如來事
입여래실 착여래의 좌여래좌 행여래사

五濁於我何如
오탁어아하여

況洞三觀兮 立普賢道場 導一切曰
황동삼관혜 입보현도량 도일체왈

期彌陀淨刹 非但今日 盖亦多寶
기미타정찰 비단금일 개역다보

眷言易憊之資 但竭難遭之想 荷擔無分
권언역비지자 단갈난조지상 하담무분

쯧쯧! 다만 지극히 어리석은 뱀 뿐 아니라 공양에도 인연이 있습니다.
간절하게 묘장엄왕504)의 본사를 본받으려면, 진실한 공덕을 한 달간 갖
추고, 청정한 수행을 하루 여섯 때505)에 부지런히 합니다. 맑게 소리
내어 독송하니 생명의 소리가 스스로 바람처럼, 선정의 향기가 꽉 차고

---

502) 『묘법연화경』 「법사품」(대정장9, p.31下) "是善男子善女人 入如來室 著如來衣 坐如來座 爾乃衆
廣說斯經 如來室者 一切衆生中大慈悲心是 如來衣者 柔和忍辱心是 如來座者 一切法空"
503) 三觀은 空觀·假觀·中觀을 말함.
504) 『묘법연화경』 「묘장엄왕본사품」의 묘장엄왕을 말함.
505) 하루 종일을 의미함.

펼쳐진 향기는 두루 두루 비처럼 내립니다.

嗟不啻蛇奴之至愚 供養有緣　　切欲効嚴王之本事 寔辦眞功於一月
차불시사노지지우 공양유연　　절욕효엄왕지본사 식판진공어일월

俾勤淨行於六時 誦聲淸兮　　命命聲之自風
비근정행어육시 송성청혜　　명명성지자풍

定香鬱兮 羅羅香之遍雨
정향울혜 라라향지변우

짐승과 귀신들이 함께 눈물을 줄줄 흘리면서 즐거이 모여들고, 용과 신들도 귀를 기울여 즐겁게 듣습니다. 8부신중[506]들이 더욱더 빛나고, 의연히 자리에 모여 흩어지지 않으니, 6근이 반드시 청정해집니다. 믿을지어다. 불과가 멀지 않음을. 어찌 이 마음을 가벼이 여기겠는가. 이는 작은 일이 아니다. 무릇 한 구절이라도 듣는 이는 오히려 보리의 수기를 받는데, 하물며 삼매를 닦는다면 찰나에 몰록 성불한다는 것을 알 수 있습니다.

獸鬼迸淚而欣集　　龍神側耳而樂聞
수귀병루이흔집　　용신측이이락문

八部猶光輝 依然會席之未散　　六根必淸淨
팔부유광휘 의연회석지미산　　육근필청정

信哉近果之非遙　　何輕此心 不是小事 凡聞一句者
신재근과지비요　　하경차심 불시소사 범문일구자

尙受菩提之預記　　況修三昧則焉知利那之頓成
상수보리지예기　　황수삼매즉언지찰나지돈성

마치 외눈박이 거북이가 구멍 뚫린 나무를 만나는 것과 같이[507], 묘법

---

506) 불법을 수호하는 8部神將. 天·龍·夜叉·乾達婆·阿修羅·迦樓羅·緊那羅·摩候羅伽
507) 『묘법연화경』 「묘장엄왕본사품」(대정장 9, p.60a) “佛難得値 如優曇鉢羅華 又如一眼之龜値浮木孔 而我等宿福深厚生値佛法”

을 5백년 후에 만남은 다행스럽다. 연꽃으로 장식된 여섯 상아가 있는 코끼리를 타고 대성(보현보살)이 3·7일 안에 나타날 것입니다.[508] 이미 그러할진대 번거로이 많은 말이 필요 없습니다. 이미 감응의 모습이 가까우니 어찌 축원을 스스로 하지 않으리오!

如遇木一眼龜　妙法幸五百年後　　　　駕承蓮六牙象　大聖來三七日中
여우목일안귀　묘법행오백년후　　　　가승련육아상　대성래삼칠일중

早已臨頭　不煩饒舌　　　　　　　　　既感通之伊邇　盍祝願之自陳
조이임두　불번요설　　　　　　　　　기감통지이이　합축원지자진

나라[509]는 오래도록 창성하고 사해는 하나로 되며, 명산은 상서로운 기운을 드러내니 만세를 세 번 부르네. 문무백관들은 충성심으로 부지런히 보필하고, 백성은 풍년으로 기뻐하고, 천하가 편안하니 세상의 노인들이 전쟁을 보지 않고, 세간과 출세간이 똑같이 불제자가 되어 서로 의지하게 됩니다.

寶祚遐昌以四海爲一　　　　　　　　名山表瑞呼萬歲者三
보조하창이사해위일　　　　　　　　명산표서호만세자삼

文虎勤弼亮之忠　黎庶致豊穰之慶　　　天下安　天下戴白不見干戈
문호근필량지충　여서치풍양지경　　　천하안　천하대백불견간과

世間出世間同梵　恒爲主伴
세간출세간동범　항위주반

다음은 돌아가신 부모가 지혜에 접하여 욕망의 속박에서 몰록 벗어나고, 자기 집으로 돌아가 편안하고, 아울러 타향에서 겪는 고통을 벗어나기를 원합니다.

---

508) 『묘법연화경』 「보현보살권발품」(대정장 9, p.61中) "持者 讀誦者 書寫者 欲修習是法華經 於三七日中應一心精進 滿三七日已 我當乘六牙白象 與無量菩薩而自圍繞 以一切衆生所喜見身 現其人前而爲說法示."
509) 寶祚는 천자의 자리. 帝位

次願 先亡考妣優承慧接 頓脫愛纏　　旋得自家之逍遙 兼濟他鄕之辛苦
차원 선망고비우승혜접 돈탈애전　　선득자가지소요 겸제타향지신고

다시 원하오니 제자들이 칠통 같은 무명을 타파하는 것은 지금이 바로
그때로서 적당하니, 옷 속의 보배 구슬을 꺼내어 받아써서 마침내 예전
에 아직 깨닫지 못한 것을 깨닫게 하고, 그러한 후에 취하거나 버리거나
따르거나 거스르거나, 모두 법화도량의 인연을 맺어 마침내 『법화경』의
가피를 받기를 바랍니다.

更願弟子打破漆桶 適當今也其時　　受用衣珠 方悟昔之未曉
갱원제자타파칠통 적당금야기시　　수용의주 방오석지미효

然後 若取若捨或順或違　　皆結法華之因緣 終被法華之撈摝
연후 약취약사혹순혹위　　개결법화지인연 종피법화지로록

● 국왕을 축원하는 글

祝聖疏510) 축성소

간절히 생각건대 묘법연화경이란 무량 억 겁에 처음 설하신 부처님의 말
씀511)으로, 한 글자 한 글자가 법신이 아님이 없도다. 모든 십계512) 중
생으로 하여금 한결 같이 기별513)을 받게 하며, 총괄적으로 제법실상을

---

510) ‘疏’는 널리 편다는 뜻으로 원래 임금에게 신하가 올리는 글이며, 오늘날의 건의문에 해당한다.
　　그러나 『東文選』에 실린 대부분의 疏는 부처님께 齋를 올릴 때 드리는 축문의 내용으로 四六文
　　의 문제로 구성되어 있다.(이종건·이복규 저, 『韓國漢文學史槪論』, 서울:보진재, pp.198–199.) 이
　　‘祝聖疏’의 경우는 같은 제목의 疏가 『東文選』에 16편이 실려 있는 것으로 보아 당시에 상당히
　　보편적인 형태로 짐작된다. 그리고 그 내용은 대부분 국왕이 불사에 참여함을 찬탄하는 축문과
　　국왕의 병환 등에 대한 평안을 부처님께 축원하는 것이다. 여기에서 국왕은 그 재위기간이
　　1214–1259임을 감안할 때 제23대 高宗일 것이다.
511) 佛口는 부처님의 존귀한 金口로부터 나온 언어인 佛說을 가리킨다.
512) 十界는 세계를 10가지로 나눈 것으로, ①地獄 ②餓鬼 ③畜生 ④修羅 ⑤人間 ⑥天上 ⑦聲聞 ⑧緣
　　覺 ⑨菩薩 ⑩佛이다. 이 가운데 앞의 6계는 범부의 미혹의 세계이고, 또한 육도 윤회의 세계이
　　며, 뒤의 4계는 성자의 깨달음의 세계라 하여 六凡四聖이라고도 한다.

열어 궁극적으로 참된 상주를 드러내는 것입니다. 그러므로 코끼리, 말, 토끼의 근기가 다르지 않거늘, 어찌 양, 사슴, 소의 궤적의 차이가 있으리오. 하물며 구원성불의 수명514)을 담론하고 현실성불의 의심을 몰록 쉬게 하는 것이겠습니까. 그 복과 과보를 생각할 수 없고 헤아릴 수도 없으니, 말하고자 하면 바로 미혹될 것이고 헷갈릴 것입니다.

切惟妙法蓮華經者　　　　億億劫始宣佛口一一字無非法身
절유묘법연화경자　　　　억억겁시선불구 일일자무비법신

咸使十界衆生 同承記莂　　摠開諸法實相 究顯眞常
함사십계중생 동승기별　　총개제법실상 구현진상

故無象馬兎之異根 寧有羊鹿牛之殊軌　況談遠證之壽 頓息近成之疑
고무상마토지이근 영유양록우지수궤　황담원증지수 돈식근성지의

其福報不可思不可量　　　欲言說是爲迷是爲惑
기복보불가사불가량　　　욕언설시위미시위혹

원은 구경515)과 같으나 감응은 찰나에 있습니다. 불법의 연원을 널리 펴는 공덕은 마땅히 부처님의 제자에게 해당되지만, 구토에 유행시킨 공익은 반드시 성왕에게 있사옵니다. 제자는 본래 지위스님과 혜위스님516)의 내적 수행에는 미치지 못하나, 다행히 10가지 높은 외호517)로 살고 있습니다. 이른바 회삼의 묘전은 우리들을 합하여 통일하게 하는 왕업의

---

513) 記莂은 受記, 授記, 受決 등의 동의어이다.

514) 『妙法蓮華經』 「如來壽量品」 第16(대정장 9, p.42c) "如是我成佛已來甚大久遠 壽命無量阿僧祇劫 常住不滅"

515) 究竟은 범어 uttara로 음역은 鬱多羅이며, 無上의 境界나 事物의 철저한 極盡을 뜻함. 여기서의 의미는 부처님께서 시현한 가장 높은 眞理 곧 究竟法身이라 할 수 있다.

516) '二威'는 法華尊者 智威(?-680)와 그 嗣法弟子인 天宮尊者 慧威(634-713)를 가리킴. 전자는 章安 灌頂에게 具足戒를 수지하고, 자세하게 止觀心要를 받아 定慧를 모두 일으키고 法華三昧를 증득하고 난 후 창령의 보통산 등에서 교화활동을 하였는데, 습선자가 300인, 청강자가 700인 이었다고 한다. 그리고 후자는 천태학을 지위에게서 배워 三觀法을 頓悟하였다. 그래서 지위를 大威, 혜위를 小威라고 부른 것에 대해 이 둘을 二威라 한 것이다. 그러므로 二威의 內修는 법화삼매나 삼관법을 가리킨다고 할 수 있다. 한편 이것을 단순히 문맥의 흐름만을 살펴 淵源弘演의 功, 즉 전승과 홍포의 공덕을 가리키는 것을 이해할 수도 있다.

517) 『摩訶止觀』 卷第四(大正藏46, p.43a) "夫外護者不簡白黑 但能營理所須 莫見過 莫觸惱 莫稱歎 莫汎擧而致損壞 如母養兒 如虎銜子 調和得所 舊行道人乃能爲耳 是名外護"

터전이 되었습니다.

願如究竟 應在刹那
원여구경 응재찰나

國土流行之益 必在聖王
국토유행지익 필재성왕

謂此會三之妙典 合吾統一之不基
위차회삼지묘전 합오통일지비기

淵源弘演之功 雖當釋子
연원홍연지공 수당석자

弟子素乏二威之內修 生幸十高之外護
제자소핍이위지내수 생행십고지외호

이미 어필로 친히 결사문의 제목을 지어 주고 큰 일에 동참하시니, 나아가 밝은 은택으로 청정한 법석을 흠뻑 적시어 안거를 도우니 치자나무 숲을 성성이 이루며, 제호518)의 맛을 모두 연설하는구나. 설함과 침묵이 걸림이 없고 현상인 사와 본체인 리를 서로 닦으니, 혀마다 연꽃이 피어나는 듯이 읊는 소리는 오경519)의 새벽달에 떨어지며, 마음마다 풀을 베는 듯한 선은 한 줄기 청풍으로 돌아오는구나. 이렇게 밤낮으로 부지런히 훈습하며, 인간과 천신들이 환희하네. 참된 경계가 항상 현현하니 어찌 육아백상을 탄 보현보살520)의 뛰어난 기상이 더디겠으며, 바다 같은 원은 다름이 아니라 모두 왕권521)의 굳건함에 두었습니다. 뭇 사람들의 마음이 정성스럽고 간절하니, 그것을 비추어 두루 하거나 가려 살펴주소서.

旣御筆親題社文 同結大事
기어필친제사문 동결대사

蔚成薝葍之林 統演醍醐之旨
울성담복지림 통연제호지지

舌舌生蓮誦 落五更殘月
설설생련송 락오경잔월

況睿澤頓霑梵席 俾是安居
황예택돈점범석 비시안거

說默無閡 事理相修
설묵무애 사리상수

心心刻草禪 廻 叚淸風
심심각초선 회일가청풍

---

518) 醍醐는 sarpir-maṇḍa의 역어로, 五時敎判中 第5 法華涅槃時에 시설한 一乘眞實의 敎法에 비유한다.
519) 五更은 하룻밤을 5단계로 나누고 날샐 무렵인 戊夜로 오전 3-5시 사이라는 뜻이 있다.
520) 象駕는 六牙象을 타고 내려오는 보현보살을 상징함.
521) 龍圖는 河圖와 동의어로 하늘이 내린 왕권이나 황제의 웅대한 계획을 의미한다.

如斯晝夜之熏勤 實是人天之歡喜　　眞境常現 何遲象駕之崢嶸
여사주야지훈근 실시인천지환희　　진경상현 하지상가지쟁영

願海非他 盖在龍圖之鞏固　　衆心鄭重 他鑒周遮
원해비타 개재용도지공고　　중심정중 타감주차

엎드려 원하옵니다. 땅에서는 숭산의 부름522)을 번거롭다고 하지 않고 하늘에서는 노성523)이 출현하지 않게 하소서. 깊은 일승의 도에 의지하여 정수리위의 밝은 구슬과 같이 하고, 만년의 기틀을 쌓아서 오래도록 국왕의 지위를 누리소서. 왕실524)은 행복한 복이 항상 넘치고, 문무대신들은 충정을 다하며, 백성525)들은 변란이 있을 때는 항상 지키고, 문무백관526)은 양 쪽 계단에서 춤추고, 각 지방에서 모인 산물의 넉넉함으로 모인 자리는 사해의 인재527)를 모으게 하소서.

伏願
복원

地不煩嵩岳之呼 天不借老星之現　　深仗一乘道 猶如頂上之明珠528)
지불번숭악지호 천불차노성지현　　심장일승도 유여정상지명주

增築萬年基 長享面南於大寶　　宮闈常衍於禔福 文虎共盡其忠貞
증축만년기 장향면남어대보　　궁위상연어제복 문호공진기충정

---

522) 이것은 嵩呼를 가리키는 것이다. 즉 한무제가 숭산에 올라갔을 때 사당에서 나는 세 차례의 만세소리를 들었다는 고사에서 유래된 것으로 백성이 임금을 송축하여 만세를 부르는 것이다.
523) 老星은 老人星이라고도 하는데, 이것이 나타나면 장차 불길한 사건이 발생한다는 조짐이다.
524) 宮闈는 궁궐이나 종묘 안의 작은 문, 또는 왕후가 기거하는 곳의 문을 의미.
525) 黎民은 黔黎, 黎庶, 黎首, 黎元의 동의어로 일반 백성을 뜻한다. 옛날 중국에서 일반 서민은 보통 관을 쓰지 않고 검은 맨머리를 드러내고 다닌 데서 유래한 말이다.
526) 干羽는 춤출 때 드는 방패와 깃을 뜻하는데, 武舞에는 干을, 文舞에는 羽를 들었다고 한다. 그러므로 항상 양쪽 계단에서 방패와 깃으로 춤을 춘다는 것은 문신과 무신이 서로 화합하는 것을 의미한다.
527) 梯航은 梯山航海의 줄임말로 어려움을 겪으면서 산을 넘고 바다를 건너는 등 먼 길을 간다는 뜻으로, 인재를 천거함을 비유하는 말이다.
528) 頂上의 明珠란 頂珠를 가리키는 것으로 髻珠라고도 하며 곧 頭頂髮髻中의 明珠라는 法華七喩 가운데 하나이다.

黎民於變時雍恒　舞兩階之干羽　　　　殊方各執壤奠坐　臻四海之梯航
여민어변시옹항　무양계지간우　　　　수방각집양전좌　진사해지제항

● 『화엄경』과 『법화경』을 금박으로 서사하고 나서 경하하고
　찬탄하는[529] 글

金字華嚴法華經慶讚疏　금자화엄법화경경찬소

(단속사[530] 선사 문인이며 대사인 돈원은 절 안의 도인들을 청하여 서
사를 시작하였는데 일을 마치자 돈원대사가 돌아가셨기 때문에 동행했던
도한스님이 경찬하는 안거법회를 열었다.)

(斷俗寺禪師門人大師敦元　請社內道人　　自收書寫　既畢　元師物故
　단속사선사문인대사돈원　청사내도인　　자수서사　기필　원사물고

同行大師道閑　設慶讚安居法會)
동행대사도한　설경찬안거법회

덕을 심고 복을 씨뿌리는 기름진 밭은 공경의 밭[531]보다 못하고, 감에
나아가 근기에 응하는[532] 부처님은 원력의 바다와 통하는구나. 옛날 이
후 부처님[533]께서 직접 설하신 오묘한 음성으로, 처음에는 크고 넓은
여러 가지 꽃으로 장엄하고 뛰어난 말씀을 하시고, 마지막에는 방편을

---

529) 慶讚은 '慶賀讚歎'의 줄임말로 落成, 慶成, 落慶, 慶懺이라고도 하며, 근대 이후에는 주로 낙성
　　법회라는 용어를 많이 사용하고 있다.
530) 단속사는 현재 경상남도 산청군 단성면 운리 寺址에 동서로 삼층탑만 소재하고 있다. 고려 무인
　　정권시대에는 최씨 무인정권의 경제적 기지 운영의 거점으로서의 성격을 띠고 있는 사찰이며,
　　1226년 『선문염송집』이 간행되었던 곳이다. 특히 무인정권은 慧諶, 混元, 天英 등 당시 대표적
　　인 수선사 산문의 선사들을 단속사에 머물게 하여 경상도 지방의 사찰운영과 정치적이고 사상적
　　인 입지를 공고히 하였다.
531) 『천태지자별전』에 나오는 悲田과 敬田의 하나.
532) 感應은 중생이 感動하는 機緣이 있으면 佛이 應하여 온다는 뜻으로, '感은 중생에게 속하고,
　　'應은 佛에 속하는 것이다.
533) 시아귀의 法에 5여래에서 북방여래의 이름으로 즉, 석가여래이다. 「이포여래」에 이포여래는 북
　　방석가모니불 내지는 성소작지의 변화신이다.

열고 진실을 드러낸 묘한 연꽃 같은 최고의 노래를 펴셨도다.

植德種福良田 莫過乎敬田	赴感應機覺海 卽通於願海
식덕종복양전 막과호경전	부감응기각해 즉통어원해
昔者	璃候善逝 金口妙音
석자	이후선서 금구묘음
始說方廣雜花之雄詮	終宣開顯妙蓮之極唱
시설방광잡화지웅전	종선개현묘련지극창

일곱 곳에서 여덟 번의 모임[534]을 하며 주인과 짝이 되는 것은 모든 국토가 같고 모든 공간이 같다. 삼승과 9계[535]의 중생들은 하나의 진실로 돌아가고 하나의 실상으로 돌아가는구나. 즉, 횡설수설[536]하지만, 비록 많은 경전이 호연하여 저것도 원만하고 이것도 원만하지만 이 두 경전만 같지 못하도다.

七處八會之主伴 同十刹而同十方	三乘九界之生靈 歸一眞而歸一實
칠처팔회지주반 동십찰이동시방	삼승구계지생령 귀일진이귀일실
則橫說竪說 雖羣典之浩然	彼圓此圓 莫二經之若也
즉횡설수설 수군전지호연	피원차원 막이경지약야

혹은 선재동자가 100성을 역참 하여[537] 불과를 이루고, 혹은 용녀가 겨우 8세[538]이지만 도량에서 깨달음을 이룬다. 혹은 손바닥의 한 방울 물을 떨어뜨려도 작은 개미가 생천하게 되고, 혹은 붓 끝으로 반 글자를

---

534) 『80화엄』의 구조가 '七處九會'임에 비해 『60화엄』은 '七處八會'이므로 여기에서는 『60화엄』을 가리킨다. 또 7처는 第一處菩提場·第二處普光明殿·第三處忉利天·第四處夜摩天·第五處兜率天·第六處他化天·第七處逝多林이고, 8회는 寂滅道場會·普法堂會·忉利天宮會·夜摩天宮會·兜率天宮會·他化自在天宮會·普光法堂重會·給孤獨園會이다.
535) 三乘은 성문연각보살이고, 9界는 10界 중에서 佛界를 뺀 세계.
536) 橫竪는 竪는 時間(삼세), 橫은 얼間(시방) 光明無量의 뜻이 있다.
537) 이것은 『화엄경』 「입법계품」에 나오는 것으로 선재동자가 보살의 가르침대로 선지식을 역참하여 보살도를 배우고 보현보살의 행원을 성취함으로써 법계에 들어간다는 것이다.
538) 이것은 8세의 용녀가 『법화경』을 수지한 공덕으로 卽身成佛한 것을 말한다.

써도 삼령539)이 도를 깨닫게 되네. 지극한 정성으로 서사하니 붉은 접시꽃이 겨울날에 붉게 피고, 큰 원을 마음에 지니니 흰 연꽃은 육지에서 개화하도다. 법계에 두루 미친 이익은 다함이 없으니, 비록 겁을 지내도록 찬양할지라도 어찌 다할 수 있으랴.

或童子叅百城而成佛果
혹동자참백성이성불과

或龍女才八歲而坐道場
혹룡녀재팔세이좌도량

或灌掌一滴而微蟻生天
혹관장일적이미의생천

或揮毫半字而三靈悟道
혹휘호반자이삼령오도

至誠書寫 紅葵發艷於冬天
지성서사 홍규발염어동천

弘願受持 白蓮開花於陸地
홍원수지 백련개화어육지

繁遍界利益之無盡 雖歷劫讚楊而奚窮
계변계이익지무진 수역겁찬양이해궁

내가 함께 행할 것을 생각하고 이 수승한 진리를 들었다. 말하자면 주진·정원의 3가지 역본540)이니 인과를 생각하기 어렵다. 다행히 변한마한진한의 한 모퉁이에서 훈습 받아541) 바탕이 되었구나. 하물며 영취산의 방편을 여는 오묘한 뜻과 진실로 석존께서 세상에 출현하신 본 마음이니, 어찌 간절히 귀의하여 널리 유포를 기약하지 않으랴. 스스로에게 겨를이 없음을 한하며, 함께 뜻을 같이할 사람을 모았구나. 글자마다 금으로 쓰니 겨우 여러 해를 지나고 나서야 마칠 수 있었고, 행마다 구슬을 꿰듯하니 실로 만대의 보배로다. 어찌하여 선근542)으로 아직 낙성하지도 못했는데 허망하게 홀연히 열반했다고 제자가 고하게 하십니까?

---

539) 天地人 三才나 天地人의 神, 또는 日·月·星辰을 지칭함.
540) 이것은 3가지 한역 『화엄경』을 지칭하는 것으로, 『60화엄』은 동진시대 불타발타라가 420년에 번역하고 421년 역출되었으므로 晉本이라 하고, 80화엄은 대주 695~699년에 실차난타가 번역하였으므로 周本이라 하며, 『40화엄』은 당 貞元12년(791) 계빈국 삼장 반야가 번역하였으므로 정원본이라 한다.
541) 聞熏習은 부처님의 가르침을 듣고 진실에 눈뜰 수 있는 원인이 된다는 것.
542) 여기에서는 돈원대사를 지칭.

念我同行 聞此勝理　　　　　謂周晉貞元之三本 因果難思
염아동행 문차승리　　　　　위주진정원지삼본 인과난사

幸卞馬辰韓之一隅 聞熏有素　　知鷲嶺開權之妙旨 實釋尊出世之本懷
행변마진한지일우 문훈유소　　신취령개권지묘지 실석존출세지본회

盍切歸依 廣期流布　　　　　恨未遑於自己 募同約於他人
합절귀의 광기유포　　　　　한미황어자기 모동약어타인

字字金書 才歷數年而畢矣　　行行珠綴543)　實爲萬代之寶焉
자자금서 재역수년이필의　　행행주철　　　실위만대지보언

何善根猶 未落成而幻質　　　忽焉告逝 弟子於是
하선근유 미락성이환질　　　홀언고서 제자어시

저기서는 서원의 수레바퀴가 구르다가 멈춤을 탄식하고, 여기서는 이웃의 군사에게 침입을 당하는구나. 특히 『법화경』의 자리에 나아가 보시의 자리를 널리 펴, 100일 동안 네 가지 물건544)을 공양합니다. 어찌 뼈가 부서진다고 멈출 수 있겠습니까! 3업으로 정근하는 60인 모두가 참된 마음으로 한결같이 참회합니다 현상과 본체가 걸림이 없고 선정과 지혜가 모두 고르니, 의로운 용이 항상 십현545)을 연설하고 화현의 코끼리는 지금 법화삼매에 동참하도다.

嗟彼願輪之停轉 當此隣兵之突侵　　特就蓮坊 用張檀席
차피원륜지정전 당차인병지돌침　　특취연방 용장단석

四事供養 於一百日 寧粉骨而敢辭　　三業精勤者六十人 盡赤心而同懺
사사공양 어일백일 영분골이감사　　삼업정근자육십인 진적심이동참

事理無㝵 定慧悉均　　　　　義龍常演於十玄 化象現叅於三昧
사리무애 정혜실균　　　　　의룡상연어십현 화상현참어삼매

---

543) 일지암본은 繳로 되어 있으나 대흥사본에는 綴로 되어 있다.(『한불전』 6책, p.205上)
544) 四事는 衣服·飮食·臥具·醫藥을 말함.
545) 十玄門으로 相卽相入하고 事事無碍하는 十玄緣起法門을 말한다. 그 내용은 新十玄을 기준으로 하면 同時具足相應門·廣狹自在無礙門·一多相容不同門·諸法相卽自在門·隱密顯了俱成門·微細相容安立門·因陀羅網法界門·託事顯法生解門·唯心廻轉善成門·十世隔法異成門이다.

간절히 원하옵니다. 주상전하! 향년이 영원하시고 삼황[546]을 본받아 그 자손과 같으시며, 덕을 베풂에 경계가 없고, 모든 오랑캐[547]를 물리치어 신하로 삼으소서. 다시 원하옵니다. 돈원 영가시여! 바로 유심정토에 도달하시어 친히 자성미타를 보시고 힘 있는 금강의 지혜로서 널리 사바세계를 적시소서.

伏願 主上殿下
복원 주상전하

享年有永 視三皇如子孫
향년유영 시삼황여자손

施德無垠 鞭百蠻爲臣僕
시덕무은 편백만위신복

更願敦元靈駕
경원돈원영가

直達唯心淨土 親覩自性彌陀
직달유심정토 친도자성미타

所辦金剛 普霑沙界
소판금강 보점사계

● 법화도량을 알리는 글

法華道場疏 법화도량소

더 없이 존귀하신 부처님께서는 오랫동안 요점을 침묵하셨으나, 오직 이 일대사 인연의 진실로서 이에 본 마음을 드러냈습니다. 적멸도량으로 부터 반야로 온 이래로 겸·단·대·대를 면치 못하였으나 법화가 개현[548]되고 나서야 다시 반자교와 만자교의 차이가 없어졌습니다. 이것은 과장해서 아름답게 말하는 것이 아니고 모두 진실한 진리를 말씀한 것일 뿐입니다.

無上兩足尊 久黙斯要 唯此一事實
무상양족존 구묵사요 유차일사실

乃暢本懷 盖自寂場般若來
내창본회 개자적장반야래

未免兼但帶對及 法花開顯已
미면겸단대대급 법화개현이

無復半滿差殊 此非誇輝而言之
무부반만차수 차비과휘이언지

---

546) 三皇은 복희씨·신농씨·황제를 말함.
547) 百蠻, 또는 百蠻은 남방 蠻族을 일컫는 말. 또는 모든 오랑캐라는 뜻임.
548) 開顯은 開權顯實, 開三顯一, 開迹顯本의 약어. 방편을 열어서 진실을 나타내는 것이 『법화경』의 주된 취지라는 의미.

蓋述誠諦之語耳
개술성제지어이

구절마다 그리고 글자마다, 이해하고 음미하도다. 항상 일불승549)을 이루니, 씨가 익어 인과에서 벗어나고, 깊고 깊은 골짜기와 높고 높은 산처럼 십법계와 성·상·체 등의 십여시가 서로 각각 갖추었으니, 성문이 오히려 쉽거늘 보살은 어찌 어렵겠습니까. 그 마음이 성긴 것과 경계가 성긴 것을 모두 이해하며 골고루 본묘와 적묘550)를 적시면 태양이 정오이거늘551) 어찌 높은 산552) 깊은 골짜기의 어둠과 밝음이 있겠습니까. 봄에 뿌린 씨가 가을이 되면 모두 이 이랑과 저 밭에서 수확하는구나. 하물며 구계553)의 중생이 한결같이 수기를 받으니, 일대에 선양될 바가 아니겠는가.

句句字字 會會味味　　　　常作一佛乘 種熟脫因
구구자자 회회미미　　　　상작일불승 종숙탈인

磊磊落落 峥峥嶸嶸　　　　互具十法界性相體等
뢰뢰락락 쟁쟁영영　　　　호구십법계성상체등

聲聞尙易 菩薩何難　　　　咸會彼心麤境麤 均霑于本妙迹妙
성문상이 보살하난　　　　함회피심추경추 균점우본묘적묘

日輪當午 何高山幽谷之暗明　　春種逢秋 皆此畝彼田之收穫
일륜당오 하고산유곡지암명　　춘종봉추 개차무피전지수확

況九界同承記莂 此一代未所宣揚
황구계동승기별 차일대미소선양

---

549) 一佛乘이란 불교의 진실한 가르침은 모든 사람이 동일하게 부처가 된다고 설하는 가르침을 말한다. 중생의 능력을 근기에 따라 나눈 3승도 궁극적으로 이 일불승에 인도되기 위한 방편이라고 한다.
550) 『법화현의』의 제1釋名 가운데 妙法을 해석하는 별석에서 迹門10妙, 本門10妙를 밝힘.
551) 『천태불교학』, p.107의 五時 도표 참조.
552) 高山: 頓敎·漸敎·秘密敎·不定敎의 化義四敎 중 頓敎를 비유함.
553) 九界 : 10계 중에서 佛界의 하나를 제외하고 나머지 9개 즉 地獄界에서 菩薩界에 이르기까지의 9계를 말함.

사갈라용554)의 딸은 8세에 법신을 증득하였고 제바달다555)는 오역556)을 범하고도 불과를 이루었다. 아! 어제는 치우침과 원만함과 크고 작음이 같지 않음을 한탄하였으나, 다만 오늘은 불지견을 열어주고 보여주며 깨닫게 하고 들어가게 하는 것의 차이가 없음을 찬탄합니다. 이에 티끌 같은 모든 세계가 저절로 드러나 당당해지니, 그것은 『법화경』을 으뜸으로 삼아서 사시팔교557)를 아우르기 때문입니다.

沙竭羅女 八歲而證法身　　　　提婆達士 五逆而成佛果
사갈라녀 팔세이증법신　　　　제바달사 오역이성불과

堪嗟昔日偏圓 大小之不同　　　但讚今朝開示悟入之無異
감차석일편원 대소지부동　　　단찬금조개시오입지무이

乃至塵塵刹刹 自然露露堂堂　　此所以蓮經之冠 罩於四時八教也
내지진진찰찰 자연로로당당　　차소이연경지관 조어사시팔교야

세제로 논하면 을축년 8년부터 서쪽에서 전래되었으니 상법558)의 시작에 해당하는 것이고, 무진년부터 천년동안 동쪽으로 전해졌으니 부처님 말씀이 끊어진 때가 없었던 시기여서 풍요롭고 평화로운 세월을 이야기하는 것입니다. 처음 백마사559)에 와서 유통된 것은 마등에게 부터 시

---

554) 沙竭羅: 또는 沙伽羅. 바다의 이름. 鹹海라 함
555) 提婆達 또는 提婆達兜, 禘婆達多, 調達. 번역하여 天熱, 天授, 天與. 斛飯王의 아들, 難佗의 아우, 석존의 사촌 아우, 혹은 백반왕의 아들. 석존이 성도한 뒤에 출가하여 제자가 되다. 어려서부터 욕심이 많아 출가 전에도 싯달태자와 여러 가지 일에 경쟁되어 대항한 일이 많았다. 출가 후엔 부처님의 위세를 시기하여 아사세왕과 결탁하고 부처님을 없애고 스스로 새로운 부처님이 되려다가 이루지 못하다. 마침내 5백 비구를 규합하여 일파를 따로 세우고 그 뒤 아사세왕은 그 당파에서 떠나고, 5백비구도 부처님에게 다시 돌아왔으므로 제바는 고민하던 끝에 죽었다 한다.
556) 五逆 이것은 無間地獄에 떨어지는 죄라하여 五無間業이라고도 한다. 殺父, 殺母, 殺阿羅漢, 破和合僧, 出佛身血
557) 八敎는 化法의 四敎와 化儀의 四敎 ① 化法四敎 藏敎通敎別敎圓敎 ② 化儀四敎 頓敎漸敎秘密敎不定敎
558) 像法 : 석존의 열반 후에 불교가 어떻게 행해지는가에 대한 시대 구분을 正法·像法·末法이라고 한 三時 중의 하나. 교설과 그 실천만이 구비되어 있고 그 결과로서의 깨달음을 결여한 시대.
559) 白馬寺 : 중국 낙양에 있는 절. 67(후한 명제 영평 10년)에 가섭마등, 축법란이 불상 경전을 흰 말에 싣고 낙양에 오니, 명제가 크게 신봉하여 낙양성 서옹문 밖에 정사를 지어 거주케 하고 백마사라 이름 하였다. 이것이 중국 사원의 시초.

작되었고, 항상 영축산에 계시면서 증득한 견해를 보인 것은 오직 천태 지자에게 미루었다. 일승의 뜻을 드날림으로서 법화삼매의 의식을 닦도록 권하니, 이미 이 시원한 바람이 진·수당에서 성대하게 일어났으니 어찌 감로수가 진한마한변한을 적시지 아니하리오.

將世諦以論　自乙丑八年而西訖　　當像法之始　　及戊辰千載而東漸
장세제이론　자을축팔년이서흘　　당상법지시　　급무진천재이동점

圓音無間斷之期　顯益有豊夷之數　　初來白馬寺流通　肇自於摩騰
원음무한단지기　현익유풍이지수　　초래백마사유통　조자어마등

常在靈鷲山證見　獨推於智者　　因暢一乘之旨　勸修三昧之儀
상재영취산증견　독추어지자　　인창일승지지　권수삼매지의

旣淸風盛扇於陳隋唐　　　　何甘露未霑於辰馬卞
기청풍성선어진수당　　　　하감로미점어진마변

다행히 지금 노숙께서 노쇠함에 이르러서도 토끼를 잡으면 올가미를 버리듯이 일념에서 묘승을 깊이 참구하였다. 새우같이 밝은 눈으로 범부의 눈먼 두 눈을 불쌍히 여기셨다. 일찍이 속세의 기연을 버리고 안개 낀 굴로 들어가면서 서원을 세우니, "오로지 나는 적현의 시조로서 커다란 법규를 우뚝하게 세우고, 또 나는 청구560)의 후손으로 큰 공적을 이어가겠습니다." 라 하였다. 드디어 만덕정사를 세우고, 비로소 보현도량을 개설하였다. 이미 많은 법회가 이루어지니 우거진 수풀 같거늘 어찌 토대를 닦음에 적당히 하겠습니까. 누가 실상의 진리를 듣고 보리심을 발하지 않으리오. 생각하니 평범한 제가 일찍이 묘지를 닦는다고 하였지만 흰 바탕은 종이이고 검은 바탕은 묵인 것을 거칠게 채찍질하여 마음을 깨우쳐서 읽었다. 붉은 색은 꼭두서니풀에서 나오고 푸른색은 쪽풀에서 나오듯이 여러 차례 안목이 밝은 이를 만나고서 진리를 연구하였다.

---

560) 靑丘: 예전에 중국에서 우리나라를 이르던 말

幸今老宿 當此衰時
행금노숙 당차쇠시

借蝦爲眼 憫凡夫之雙盲
차하위안 민범부지쌍맹

而立誓曰
이립서왈

嗟我靑丘之耳孫　盍承丕緒
차아청구지이손　합승비서

已臻多會而林林 豈是肇基而草草
이진다회이림림 기시조기이초초

言念庸資　早熏妙旨
언념용자　조훈묘지

粗策蒙心而誦文
조책몽심이송문

庶逢明眼而硏理
서봉명안이연리

得兎忘蹄 窮妙乘於一念
득토망제 궁묘승어일념

早抛塵土之機 卜入煙霞之窟
조포진토지기 복입연하지굴

惟吾赤縣之鼻祖　卓立宏規
유오적현지비조　탁립굉규

遂成萬德精舍　始立普賢道場
수성만덕정사　시립보현도량

誰聞實相理 不發菩提心
수문실상리 불발보리심

白底是紙　黑底是墨
백저시지　흑저시묵

赤出於茜 靑出於藍
적출어천 청출어람

다행히 참회의 법석에 참가하여 간절히 서원을 발하며, 금자로 묘법연화경을 서사하여 이미 7개의 두루마리를 마치니 은색계의 대성이 감응하도다. 한번 붓을 잡으매 그로 인해 사방에서 모임이 이루어지고 9년 동안 안거가 갖추어짐에 설함과 침묵561)이 모두 얻어지고 선정과 지혜가 평등하게 지켜지는구나. 나의 방에 들어가 나의 자리에 앉아서 내 옷을 입으니 의식의 규범은 모두 부처님의 가르침562)을 따른 것이로다. 법라를 불고 법우를 내리고 법고를 두들기니 이승과 저승563)의 모든 중생들이 널리 불음564)으로 맺는구나.

---

561) 說黙은 說과 不說. 理 자체에 대해서는 침묵하고, 인연에 의하면 설법해야함. 이 두 가지를 보살의 聖行이라 함

562) 誡 : 佛敎는 요컨대 계문과 권문으로 되어있다. 誡門은 소극적으로 모든 나쁜 일을 금지하는 것이며, 勸門은 적극적으로 모든 선한 일을 행하게 하는 것.

563) 幽明은 어둠과 밝음을 아울러 이르는 말. 저승과 이승을 아울러 이르는 말.

564) 梵音은 梵王의 음성. 불보살의 음성. 부처의 가르침.

幸參懺席　切發願輪
행참참석　절발원륜

銀色界大聖之感應　庶格一毫
은색계대성지감응　서격일호

說黙皆得　定慧等持
설묵개득　정혜등지

儀範皆遵乎佛誡
의범개준호불계

幽明普結於梵音
유명보결어범음

金字書妙法之莊嚴　已周七軸
금자서묘법지장엄　이주칠축

因鳩達親於四方　用辦安居於九夏
인구달친어사방　용판안거어구하

入我室　坐我座　著我衣
입아실　좌아좌　착아의

吹法螺　雨法雨　擊法鼓
취법라　우법우　격법고

간절히 원하옵니다. 왕은 장수하시고 만백성은 복을 누리고 국토[565]는 편안하고 전쟁은 가라앉고, 풍년들어 즐거움을 함께 나누니 널리 기쁨이 넘치고, 지혜로운 태양은 더욱 빛나고 조사의 기풍은 드높아 교문과 관문이 오래도록 길이 빛나고 널리 미물 중생[566]까지도 모두 열반[567]을 깨닫게 히소서.

伏願壽一王福萬姓　率土安兵塵靜
복원수일왕복만성　솔토안병진정

雍熙同樂於豊年
옹희동락어풍년

慧日熾　祖風揚
혜일치　조풍양

敎觀長明於浩劫
교관장명어호겁

普及蠢動　咸悟眞常
보급준동　함오진상

---

565) 率土는 全土. 원래의 뜻은 바다 주위의 지방. 변토, 率土之濱은 온 나라의 영토 안.
566) 蠢動은 보잘 것 없는 것들이 법석거림. 미미한 세력이나 행동이 꿈적거리면서 활동함.
567) 眞常은 眞如常住의 준말. 열반의 경지를 말함.

● 수륙재[568]에 대한 글(왕시랑의 재를 찬하다)

水陸齋疏 王侍郎讚行 수륙재소 왕시랑찬행

법계의 성품을 말하고 법계의 자비를 일으키는 것은 오직 일심일 뿐이로
다. 중생의 고통을 제거해 주고 중생과 즐거움을 더불어 하는구나. 모든
부처님이 아니라면 누가 대보리심을 발하게 하여 모두 구경열반의 언덕
에 오르게 하겠는가!

稱法界性 起法界慈 惟一心耳　　　　　拔衆生苦 與衆生樂
칭법계성 기법계자 유일심이　　　　　발중생고 여중생락

非諸佛何 苟發廣大菩提心　　　　　　咸登究竟涅槃岸
비제불하 구발광대보리심　　　　　　함등구경열반안

간절히 아난이 제도할 길을 구하자, 석가세존께서 수륙의 방편을 여셨
다. 양무제가 처음 이 의식을 시행한 것은 대개 신승이 홀연히 꿈속에서
열어준 것이다. 당나라의 도영 법사[569]가 이 제도를 계승한 것은 신이
한 사람이 좌중에 나타나 보여주었기 때문입니다. 이 때에 정성을 다하
니 신령스럽게 감응하였습니다.

切以阿難請津梁之法 釋尊開水陸之科　　梁虎帝始啓此儀 盖神僧欻通於夢裏
절이아난청진량지법 석존개수륙지과　　양호제시계차의 개신승홀통어몽리

唐英師繼行斯制 由異人現告於坐中　　　于時至誠所加 靈感斯格
당영사계행사제　유이인현고어좌중　　　우시지성소가 영감사격

---

568) 水陸齋: 또는 수륙회, 수륙도량. 물에나 육지에 있는 고혼과 아귀에게 법식을 공양하는 법회. 양
　　나라 무제의 꿈에 어떤 신승이 나타나 말하기를 "6도4생의 중생들이 한없는 고통을 받고 있거
　　늘, 어찌하여 수륙재를 베풀어 그들을 제도하지 않는가? 이들을 제도하는 것이 모든 공덕 중에
　　으뜸이 되느니라." 했으므로, 지공에게 명하여 아난이 면연귀왕에게 평등곡식을 세우던 뜻으로,
　　〈수륙의문〉을 만들게 하여 금산사에서 시행한 것이 시초. 우리나라에서는 971(고려 광종22년) 수
　　원 갈양사에서 혜거사가 처음 시행. 오늘에도 가끔 바다에 가서 베푸는 일이 있음.
569) 英師 : 長安 法海寺 道英을 말함. 唐 咸亨年間(670-673)에 水陸齋를 유행시켰음.

모든 대지에서는 보배궁전으로 우뢰치고, 모든 하늘에서는 미묘한 꽃을 비 내린다. 은나라 주임금의 군신들은 여기에 의지해 생을 바꾸었고, 진나라 양공의 장수와 재상들은 이로 말미암아 구제될 수 있었도다. 대비의 마음으로 거듭 일천제[570]의 무리들도 남기지 않거늘, 하물며 작은 죄의 뿌리가 가벼운 것들이 어떻게 재빨리 찰나에 감응하지 않으리오.

或大地雷於寶殿　或諸天雨於妙花　　殷紂之君臣　賴此而轉生
혹대지뢰어보전　혹제천우어묘화　　은주지군신　뢰차이전생

秦襄之將相　由是而得脫　　　　　　以大悲心　重不敢遺闡提之徒
진양지장상　유시이득탈　　　　　　이대비심　중불감유천제지도

況小罪根輕　盍速應剎那之頃
황소죄근경　합속응찰나지경

나약한 이들을 돌보시어 말하니 이 인연에 대해 듣습니다. 아! 난생·태생·습생·화생의 물결은 휘몰아쳐 쉬지 않고, 업장·보장·번뇌장의 불은 타올라 서로 끓이는구나. 모두 측은하여 차마 하지 못하는 마음으로 인하여 두루 평등한 무차법회[571]를 여니, 또한 행하기 어려움을 행하게 하고 버리기 어려움을 버리게 합니다.

眷言孱劣　聞此因緣　　　　　　　　嗟卵生胎生濕化生　波洄不息
권언잔렬　문차인연　　　　　　　　차란생태생습화생　파회불식

以業障報障煩惱障　火熱相煎　　　　因殫惻隱不忍之心　庶立平等無遮之會
이업장보장번뇌장　화열상전　　　　인탄측은불인지심　서립평등무차지회

且難行能行難捨能捨
차난행능행난사능사

---

570) 闡提는 一闡提(icchantika)의 준말. 인과의 이치를 믿지 않고 불법을 비방하는 자.
571) 無遮會 : 누구라도 공양하는 재. 국왕이 시주가 되어, 나라 안의 승니 귀천 일체의 사람들을 제한하는 일없이 공양하고 보시하는 대회를 말하며, 5년에 1회 행하기 때문에 五年大會라고도 함. 아쇼카왕에게서 시작되었다고 함. 중국에서도 양나라의 무제는 4회에 걸쳐 승속 5만인을 모았다고 하며, 가무 등도 참가한 대법회였음.

비록 머리와 눈, 골수와 뇌가 부서지더라도 아직 제도되지 못한 것은 제
도되도록 하고 안온하지 못한 것은 안온하게 하니, 어찌 어류와 패류,
날짐승, 들짐승을 가리겠는가. 그러므로 모두 몰록 각자의 믿음의 쌀알
에 의지하면 나라 곳간의 여분의 재산을 번거롭게 하지 않는다.

雖頭目髓腦之敢辭　　　　　　若未度令度　未安令安
수두목수뇌지감사　　　　　　약미도령도　미안령안

何鱗介羽毛之斯擇　　　　　　所以頓約私田之信粒　不煩公廩之餘財
하린개우모지사택　　　　　　소이돈약사전지신립　불번공름지여재

처음에는 백련도량에서 열어 시행하고, 다음에는 만연정사에서 경영하였
으며 세 번째는 부지런히 닦아 다시 조계산에서 설행하고 한결 같이 일
관된 의식의 본보기는 모두 불전에 따랐도다.

始則啓行於白蓮道場　　　　　次則卜營於萬淵精舍
시칙계행어백련도량　　　　　차칙복영어만연정사

三者備矣　熏修更設於曹溪　　一以貫之　儀範皆遵於竺典
삼자비의　훈수경설어조계　　일이관지　의범개준어축전

간절히 원하옵니다. 무릇 펄펄 끓는 고통스런 지옥과 그리고 절뚝거리고
물어뜯는 축생, 혹 어두운 곳이나 습한 곳의 귀신들, 혹은 귀하거나 천
한 인간계와 천상계 내지는 네 발과 많은 발, 유형과 무형에 이르기까지
모두 적멸의 근원을 알도록 하여 영원한 열반의 덕을 증득하게 하소서.

伏願　凡膧膧虎虎之苦獄　　　及跛跛齧齧之傍生
복원　범학학호호지고옥　　　급파파설설지방생

或鬼神幽陰　或人天貴賤　　　乃至四足多足有形無形
혹귀신유음　혹인천귀천　　　내지사족다족유형무형

皆知寂滅之源　咸證眞常之悳
개지적멸지원　함증진상지덕

● 『묘법연화경』의 설법을 여는 소

蓮經法席疏 연경법석소

묘법은 일념의 망심이라고 한다. 법문을 꾸짖는 것은 법문을 죽이는 것이며 이것이 바로 큰 도이다. 삼관을 다하여[572] 근원을 밝혀서 본체의 도량으로 현실의 도량을 삼고 법문을 삼는다. 이미 오직 죽이기만 하고 오직 꾸짖기만 한다면 도량이라 말할 수 있는가?

妙法謂一念妄心　嗔法門是殺法門是大道　泯三觀明體　理道場爲事道場爲法門
묘법위일념망심　진법문시살법문시대도　민삼관명체　이도량위사도량위법문

旣仍於唯殺唯嗔　道場可云乎
기잉어유살유진　도량가운호

현실에 즉하고 이치에 즉하면 비록 경전에 실려 번역된 가르침이 널리 만천가지에 이르러도, 오직 『묘법연화경』이 최고의 가르침일 뿐이다. 모두 4일[573]로 여니, 이것은 모든 부처님이 오신 바탕이며, 또한 중생이 도를 얻는 근원이며, 40년[574] 만에 비로소 진실하고 묘한 극치를 드러냈다.

卽事卽理　　　　　　然則雖棋葉載翻之敎　浩至万千
즉사즉리　　　　　　연즉수패엽재번지교　호지만천

唯蓮花寂實之宗　　　擦開四一　是諸佛降靈之體
유련화최실지종　　　총개사일　시제불강령지체

亦衆生得道之源　　　四十年始顯眞妙極
역중생득도지원　　　사십년시현진묘극

---

572) 智顗說, 『摩訶止觀』 5권 ; 李永子, 『천태불교학』, p.142, 도표 "원융삼제와 삼관의 관계" 참조.
573) 四一乘이다. 법화경은 一佛乘을 개현하는데 敎·行·人·理의 네 가지 방면이 모두 하나[敎一行一人一理]라는 뜻이다.
574) 화엄시(유미), 녹원시(낙미), 방등시(생소미), 반야시(숙소미), 법화열반시(제호미)의 五時에서 법화를 설하기 전까지 40년을 말한다.

이에 21일 동안 참회법회를 일으켜 오늘에 이르렀다. 다행히 만덕산에서 처음 행하니, 온 나라575)가 믿음을 일으킨다. 저 용맹하여576) 무를 숭상하는 병사는 항상 수지하고, 저 군자577)로서 충성하는 현인은 부지런히 유포시킨다.

於此三七日立修懺　流至于今
어차삼칠일입수참 유지우금

彼熊羆尙勇之士　往往受持
피웅비상용지사 왕왕수지

幸萬德之啓行　擧三韓而生信
행만덕지계행 거삼한이생신

況鸞鷥奮忠之賢　勤勤流布
황난로분충지현 근근류포

심하구나, 까마귀 날자 배 떨어짐이여. 통쾌하구나, 거북이와 나무토막의 인연578)이여. 말만을 생각한다면 용렬하고 어리석고, 극락에 나는 것은 즐겁고 즐겁다. 특별히 순타579)의 공양구를 갖추고, 변길의 참회의 자리580)를 공경하게 펴겠습니다. 밤낮으로 입과 마음을 한결 같이 하여, 경계가 관을 비추고 관이 경계를 비추니 불가사의하다. 좌선 할 때에 외우고 외울 때에 좌선하니 진실로 방해하거나 막힘이 없습니다. 진실한 공덕이 이미 이루어지고, 거울 같은 지혜가 모두 두루 합니다.

甚矣烏梨之遭遇　快哉龜木之因緣
심의오리지조우 쾌재구목지인연

特辦純陀之供具　恭張遍吉之懺筵
특판순타지공구 공장변길지참연

言念庸愚　極生歡喜
언념용우 극생환희

晝三夜三　口一心一
주삼야삼 구일심일

---

575) 三韓은 辰韓馬韓弁韓으로 辰韓은 1-3세기경에 남부의 경상북도 지역에 살고 있던 부족국가로 신라에 통일되었음. 馬韓은 3-4세기경 충청도와 전라도 지역에 있던 부족국가로 백제에 의해 멸망. 弁韓은 경상북도와 강원도 일대에 있던 국가로 신라에 병합되었음. 결국 고려를 포함한 한반도 전체를 가리킴.
576) 熊羆 : 1)곰의 이름 2)용맹함에 비유 3)남자를 말함 4)舜의 신하. 일설에는 熊과 羆 두 사람의 이름.
577) 鸞鷥 : 鸞과 鷥라는 난새와 해오라기라는 새의 이름. 군자에게 비유, 귀인, 현관의 위의를 해오라기에 비유하여 이르는 말
578) 『묘법연화경』「묘장엄품」, "佛難得値 如優曇鉢羅華 又如一眼之龜値浮木孔 而我等宿福深厚生値佛法 是故父母當聽我等令得出家"
579) 純陀 : Cunda의 음역으로 准陀淳陀周那라고도 한다. 부처님께 최후로 공양한 제자이다.
580) 普賢菩薩의 참회도량.

境照觀觀照境 不可思議
경조관관조경 불가사의

禪時誦誦時禪 固無妨閡
선시송송시선 고무방애

眞功已就 慧鑒悉周
진공이취 혜감실주

엎드려 바라오니, 부처님의 덕행581)은 순임금의 덕과 같이 빛나고, 조사의 기풍이 고풍과 함께 하여 널리 퍼지게 하소서. 가없이 바다 같은 원을 어찌 이 문에서 간택하리오. 범부들이 애욕의 강에 있으니, 함께 저 피안에 오르게 하소서.

伏願 佛日將舜日以共明
복원 불일장순일이공명

祖風與高582)風而廣扇
조풍여고　풍이광선

無邊願海 何揀擇於此門
무변원해 하간택어차문

凡在愛河 共躋登於彼岸
범재애하 공제등어피안

● 하안거를 여는 글

夏安居疏 하안거소

부처님의 원만한 깨달음으로서 큰 가람을 삼으니 몸과 마음이 평등한 지혜에 안주합니다. 이 묘한 법은 우담발라꽃과 같고 본문과 적문으로 『법화경』의 개삼현일583)을 담론합니다.

以圓覺爲大伽藍 身心安於平等智
이원각위대가람 신심안어평등지

是妙法如優曇鉢 本迹談於開顯經
시묘법여우담발 본적담어개현경

---

581) 佛日 : buddha-sūrya. 부처님의 德行·慈悲를 해에 비유함.
582) '高 는 제목에서 보이는 경진년과 연결하여 생각할 때 고려23대 고종을 가리킬 수도 있고 요임금으로 볼 수도 있다.
583) 開顯은 開權顯實, 開三顯一, 開迹顯本의 약어이다. 석존이 진실한 『법화경』의 설에 이르기까지 40여년의 설법은 진실에 들어가기 위한 방편이다. 경의 앞의 14품은 삼승교의 방편으로 垂迹의 近佛이며 迹"이라하고, 후반의 14품은 일승교의 진실로 本地의 遠佛이며 本"이라고 한다. 따라서, 開는 앞의 14품을, 顯은 뒤의 14품을 가리키며, 開顯經이란 『법화경』을 의미한다.

옛날 부처님이 세상에 출현하실 때, 내 몸과 같다는 대비를 일으켜 돌아
다니지 못하도록 안거[584]제도를 세우시고, 생명을 지키기 위하여 범하
지 못하도록 여름의 제도로 우안거를 세웠으며, 계를 받은 이는 어기지
않고 수행인의 얼음장 같은 결제를 정하도록 하였습니다. 옛 풍습이 아
직 남아 있는데, 후세에 행하지 않을 수 없을 것이다.

昔覺皇之御世也　　　　　　興同體之悲　立禁足之制
석각황지어세야　　　　　　흥동체지비　입금족지제

護生勿犯　立夏制之雨安　　稟戒莫違　期臘人之氷結
호생물범　입하제지우안　　품계막위　기랍인지빙결

遺風猶有存者　后世莫不行焉
유풍유유존자　후세막불행언

그래서 제자와 모든 비구들이 이 커다란 법도를 존중하고, 하나의 치자향
기[585]에 훈습하게 하여, 다른 향기는 맡지 못하게 합니다. 감히 산승의
석 달 동안의 훈공을 가지고 다시 천자에게 만년의 큰 복을 드리며, 정성
스럽고 이 간절한 지혜의 횃불이 모두 두루 할 것입니다. 엎드려 바라오
니, 시내처럼 받은 복이 지극하여, 자리에 상서롭게 서리고, 영원히 수복
을 길이[586] 누리어, 덕의 감화[587]를 온 나라 구석구석까지 이으소서.

是用弟子與諸芯芻　聿遵宏範　　熏一薝蔔　不觀餘香
시용제자여제필추　율준굉범　　훈일담복　불후여향

敢將山僧三月之勳功　　　　　　更獻天子萬年之景福
감장산승삼월지훈공　　　　　　갱헌천자만년지경복

虔誠斯切慧炬悉周　　　　　　　伏願茂膺川至之祺　祥凝□座
건성사절혜거실주　　　　　　　복원무응천지지기　상응□좌

永亨天長之壽　化洽綿區
영형천장지수　화흡면구

● 임금의 병이 낫도록 기원하는 글

主上救病疏 주상구병소

우리 부처님께서 마침내 진실하고 항상 하는 법을 드러내셨으니, 이를 제호와 같이 묘한 약이라고 합니다. 우리 임금님은 질병이 없으셔서, 한 층 더 사직의 큰 기틀을 늘렸습니다. 정성을 다하여 심중을 터놓으면[588], 감응은 손가락을 튕기는 것보다 반드시 빠를 것이니, 제자들은 태평성대를 만나 법문을 빛나도록 보호합니다.

我佛究顯眞常　是謂醍醐之妙藥　　吾王庶無疾病　更延社稷之不基
아불구현진상 시위제호지묘약　　오왕서무질병 경연사직지비기

誠苟切於披肝　應必速於彈指　　弟子生逢盛代　光護法門
성구절어피간 응필속어탄지　　제자생봉성대 광호법문

경을 읽고 참선할 때마다, 백성의 만세 소리[589]가 끝이 없음이 꽃비가 내리는 듯합니다. 건강하고 만수를 누리소서, 복희[590]와 헌록[591]처럼 만수무강하심이여. 어제 행동거지에 대한 소식을 들었습니다. 더욱 정성을 다하여[592] 간절히 빌며, 괘를 뽑아 기운이 생하는 날을 택하였습니다.

若誦若禪　故華祝嵩呼之不弭　　曰康曰壽　欲羲年軒籙之無疆
약송약선 고화축숭호지불미　　왈강왈수 욕희년헌록지무강

昨聞動止之戾和　　倍竭忱恂而懇禱　謹擇御卦生氣
작문동지지려화　　배갈침순이간도 근택어괘생기

---

588) 披肝 : 심중을 터놓고 이야기하는 것.
589) 嵩呼 : 숭산의 부르짖음. 백성이 임금의 만세를 부름. 한나라 무제가 숭산을 오를 때 어디선가 만세 소리가 들렸다는 고사에서 비롯됨.
590) 羲年 : 伏羲씨는 고대의 제왕으로 八卦를 만들었음.
591) 軒籙 : 도교의 예언서, 軒籙황제. 軒籙황제는 도교의 시조
592) 忱恂 : 정성을 다하다, 誠信.

금월 초하루인 갑진일에서 십사일인 정사일까지 약 14일간을 감히 대중과 더불어 법답게 정근하였습니다. 부처님의 음성이 조수처럼 깨달음의 바다에 울려 퍼지니 소리마다 모두 한결같으며, 달은 모든 것을 비추어서 하늘에 찍으니 사람마다 몰록 나타납니다.

今月初一日甲辰至十四日丁巳　　約二七日之間 敢與大衆 精勤作法
금월초일일갑진지십사일정사　　약이칠일지간 감여대중 정근작법

圓音潮騰於覺海 舌舌皆同　　他鑒月印於義天 頭頭頓現
원음조등어각해 설설개동　　타감월인어의천 두두돈현

엎드려 바라오니, 더욱 자비의 힘을 입어 재앙의 싹을 돌려 소멸케 하십시오. 꽃이 피면 연실이 드러나는 종지에 의지하시면 약이 아니더라도 즐거움이 있으며, 계수나무가 썩고 참죽나무가 고사하는 시간토록 보전하여 나라와 더불어 모두 편안하소서.

伏願云云 益荷慈悲之力 旋消災厄之萌　　憑花開實顯之宗 勿藥有喜
복원운운 익하자비지력 선소재액지맹　　빙화개실현지종 물약유희

保桂朽椿枯之筭 與國咸休
보계후춘고지산 여국함휴

● **갑진년[593] 다보탑[594]을 경찬하는 글(경일 유기 등이 행함)**

甲辰年多寶塔慶讚疏 景一幼其等行 갑진년다보탑경찬소 경일유기등행

지극하구나, 법화의 가르침이여. 방편을 열어서 진실을 노래하니, 세상에 부처님이 출현하신 본래 뜻입니다. 한 구절을 듣더라도 모두 보리의 기별을 주며, 오역죄라도 실상 아님이 없음을 가리킵니다.

---

593) 고종31년(1244년) 사불산 동백련사의 주지였을 때 작품으로 추정(허흥식, 『진정국사와 호산록』, 민족사, p.252) 진정국사의 작품년보에 의하면, 1244년은 그가 39세로서, 遊四佛山記, 多寶塔慶讚(會)疏 등을 지음.(p.39)
594) 『묘법연화경』「견보탑품」, 대정장 9권, p.32c.

至哉 法華之爲敎也　　　　　　　開權極唱 出世本懷
지재 법화지위교야　　　　　　　개권극창 출세본회

聞一句咸記菩提 指五逆無非實相
문일구함기보리 지오역무비실상

공덕은 희유하고 희유하며, 본문과 적문은 깊고 깊구나. 한 줄기 빗자락이 널리 두루 적시니, 어찌 뿌리와 줄기 가지와 나뭇잎을 가리리오. 작은 티끌과 긴 수명이라도 진실로 목과 옷깃이며 눈과 머위(풀의 이름)와 같습니다.[595] 이 법은 분별하여 아는 것이 아니며, 오직 부처님만이 이에 끝까지 다하여 증득한 것입니다.

功德希有希有 本迹甚深甚深　　　　一雨普霑 何擇根莖枝葉
공덕희유희유 본적심심심심　　　　일우보점 하택근경지엽

微塵遠壽 實若喉襟目葵　　　　　是法非分別所知 惟佛乃究竟而證
미진원수 실약후금목혜　　　　　시법비분별소지 유불내구경이증

때문에 다보불이 영취산에서 본원[596]의 수레를 타고 탑에 들어가 자연스럽게 선정에 드니, 이 법석의 자리를 비추고 땅으로부터 허공으로 솟아오릅니다. 비록 8불[597]을 보이시나 감도 없고 옴도 없으며, 겨우 삼주[598]를 지났으나 앞을 증득하고 후를 증득하였습니다. 이 때 오늘의 부처님[석가불]과 옛 부처님[다보불]이 함께 자리하여[599], 보신이 법신

---

595) 목이 있어야 옷깃이 존재하고, 눈이 있어야 머위를 볼 수 있음에 비유.
596) 『묘법연화경』「견보탑품」, "世尊 以何因緣有此寶塔從地踊出 又於其中發是音聲 爾時佛告大樂說菩薩 此寶塔中有如來全身 乃往過去東方無量千萬億阿僧祇世界 國名寶淨 彼中有佛 號曰多寶 其佛行菩薩道時 作大誓願 若我成佛 滅度之後 於十方國土 有說法華經處 我之塔廟 爲聽是經故 踊現其前 爲作證明 讚言善哉" (대정장 9권, p.32c)
597) 八不은 『中論』「觀因緣品」 16게송 중에서 첫 번째 게송의 내용임. "不生亦不滅 不常亦不斷 不一亦不異 不來亦不出"
598) 李永子, 『천태불교학』 p.88 도표 참조.
599) '다보여래와 석가여래의 竝坐'는 古今同道의 가르침을 상징적으로 나타내며, 법의 영원성과 함께 석존의 영원 상주성으로 풀이함.(리영자, 『법화·천태사상연구』, p.41~43, 동국대출판부)

을 나타내자 완전히 같아집니다.

故多寶佛 於靈鷲山
고다보불 어영취산

光此會席 從地湧於虛空
광차회석 종지용어허공

才過三周而證前證後
재과삼주이증전증후

報身表法身而泯同
보신표법신이민동

乘本願輪入塔自然禪定
승본원륜입탑자연선정

雖示八不 而無去無來
수시팔불 이무거무래

于時今佛與古佛而共坐
우시금불여고불이공좌

대중들로 하여금 공중에 함께 있도록 하고 묘한 음성으로 회중에게 말씀
하였다. 이 부처님은 이미 돌아가시고 다함없는 오랜 시간이 지나, 오히
려 법을 위하여 왔으니 모든 사람 중에 누가 호지할 것인가. 항상 『묘법
연화경』에 머무르는 것이 곧 나를 기쁘게 하는 것이니, 거듭 거듭 부촉
하여 법의 통함을 찾아서 뜻을 모으겠습니다.

令大衆俱處於空中 以妙音普告於會上
영대중구처어공중 이묘음보고어회상

此佛已滅 度無央數劫
차불이멸 도무앙수겁

常住妙經 卽令我喜
상주묘경 즉령아희

尚爲法來 諸人誰護持
상위법래 제인수호지

鄭重付囑 募覓法通
정중부촉 모멱법통

높고 높은 발원으로부터 오래도록 미래가 다함이 없게 하면, 있는 곳곳
마다 항상 『묘법연화경』을 연설하며, 언제나 정성스럽게 모두 보탑[600]에
서 솟아나리니, 어찌 번거롭게 군더더기를 덧붙여 다시 탑을 세우리오.

---

600) 『묘법연화경』「見寶塔品」, "爾時佛前有七寶塔 高五百由旬 縱廣二百五十由旬 從地踊出住在空中 種
種寶物而莊校之."(대정장 9권, p.32b).

巍巍發願已還 永永未來無際
외외발원이환 영영미래무제

然卽在在處處 常演說於妙經
연즉재재처처 상연설어묘경

勤勤虔虔 皆湧出於寶塔
근근건건 개용출어보탑

何煩附贅 更立浮圖
하번부췌 갱립부도

그러나 만 가지 법은 본래 남이 없다하여 거짓된 모습이 바로 진실한 모
습이라 하는데, 하물며 하나의 자리에 엄연하여 아직 흩어지지 않았으니
저 산이 이 산을 여의지 않은 것이다.

然萬法本乎無生 假相卽是眞相
연만법본호무생 가상즉시진상

況一席嚴然未散 彼山不離此山
황일석엄연미산 피산불리차산

이러하니 나의 스승이 우리들에게 말씀하시기를, 보현의 참회를 오랜 동
안 닦고, 다행히 도량을 세웠으나, 누가 이 대원의 경영을 이어서 보찰
을 이루겠는가. 그런데 경일 등이 처음 그 명을 듣고서 비로소 그 계책
을 맹세하였다.

故我師兮勗吾輩曰 長修普賢之懺悔
고아사혜욱오배왈 장수보현지참회

幸立道場 誰繼大圓之經營 獲成寶刹
행립도량 수계대원지경영 획성보찰

而景一等始聞其命 方矢厥謨
이경일등시문기명 방시궐모

다행히 고종과 순임금과 같은 군주를 만나니, 천태산의 천태대사와 형산의
혜사대사의 도를 깊이 믿고, 일찍이 결사에 들어와 큰 일의 인연을 같이
하고, 지금 또 재물을 나누어 좋은 공인에게 새기고 깎게 명령하였습니다.

幸逢高舜之君 深信台衡之道
행봉고순지군 심신태형지도

早曾入社 同大事之因緣
조증입사 동대사지인연

今又頒財 命良工而雕斲
금우반재 명양공이조착

또한 흐트러진 마음으로 흙을 쌓는 공은 모두 성인의 계위에 나아가는 것이며, 어린아이가 모래로 불탑을 쌓아 이룬 공도 모두 부처님의 도를 이루는 것입니다. 하물며 진기하게 장식하는 것은 반드시 높고 낮은[601] 자기 분수가 있으니, 어찌 큰 것과 바꾸어 작다고 하지 않으리오.

且散心積土之効　尙進聖階　　　以童子聚沙之功　皆成佛道
차산심적토지효　상진성계　　　이동자취사지공　개성불도

況琢奇之嚴餙　必殿最之自分　　何更大爲非定小爾
황진기지엄희　필전최지자분　　하갱대위비정소이

원력은 바다같이 훤해지니, 어떤 것이 새롭지 아니하겠습니까. 이 세계가 끝나도록[602] 이 탑은 변하지 않을 것입니다. 지금 삼일 동안 낙성법회에 의탁하여 천수를 한사람에게 함께 기원하고, 작은 공이지만 원명의 비춤에 이르겠습니다.

願海豁矣　何物不爲斬新　　劫火洞然　此塔於焉依舊
원해활의　하물불위참신　　겁화통연　차탑어언의구

今約落成於三日　共期薦壽於一人　　儻幺麽之功　格圓明之鑒
금약낙성어삼일　공기천수어일인　　당요마지공　격원명지감

엎드려 바라오니, 잘 잇고 묘하게 거두어들여 티 없는 복을 더욱 끌어안고 푸른 바다가 뽕나무밭이 되더라도[603] 끝없는 복업을 누리소서. 대지가 대추알 같이 작아지더라도, 자리는 뽑을 수 없는 기틀이 되고, 풍년의 기후[604]가 조화로워 얼마 안 되는 땅이라도 방방곡곡에서 공을 바치게 하소서.

---

601) 最殿 : 공로 및 성적을 조사하는 것. 최상의 공을 最라고 하고 아래의 공을 殿이라고 한다. 군사와 考課에 쓰이는 말이다.
602) 劫火 : 우주가 壞劫 시기의 끝에 일어나는 화재.
603) 蒼海桑田 : 뽕나무밭이 변하여 푸른 바다가 된다는 뜻. 세상의 모든 일이 덧없이 변천함이 심한 것에 비유하는 말. 滄海桑田, 碧海桑田
604) 五風十雨 : 기후가 순조롭게 되는 것. 5일에 한 번 씩 바람이 불고 10일에 한 번 씩 비가 오는 것. 풍년의 조짐.

伏願云云 優承妙援 益擁純禧
복원운운 우승묘원 익옹순희

丸大地如棗 坐題不拔之基
환대지여조 좌제불발지기

田蒼海變桑 永亨無疆之業
전창해변상 영형무강지업

五風十雨罔不和 寸地尺天皆入貢
오풍십우망불화 촌지척천개입공

● 동경전유수인 최상서온에게 부치는 글

寄東京前留守崔尙書蒀605)書 기동경전유수최상서온서

운문 문밖에서 한번 헤어진 이후에, 생각해보니 봇짐을 가지고 고당에
돌아가서 날로 효양에 힘쓰니 참으로 치하 드립니다. 다만 낙랑 사람들
이 어린이와 노인, 남녀 농부에 이르기까지 모두 수레를 붙잡고 길을 막
지606) 못한 것이 한스러울 뿐입니다.

雲門門外一別以後
운문문외일별이후

日勤孝養 多賀多賀
일근효양 다하다하

伏想行李提福 歸謹高堂
복상행리제복 귀근고당

但樂浪之人 至於黃童白曳
단락랑지인 지어황농백수

鋤夫桑婦 皆以不得 攀轅遮道 是恨
서부상부 개이부득 반원차도 시한

겨우 수령으로 부임한지 수개월이 못되었는데도 정사가 안정되고 송사가
그치었다. 백성을 사랑하는 것이 마치 자식과 같아서 신음소리가 칭송의
노래로 되었습니다. 비록 소부두모607)일지라도 이와 같겠습니까. 지금

---

605) 최온(?~1268); 고려의 문관. 고종 때 문과에 급제 1258년(고종45년) 추밀원사에 오름. 최의를
제거하려는 모의에 가담하였다가 흑산도에 유배. 1260년 추밀원사에 복직. 守司空左伏射 判工部
事를 거쳐 守太傅中書侍郎平章事를 지냄.
606) 攀轅遮道: 攀轅臥轍에서 온 말. 어진 관리가 다른 지방으로 파견되자, 그곳 백성들이 울면서 수
레를 잡고 길바닥에 누어 가는 길을 막았다는 고사에서 온 말. 덕 있는 지방관의 떠남을 애석하
게 생각함을 말함.
607) 김父社母는 김父杜母의 잘못. 漢의 김信臣과 後漢의 杜詩가 善政을 베풀었다는 데서 온 말. 백
성이 태수의 선정을 칭송하는 말.

이미 높은 벼슬에 오르시니 제왕의 덕화로 중임을 맡아 선정을 베풀 것[608])을 기대하며, 천하가 모두 목매어 주의하니 여기에 무슨 말씀을 더 하겠습니까.

才下車未盈數月 政簡訟息 愛民如子
재하거미녕수월 정간송식 애민여자

今旣超躡淸要 丹靑帝化
금기초섭청요 단청제화

天下皆引領注意 夫何可言
천하개인령주의 부하가언

呻吟化爲謳歌行 雖召父社母 何以如此
신음화위구가행 수소부사모 하이여차

緊鈞軸鹽梅之望
예균축염매지망

산승은 광평공과 함께 쓸쓸한 관아를 방문하여 불전을 이야기하고 조용하게 담소하며, 상제보다 이전의 도[609])에 마음을 노니니 이나마 다행입니다. 그러나 평생 친구가 한번 천리 길을 떠나버렸으니 참으로 도가 나보다 나아서가 아니라 어찌 한 편의 인정으로 나날을 이어가지 않겠습니까. 돌아가는 사람이 매우 바쁘니 자세한 사정을 전할 수가 없습니다.

5월16일 산인 아무개 삼가 씁니다.

山野常與廣平公 訪蕭官談竺典 從容笑語
산야상여광평공 방소관담축전 종용소어

然平生親故 一去千里 苟非以道自勝
연평생친고 일거천리 구비이도자승

歸人怱劇 未得委細 五月十六日山人 某謹啓
귀인총극 미득위세 오월십육일산인 모근계

游心於象帝之先 斯則幸矣
유심어상제지선 사즉행의

豈無一片人情 懸懸於日綅日耶
기무일편인정 현현어일부일야

---

608) 鈞軸鹽梅; 균은 도자기 만드는 바퀴, 균으로 도자기를 만들고 축으로 바퀴를 굴림. 곧 균축은 국가 정무의 무거운 임무를 가리킴. 염매는 소금의 짠맛과 매실의 신맛이 잘 조화되는 것으로서 신하가 군주를 도와 선정을 베풀게 하는 것.

609) 象帝之先 ; 노자에 있는 말. 道는 天帝가 있기 전부터 있었다는 뜻. 즉, 도는 천지가 생기기 전부터 존재하여 왔다는 말.

● 추밀원 최온에게 부치는 글

寄崔樞610)蜜묘書 기최추밀온서

윤달초순에 보내주신 편지 열어보니 사의611)의 고결함이 갖추었음을 알았습니다. 지위가 집현전 대학사에 이름은 증조부님의 훌륭한 자취를 밟는 것이(증조부 문숙공612)은 집현전대학사를 지냈음) 기쁘고 또한 기쁩니다.

潤月初奉閱鈞緘 備認四儀淸勝   況位至集賢殿大學士 以躡曾王夫之迹
윤월초봉열균함 비인사의청승   황위지집현전대학사 이섭증왕부지적

(曾祖文叔公爲集賢殿大學士)欣慰欣慰
(증조문숙공위집현전대학사)흔위흔위

산승은 권속의 도움으로 걱정이 없습니다. 여름결제가 끝날 무렵 한가한 날, 보관해 두었던 금광명경18부를 찾아 살펴보았습니다. 각하를 생각하며 날마다 쉬지 않고 독송하고 있사옵니다. 혹시라도 원력이 있어 양계 병마사가 있는 처소에 보낸다면, 비록 전란이 휩쓸고 간 황량한 곳이지만 작은 읍성에도 오히려 돈독한 신심과 발심한 도속이 잠시 멈추어 내교(불교)를 들을지 어떻게 알겠습니까? 만일 사람을 선택할 수 있어서 불법을 맡긴다면 불교의 맥이 끊어지지 않도록 후 오백세에 바른 가르침이 유통될 것이니, 어찌 우리 부처님이 열반에 임하여 국왕대신에게 부촉한 본의가 아니겠습니까.

山野承眷護無恙 解夏頃因暇日   搜檢藏中所蓄金光明經十八部
산야승권호무양 해하경인가일   수검장중소축금강명경십팔부

想閣下日誦不已   儻憑願力 傳送于兩界兵馬使處
상각하일송불이   당빙원력 전송우양개병마사처

雖凋殘兵火之餘 焉知十室之邑   尚有篤信 發心道俗 佇聞內敎
수조잔병화지여 언지십실지읍   상유독신 발심도속 저문내교

---

610) 원문의 '福' 은 樞자의 오식으로 봄. 복밀이라는 관직은 없음.
611) 四儀는 불교의 行住坐臥를 가리킴.
612) 文叔公 ; 崔惟淸을 말함. 무신집권 초까지 활동했던 문신.

若能擇其人 而丁寧付囑 使佛種不斷　　則後五百歲 流通正敎
약능택기인 이정녕부촉 사불종부단　　즉후오백세 유통정교

豈吾佛臨般涅槃 付囑國王大臣之本意歟
기오불임반열반 부촉국왕대신지본의여

삼가 한 상자에 함께 넣어 도자 지현에게 배로 부치도록 하였습니다. 오직 바라는 것은 이 경이 신속하게 먼 곳으로 반포되는 것이옵니다. 변두리에 사는 백성들로서 신묘한 가피력을 입고자 하나 기연을 만나지 못하는 사람들에게 얼마나 다행한 일이겠습니까. 7월18일 삼가 답합니다.

謹合盛一櫃 令道子志玄 託便船而寄上　　惟冀神速分布於遠方
근합성일궤 영도자지현 탁편선이기상　　유기신속분포어원방

邊地之人 欲霑妙益而未奇遇者　　何幸如之 七月十八日 某 謹和
변지지인 욕점묘익이미기우자　　하행여지 칠월십팔일 모 근화

● 시랑 정지[613]에게 답하는 글

答鄭侍郞芝書 답정시랑지서

월일 저 산승 아무개는 삼가 시랑의 답장을 받고 편지를 씁니다. 지난날 형 시랑께서 충주와 밀주 두 곳에 수령으로 계실 때 다행히 계시던 곳에서 뵈었습니다. 조용히 한담을 즐기시고 말씨와 웃음은 언제나 화평하시었습니다. 한번 헤어진 후 9년이 흘렀으나 하루도 지난날의 좋은 일들을 잊지 못하옵니다.

月日弟山人某 謹修書奉答兄侍郞左右　　昔兄出守忠密二州 幸謁鈴齋 從容攀語
월일제산인모 근수서봉답형시랑좌우　　석형출수충밀이주 행알령재 종용반어

言笑晏晏 一自分離 九年于玆矣　　未嘗一日忘前好也
언소안안 일자분리 구년우자의　　미상일일망전호야

---

613) 鄭芝(~1264); 고려의 문관. 서북면병마사 樞密院副使 예부상서 등의 벼슬을 지냄.

이 달 10일 시랑의 아우 완산 목사가 전해 보낸 각하의 편지 1통을 보니
작년 6월에 부친 것이었습니다. 지난여름 반가운 소식을 올여름 비로소
보게 되었습니다. 오랑캐가 어지러워 길이 막히고 갑자기 왕래하는 이가
끊이니 이와 같이 지체되었음을 알겠습니다. 또 무슨 말을 하겠습니까.

今月十日賢弟完山牧伯傳送 　　　示閣下書一通　乃前年六月所寄也
금월십일현제완산목백전송 　　　시각하서일통　내전년유월소기야

去夏芳音　今夏始見 　　　　　　信知胡羯擾亂　道途艱梗
거하방음　금하시견 　　　　　　신지호갈요란　도도간경

無驀地往來者　其遲緩如此　夫復何言
무맥지왕래자　기지완여차　부부하언

금년 봄에 다시 직위에 올랐다[614]는 기쁜 소식을 들었습니다. 또 이어
서 지난해에 드렸던 한 축의 불조공안을 일용에 오래도록 깨달은 곳으로
삼으시니, 감축드립니다.

喜聞今春復躡莖聯　又承以往年所呈　　一軸子佛祖公案
희문금춘부섭경연　우승이왕년소정　　일축자불조공안

爲日用久久有省悟處　敢賀
위일용구구유성오처　감하

소생은 염려하여 주심에 힘입어, 분수대로 산수를 소요하며 인간세상의
허망한 득실을 꿈도 꾸지 않으니 스스로 즐거움이 많습니다. 다만 신심
이 깊은 시주들이 헛된 이름을 듣고 와서 숲 속의 적막을 두드리면서 법
석의 주인이 되어 주기를 청하여 왔습니다.

劣弟資護念 　　　　　　　　　　隨分消遙乎山水　不夢人間世
열제자호념 　　　　　　　　　　수분소요호산수　불몽인간세

---

614) 莖聯 ; 莖은 식물의 줄기 혹은 기둥을 지칭하는 말로 여기서는 계속하여 요직에 오름을 가리키
　　　는 것으로 보임.

虛幻得實 自慶不小　　　　　　但信心檀越輩 聞虛名來
허환득실 자경불소　　　　　　단신심단월배 문허명래

扣寂於林間 請主盟法席
구적어임간 청주맹법석

스스로 돌아보니 삼학을 흉내 내고 있는데, 많은 납자들은 넘치고 헛되이 시주의 베풂을 축내고 있으니 더욱 겸연쩍은 일입니다. 그러나 정성 어린 청을 거듭 물리쳤으나 또 대를 이을 사람이 없으므로 부득이 때때로 걸음하게 되었습니다. 간절히 바라기는 묘승(법화)을 유통시켜 보현도량에 인연을 널리 맺게 하고자 할 뿐입니다.

自顧相似三學 濫與許多衲子　　　　虛消信施 尤可忸怩
자고상사삼학 람여허다납자　　　　허소신시 우가뉵니

然重違誠請 又無人可代　　　　　故不得已 而往往行脚
연중위성청 우무인가대　　　　　고부득이 이왕왕행각

切欲流通於妙乘　　　　　　　廣結緣於普賢道場耳
절욕유통어묘승　　　　　　　광결연어보현도량이

농사철이 임박하여 더위가 점점 더해가니 출입에 조심하시기 바라옵니다. 이만 답신을 줄이옵니다.

芸種已迫 朱炎漸熾 惟出入善保是望　　　不宣謹覆
운종이박 주염점치 유출입선보시망　　　불선근복

● 운대아감 민호에게 답하는 글

答芸臺亞監閔昊書 답운대아감민호서

정월 일 영흥산 보현사에 안거하는 비구가 운대아감 민학사 각하에게 삼가 답신합니다.

正月日靈興山 普賢社安居比荔　　　謹修書奉答 芸臺亞監閔學士閣下
정월일영흥산 보현사안거비추　　　근수서봉답 운대아감민학사각하

우선 나한이 붉은 소금에 대한 질문을 알지 못한 것은[615] 진공을 치우쳐서 깨달았기 때문입니다. 내외의 전적을 널리 알지 못하면, 대개 방편[616]의 지혜가 부족하게 됩니다. 그러므로 불제자는 일시에 방언과 명수와 외론을 함께 배움을 보여야합니다.

且羅漢不識赤鹽之問 以其偏證眞空　　　不博識內外典籍 盖闕漚和之智
구라한불식적염지문 이기편증진공　　　불박식내이전적 개궐구화지지

故佛弟子 示詳一時兼學方言名數外論
고불제자 시상일시겸학방언명수외론

그래야 유교인을 만나면 유교를 말하고 불교인을 대하면 불교를 논하여 문답이 물 흐르듯 해야 보고 들어서 발심하도록 합니다. 지금 각하는 유자이고 나는 불자입니다. 실제로 용모와 거동이 같지 않고 명분도 다릅니다.

盖欲逢儒說儒 對釋論釋 使問答如流　　　見聞發心也 今閣下儒也 予釋也
개욕봉유설유 대석론석 사문답여류　　　견문발심야 금각하유야 여석야

實容儀不同 名分不等
실용의부동 명분부등

그러나 세존께서 말씀하시기를, "나는 세 사람을 보내어[617] 진단을 교

---

615) 羅漢不識赤鹽之問 ; 『구사론기』에 나오는 말. 아라한은 염오무지를 끊고 열반의 진리를 증득하였으나 불염오무지까지 끊지 못하면 세간 일에 통달하지 못하여 어리석어질 수도 있다. 그 예로 아라한도 赤鹽을 모른다는 말이 있다. 적염은 大州의 남극에 7大井이 있어 주야로 소금을 끓이면 그 색깔이 붉어지므로 이렇게 부른다. 이것은 천하의 독물로서 문에 바르면 귀신이 못 들어오고 나무에 바르면 새가 그 가지에 앉지 못한다고 함.

616) 漚和 ; 범어 upāya의 음역. 방편이라 번역.

화하리라" 하였습니다. 그러므로 이주618)가 말하기를 "석가가 중국에 태어났다면 주공619)과 같이 가르침을 베풀었을 것이고 주공이 서방에 태어났다면 석가와 같이 가르침을 폈을 것이다."라고 하였습니다. 또 이상은620)은 "공자의 스승은 노자 담이고 노자의 스승은 석가모니이니, 깨달으신 나의 스승에게 머리 숙입니다. 나의 스승인즉 어떻게 삼교가 다르다고 하겠는가"라고 하였습니다.

然世尊有言 我遣三人 化彼震旦　　故李舟曰
연세존유언 아견삼인 화피진단　　고이주왈

釋迦生中國 設敎如周公 周公生西方　　設敎如釋迦
석가생중국 설교여주공 주공생서방　　설교여석가

李商隱 亦曰 尼師老聃　　聃師牟尼 稽首正覺吾師
이상은 역왈 니사노담　　담사모니 계수정각오사

吾師則何三敎之異
오사즉하삼교지이

그러므로 지금 삼교621)의 실마리를 간략하게 끌어와서 출가한 지난 인연을 모두 늘어놓아 봅니다. 아울러 인간 세상이 허망하고 덧없어 실답지 않고, 불법의 인과가 어둡지 아니함을 말씀드리려 합니다. 내가 어찌 변론하기를 좋아해서 이겠습니까. 각하께서는 자세히 살펴보십시오.

故今略引三敎之緖餘　　具陳所出家之往因 幷敍人世之虛幻不實
고금약인삼교지서여　　구진소출가지왕인 병서인세지허환부실

佛法之因果不昧 予豈好辯哉　　惟閣下詳察焉
불법지인과불매 여기호변재　　유각하상찰언

---

617) 이 당시에도 『淸淨法行經』이라는 위경이 유행한 것 같다. 공자, 안연, 노자의 三人이 부처님의 제자라고 한다. 각각 마하가섭, 광정보살, 유동보살이라 한다.
618) 李舟: 唐代의 文人. 白蓮結社에 入社한 인물.
619) 周公: 周文王의 아들. 武王의 아우. 이름은 旦. 무왕을 도와 紂를 치고 成王을 도와 왕실의 기초를 세우고 제도와 예악을 정비. 周 문화 발전에 이바지함.
620) 李商隱: 白蓮結社에 入社한 인물.
621) 三敎: 불교·유교·도교를 가리킴.

나는 7,8세 때부터 처음 독서를 시작하여 15세에는 우·하·상·주의 글까지 널리 읽게 되었는데 넓고 놀랍고 엄숙하였습니다. 시경의 국풍과 이소의 작품까지 이르렀으며, 굴원·송옥622), 반고·사마천623)과 왕발·양형·노조린·낙빈왕624), 두보·이백·소식·황정견625) 등 범부들이 말하는 문체로 막힘없이 많이 알고자 하였으나 옛사람의 흉중을 흉내 내는데 그쳤습니다.

予自七八時 始事讀書 及予十有五　　濫嘗虞夏商周之書 灝灝爾 噩噩爾 淖淖爾
여자칠팔시 시사독서 급여십유오　　남상우하상주지서 호호이 악악이 뇨뇨이

至於風騷之作 屈宋班馬王楊盧駱　　甫白蘇黃 凡曰文章之體
지어풍소지작 굴송반마왕양노락　　보백소황 범왈문장지체

切欲滑稽多識 盖髣髴古人之匈中
절욕골계다식 개방불고인지흉중

국자감에서는 갑자기 백직626)을 맡게 되었지만, 입에는 젖냄새가 났습니다. 처음으로 과거 시험장 끝에 나아갔으며, 바로 봄에는 사판627)에 오르고 가을에는 벽옹628)에 들어갔습니다. 다행히 각하와 더불어 동마629)에 함께 있었기 때문에, 들어가고 나갈 때에 나를 스쳐가지 않고 말하거나 침묵할 때에도 나를 등지지 않고 후배로 대접해 주셨습니다. 보내주신 편지에 "옛날 같은 집에 있을 때는 마치 쌍둥이 같았지요." 라고 하였는데, 모두 실제로 그러합니다.

國子也 忽當栢直 口常乳年　　　　始赴場廈 卽春登士板 秋入辟雍
국자야 홀당백직 구상유년　　　　시부장하 즉춘등사판 추입벽옹

---

622) 屈宋: 屈原과 그의 제자 宋玉. 중국 楚나라의 문학가.
623) 班馬: 班固와 司馬遷 둘 다 漢代의 史家.
624) 王楊盧駱 ; 王勃·楊炯·盧照隣·駱賓王. 이 네 사람 모두 唐初의 문장가. 唐 四傑로 불림.
625) 甫白蘇黃 ; 杜甫·李白·蘇軾·黃庭堅의 네 사람. 모두 唐 宋代의 대표적 시인.
626) 栢直: 栢은 伯과 통함. 국자감에서 가장 높은 직책을 맡았다는 뜻인 듯.
627) 士板: 국자감 시험에 합격하여 進士가 되었다는 의미인 듯.
628) 辟雍: 周代 天子가 세운 대학 이름. 국자감을 말하는 듯.
629) 東摩: 동쪽에 있던 上舍의 건물로 추측됨.

幸與閣下 俱在東摩 故出入不吾捨　　語黙不吾輩 肩隨而接之 來書云
행여각하 구재동마 고출입불오사　　어묵불오배 견수이접지 래서운

往昔同舍而語之 若同胎然 盖實錄耳
왕석동사이어지 약동태연 개실록이

겨우 1년 사이에 춘관630)에 발탁되고 다시 업무가 주어졌습니다. 항상
글 쓰는 일과 졸음으로 일과를 삼다가 홀연히 어느 날 깊이 살펴보니 잘
못됨을 알았습니다.

才隔一年擢第春官 更勒所業　　　　常以墨兵黃嬭爲日用 忽一日猛省知非
재격일년탁제춘관 갱륵소업　　　　상이묵병황내위일용 홀일일맹성지비

어린 유학자의 몸이 불법에서는 도리어 자기 자신을 상하게 한다고 탄식
하기를, 예로부터 유학을 업으로 하는 선비의 마음이 노심초사631)하여
만들어 낸 글귀라는 이것은 넉자와 여섯 자의 대구형식의 글632)일 뿐이
라고 합니다. 문집을 저술하여 세상에 자랑하고 빛내면, 이미 이 방탕한
마음과 꾸미는 말은 그 죄가 작지 않으니 무슨 이익이 있겠습니까?

以儒雅之身 於佛法反自傷嘆曰　　　自古業儒之士之心 出月脇作爲章句
이유아지신 어불법반자상탄왈　　　자고업유지사지심 출월협작위장구

其或騈四儷633)六之乎者也　　　　著成文集 誇耀於世
기혹변사여　　육지호자야　　　　저성문집 과요어세

旣是流蕩之心 綺飾之辭　　　　厥罪不少 何益之有
기시유탕지심 기식지사　　　　궐죄불소 하익지유

---

630) 春官: 고려 때의 관청 예조를 말함. 예의 조회 교빙 학교 과거 등의 일을 맡아 보던 관청.
631) 月脇 ; 어렵고 험하고 깊숙한 데서 나오는 것.
632) 四字句와 六字句에 對句를 써서 지은 화려한 문장. 六朝時代에 많이 쓰던 문체.
633) 일지암본과 대흥사본에는 "僮" 으로 기록되었으나 騈儷文의 "儷" 의 오자로 추정됨

또한 삼한을 말할 것 같으면 문집을 만들어서 세상에 유포시킨 이가 무릇 수십 명입니다. 처음은 문창후 최치원이 12세에 중국에 들어가서 18세에 갑과 장원급제인 5제를 차지하니 문장은 중국을 감동시켰고 한평생 지은 문집이 57권입니다.

且以三韓言之　著成家集
차이삼한언지　저성가집

流行於世　若凡數十家
유행어세　약범수십가

始則文昌崔致遠十二歸上國
시즉문창최치원십이귀상국

十八占甲科狀頭五第　文章感動於中華
십팔점갑과상두오제　문장감동어중화

前後著成文集凡五十七卷
전후저성문집범오십칠권

근세에는 한림 김극기[634]가 135권의 문집을 지었으나 기사년(1209)에 황천객이 되었고 헛된 이름만 세상에 유행하였으나 아무런 득이 없으니 나와 무슨 관계가 있으리오?

近世金翰林克己　著一百三十五卷
근세김한림극기　저일백삼십오권

及自己已化於九泉
급자기사화어구천

虛名獨流於四海　片無一得
허명탁류어사해　편무일득

何預於我哉
하예어아재

나는 승려들[635]과 더불어 불경 듣기를 좋아하였는데, 그는 먼저 내 마음을 알고 있는 것 같았다. 말하자면, 경전에 마치 하나의 큰 돌을 갈아 작은 소 한 마리를 만든다는 말이 있다. 공력은 아주 많으나 성과는 아주 적은 것이다. 세간의 재사들의 배움이란 정성들여 부지런히 노력하여도 또한 이와 같다.

---

634) 翰林은 작가 또는 문인의 모임. 김극기는 경주인으로 무신집권기의 전반을 대표하는 시인이었으나, 그의 생애는 고려사에 실려 있지 않다.
635) 축경이란 고유명사가 아니라 불교인을 지칭하는 것으로 보인다.

予與竺卿 樂聞竺典
여여축경 낙문축전

彼則似乎先知我心 仍謂曰聖典有之
피즉사호선지아심 잉위왈성전유지

如此磨一大石 作一小牛
여차마일대석 작일소우

用功旣重 所期甚輕
용공기중 소기심경

世間才學 精勤勞苦 亦復如是
세간재학 정근노고 역부여시

나는 이 말을 처음 듣고 부끄러워 망연자실하였습니다. 다시 깊은 이치를 묻기 위해 나도 모르는 사이에 앞자리로 다가갔습니다. 간절히 출가하여 불법을 배워서 황은과 불은을 일시에 갚고자 하였습니다. 이로 말미암아 사사로운 나의 마음은 멈추지 않았으므로, 은밀히 백부에게 출가할 일을 간략히 알렸습니다.

予試聞斯語 恧然自失
여시문사어 뉵연자실

更扣玄蹤 不知膝之前於席也
갱구현종 부지슬지전어석야

切欲出家學法 皇恩佛恩 一時報畢矣
절욕출가학법 황은불은 일시보필의

由是私心不弭
유시사심불미

密與伯父 畧以出家之事告之
밀여백부 약이출가지사고지

백부는 바로 저지하며 다음과 같이 말하였다. 좋고 좋은 일이지만 그러나 불법은 마음에 있는 것이니 하필 출가하려느냐? 불효됨이 세 가지가 있는데 후손이 없는 것이 가장 크다.[636] 너는 그것을 잘 생각하여라.

彼卽沮曰 善則善矣
피즉저왈 선즉선의

然佛法在心 何必出家
연불법재심 하필출가

爲不孝有三 無後爲大 汝其思之
위불효유삼 무후위대 여기사지

---

636) 『孟子』「離婁章句」上, "孟子曰 不孝有三 無後爲大"

"옛날 세 나라가 다투자 태조는 왕업을 이루었다. 신하에 신염달이란
분이 있었다. 태조를 도와 대란을 평정하고 공을 세웠으니 기린벽[637]
위에 영정을 그렸다. 이로부터 아들은 손자를 낳고 손자는 또 아들을 낳
으니, 8대 9대에 이르도록[638] 계속하여 이어졌다. 멀리는 신라왕의 외
손이고 가까이는 고려조의 후예이다

昔三邦鼎沸　大祖籠[639]興　有臣曰申厭達者　佐大祖定大亂立功　圖畵於麒麟壁上
석삼방정비 대조롱　흥 유신왈신염달자 좌대조정대란입공 도화어기린벽상

自是子生孫 孫又生子　　　　雲之仍之 繼繼不絶
자시자생손 손우생자　　　　운지잉지 계계부절

遠則羅王之外孫 近則祖聖之後裔
원즉라왕지외손 근즉조성지후예

모든 선조의 자취는 산동에서 일어나고 무장으로는 수장[640]이었으며,
내려와 너의 할아버지인 봉산은 백서[641]에서 역사를 찬술하니 조리 있
는 문장과 청백과 충효의 반듯함을 떨쳤다. 또 너의 아버지 정도 뛰어나
서 조부의 기풍이 있었다.
(선조는 찰방사의 포상에서 일등이었고, 돌아가신 아버지도 일등에 위치
하였다.)

皆起迹山東　接虎朝端　降及迺祖蓬山　撰史栢署　振綱其文章淸白忠孝之大槩
개기적산동 접호조단 강급내조봉산　찬사백서 진강기문장청백충효지대개

又迺父挺挺有祖風　　　　　（先祖察訪使奏褒一等　先人亦居一等）[642]
우내부정정유조풍　　　　　（선조찰방사주포일등 선인역거일등）

---

637) 功臣의 초상화를 모신 功臣堂을 말함.
638) 雲孫은 8대째의 후손이고, 仍孫은 9대째의 후손이다.
639) 대흥사본에는 '龍'으로 되어있음.(『한불전』 6책, p.211상)
640) 朝端은 朝廷의 朝臣 중에 上首가 되는 사람.
641) 栢署는 御史臺의 별칭.
642) 일지암본과 萬德寺誌에만 祖風 다음에 間註가 있다.

하물며 너의 외가도 계림종실로서 우리 고려 태조에 이르러 서원경주로
봉해졌다. 시중 능희로부터 너의 외조부에 이르기까지 무릇 9대에 걸쳐
계속643) 등용되어 세상에 이름을 드날렸었다.

況子之外出 亦鷄林宗室　　　　　至我大祖封西原京主
황자지외출 역계림종실　　　　　지아대조봉서원경주

自侍中能熙 至汝外祖　　　　　凡九代蟬聯主組 世爲顯著
자시중능희 지여외조　　　　　범구대선련주조 세위현저

또 외조부의 할아버지는 기거주644) 충약이시다. 비록 이름은 금방645)에
실렸고 자취는 옥당646)에 들어갔으나 유가의 술수 이외에 오히려 도가
의 풍모647)를 드날렸다. 뒤에는 배를 타고 송나라에 들어가 비밀스러운
법을 모두 전하고 신선이 사는 궁전648)에서 노닐면서 선인의 약649)과
낙설을 호흡하였다. 그러므로 중국의 도가의 사람들이 모두 탄복하여 옷
깃을 여미게 하였다.

又外祖之祖 起居注冲若　　　　　雖題名金牓 迹入玉堂
우외조지조 기거주충약　　　　　수제명금방 적입옥당

儒術之外 尙熙乎玄風　　　　　後航海入宋 盡傳秘要
유술지외 상희호현풍　　　　　후항해입송 진전비요

逍遙乎紫府丹臺　　　　　歆吸乎玄霜絡雪
소요호자부단대　　　　　흠흡호현상락설

故令中國道家者流 皆歎伏歛衽
고령중국도가자류 개탄복감임

---

643) 蟬聯 : 연속하는 모양
644) 천자의 나날의 언행을 기록하는 벼슬 이름
645) 과거에 급제한 사람의 이름을 게시하는 방.
646) ①漢代에 文士가 出仕하던 곳, 轉하여 宋代부터 翰林院의 별칭, ②(韓) 弘文館의 별칭, ③(韓) 弘
　　文館의 副提學 以下 실무에 해당하는 관원을 總稱.. 여기에서는 ③의 뜻임.
647) 老莊의 도.
648) 紫府는 신선이 사는 仙宮이고 丹臺 또한 仙人의 居所이다.
649) 玄霜은 仙藥을 말함.

돌아와서는 상소하여 불사의 복을 누리도록 조정에서 홍종을 두드리고 오묘한 열쇠를 열어서 매일 중생들의 이목을 집중시켰다. 그러므로 오늘에 이르기까지 영명하신 천자께선 봉루에 올라 봉소를 반포할 때는 반드시 충약의 자손을 칭찬하여 세세생생에 잊지 않도록 하였다. 다행히 너는 조상의 빛난 전통을 이어받아 약관에 급제하고 뛰어난 이름이 자자하였다. 어찌 유업을 전념하여 벼슬길을 기대하지 않느냐?"

及返國上疏　置不死之福　　　　庭撞洪鍾啓玄鑰　日鑒生靈之耳目
급반국상소　치불사지복　　　　정당홍종계현약　일감생령지이목

故至今明天子　登鳳樓頒鳳詔　　則必稱冲若之子孫　欲世世不忘也
고지금명천자　등봉루반봉소　　즉필칭충약지자손　욕세세불망야

幸汝承祖宗之烈　弱冠登第　　　英聲籍籍　盍專儒業而期仕宦乎
행여승조종지렬　약관등제　　　영성자자　합전유업이기사환호

내가 그 말씀을 모두 듣고 물러나 마음속으로 말하였다. 비록 친가와 외가의 조상들의 자줏빛 갓끈과 여러 가지 붉은 종이(돌아가신 부친께서 외출할 때 갑과 홍패를 나도 본 적이 있다.) 들은 이미 죽은 이의 기록이니 나에게는 어떤 일이 있겠습니까? 하물며 세간은 허황하니 오랫동안 견고하여 족히 믿을만한 것이 없다. 비록 왕조의 흥망과 작은 나라의 전쟁과 돌에 불이 일고 물에 거품이 일며 파초에 서리가 내리고 무궁화에 바람이 불지라도 비유하기에는 부족합니다. 만약 내가 유한한 진세에 나서 진세를 벗어나 세상의 추이를 따른다면, 설사 선비로서 임금[650]의 낙을 누린다고 할지라도, 어찌 즐겨 찰나적인 밖의 세속의 즐거움을 따라 안주하면서 영원한 진리의 즐거움을 잊을 수 있겠습니까?

予具聞其說　退而心言　　　　雖內外紫纓　甲乙紅牋
여구문기설　퇴이심언　　　　수내외자영　갑을홍전

(先人外出甲科紅牌　吾及見之)　已是鬼錄　於我何有乎
(선인외출갑과홍패　오급견지)　이시귀록　어아하유호

況世間虛幻無堅牢 久遠之足恃
황세간허환무견뢰 구원지족시

石火水泡 霜蕉風槿 不足爲喩
석화수포 상초풍근 부족위유

則設使布衣享南面之樂
즉설사포의향남면지락

雖乾城之起滅 蝸國之戰爭
수건성지기멸 와국지전쟁

若我以有限之生塵 出坱入隨世推移
약아이유한지생진 출앙입수세추이

安肯從利那之外樂 忘常住之內樂也哉
안긍종찰나지외락 망상주지내락야재

또 지금은 흉노가 노략질을 도모하고 국경지역에서는 군사를 일으키니, 고래가 작은 고기 잡아먹듯이[651] 천하를 활보하니 땅강아지나 개미와 같은 사람의 목숨입니다. 비록 높고 낮은 벼슬아치라도 모두 온 몸을 해로움으로부터 멀리하고자 하는데 하물며 천하고 우둔하고 무뢰한 사람들이야 어떠하겠습니까?

又今凶奴圖寇 連境擧兵
우금흉노도구 연경거병

雖公卿朝士 皆欲全身遠害
수공경조사 개욕전신원해

鯨鯢天步 螻蟻人命
경예천보 루의인명

況闒茸無賴之人乎
황탑용무뢰지인호

그밖에 부잣집의 아이들은 나이가 들도록 한 글자도 읽지 않고, 오직 가벼이 교만하게 협기를 부리는 무리로서 막대기로 격구하며, 금으로 된 안장과 옥으로 된 허리띠를 차고, 삼삼오오 무리지어 십자로에 노닐면서, 밤낮을 모르고 떼지어 남북으로 쏘다니니, 구경하는 사람이 담장처럼 둘러 서있습니다.

若夫家富之兒 生年不讀一字書
약부중부지아 생년불독일자서

金鞍玉勒 三三五五 翱翔乎十字街頭
금안옥륵 삼삼오오 고상호십자가두

惟輕驕游俠 是事徒以月杖星毬
유경교유협 시사도이월장성구

罔朝昏額額 南來北去 觀者如堵
망조혼액액 남래북거 관자여도

슬프다! 나와 그들은 함께 환세에서 허깨비로 살고 있습니다. 그들이 환신으로 환마를 타고 환로를 달리며 환기를 자랑하는 것은 환인이 환사를 보는 것이니, 다시 허깨비 위에 있는 허깨비에 허깨비를 더할 뿐이라는 것을 어찌 알겠습니까. 그들은 단지 서로 실이라고 집착하니 어느 날 아침 나도 모르게 마침내 염라대왕 앞에 무릎을 꿇게 됩니다. 비록 천 가지 종자와 근기의 목숨이 있더라도 어찌 당돌함을 면하겠습니까? 이로 말미암아 분분하게 지껄이는 것을 보고 근심과 슬픔에서 벗어날 뿐입니다.

惜也 吾與彼俱幻生於幻世
석야 오흥피구환생어환세

彼焉知將幻身乘幻馬 馳幻路工幻技
피언지장환신승환마 치환로공환기

幻人觀幻事 更於幻上幻復幻也
환인관환사 갱어환상환복환야

彼與彼但更相執實 一旦茫然
피여피단경상집실 일단망연

終被閻羅老子摧屈
종피염라노자최굴

便縱有千種機籌 怎免伊搪揆
편종유천종기주 즘면이당돌

由是出見紛譁 增切怛耳
유시출견분화 증도달이

혹은 시장을 지나다가 좌상과 행상을 보면, 다만 반쯤은 통하는 돈 때문에 입을 딱딱 벌리며 떠들썩하게 시장의 이익을 다투니, 백 천 마리의 모기가 독 안에서 앵앵거리며 울어댐과 무슨 차이가 있겠습니까? 혹은 백정이 고기 회를 크게 만들 때는 오직 칼날로 일을 하지만, 이는 방자하고 잔혹하게 다른 생명을 죽여서 팔아 자기의 입만 기르는 것이어서 비린내가 몸에 두루 퍼져 흑업만 자꾸 쌓이는 것입니다. 다만 눈앞의 이익만 돌아보고 죽은 후의 재앙을 생각하지 않으니, 비록 말과 소라고 하더라도 어찌 이보다 더 하겠습니까?

或經過市廛 見坐商行賈
혹경과시전 견좌상행고

只以半通泉貨 皆哆哆譁譁 罔爭市利
지이반통천화 개치치화화 망쟁시리

何異百千蚊蚋 在一甕中 啾啾亂鳴
하이백천문예 재일옹중 추추난명

或屠兒魁膾惟事刀 是恣酷殺他身
혹도아괴회유사인 시자혹살타신

販養自口 腥羶遍體 黑業崢嶸
판양자구 성전변체 흑업쟁영

雖馬面牛頭 何以加此
수마면우두 하이가차

但顧目前之利 不思身後之殃
단고목전지리 불사신후지앙

이와 같이 한번 성문이 열렸다 닫히는 사이에 시장은 입추의 여지도 없고 바쁘게 허둥지둥 이익을 구하며, 구구하게 재물을 쫓는데[652], 단지 아침 저녁밥상을 넉넉하게 할 뿐, 마침내 모두 남을 속일 뿐입니다. 그 물건을 이 물건과 거래하고, 이 물건을 그 물건과 바꾸고, 물건과 물건은 다시 서로 돌고 돕니다. 그러므로 날마다 항상 이와 같습니다.

如是而一[開][653]闠闠間 無立錐之地可閑 遑遑求利 區區徇財
여시이일개　환궤간 무립추지지가한　황황구리 구구순재

但望饔飱之給 卒皆欺詑於他
단망옹손지급 졸개기광어타

彼貿此此易彼 物與物更相輪迴
피무차차역피 물여물갱상윤회

故日日常如此者
고일일상여차자

말미암아 옛사람이 이렇게 말했습니다. "그대는 이른 아침, 시장으로 달려가는 사람을 본 적이 없는가. 밝은 아침엔 어깨로[654] 문을 다투면서 들어갔다가, 해 저물 때 시장이 모두 파해지면 손사래를 치면서 돌아보지 않는데, 아침을 좋아하고 저녁을 싫어해서가 아니라 바라는 물건이 그 가운데 없기 때문이다."

因是 古人有言曰
인시 고인유언왈

君不見 大朝趨市者乎
군불견 대조추시자호

明旦側肩爭門而入 及暮之治過市朝者
명단측견쟁문이입 급모지치과시조자

掉臂而不顧 非好之朝而惡暮
도비이불고 비호지조이오모

所期物亡其中
소기물망기중

아! 사람이 물건을 굴릴 수 없고, 물건이 도리어 사람을 부립니다. 물건이
있느냐 없느냐로써 사람의 한가롭고 바쁨을 헤아립니다. 이러한 탐욕을
내서 물건을 쫓아가는 것은 고금에 걸친 본보기니 어찌 모두 하나의 애착
이 아니겠습니까. 이와 같이 문득 지금 듣고 보는 것이 대단하다고 여길
수 있는지요. 나는 갑자기 눈물이 흐르는 것을 참으면서, 억지로 말을 잇
기를, "진리에 즉한 가르침의 장소를 말할 때는 하나의 죄인일 뿐입니다.
어찌 침울해 하면서 여기에 오래 머물겠습니까." 라고 말하였습니다.

噫 人不能轉物 物却能使人　　　　　以物物之有無 卜人人之閑忙
희 인불능전물 물각능사인　　　　　이물물지유무 복인인지한망

其貪生逐物 奈萬古千今例 皆一愛　　如是而都末中所聞所見 可爲長大者
기탐생축물 나만고천금예 개일애　　여시이도말중소문소견 가위장대자

若我突涕冒泣 强作言曰　　　　　　則眞名教場一罪人耳
약아돌체모읍 강작언왈　　　　　　즉진명교장일죄인이

安能鬱鬱久居此乎
안능울울구호차호

다행히 나의 과거 고시관이었던[655] 청하상국의 은혜가 지중하여 인재를
키웠으며[656], 말씀은 감흥을 높였습니다. 이에 나에게 금자로 된 『법화
경』을 서사케 하였으니, 비로소 제불세존께서 오직 하나의 큰 인연으
로[657] 세간에 출현하심을 보게 되었습니다.

幸我丹桂主人清河相國　　　　　　恩重鑄顔 言高興點
행아단계주인청하상국　　　　　　은중주안 언고흥점

---

655) 丹桂主人은 '최자' 를 지칭하는 듯, 또다른 견해는 단계주인은 座主이며 동지공거였던 '최종
　　재' 라고도 함.(허흥식, 『진정국사와 호산록』, 293쪽)
656) '주안' 은 공자가 안회를 기른 고사성어에서 비롯된 말. 인재를 양성한다는 의미
657) 『법화경』 「방편품」, "諸佛世尊 唯以一大事因緣故出現於世" (대정장 9, p.7a)

仍使予書金字蓮經　　　　　　始見諸佛世尊
내사여서금자연경　　　　　　시견제불세존

唯以一大事因緣故　出現於世
유이일대사인연고　출현어세

또한 "곧바로 방편을 버리고, 단지 무상도를 설한다."[658]고 이르셨습
니다. 중생을 지극히 존중하니, [천책] 스스로 경탄하며, "옛날 사위국
삼억가는 온전하게 삼보의 이름을 듣지 못하였으며, 영축산의 삼천 대중
은 또한 5시[659]의 법화열반을 듣지 못하였도다. 지금 나는 어떻게 살아
야할 지 어떤 선근을 심어야 할지를 알지 못하였다. 이 후오백세[660]에
이르러서 이와 같이 진정한 큰 법을 들을 수 있었으니, 어찌 숙연이 익
어서 없어지지 않는 게 아닐는지요." 라고 말하였다. 이로부터 세간과
출세간 사이에 망설이던 마음[661]을 한칼에 잘라 버리고, 간절히 부처님
의 성을 쫓으려고 하였습니다. 『법화경』을 외우고, 법화행을 닦음에 총
총히 한가함이 없도록 힘썼습니다.

又云正直捨方便　但說無上道　　　極生殷重而自慶曰
우운정직사방편　단설무상도　　　극생은중이자경왈

昔舍衛三億家　全不聞三寶名字　靈山三千衆　　　亦不聞五時終卒
석사위삼억가　전불문삼보명자　영산삼천중　　　역불문오시종졸

---

658) 『법화경』 「방편품」, "正直捨方便 但說無上道" (대정장 9, p.10a)
659) 천태지자대사는 여래의 일대성교에 대하여 새롭게 해석학적인 지평을 열었는데, 이를 '천태오
　　시'라 한다. 이것은 다양한 경전군에 대한 당시 중국인의 사유방식이 투영된 이해방식이다. 이
　　러한 독특한 경전 이해를 통한 천태오시는 여래의 오십년간의 시간적인 설교를 다섯 시기로 나
　　눈 것이다. 『천태사교의』에 ①화엄시 ②녹원시 ③방등시 ④반야시 ⑤법화열반시의 오시기 치음
　　나온다.
660) 오오백년 중 마지막에 해당되는 말세이다. 오오백년이란 불멸후 다섯 단계의 오백년으로 시대적
　　구분에 따라 해탈견고·선정견고·다문견고·조사견고·투쟁견고 등 다섯 시기를 말한다. 이 중 마지막
　　투쟁견고의 시기는 정법은 사라지고 오로지 이득을 둘러싼 투쟁만이 남는 말세라고 한다. 『법화
　　경』은 대승불교가 처음 흥기할 때에 결집되었으므로 이 말세의식은 정통 불교에 대한 자각이라
　　볼 수 있다.
661) '首鼠之心'은 쥐가 의심이 많아서 머리를 내놓고 관망하는 것처럼, 양편 중에서 어느 편을 택
　　해야 좋을지 몰라서 망설임을 이름.

今我未知何生植何善根
금아미지하생식하선근

豈非宿緣醞釀不泯歟
기비숙연온양불민여

切欲從浮圖氏
절욕종부도씨

當此後五百歲 獲聞如是眞正大法
당차후오백세 획문여시진정대법

自是世出世首鼠之心 一刀兩段
자시세출세수서지심 일도양단

誦妙經修妙行 恩恩未暇辦嚴
송묘경수묘행 총총미가판엄

다행히 뜻을 같이하는 두 사람과 함께 남모르게 천리 길을 출발하였는데, 곤경과 위험을 고루 겪었습니다. 40일 만에 비로소 참배하였습니다. 만덕산은 땅이 후미지고, 사람은 드물고 고요하며 가고 오는 이가 없었습니다. 단지 구름 낀 봉우리와 안개 자욱한 섬들이 둘러싸인 것을 볼 뿐이며, 푸르고 푸른 사이에 긴 대나무와 맑은 샘물은 즐길 만하고 상찬할 만합니다.

幸得同志者二人 潛發啓行
행득동지자이인 잠발계행

計月餘旬日始叅
계월여순일시참

但見雲岑烟島掩映乎
단견운잠연도엄영호

於千里道途 艱險備嘗之矣
어천리도도 난험비상지의

所謂萬德山地僻人稀 寂無來往
소위만덕산지벽인희 적무래왕

蒼茫間修竹淸溪可遨可賞
창망간수죽청계가오가상

다만 두툼한 눈썹의 노스님 네댓 명이 문을 나와 미소로 맞는다. 마침내 벼밭에 살면서 경전을 번역하고, 물가나 수풀 아래에서는 수행을 하며662), 이런 별천지663)에서 도안을 갈고 닦았습니다. 마침내 보현도량

---

662) 聖胎는 無漏의 種子. 장양성태는 佛果를 얻기 위한 수행임.
663) '壺中'은 호리병 속의 常春, 별천지를 의미하는 고사성어이다. 호리병 속의 별천지란 『後漢書』 「費長房傳」의 고사에 따른다. 비장방이 시장에서 약을 파는 노인을 만나 그가 가지고 있는 호리병 속으로 함께 들어가 別世界의 仙境에서 노닐었다고 한다. 곧 호리병 자체가 이 세상과는 다른 별천지를 상징한다. 선종에서는 사유분별로 알 수 없는 세계로서 궁극적인 경지에 비유한다. 별천지를 목격한 신선이란 진실로 자신의 본분을 알아차린 선사를 상징하며, 그들이 목격한 본분의 경계는 일상을 벗어난 별다른 세계가 아니라 바로 그가 선 그 자리이다.

을 처음 세우고 개삼현일의 일불승을 널리 드날리며, 전대에 행하지 못한 것을 힘써 행하니 후대 사람이 깨닫지 못한 것을 깨닫게 한 지가 지금 14년이 되었습니다.

惟尨眉老衲四五輩 出門笑迎
유방미노납사오배 출문소영

遂居稻田 傳相譯 水邊林下
수거도전 전상역 수변임하

長養聖胎 衆外壺中 揩磨道眼
장양성태 중외호중 개마도안

始立普賢道場 弘揚開顯佛乘
시립보현도량 홍양개현불승

力行前代之不行
역행전대지불행

使覺後人之不覺 以今十四年矣
사각후인지불각 이금십사년의

그 사이 다른 쪽으로 달마로부터 혜가·승찬·도신·홍인·육조 혜능의 남종선과 신수의 북종선, 정전과 방전, 그리고 무릇 화엄·기신·유식·법상·비니 율종, 대승과 소승, 돈설과 점설에 이르기까지 공부하였습니다. 비록 총명함이 이전에 미칠 바는 아니지만, 오히려 귀 기울여서 듣기를 부지런히 하니, 식견이 좁다는 책망을 조금 면하였습니다. 마음의 본바탕은 흐트러지지 않으니, 장애가 없는 듯하여 참으로 스스로 기쁩니다.

其閒遊歷他方
기간유역타방

自一花五葉 南能北秀 正傳傍傳
자일화오엽 남능북수 정전방전

與夫華嚴起信唯識法相毗尼律宗大乘小乘頓說漸說
여부화엄기신유식법상비니율종대승소승돈설점설

雖聰明不及於前時
수총명불급어전시

尚勤耳壁之聞 聊免面牆之誚 心地不蓬
상근이벽지문 요면면장지초 심지불봉

似無罣碍 眞箇自慶
사부가애 진개자경

이미 강의 남쪽에 터를 고르니 연기와 노을이 깃들어서 바위 사이에 그윽하게 숨으니 멀리 세간의 사람과 더불어 하지 않으니 누구며, 무엇하는 사람인지를 묻는 일이 없었습니다. 근래에 지대 단월이 바람처럼 찾아와서 청하므로 잘못 받들어, 무대를 만나 마음껏 놀아보았으나[664], 도리어 못난 사람이라 부끄럽습니다. 아직 일대사를 온전하게 정진하지 못하니, 오직 누리가 계옥을 좀 먹는 듯할 뿐입니다.

既卜地於江之南 煙霞之接息　　　岩澗之幽隱
기복지어강지남 연하지서식　　　암간지유은

遠不與人間世交略無孰何之問　　近者謬承知臺檀越之請
원불여인간세교약무숙하지문　　근자류승지대단월지청

因風而來 逢場作戲　　　　　　反愧無似之人 未能專精於一大事
인풍이래 봉장작희　　　　　　반괴무사지인 미능전정어일대사

唯蝗蠹桂玉耳
유황두계옥이

더욱이 지금 비감학사로서 옛적 글방에서 같이 수학하던 것을 잊지 아니하고 또한 지대의 오늘의 바다 같은 원력에 감동하였습니다. 가까이 있는 불전[665]을 살펴보면서 멀리 산이나 계곡을 보며 위로합니다. 아울러 승가리[666]와 납의 각각 한 벌과 수침[667] 한 개, 납촉 두 자루를 보내주셔서 두터운 뜻으로 지지해주시니, 감동과 부끄러움이 깊고 깊어 몸 둘 바를 모르겠습니다.

況今秘監學士 不忘黌舍昔年之同風　　又感知臺今日之願海
황금비감학사 불망횡사석년지동풍　　우감지대금일지원해

物修尺五之書 遠慰山谷　　　　　　幷送僧伽梨 禦臘衣各一領
물수척오지서 원위산곡　　　　　　병송승가리 어납의각일령

---

664) 逢場作戲 는 무대를 만나면 마음껏 놀다, 혹은 만나는 장소 어디서나 마음껏 노닐다라는 의미이다. 꼭두각시 인형을 조종하는 막대기를 몸에 지니고 있다가 무대를 만나면 한바탕 연극을 해본다는 말이다. : 『경덕전등록』(대장정51, p.246), "竿木隨身 逢場作戲"
665) 尺五는 지극히 가깝다는 비유이다. 척오서는 가장 좋은 책이라는 뜻의 불교서적을 지칭한 듯하다고 보고 있다(허흥식, 『진정국사와 호산록』, 296쪽 참조)
666) 僧伽梨 : samghati의 음사. 比丘三衣의 하나.
667) '수침' 은 가죽으로 만든 물베개.

水沉一封 蠟燭二枚　　　　　　以將厚意支技 失措感愧淡深
수침일봉 납촉이매　　　　　　이장후의지지 실조감괴심심

그리고 편지 가운데는 특히 옛사람이 태평성대에 적병을 물리친 일을 쓰셨는데 마치 산승이 더욱 부지런히 향 등을 피우고 국가가 복되고 백성이 쌀밥을 먹고 편안하도록 경책하는 듯 하였습니다. 각하의 마음 씀을 보면 안으로는 불교를 숭상하고, 밖으로 백성의 재앙을 구하고 있습니다.

而書中 特以古人鼓腹退兵之事　　　及之似警山僧
이서중 특이고인고복퇴병지사　　　급지사경산승

更勤香火 奉福國家　　　　　　使粒食之民粲也晏也
갱근향화 봉복국가　　　　　　사립식지민찬야안야

有以見閣下用心　　　　　　能內崇佛敎而外極民灾也
유이견각하용심　　　　　　능내숭불교이외극민재야

그러나 옛날에는 22조 마노라존자께서는 이웃 병사의 침입을 당함에 배를 두드리며 말하기를[668] "나의 나라는 편안하여 오랫동안 일이 없었다." 고 말하였더니 과연 스스로 물러났습니다. 이것은 하나의 기이하고 특이한 일입니다. 어찌 헤아릴 수 있겠습니까. 또한 알 수도 없습니다. 근본적인 작용이 눈앞에 드러난 것인가 아니면 시절인연과 화합한 것인가. 이 두 가지 길을 모두 떠나서 그대는 어떻게 이해하고 있는지 대답해 보시길 바랍니다.

然昔者二十二祖摩拏羅尊者　　　當隣兵之奸寇 乃鼓腹曰
연석자이십이조마노라존자　　　당인병지간구 내고복왈

我國晏然 久來無事 果然自追　　　此是一段奇特事 豈可思議 然亦不知
아국안연 구래무사 과연자추　　　차시일단기특사 기가사의 연역부지

---

668) 바수반두 존자의 제자인 마노라 존자가 출가하기 전, 나제국의 태자였을 때 100만의 군사가 쳐들어왔는데, 마노라 태자가 성의 남쪽으로 가서 왼손을 들어 배를 두드리면서 할을 한마디 하니 100만의 군사가 땅에 넘어지면서 다시는 일어나지 못했다는 내용이 『조당집』(고려대장경 45권)에 기재되어 있다.

爲復大用現前 爲復時合緣會　　　去此二途 請君如何得解
위부대용현전 위부시합연회　　　거차이도 청군여하득해

또한 마치 당의 등은봉 선사[669]의 원화 년간[670]의 이야기와 같습니다.[671] 등은봉이 오대산에 오르고자 회서를 나왔을 때 오원제에게 속한 군사들이 왕명을 거역하고 있는 것을 보았습니다. 등은봉은, "내가 이 병화를 해결하리라."고 말하면서 그는 주장자를 허공에 던지고 몸을 날리니, 양쪽 군사들이 각각 신이를 보고 자기도 모르는 사이에 무기를 놓아버렸습니다.

又如唐之鄧隱峰元和年　　　中言 遊五臺路 出淮西
우여당지등은봉원화년　　　중언 유오대로 출회서

屬吳元濟阻兵 遣拒王命　　　峰曰我欲解其兵災
속오원제조병 견거왕명　　　봉왈아욕해기병재

乃擲錫空中 飛身而去　　　兩軍戰士 各觀神異 不覺抽戈匣刀矣
내척석공중 비신이거　　　양군전사 각관신이 불각추과갑도의

이와 같은 일들을 또한 어떻게 헤아릴 수 있겠습니까. 또 큰 작용은 헤아리기 어렵습니다. 혹은 때가 어긋나고 인연이 다르면, 비록 성인일지라도 어찌해 볼 도리가 없습니다. 그러므로 인과에 어둡지 말라[672]고 하였으니, 마를 심으면 마가 나고 모시를 심으면 모시가 나니, 하늘의 그물은 그물코가 넓어서 많이 벌어져 있지만 하나도 새지 않습니다.[673] 인과를 완전히 제거한다면, 나뭇가지 끝에서 연꽃을 캐고, 물속에서 맑

---

669) '등은봉' 선사는 마조 문하의 제자.
670) 唐 헌종 806~826년임.
671) 『송고승전』에 나옴.
672) 선종의 공안 중에 '百丈野狐' 의 팔칙이 있다.
673) 『도덕경』73장, "勇於敢則殺 勇於不敢則活 此兩者或利或害 天之所惡 孰知其故 是以聖人猶難之 天之道 不爭而善勝 不言而善應 不召而自來 천연而善謀 天網恢恢 疏而不失"；하늘의 그물은 그물코가 넓어서 사이가 많이 벌어져 있지만 하나도 놓치는 일은 없다.

은 대쑥을 캐는 것과 같은 것이니, 이것은 파순의 견해이지 서쪽 성인의
같은 길로 통하는 열반문674)이 아닙니다.

此等事迹 又如何商量	且大用難測 或時差緣異
차등사적 우여하상량	차대용난측 혹시차연이
則雖聖人 亦未如之	故云因果不昧 種麻得麻種苧得苧
즉수성인 역미여지	고운인과불매 종마득마종저득저
天網恢恢 踈而不漏	若撥無因果 如採芙蓉於本675)末
천망회회 소이불루	약발무인과 여채부용어본　말
寨薜蘿於水中	此乃波旬之見 非西聖一路涅槃門也
채설라어수중	차내파순지견 비서성일로열반문야

그러므로 불법 중 반드시 인과를 분별하여 뚜렷하고 어리석지 않아야 합
니다. 또한 이후여래676)가 구경원만하나, 오히려 금방울 소리는 겉보리
로 보며, 걸식에는 빈 바루이며, 찬바람에는 겨우 옷 하나이며, 제바달
다는 바위를 밀고, 전차라677)는 길에서 비방하는 등 이러한 인연은 밝
은 거울로 삼을만 합니다.

故佛法中須辨因果 歷然不昧	且離怖大覺 究竟圓滿
고불법중수변인과 역연불매	차리후대각 구경원만
尙示金鏘馬麥 乞食空鉢 寒風索衣	調達推山 旃遮謗路 此等因緣 可爲明鑑
상시금장마맥 걸식공발 한풍색의	조달퇴산 전차방로 차등인연 가위명감

또 유리왕678)은 술 취한 코끼리를 풀어 놓아 석가족 오백 명을 죽이려

---

674) 『능엄경』, "大衆及阿難 旋汝倒聞機 反聞聞自性 性成無上道 圓通實如是 此是微塵佛 一路涅槃
　　門" ; "대중과 아난은 그대들이 전도되어 듣는 기틀을 돌려서 듣는 것마다의 자성으로 돌아가게
　　하고, 그 자성에서 최상의 도를 깨달아 원만하게 통하게 한 것이 진실로 이와 같다. 이것이 바
　　로 미세한 티끌과 같이 무수한 부처님께서 같은 길로 통하는 열반문이다." (대정장19, 131中)
675) 일지암본에는 '本' 으로 되어 있으나, 대흥사본에는 木으로 되어있다.(『한불전』 6책, p.212 하)
676) 離怖畏如來 즉, 석가여래를 말하는 것으로 보임.
677) candāla 旃茶羅, 旃陀羅. 인도의 악행을 하는 종족.
678) 범어 Virūḍhaka. 사위국의 왕. 자세히는 毘瑠璃毘盧擇迦라 한다.

고 하였는데, 이 때 대중들은 모두 근심과 번뇌에 쌓여서 도피할 곳이 없었으나, 오직 우리 세존만은 빛나는 얼굴에 더욱 환한 미소를 드러냈다. 아난다는 다문제일로 이미 아라한과를 증득하였으나 오히려 취한 코끼리의 인에는 어두웠다. 하물며 모든 범부의 자리에서 어찌 능히 얼음을 녹이듯이 할 수 있겠습니까?

又瑠璃王放醉象 踏殺五百釋種 是時大衆
우유리왕방취상 답살오백석종 시시대중

皆懷憂惱 無逃避處 唯我世尊 光顏益現　　　熙怡微笑 阿難多聞 已證聖果
개회우뇌 무도피처 유아세존 광안익현　　　희이미소 아난다문 이증성과

尙昧醉象之因　　　　　　　　　　　　　況諸凡位豈能渙然氷釋
상매취상지인　　　　　　　　　　　　　황제범위기능환연빙석

또 목련이 이 어려움을 면하고자 쇠로서 성을 만들고자 청하나 세존이 성을 만들지 못하게 했다.679) 모두 업보로 말미암은 것이니 부처와 관계하는 것이 아니라 중생과 관계할 뿐이다 진실로 이와 같음을 아다면 많은 의심과 힐난이 있더라도 분명하게 판단할 수 있다.

又目連欲免斯難 請以鐵爲城　　　　　世尊勿使城之
우목련욕면사난 청이철위성　　　　　세존물사성지

蓋由業報 不關佛而關衆生耳　　　　　誠知如此 則有多疑詰 灼然可判
개유업보 불관불이관중생이　　　　　성지여차 즉유다의힐 작연가판

『도덕경』에 이르기를680) "병이라는 것은 흉기다. 성인은 부득이하게 그것을 사용한다."라고 하였다. 황제 때 치우, 순제 때 유묘681), 내려와

---

679) 『增壹阿含經』 卷26 (대정장2, pp.690上～693下)
　　　『佛說瑠璃王經』 (대정장14, pp.783中～785中)
680) 『道德經』 第30章 "以道佐人主者 不以兵强天下 其事好還 師之所處 荆棘生焉 大軍之後 必有凶年 善者果而已 不敢以取强 果而勿務 果而勿伐 果而勿驕 果而不得已 果而勿强 物壯則老 是謂不道 不道早已"
681) 黃帝를 중국 역사의 기점으로 설정한 史家는 漢 武帝때의 司馬遷이었다. 그는 기원전 2700에서

삼대 이래로 없었던 때가 없었다. 불법이 아직 흥하기 전에 일은 잠시 놓아두자.

夫道德經曰 兵者凶器也　　　　　聖人 不得已而用之
부도덕경왈 병자흉기야　　　　　성인 부득이이용지

皇帝之蚩尤 舜帝之有苗
황제지치우 순제지유묘

降及三伐[682]已來 無代無之 自佛法未興之前 姑且置之
강급삼벌　　이래 무대무지 자불법미흥지전 고차치지

주나라 소왕 24년(B.C.1028) 갑인에 이르러 우리 세존이 중인도에 태어났다.[683] 목왕(B.C.1001~947)때에 이르러 비밀스럽게 문수보살이 와서 목왕을 교화한 적이 있다. 그러므로 열자 목왕편 중에 교화인이 왕래한 일이 실려있다.[684] 불교가 동쪽으로 전해지지 않을 때에 대성이 친히 스스로 와서 교화했던 일은 반드시 특별한 인연이 있었던 것인데 어찌 주나라 왕실은 쇠미해져 속이고 괴로워하고 죽이고 논박하는 징조가 생겼을 것인가?

至周昭王二十四年[685]甲寅　　　我世尊降生中天竺 至穆王時
지주소왕이십사년　　갑인　　　아세존강생중천축 지목왕시

密有文殊 來化穆王　　　　　　故列子穆王篇中 有化人來往之事
밀유문수 래화목왕　　　　　　고열자목왕편중 유화인래왕지사

當佛敎未東之時 大聖親自來化　　必有別緣 奈之何
당불교미동지시 대성친자래화　　필유별연 내지하

周室衰微 致謾矜入駁之幾
주실쇠미 치만긍입박지기

2600년 사이에 黃帝라는 군주가 나타나 蚩尤를 격파하고 요와 순이 군주의 이상으로 三苗를 토벌했다고 司馬遷은 史記에 적고 있다.

682) 대흥사본에는 代로 쓰임.
683) 『續高僧傳』 권23, 「曇無最傳」에는 다음과 같은 기록이 있다. "佛當周昭王二十四年 四月八日生, 穆王五十二年二月十五日滅度 (中略) 周書異記漢法內本傳, 竝有明文"(대정장 50, pp.624~625)
684) 「列子穆王篇」에는 "周穆王時 西極之國 有化人來……"라 되어 있다.
685) 대흥사본에는 年字가 없음.

진시황 30년(B.C.217) 갑신에 사위국686) 사문 이방 등 18인이 범어경전을 가지고 왔으나 진나라 시황은 무도하여 도리어 감옥에 가두었는데, 신인이 솟아나오니 키가 일장 오척이었다. 금강저를 쥐고 감옥의 벽을 부수니 광명이 두루 비추어 쇠고랑과 형틀이 저절로 소멸하였다.687) 이미 신력이 나타나고 또 18현인의 원력이 매우 깊어서 결정코 근심하는 자가 없었다. 어찌 시황으로 하여금 삿됨을 버리고 바름으로 돌아가게 하지 않고 마치 바람을 잡고 그림자를 잡듯이 한갓 스스로 허망하게 돌아갔는가?

始皇三十年甲申	舍衛國沙門利方等十八人
시황삼십년갑신	사위국사문이방등십팔인
持梵經來 秦國始皇 無道	反囚牢獄 神人湧出
지범경래 진국시황 무도	반수뢰옥 신인용출
身長丈五 執金剛摧獄辟688)	光明徧照 杻械自消 旣現神力
신장장오 집금강최옥벽	광명편조 유계자소 기현신력
又十八賢 願力甚深 決非悠悠者也	奈何使始皇 未能捨邪歸正
우십팔현 원력심심 결비유유자야	내하사시황 미능사사귀정
如捕風捉影 徒自虛歸	
여포풍착영 도자허귀	

한무제 원부 경신년(B.C.121)에 곽거병이 흉노를 토벌하려고 거연산을 지나 휴도왕을 사로잡아 그 금인689)을 얻으니 마치 부처님 같았다690). 불법이 먼저 흉노에게 들어갔다. 비록 그렇다하더라도 좌현왕과 우현

---

686) 범어 Sravasti. 城 이름. 중인도 교살라국 都城으로 부처님이 계실 때는 바사닉왕, 유리왕이 살았다. 城 남쪽에는 유명한 기원정사가 있었다.
687) "又始皇時 有諸沙門釋利防等十八賢者 齎經來化 始皇弗從 遂禁利防等 夜有金剛丈六人來 破獄出之 始皇驚怖 稽首謝焉"(『歷代三寶記』卷1, 대정장 49, p.23下), "始皇四年 西域沙門釋利房等十八人 齎佛經化來 帝以其異俗囚之 夜有丈六金神 破戶出之 帝經警稽首稱謝 以厚禮遣出境"(『佛祖統紀』卷35, 대정장49, p.330中)
688) 대흥사본에는 壁으로 되어있음.
689) 황금빛을 한 사람이란 뜻. 金神이라고도 하며 佛 또는 佛像을 말한다.
690) "漢武元狩中 遣霍去病討凶奴 至皐蘭 過居延 斬首大獲 毘邪王殺休屠王 將其衆五方來降 獲其金人 帝以爲大神 列於甘泉宮 金人率長丈余 不祭祀 但燒香禮拜而已 此則佛道流 通之漸也"(『魏書』卷114, 「釋老志」)

왕691)은 큰 욕심과 포악한692) 뜻이 없었다고 말할 수 있다.

漢武帝元符庚申 霍去病討凶奴　　過居延山 禽休屠王 獲其金人
한무제원부경신 곽거병토흉노　　과거연산 금휴도왕 획기금인

則似如佛　法先入於凶奴中　　雖然如是其肯曰 左賢王右賢王
즉사여불　법선입어흉노중　　수연여시기긍왈 좌현왕우현왕

無封豕長蛇之志耶
무봉시장사지지야

장제(명제)는 처음 꿈을 꾸고 마등693)이 처음 경전을 본보기로 하고서, 낙양의 백마사694)에서 일으키기 시작했다. 호승695)들이 부견696)까지 계속 이어져 왔으며, 적오년697)에서부터 송·진·제·양·진·수·당 이후 오대를 지나 지금 조송 삼조에 이르렀다. 고승전의 십과698) 중에는 혹 모든 전기와 고승들의 신이한 행적들이 수천 가지나 쓰여 있고, 아름다운 향기가 전하며 불꽃처럼 계속되어 불법이 크게 행해졌다. 그러나 세세로 재앙의 씨앗은 감추어지지 않고 전쟁은 그치지 않았다.

---

691) 單于(임금) 밑에는 左賢王과 右賢王, 左谷蠡王과 右谷蠡王, 左大將과 右大將, 좌우의 大都尉, 좌우의 大當戶, 좌우의 骨都侯(왕족과 다른 姓의 大臣)를 두었다. 左자가 붙은 왕족이나 장군들은 동방에 위치하며 상곡군 이동을 담당하여 동방의 穢貊민족과 朝鮮민족과 접하고 있으며, 右자가 붙은 왕족이나 장군들은 서방에 위치하여 상군이서를 담당하여 월지족이나 氐族·羌族을 접하고 있다.(司馬遷 著, 『史記列傳』, 三惺出版社, 1990, pp.411~412)
692) 封豕長蛇란, 큰 돼지와 긴 뱀이라는 뜻으로 욕심 많고 포악한 자의 비유
693) 迦葉摩騰을 말한다. 중인도 사람으로 後漢 永平 10년에 竺法蘭과 함께 중국에 와서 처음으로 불교를 전함. 白馬寺라는 寺名은 없으나 佛事를 세웠다.
694) "昔孝明皇帝 夢見神人 身有日光 飛在殿前 欣然悅之 明日博問君臣 此爲何神 有通人傳毅曰 臣聞天竺有得道者之曰佛 飛行虛空 身有日光 殆將其神也 於是上悟遣使者張騫 羽林郎中秦景 博士弟子王尊等十二人 於大月支 寫佛經四十二章 藏在蘭臺石室第十四間 時於洛陽城西雍門外 起佛寺 於其壁畵千乘方騎繞塔三匝 又於南宮淸凉臺 及開陽城門上 作佛像 明帝在時 豫修造壽陵 陵曰顯節 亦於其上 作佛圖像 時國豊民寧 遠夷慕義 學者由此而滋"(『弘明集』 卷1, 대정장 52, pp. 4下~5上)
695) 胡는 秦漢 이전에는 단지 흉노의 호칭이었으나 나중에는 塞外民族을 말함.
696) 前秦과 符堅 제위기간 357~384年이며 적오라는 연호는 없다.
697) 赤烏는 吳(위촉오) 大帝 238~250년 연호.
698) 양나라 때 慧皎가 불교가 중국에 들어온 후한시대(영평10)이래 519년에 이르는 사이에 활동한 스님 257명의 전기를 모아 엮은 것을 『梁高僧傳』 이라 한다. 『梁傳』 은 1.譯經 2.義解 3.神異 4.習禪 5.明律 6.遺身 7.誦經 8.興福 9.經師 10.唱導의 10科로 구성되어 있다.

逮夫帝莊始夢 摩騰初儀釋典　　　　　肇興於洛陽白馬寺
체부제장시몽 마등초의석전　　　　　조흥어낙양백마사

胡僧繼至於符堅赤烏年　　　　　　　以至宋晉齊梁陳隋唐後五代
호승계지어부견적오년　　　　　　　이지송진제양진수당후오대

至今趙宋三朝 僧傳十科之中　　　　　或諸傳記 高僧神迹
지금조송삼조 승전십과지중　　　　　혹제전기 고승신적

浩以千數 傳芳續焰 佛法大行　　　　然亦世世禍萌不藏 兵火不息
호이수천 전방속염 불법대행　　　　연역세세화맹불장 병화불식

오직 우리 해동삼한은 불교가 처음 전래되어 온지 지금 862년에 이르렀
다. 신라 즉 아도로부터 염촉의 왕 몸을 버리는데 이르고, 그 이후로 낭
지·원광·혜공·자장·원효·의상의 모든 성현들이 서로 이어져 오다가
궤도가 만들어 졌다. 이렇게 성하면서 우거졌다. 불교 집안의 바른 신하
는 승단의 대장이 되었다. 혹 해설서를 만들어 경을 알리니 마명이나 용
수보다 못하지 않고, 또 신령스러움이 나타나고 법을 보호하니 도리어
불도징과 구마라집에 나란히 된 어리석은 이를 깨치고 눈 먼 이를 뜨게
하니 부처님의 은택이 안개처럼 자욱하고, 두루 한 윤택은 끝이 없으나,
오히려 전쟁은 그치지 않았다. 당시 비록 혜통스님이 붉은 글씨로 군대
를 물리치고[699], 명랑스님이 신령스러운 힘으로 병사를 압도했지만[700]
전쟁은 더하고 더하였다.

惟我海東三韓 自佛教初來　　　　　至今八百六十二年
유아해동삼한 자불교초래　　　　　지금팔백육십이년

新羅則我自道[701]肇迹猒髑王身　　　厥後朗智圓光惠空慈藏元曉義湘
신라즉자아도　　조적염촉왕신　　　궐후낭지원광혜공자장원효의상

699) 『三國遺事』 권5, 〈惠通降龍條〉
700) 『三國遺事』 권5, "總章元年戊辰 唐將李勣通大兵 合新羅 滅高麗後 餘軍留百濟 將襲滅新羅 羅人覺
　　　之 發兵拒之 高宗聞之赫怒 命薛邦興師將討之 文武王聞之懼請師開秘法讓之 因玆爲神印宗祖"
701) 대흥사본에는 新羅則自我道로 쓰임.

諸聖相繼而作結輒702)　連鑣此皆鬱乎　　　佛庭之直臣　凜乎僧壇之大將　或造疏弘經
제성상계이작결궤　　　연표차개울호　　　불정지직신　름호승단지대장　혹조소홍경

則不減於馬龍　或現神護法　　　　　則却齊於澄什　撥鼓披盲
즉불감어마용　혹현신호법　　　　　즉각제어징집　발고피맹

仁澤成霧　普潤無邊　尙干戈不息　　當時雖有慧通之朱筆退軍
인택성무　보윤무변　상간과불식　　당시수유혜통지주필퇴군

明朗之神印壓兵　加於可加
명랑지신인압병　가어가가

다시 이를 별도로 고구려 보덕법사에 대해서 논하겠다. 당시 국가가 쇠약해진 말엽에 보장왕은 오두미교(도교)703)를 심하게 믿어서, 삼보를 공경하지 않으므로 언제 망할지 모르는 상황이었다. 2년 계묘에 사신을 당나라 조정에 보내어 표문으로 도사를 청하였다. 태종은 석 달 등 여덟 사람과 아울러 모든 도가의 경전704)을 보내왔다. 왕은 그것이 처음 도착하자 기뻐하며 가람을 빼앗아 이것을 관으로 삼았다. 보덕법사는 이에 소를 올려서 멈추기를 간청하여 두세 차례에 이르렀으나 왕은 끝내 허락하지 않았다.

此復別論句高麗705)普德法師　　　當國家衰末　寶藏王酷信五斗米道
차부별론구고려　　　보덕법사　　　당국가쇠말　보장왕혹신오두미도

不敬三寶　喪無日矣　　　　　　　二年癸卯　遣使唐朝　表請道士
불경삼보　상무일의　　　　　　　이년계묘　견사당조　표청도사

大宗遣釋達等入706)人　　　　　　幷諸道經　王喜其初來
태종견석달등입　　　인　　　　　　병제도경　왕희기초래

---

702) 대흥사본에는 軓로 쓰임.
703) 五斗米道는 후한의 張陵에 의해 시작되었다. 오두미도의 병 치료법은, 병자가 조용한 방에서 반성하도록 하여 죄과를 고백시키고, 符水를 마시게 하며 병자의 성명이나 그가 범한 죄장은 물속에 가라앉혀 天官·地官·水官의 3관에게 용서를 비는 기도를 행하였다. 병이 낫지 않으면 그 사람의 신앙이 부족하다고 하였다.
704) 『道德經』을 말함.
705) 대흥사본에는 高句麗로 쓰임.
706) 대흥사본에는 八로 쓰임.

取伽藍以館之 德乃上疏諫止　　　　　至于再三 王終不依允
취가람이관지 덕내상소간지　　　　　지우재삼 왕종불의윤

이에 성제자(보덕법사의 제자) 11인707)과 더불어 어느 날 밤에 방장이 날아서708) 남국의 경복산709)에 이르렀는데, 다음해에 고구려 왕경(평양)이 과연 멸망하였다. 이미 신령한 기적을 나타낸다면 어찌 병란의 재앙을 진압시키지 않고 멀리 달아났던 것일까?

於是與聖弟子十一人 一衣飛方丈　　　　到南國景福山 翌年王京果滅
어시여성제자십일인 일의비방장　　　　도남국경복산 익년왕경과멸

旣現神迹　　　　　　　　　　　　　何不坐鎭兵災 而遠遁耶
기현신적　　　　　　　　　　　　　하불좌진병재 이원둔야

혹은 백제국 달라산의 혜현710)은 법화를 외우며 신통을 나타내었고, 능가산의 진표는 성인의 몸에 감응하여 참회하였습니다. 이때는 모두 당의 군사는 소정방과 고간이 통솔하고, 신라의 군사는 김유신이 거느렸습니다. 마치 큰 산이 작은 알을 누르듯 갑자기 변한과 마한을 멸하여 이에 두 나라가 끝나버렸다.

其或白齊國　　　　　　　　　　　達拏山之惠顯誦法花而現通
기혹백제국　　　　　　　　　　　달라산지혜현송법화이현통

楞伽山之眞表 感聖身而行懺　　　是時皆有
릉가산지진표 감성신이행참　　　시시개유

---

707) 성제자 11人 : 보덕의 10대 제자는 백제의 完州郡 등지에 많은 사찰을 창건.
708) 『삼국유사』 권3, 보장봉로 보덕이암조편.
709) 경복산 경복사 :普德이 백제땅 완산주(지금의 전주)로 망명하면서 열반종 사찰인 평양 盤龍山 延福寺를 옮겨 지은 사찰로 통일신라와 고려를 거쳐 1424년(조선 세종6) 선교 양종으로 통폐합될 때까지 승려 수 70명, 전지 50결의 대찰로서 교종계의 강력한 교파를 형성하였다. 대각국사 義天이 남긴 글에 元曉와 義湘이 보덕에게 『涅槃經』과 『維摩經』을 배웠다는 내용이 있는 걸로 보아 경복사는 고구려, 백제, 신라의 수많은 학승이 모여 공부하던 대표적인 승려 교육기관이었던 것으로 짐작된다.(『대각국사문집』 「孤大山景福寺飛來方丈禮普德聖師影」, 한불전 4, p.559상 참조.)
710) 『삼국유사』 권5 제8 피은장 3 혜현구정.

唐兵則蘇定方高侃領之　　　　　羅兵則金庾信統之
당병즉소정방고간령지　　　　　라병즉김유신통지

猶大山壓小卵　欻滅卞馬二國乃終
유대산압소란　훌멸변마이국내종

신라 군사와 당나라 군사는 무릇 18차례 싸웠으나, 비록 18번 모두 이겼지만, 앉아 있는 것만 못하고 오히려 한 것이 없습니다. 이에 전란에서 많은 백성들의 처지란 업보로 나타나는 것 일 뿐이라는 것을 알 수 있습니다. 만약 과거와 현재의 인연이 무르익으면 털끝 하나도 움직이지 않고도 저절로 반드시 성인이 구해주며, 만약 과거와 현재의 인연이 없으면 비록 백가지 계획을 세울지라도 성인 또한 어찌 할 수 있겠습니까?

羅兵與唐兵　凡十八戰　　　　　而雖十八皆勝　不如坐　尙無爲
라병여당병　범십팔전　　　　　이수십팔개승　불여좌　상무위

是知兆民之於兵也　　　　　　　皆業感所致之然耳
시지조민지어병야　　　　　　　개업감소치지연이

若過現緣熟　則不費一毫　聖必自救　　若過現無緣　則雖設百計　聖亦如何
약과현연숙　즉불비일호　성필자구　　약과현무연　즉수설백계　성역여하

만약 고복[711]하는 것만이 옳다면 세존과 문수보살로부터 중국과 동국(우리나라) 천하의 여러 성인들은 모두 틀린 것입니다. 반드시 하나의 상태는 과거를 빌어서 감응하는 인과의 이치임을 알아야만 합니다. 이를 네 가지로 분별하여 설명하겠습니다.

若鼓腹之用　獨爲是　　　　　則自世尊文殊　中華東國
약고복지용　독위시　　　　　즉자세존문수　중화동국

天下諸聖皆非也　　　　　　　須一狀領過　當知感應
천하제성개비야　　　　　　　수일장령과　당지감응

---

711) 고복 : 태평성대를 의미함. 중국의 성군 요 임금의 덕치로 백성들은 鼓腹擊壤함. 기뻐 배를 두드리고 땅을 침.(『십팔사략』)

因果之理 須作四句分別
인과지리 수작사구분별

첫째 명기명응[712]이라는 것은 만약 과거에 선을 닦았으나 현세에 아직 옮겨지지 않은 것과 같이, 지난날의 선근력을 빌리는 것을 이름 하여 명기[713]라 한다. 비록 현세에 신령한 감응이 나타나지 않았지만 비밀리에 법신의 이익된 바가 되는 것이다.

一冥機冥應者 若過去善修　　現世未運 借往善力 名爲冥機
일명기명응자 약과거선수　　현세미운 차왕선력 명위명기

雖不現見靈應 密爲法身所益
수불현견영응 밀위법신소익

둘째 명기현응[714]이라는 것은 만약 과거에 선을 심어서 명기가 이미 성취되었다면, 바로 부처님을 만나 법을 들을 수 있다. 부처님께서 처음 세상에 출현하여 최초로 도를 얻게 한 사람과 같은 경우, 현생에서 어찌 일찍이 수행한 바가 있겠는가? 제불이 그 묵은 근기를 비추시고 저절로 가서 그를 제도하는 것이다.

二冥機現應者　　若過去植善 冥機已成
이명기현응자　　약과거식선 명기기성

便得值佛聞法 如佛初出世　　最初得度之人 現在何嘗修行
편득치불문법 여불초출세　　최초득도지인 현재하상수행

諸佛照其宿機 自往度之
제불조기숙기 자왕도지

---

712) 冥機冥應 : 과거에 선근을 심어, 아직 갚음이 드러나지 않는 것을 말한다.(『법화현의』, 대정장 33, p.749上)
713) 冥機 : 과거에 심은 善根에 의해 현 세상에서 부처님을 만나, 그 설법을 듣는 기회를 얻은 사람들을 말한다.(『법화현의』, 대정장 33, p.748b)
714) 冥機現應 : 과거에 선근을 심어, 현생에서 갚음을 받는 것을 말한다.

셋째 현기현응715)이라는 것은 삼업716)을 정밀하게 닦으면 감응이 있는 것이다. 마치 수달타장자717)가 오랫동안 무릎 꿇고718) 절을 하니 부처님께서 기원정사로 가셔서, 달이 차도록 몸소 굽히고 올리니 성스럽게 문안에 머무신 것과 같다.

三現機現應者　　　　　　三業精修 而能感降
삼현기현응자　　　　　　삼업정수 이능감강

如須達長跪 佛往祇洹　　月盖曲躬 聖居門閫
여수달장궤 불왕기원　　월개곡궁 성거문곤

넷째 현기명응719)이라는 것은 마치 사람이 현세에 매우 많이 선을 쌓았으나 현세에 감응이 없고, 그 이익이 나타나지 않는 것과 같은 것이다.

四現機冥應者　　　　　　如人現善濃積 而不現感 冥有其益
사현기명응자　　　　　　여인현선농적 이불현감 명유기익

위의 네 가지 글귀는 나의 용렬하고 맹랑한 말이 아니라, 본래 나의 부처와 조사(천태지의)의 진실한 말씀입니다. 만약 이 뜻을 얻으면 모두 머리를 숙이고 손을 들어 감복하니 복을 헛되게 버리지 않습니다. 끝내 감응이 없고 끝내 뉘우침이 없어서, 만약 죽이기를 좋아하는 자가 장수하고 시주하기를 좋아하는 자가 오래도록 가난함을 보더라도 사악한 고집이 생기지 않게 될 것입니다.

且此四句 非我凡庸孟浪之說　　本吾佛祖誠諦之言
차차사구 비아범용맹랑지설　　본오불조성체지언

---

715) 現機現應 : 현생에서 선근을 심어, 현생에서 갚음을 받는 것을 말한다.
716) 三業 : 身口意의 작용. 몸 · 언어 · 마음으로 이루어지는 선악의 행위.
717) 須達 : 부처님께 최초의 정사를 지어 바친 재가신자. 수달타 장자.
718) 長跪 : 오랫동안 땅위에 무릎을 꿇고 있는 것. 양쪽 무릎을 땅에 대고 양쪽 발가락을 땅에 지탱하고 절하는 것.
719) 現機冥應 : 현생에서 선근을 심었으나, 그 갚음이 나타나지 않는 것을 말한다.

若得此意 一切低頭擧手
약득차의 일체저두거수

若見喜殺者長壽
약견희살자장수

福不虛棄 終日無感 終日無悔
복불허기 종일무감 종일무회

好施者長貧 不生邪執
호시자장빈 불생사집

그러므로 용수보살[720]이 말하기를 지금 나의 극심한 고통은 모두 과거로 말미암은 것이고, 금생에 복을 닦는 것은 응보가 장래에 있는 것이다라고 하고, 또 만약 세간에서 까치가 울면 기쁜 일이 생길 것이고, 거미가 내려와 줄을 치면 손님이 온다고 하였다. 하물며 성인의 경계는 부사의 하여 감응[721]이 묘하다. 마치 하나의 달이 내려오지 않고 만 가지 물이 올라가지 않으나, 하나의 달이 일시에 많은 물에 널리 나타나는 것과 같다. 장차 불법에 영험이 없다고 말하여, 어찌 수고롭게 살고 근심스럽게 죽으리오.

故龍樹曰 今我疾苦
고용수왈 금아질고

又如世間 鴉鵲鳴而喜事來
우여세간 간작명이희사래

況聖境界不思議妙感應
황성경계부사의묘감응

一月一時普現衆水
일월일시보현중수

皆由過去 今生修福 報在將來
개유과거 금생수복 보재장래

蜘蛛掛而行人至
지주괘이행인지

如一月不降 萬水不升
여일월불강 만수불승

將謂佛法無靈驗乎 何勞生憂死耶
장위불법무영험호 하노생우사야

『속고승전』[722] 호법편[723]에는 법림법사가 "전한의 예문지에 기록된

---

720) 龍樹 : Nagarjuna·龍猛. 남인도 출생. 대승불교의 이론가.
721) 感應 : 부처님과 수행자의 마음이 교류하는 것. 중생의 信心·善根이 모든 부처님과 보살에게 통해서 그 결과의 작용이 나타나는 것. 感은 중생의 수행과 노력이고, 應은 부처님의 작용을 말한다. 感應道交라고 함.
722) 속고승전 : 중국 唐나라 초기의 南山律宗祖인 道宣(596-667)의 저술. 30권. 梁의 慧皎의 『高僧傳』을 계승하여 梁代로부터 645년까지 144년간의 고승 전기를 편집한 列傳이다.
723) 『속고승전』, 대정장 50. p.637상.

많은 1만 3,269권의 책을 살펴보면 다음과 같다. 가까운 이익에는 공이 있으나 영원한 이익은 모두 드러내지 않으며, 진실로 스스로 일생 안에 국집하고 삼세의 표업은 뽑으려 하지 않는다.”고 말했습니다. 이 말은 진실입니다!

續高僧傳護法篇中 法琳法師云　　按前漢藝文志所記
속고승전호법편중 법림법사운　　안전한예문지소기

彙書一萬三千二百六十九卷　　莫不功在近益 俱未暢遠途
중서일만삼천이백육십구권　　막불공재근익 구미창원도

誠自局於一生之內　　非逈拔於三世之表 誠哉是言
성자국어일생지내　　비형발어삼세지표 성재시언

제가 항상 말하는 삼교(유・불・도)가 다르지 않다는 것은 다음과 같다. 대개 살아 있는 것을 좋아하고 살생을 싫어하면 자비를 가까이 하는 것이며, 널리 베풀고 중생들을 구제하면 희사[724]에 가깝고,

山野向所言三敎不異者　　盖由好生惡殺 則近乎慈悲
산야향소언삼교불이자　　개유호생오살 즉근호자비

博施濟衆 則近乎喜捨
박시제중 즉근호희사

선은 복이 되고 음은 화가 되는 것은 보응에 가까우며, 성스러움을 끊고 지혜를 버리면[725] 성품을 등지는 것에 가깝게 될 뿐입니다. 만약 법계 밖에서 무생의 뜻을 바란다면, 반딧불을 해와 달에 견주고 개미 둑을 산악에 비교함과 무엇이 디르겠습니끼?

---

724) 慈・悲・喜・捨는 네 가지 한량없는 利他의 마음[四無量心]. 喜捨는 淨捨淨施라고도 함. 보상을 구하지 않고, 기쁘게 財寶를 베푸는 것.

725) 『道德經』 19장, 絶聖弃智 : 絶聖棄智 民利百倍 絶仁棄義 民復孝慈 絶巧棄利 盜賊無有 此三者 以爲文 不足 故令有所屬 見素抱樸 少私寡慾

福善禍淫 則近乎報應　　　　絶聖弃726)智 則近乎反性而已
복선화음 즉근호보응　　　　절성기　지 즉근호반성이이

若望界外無生之旨 何異螢火於日月乎　　蟻垤於山岳乎
약망계외무생지지 하이형화어일월호　　의질어산악호

그러나 백성들을 착하게 하고, 몸은 인덕이 있고 수명이 긴 경지로 들어
가게 하는 것은 하루도 빼놓아서는 안 되겠습니다. 하물며 이 부처님의
말씀이 어디서나 단지 조금이라도 유통된다면, 비록 널리 사람들이 설법
한대로 수행할 수 없더라도 반드시 모든 하늘의 가호가 있을 것입니다.
어찌 하물며 삼관으로 마음을 닦고 오회로 도를 도와서 내외로 수행 정
진하는 이를 보지 못하겠습니까.

然欲使元元遷善　　　　駈入仁壽之域者
연욕사원원천선　　　　구입인수지역자

不可一日無之矣　　　　況此金口一音之敎
불가일일무지의　　　　황차금구일음지교

在在處處 第有小許流通　　則雖能弘之人 未能如說脩行
재재처처 제유소허유통　　즉수능홍지인 미능여설수행

必有諸天加護　　　　何況三觀727)研其心 五悔728)助其道
필유제천가호　　　　하황삼관　연기심 오회　조기도

內外能脩精進者 不見
내외능수정진자 불견

『남산감통전』729)에 이르기를, '인간의 냄새가 공중 사십만 리에 피어오

---

726) 弃: 棄의 古字
727) 三觀: 천태종에서는 모든 존재가 그대로 진여에 합당한 것을 세 가지 측면에서 관찰한다. 智顗는
　　『영락본업경』(480~500년)에 근거하여 從假入空觀, 從空入假觀, 空假一心觀의 3가지를　空假中
　　三觀이라 약칭함.
728) 五悔 : 法華三昧를 행하는데 낮밤 6時에 수행하는 5종의 행법. 懺悔, 勸請, 隨喜, 廻向, 發願을
　　말함.
729) 道宣, 『道宣律師感通錄』(대정장 52, p.435하). 道宣(596~667)은 중국 南山律宗의 시조. 丹徒 혹

르면 모든 하늘은 청정하여서 싫어하지만, 다만 부처님의 부탁을 받고 불법을 수호함으로써, 한 가지 선을 보고 백 가지 잘못을 잊어버리고, 오히려 인간들과 함께 하니 감히 (천신이) 오지 않을 수 없다'고 하였습니다.

南山感通傳云 人中臭氣　　　　上熏於空四十萬里 諸天淸淨 无不猒之
남산감통전운 인중취기　　　　상훈어공사십만리 제천청정 무불염지

但以受佛付囑守護佛法　　　　見其一善 忘其百非
단이수불부촉수호불법　　　　견기일선 망기백비

尙與人同上不敢不來
상여인동상불감불래

또 『감통전』에 말하기를[730], '인도 보리대사에는 스님들의 방이 수 만 개가 있었으며, 주방 안에는 생선뼈와 양의 정강이뼈가 푸줏간[731]보다 많았다. 그렇지만 수호하여 귀신들로 하여금 해하지 못하도록 하였다'고 하였습니다. 이와 같이 불법을 알면, 어찌 가히 경박한 마음과 태만한 마음으로 헤아릴 수 있겠습니까? 반드시 믿음의 힘을 견고히 하고 서원을 크게 드날리면[732] 비로소 제가 짊어질 임무가 있게 되는 것이니, 하물며 지금 영축산에서 개현한 일불승의 가르침을 홍포하여 이 땅에 널리 전하는 것이겠습니까?

又云西天菩提大寺僧戶數萬　　　　廚內魚骨羊脛 劇於屠肆
우운서천보리대사승호수만　　　　주내어골양경 극어도사

然亦守護 不令鬼加之　　　　是知佛法
연역수호 불령귀가지　　　　시지불법

은 長城 사람으로 성은 錢. 16세에 출가하여 智首律師에게 비구계를 받고, 律典을 배움. 624년 終南山 倣掌谷에 들어가 白泉寺를 짓고, 戒律을 엄하게 지키며 禪을 닦았으므로, 세상에서 南山 律師라 함. 四分律宗을 이루어 이른바 南山 律宗을 세움. 乾封 2年 10月에 入寂함. 세수 72세. 著書로는 『續高僧傳』 『四分律行事鈔』 등 20여 부가 있음.
730) 도선, 위의 책, p.882상. "今菩提大寺主威猛象 有八萬僧戶數十萬 王征不得 遶塔之下 日有金帛 收己自納廚內生魚積成大聚 羊腔懸之 劇屠辛肆然亦守護 不令惡鬼害之"
731) 屠肆 : 소, 돼지, 양 등 고기를 파는 가게
732) 急烋: 기세가 대단하여 뽐내는 모양

豈可以輕心慢心能忖度耶　　　　要須信力堅固　誓願怉然
기가이경심만심능촌탁야　　　　요수신력견고　서원포효

始可有荷誓分733)　況今所弘靈山　　開現佛乘　偏有緣於此土
시가유하서분　　황령소홍영산　　개현불승　편유연어차토

무슨 이야기인가? '옛날 태조734)께서 국가를 세우기 시작하였을 때 군사의 복전이었던 능긍735)은 도선736)의 성스러운 비결을 친히 전하였다. 삼승으로 일불승을 회입하고, 삼관은 일심에 있다는 매우 깊고 묘한 법이 우리가 삼국을 통일한 것과 일치합니다.' 라고 상소를 올렸습니다. 천성이 총명한 까닭에 선왕737)3년(1086)에 이르러 대각국사738)가 송나라에 들어가서 구하여 이 땅에 전하였습니다.

何者　昔聖祖草刱之際　行營福田　　能兢親傳　道侁聖訣
하자　석성조초창지제　행영복전　　능긍친전　도신성결

以三乘會一乘　三觀在一心　　　　甚深妙法
이삼승회일승　삼관재일심　　　　심심묘법

---

733) 대흥사본은 擔今로 표기되어 있다.(「한불전」 제6책, p.214상)

734) 聖祖: 고려 태조 왕건. 877(헌강왕 3)–943(태조 26). 고려 제1대왕. 재위 918–943. 본관은 開城. 성은 王. 이름은 建. 자는 若天. 송악 출생. 아버지는 금성태수 隆이며, 어머니는 韓氏이다.

735) 고려 태조가 개국할 때에 행군복전사대법사 능긍(行軍福田四大法師 能兢) 등이 上疏하여 '會三歸一 一心三觀을 교의로 하는 천태종을 이 땅에 開創하면 그의 공덕에 의하여 신라, 후백제, 고려의 三韓을 회합하여 삼국통일을 성취하게 될 것입니다' 라고 하였다. 당시의 사상계와 왕도 이것을 믿고 일반에게 보급하여 후세에까지 이르게 되었다.(李永子, 앞의 책, p.251)

736) 道侁: 道詵(827–898)을 말함. 詵을 侁으로 쓴 사례는 일본 사료를 인용한 「海東繹史」에만 실림. (허흥식, 앞의 책, p.310) 道詵(827–898)은 신라 후기의 승려로 우리나라 풍수지리설의 시조. 호는 烟起. 자는 玉龍子. 玉龍. 성은 金氏. 또는 姜氏. 전남 영암 사람. 841년(문성왕 3년) 15세에 출가하여 월유산 화엄사에서 경을 공부함. 지리와 음양학에 조예가 깊음. 898년(효공왕 2년) 3월 10일 나이 72세, 법랍 57년으로 옥룡사에서 입적함.

737) 宣王: 고려 宣宗. 고려 제 13대 왕. 재위 1083~1094. 이름은 運. 초명은 蒸 또는 祈, 자는 繼天. 아버지는 文宗이고 어머니는 仁平王后 김씨, 妃는 李碩의 딸 思肅太后이다.

738) 大覺國師(1055~1101) : 고려 天台宗의 開祖. 名은 煦, 字는 義天. 文宗의 제 4 왕자이다. 문종 9년(1055) 9월 28일 탄생한 국사는 어려서부터 천성이 영민하여 生而知之의 칭송을 받았다. 국사는 父王의 뜻을 받들어 11세에 출가하여 문종 19년(1065) 5월 14일 景德國師를 스승으로 득도하고 靈通寺에서 수업하였다. 大覺國師가 宋나라에 들어간 지 1년 2개월이 된 宣宗 3년 6월에 불교경전의 章疏 30000여 권을 구득하여 귀국했다. 仙鳳寺 大覺國師碑에 의하면 국사가 귀국하자, 선종 소속의 德麟·翼宗·景蘭·連妙 등 여러 운수납자와 학승이 국사의 강하에 와서 天台의 敎觀을 듣고 개종하여 제자가 되었다.(李永子, 앞의 책, pp.260-265)

合我會三之國上奏　　　　　天聰故至宣王三年
합아회삼지국상주　　　　　천총고지선왕삼년

大覺國師入宋求傳此土
대각국사입송구전차토

이 회삼귀일739)의 가르침을 받들어서, 복되게 삼국을 통일하는 기반을
갖추니, 그 유래가 숭상할 만합니다. 그러나 이 갈무리된 비법은 여래가
현존하여 계실 때에도 오히려 원망과 질투가 많았는데, 하물며 멸도하신
후이겠습니까? 부처님의 말씀은 분명하여 후세 오랫동안 많은 법회를
하기도 하였지만 혹은 갑자기 쇠퇴하였기 때문에, 어떤 식자는 모두 슬
퍼하고 마음 아파합니다.

奉此會三歸一之宗　　　　　福此會三合一之基　其來尙矣
봉차회삼귀일지종　　　　　복차회삼합일지기　기래상의

然此秘要之藏　如來現在　　猶多寃嫉　況滅度後　佛語分明
연차비요지장　여래현재　　유다원질　황멸도후　불어분명

比及後世　運鍾百六之會　或爲頓癈故　　有識者　皆盡然傷心
비급후세　운종백륙지회　혹위돈폐고　　　유식자　개혁연상심

다행히 이제 성스런 군주와 현명한 신하가 도리어 지성으로 밖에서 보호
하고 중흥을 발원하니, 어찌 일대사인연에 영험이 없겠습니까? 세 나라
를 통합하여 서로 합한 뜻은 다만 도선이 처음으로 말한 것이 아닙니다.
옛날 천태 제9조 형계선사740)의 『법화문구기』741)에 이미 해석되어 있

---

739) 會三歸一: 實敎에 들어가는 방편수단으로, 聲聞·緣覺·菩薩은 각각 다르다고 하는 견해를 버리
고 이들 三乘이 그대로 一佛乘이라고 하는 깨달음에 들어가게 한다는 뜻.
740) 荊溪禪師: 중국 天台宗의 제 9조 湛然(711-782). 俗性은 戚氏 荊溪에 살았으므로 荊溪라고 칭하
고, 상주 妙樂寺에 있었으므로 妙樂大師라고도 함. 註釋을 많이 지어 天台智顗의 주장을 보충하
려고 노력하였으므로 後世에 그를 記主法師라 함. 천태종이라는 종파의 성립은 형계담연이 꺼져
가는 천태산교단을 다시 일으키면서 비롯된 것이므로, 엄격하게 말하면 천태종의 성립은 형계담
연에서 비롯되었다고 할 것이다.

는데, 마치 부절742)을 합치듯이 꼭 맞습니다.

幸今聖主賢臣 翹誠外護 發願中興　　　豈一大事無靈驗耶
행금성주현신 교성외호 발원중흥　　　기일대사무영험야

夫會三風土相合之旨　　　非但道侁始說
부회삼풍토상합지지　　　비단도선시설

昔天台第九祖荊溪禪師　　　於法花記中 曾已解釋
석천태제구조형계선사　　　어법화기중 증이해석

若合符節
약합부절

그 글이 매우 상세하므로, 이제 그 요점만 뽑아서 말하겠습니다.743)

'옛날에 나라가 통일되지 않았을 때는, 마치 한 나라 안에 두세 명의 소왕이 각각 백성들을 다스리면서, 대국에 귀속되어 있지 않은 것과 같습니다. 그러나 만약 통일되어 하나로 되면, 백성에게는 두 주인이 없으며, 나라에는 두 왕이 없는 것과 같습니다.' 그러므로 조사의 이 말씀은 기필코 나라의 흥망성쇠를 조금도 의심하지 않았습니다.

其文甚詳 今撮其要曰 在昔未會　　　如一國內二三小王 各理蒼品
기문심상 금촬기요왈 재석미회　　　여일국내이삼소왕 각리창품

未歸大國　　　若會已後 同霑一化 民無二主 國無二王
미귀대국　　　약회이후 동점일화 민무이주 국무이왕

以祖師之此言　　　必皇朝之寢盛 不疑何小
이조사지차언　　　필황조지침성 부의하소

또 『법화경』에서 천세계에 계신 헤아릴 수 없이 많은 보살들이 오백년

---

741) 法花記: 『法華文句記』 10권. 荊溪湛然이 天台의 『法華文句』를 해석한 것.
742) 符節: 符信. 木片 또는 竹片에 글을 쓰고 證印을 찍은 후 두 쪽으로 쪼개어 한 조각은 상대자에게 주고 다른 한 조각은 자기가 보관하였다가 後日에 서로 맞추어 證據로 삼는 것.
743) 『法華文句記』, "在昔未會 如一國內二三小王各理蒼品未歸大國 故方便教主王名不無 但兼部中圓極主弱 若會已後同霑一化 民無二主國無二王"(대정장 4, p285 중)

후에 유통되기를 발원하였습니다. 만약 이 법문이 오래도록 널리 알려진다면, 반드시 대보살의 위신력의 가피가 있을 것이며, 우리나라는 태평하게 될 것입니다. 만약 묘한 법의 뜻을 높이 받들면, 모든 중생에게 하루 종일 망념이 어찌 나타날 수 있겠습니까? 이러한 일대사인연의 가르침 밖에 어찌 따로 도리를 구할 수가 있겠습니까?

且經中千世界微塵數菩薩	發願流通 於後五百歲
차경중천세계미진수보살	발원유통 어후오백세
若此法門 永永廣宣	必有如許大菩薩神力加持
약차법문 영영광선	필유여허대보살신력가지
吾國其庶幾大平	若擧揚妙法之旨
오국기서기대평	약거양묘법지지
一切衆生十二時中 現前妄念耶	是一大事 豈有此外別求道理
일체중생십이시중 현전망념야	시일대사 기유차외별구도리

그러므로 이르기를[744], "아비지옥의 의보와 정보는 모두가 지극한 부처님의 마음이 있는 곳에 있고, 비로자나불의 몸과 국토는 하근기 범부의 일념을 벗어나지 않는다."고 하였다. 국토를 말하고 미진의 법을 말하며 색법과 심법을 설하셨으나 다만 중생들은 오랜 세월동안 이 진리 속에서 살아오면서도 오랜 세월동안 이 이치를 모르고 있었습니다. 공에 집착한[745] 성문과 연각승은 어리석음으로 인해 두려워서 이 진리를 받아들이지 못하고, 점차로 수행한 보살은 아직 의혹을 제거하지 못하였으며, 오직 원돈을 행하는 이라야 초심에서 중생은 부처와 둘이 아님을 믿을 수 있다. 그러나 이 미묘한 진리는 도가 동일해야 비로소 알 수 있다. 그러므로 부처님께서는 "지혜가 없는 이에게는 이 『법화경』을 말하지 말라"[746]고 하셨습니다. 오직 바라옵건대 각하께서는 마음을 기울

---

744) 湛然, 『금강비』, "阿鼻依正全處極聖之自心, 毘盧身土不逾下凡之一念."(대정장 46, p.781 상)
745) 偏空 : 但空單空虛無空見이라고도 함. 空이라는 극단에 편중하여 그것에 정체되어 있는 것. 藏敎(小乘)가 설하는 것.(『天台四敎義』)

여 믿음을 내시옵소서.

故云阿鼻依正 全處極聖之自心　　　毗盧身土 不逾下凡之一念
고운아비의정 전처극성지자심　　　비로신토 부유하범지일념

利說塵說 色徧心徧　　　　　　　　但衆生 長劫用理 長劫不知
찰설진설 색편심편　　　　　　　　단중생 장겁용리 장겁부지

偏空二乘 愚駭不受　　　　　　　　漸修大士 疑惑未除
편공이승 우해불수　　　　　　　　점수대사 의혹미제

唯圓頓行人 初心能信 與佛不二　　然此妙旨 同道方知
유원돈행인 초심능신 여불불이　　　연차묘지 동도방지

故佛言 無智人中 莫說此經　　　　伏惟閣下 留神生信焉
고불언 무지인중 막설차경　　　　　복유각하 류신생신언

옛날 당나라의 고승인 법신747)은 『법화경』의 묘한 지혜에 통달하고 세속
의 모든 학문을 배웠습니다. 문자로 다른 사람을 깨우쳤으므로 글과 글씨
에 능하였고, 법으로 불법에 이르게 하였으므로 유학자의 무리를 모두 모
았습니다 그때 고관들과 명사들이 많이 그를 따라 교류하였는데, 황문시
랑인 노장용, 태자소보인 육상선, 이부시랑인 엄정지, 태위인 방관, 중서
인 평장 최환, 사인인 왕창령 등이 모두 마음으로 귀의하여 불법을 물었
습니다.

昔李唐高僧法愼　　　　　　　　　洞達法花妙慧 學該內外
석리당고승법신　　　　　　　　　통달법화묘혜 학해내외

以文字度人 故工於翰墨　　　　　以法皆佛法 故兼采儒流
이문자도인 고공어한묵　　　　　　이법개불법 고겸채유류

當時公卿名士 多從之遊　　　　　如黃門 侍郎 盧藏用
당시공경명사 다종지유　　　　　　여황문 시랑 로장용

太子 少保 陸象先　　　　　　　　吏部 侍郎 嚴挺之
태자 소보 륙상선　　　　　　　　리부 시랑 엄정지

---

746) 『묘법연화경』 「비유품」.
747) 『차제선문』을 처음 기록한 제자. 관정이 再治.

太尉 房琯　　　　　　　　中書 平章崔渙
태위 방관　　　　　　　　중서 평장최환

詞人 王昌齡等　　　　　　皆歸心問法
사인 왕창령등　　　　　　개귀심문법

지금 산승은 학업이 아직 정통하지 못하였습니다. 하물며 오명[748]과 베다[749]의 옛 책도 대체적인 것만을 알고 있을 뿐입니다. 비록 저는 법신에 이르기에는 아직 멀지만, 각하는 도를 사모하는 마음이 오히려 노장용과 왕창령보다 못하지 않습니다. 때때로 반조함을 그치지 않는다면 산승의 의미 없는 말에 의지하지 않고도 반드시 스스로 한 번 즐거이 웃을 수 있을 것입니다. 간절히 빌고 빕니다. 산승이 법자리를 마치려 합니다. 강남의 이월에 자고새가 울기 시작하고 진달래꽃[750]이 처음 피어나며, 온 강산이 내가 좋아하는 곳이 되어 갑니다.

삼가 대답합니다.[751]

今山野學業未精　　　　　況五明韋馱古籍
금산야학업미정　　　　　황오명위타고적

粗知大槩而已　　　　　　雖不及法愼遠矣
조지대개이이　　　　　　수불급법신원의

然閣下慕道之心　　　　　猶不下於盧藏用王昌齡
연각하모도지심　　　　　유불하어로장용왕창령

苟能時時反照不已　　　　則不借山僧死語
구능시시반조불이　　　　즉불차산승사어

必有自肯一笑處　　　　　切祝切祝
필유자긍일소처　　　　　절축절축

---

748) 五明 : 인도에 있어서 학문의 구분. 또는 五明處라고도 함. 사물의 이유를 구명하고, 증명하기 때문에 明이라고 함. 모든 학문을 종합해서 말함. 5개의 학문. 聲明(śabda-vidyā), 工巧明(śilpakarma-vidyā), 醫方明(cikitsā-vidyā), 因明(hetu-vidyā), 內明(adhyātma-vidyā).

749) 韋馱 : 인도 고대의 베다(Vēda)경전 이름. 圍陀違陀韋提라 음역.

750) 躑躅 : ①동. 文)배회하다. 왔다 갔다하다=[蹢躅], ②(植) 철쭉.

751) 覆 : 答復의 뜻

山僧法筵告罷　　　　　　　江南二月
산승법연고파　　　　　　　강남이월

鷓鴣始啼　　　　　　　　　躑躅初發
자고시제　　　　　　　　　척촉초발

萬水千山　　　　　　　　　從吾所好
만수천산　　　　　　　　　종오소호

謹覆
근복

Ⅱ. 일지암본의 누락분

1. 안봉사
安峯寺752) 안봉사

그윽한 산길은 몇몇 겹이 구비지고,

어지러운 산은 천만번 겹쳐지네.

깨끗한 발길로(걸음 끝에는) 옛 절을 찾으니,

하얀 불자는(불자의 꼬리에는) 맑은 바람을 남기네.

하얀 달은 텅 빈 누각에 걸리고,

한가로운 구름은 푸른 하늘에 이르네.

게을러 땅을 쓸지 않으니,

흩어진 낙엽은 뜰을 붉게 물들이네.

幽徑幾多曲 亂山千萬重　　　　　靑纏(行纏)訪古刹 白拂(纏尾)餘淸風
유경기다곡 난산천만중　　　　　청전(행전)방고찰 백불(전미)여청풍

---

752) 上冊의 佚文에 해당함. 金宗直編 『靑丘風雅』 권3, 安峯寺 僧眞靜. 안봉사는 星山에 있던 절, 만
　　덕산과 백련사와 동백련사의 중간에 있으므로 진정국사가 지나갔던 길목에 위치했을 가능성이
　　있다.(許興植著, 『眞靜國師와 湖山錄』, p.142, 民族社, 1995)

皓月掛虛閣 閑雲低碧空
호월괘허각 한운저벽공

疎庸不掃地 殘葉滿庭紅
소용불소지 잔엽만정홍

2. 대흥사본에만 있는 내용

● 『법화경』을 찍어내고 경찬함을 알리는 글

法華印成慶讚疏 법화인성경찬소

부처님이 서방에서 출현하시어 불상과 가르침이 동쪽으로 전하였습니다. 오시팔교의 차별이 있으므로, 경전이 방대한 분량입니다.

모든 부처님이 오신 본뜻을 바로 말한 것이며, 묘법이 실현됨을 나타낸 아름다움입니다. 상서로운 모습은 드물고도 기이하며 선정에 들어 빛을 발산하고 꽃비가 내리고 땅이 진동합니다. 능히 구경을 다스리면 큰 이치가 나타나고 높은 근기를 이롭게 하며 대운을 이루고 알맞은 때에 감흥이 나타납니다. 깊고 깊은 공덕을 모았으니 어찌 말로 다하겠습니까.

覺皇西現 像敎東流
각황서현 상교동류

以五時八敎之差殊
이오시팔교지차수

故千函萬軸之浩澣
고천함만축지호한

直譚諸佛降靈之本致
직담제불강령지본치

英如妙法顯實之雄詮
영여묘법현실지웅전

瑞相希奇
서상희기

入中定放中光 雨中花動中地
입중정방중광 우중회동중지

能事究竟
능사구경

現大理益大機 成大運感大時
현대리익대기 성대운감대시

繫功德之甚深 豈言說之可旣
계공덕지심심 기언설지가기

불제자가 일찍이 깊은 취지를 듣고 일찍이 큰마음을 일으켰습니다. 지금 백련산인과 더불어 먼저 55부를 찍으니, 비로소 우리나라의 선비와 백성들로부터 온 세계에 보시하여 진실로 훈습의 자리를 넓히고자 하였습니다. 더욱 묘한 뜻을 펴니 부처님의 말씀이 가득히 넘칠 것이니, 다른 이에게 귀감이 되는 시초일 것입니다.

엎드려 바라옵건대, 성군의 행운이 오래도록 계속되고, 황제의 기틀이 튼튼하며, 종실이 편안하고 장수하소서. 문무백관이 충성으로서 돕고, 비와 바람의 조화는 농사와 길삼을 흥하게 하여, 아무리 장마와 가뭄이 길더라도 백성들이 재해를 입지 않도록 하소서. 민란이 자취를 감추고 도적이 없어지고 전쟁은 북방에서 일어나지 않고 보배가 우리나라에 모두 모이게 하소서.

弟子早聞玄旨 曾發弘心
제자조문현지 증발홍심

今與白蓮山人 先印成於五十五
금여백련산인 선인성어오십오

始自靑丘土俗 欲布施於千大千
시자청구사속 욕보시어천대천

寔敞熏筵
식창훈연

俾宣妙義 梵音洋乎盈耳
비선묘의 범음양호영이

他鑑了然臨頭
타감료연임두

伏願聖祚遐長
복원성조하장

皇基鞏固 宗室安寧而壽考
황기공고 종실안녕이수고

文虎忠貞而輔毗 十日雨五日風
문호충정이보비 십일우오일풍

致農桑之興業 九年水七年旱
치농상지흥업 구년수칠년한

無民物之被災 白額潛蹤 赤眉斂跡
무민물지피재 백액잠종 적미렴적

干戈不起於塞北 玉帛咸會於海東
간과불기어새북 옥백함회어해동

● 새해에 임금을 축원함

新年祝聖 신년축성

북두칠성의 자루가 동쪽[753]으로 도니 날씨는 따뜻하게 되고 태양은 정남이 되었습니다[754]. 부지런히 부처님의 말씀을 펴고, 『법화경』에 의탁하여 국가의 안녕을 기원합니다.

저는 다행하게도 부처님 땅에 사람들은 모았으나 모두가 왕실의 은덕을 입고 있습니다. 은혜의 물결이 마치 여름비가 사람들에게 내리는 것과 같이, 구름이 머무는 이곳까지 흡족하게 합니다. 이른 봄 좋은 날 아침을 택하여, 특별히 향불을 사르기를 부지런히 하고, 선정의 향기와 지혜의 향기를 널리 두루 적시고, 불법과 참선을 무한히 닦으소서. 바라옵건대 우리들의 어버이가 되시고 하늘처럼 땅처럼 오래 수명을 누리시고, 오랑캐들이 바다에 이르지 않게 하고, 강이 깨끗하고 경사롭게 하소서.

斗柄迴寅 適臨暖律 日輪當午
두병회인 적임난률 일륜당오

勤演雄詮 宜托妙門 用祈寶祚
근연웅전 의탁묘문 용기보조

弟子幸備員於佛地 徒荷德於皇家
제자행비원어불지 도하덕어황가

恩波如夏雨雨人 俾洽烟霞之捷息
은파여하우우인 비흡연하지서식

吉旦擇春朝朝日
길단택춘조조일

別修香火之熏勤 定香慧香之普霑
별수향화지훈근 정향혜향지보점

法食禪食之不賜
법식선식지부사

伏願子民爲父 享天長地久之齡
복원자민위부 향천장지구지령

使胡無人致海晏河淸之慶
사호무인치해안하청지경

---

753) 寅은 동북동쪽으로 오전 3시부터 5시.
754) "約時則日輪當午 罄無側影(第五時) 約味則從熟酥出醍醐味" (제관, 『천태사교의』)

● 4월 8일 안거에 임금의 장수를 축원함

四月八日安居祝上疏　　사월팔일안거축상소

부처님이 태어나신 4월 8일을 맞이하여 다시 임금님의 수명이 오래 가기를 세 번 불러서 기원합니다. 백련사에서 안거가 시작되었기 때문에 법석이 잘 정리되었습니다. 가만히 생각하건대 제자는 태어나서 태평성대를 만나 『법화경』의 가르침을 깊이 믿었습니다. 비와 이슬과 같은 은혜를 깊이 내려 특히 밖으로 보호를 하시니 언제나 큰 언덕과 같은 축원을 간절히 하며 안으로 정성을 다합니다.

그리고 여름의 하안거를 맞이하여 평상시의 정진을 더욱 오로지 하고, 끊임없이 법문을 설합니다. 원묘의 종지를 펴니 달을 마음마다 새기듯, 진상의 경계를 바로 비추니 공덕은 작은 일이 아니고, 그 비춤에는 조금도 빈틈이 없습니다.

適屆佛生 當四月之八 적계불생 당사월지팔	更祈聖壽呼萬歲者三 갱기성수호만세자삼
是蓮莊禁足之初 故檀席專精 시련장금족지초 고단석전정	惟謹弟子生逢盛代 深信妙門 유근제자생봉성대 심신묘문
優領雨露之恩 特垂外護 우령우로지은 특수외호	每切崗陵之祝 敢弛中誠 매절강릉지축 감이중성
況丁孟夏之結安 황정맹하지결안	益甲常時之專注 波翻舌舌 익갑상시지전주 파번설설
同宣圓妙之宗 月印心心 동선원묘지종 월인심심	迭照眞常之境 功非毛細 질조진상지경 공비모세
鑑不毫差 감부호차	

엎드려 바라옵건대, 더욱 부처님의 가호를 받으면서 더욱 편안하고 즐거움을 갖추어서, 북두가 어그러져서 남산이 무너지도록 해를 누려 오래

사시고, 덕을 무한히 베푸시고 변방의 오랑캐를 교화하여 근심을 가라앉
게 하소서.

伏願荐承攝護之私 益擁綏將之慶　　享年有永 北斗戾而南山摧
복원천승섭호지사 익옹수장지경　　향년유영 북두려이남산최

施德無垠 外夷化而邊塵靜
시덕무은 외이화이변진정

● 사불산을 역람하고 쓴 글

遊四佛山記 유사불산기

상주 산양현 북쪽에 산이 있는 약간 높은 봉우리가 중첩되어 있고, 동쪽
은 죽령이 늘어서 있고, 남쪽에는 화장산(산의 이름)이 이어져 있으니,
이 산 이름을 사불이라 하고 혹은 공덕산이라고 한다. 신라의 옛 기록을
살펴보니, 진평왕 건원 5년(583?) 수 개황 8년(588년)에[755] 갑자기 돌
하나가 있었다. 사방 한 장이나 되며 사면에 사방불이 새겨져 오색구름
속에 놓여 있다가, 하늘에서 날아와 다른 봉우리에 자리하였다. 왕이 이
를 듣고 매우 기이하게 여겨서 이 산에 행차하여 이것을 살펴보고 공경
함이 그치지 않았다. 그 옆에 절을 짓고 이름을 대승이라 하였다.

尙州山陽縣 北有山頗高重峯疊巘　　東連竹嶺 南挹華藏[山名]
상주산양현 북유산파고중봉첩헌　　동련죽령 남읍화장[산명]

是名曰四佛 或曰功德山　　按新羅古記
시명왈사불 혹왈공덕산　　안신라고기

眞平王建元五年隋開皇八年戊申　　忽有一石 方一丈許
진평왕건원오년수개황팔년무신　　홀유일석 방일장허

四面刻四方佛 在五色雲中　　自天飛來 安於別峰
사면각사방불 재오색운중　　자천비래 안어별봉

王聞之 極以爲異 幸其山而驗之　　珎敬不已 乃創寺其側號曰大乘
왕문지 극이위이 행기산이험지　　진경불이 내창사기측호왈대승

---

755) 두 연대가 일치하지 않음.

『법화경』을 독송하도록 청하고 망명비구에게 향불사루는 일을 맡게 하였다. 망명비구는 매일 향불을 부지런히 피우고 존상에 정례하고 입으로 부처님의 말씀을 외웠다. 용맹스럽게 정진하고 연마하는 것이 수미일관하였다.

얼마 후 열반하자, 제자들이 바위사이에 갖다 놓았더니, 후에 연꽃이 무덤 위에 피었다. 이로부터 사방에서 사람들이 나무를 헤치고 찾아와 존상에 예를 올리고 신령스러운 흔적을 찾는 것이 개미 떼나 벌 떼처럼 모여들었다. 산자락 끝에는 오래된 절이 있었는데 미면(쌀과 국수)이라 하고 또는 백련사라고도 한다.

請誦法華
청송법화

比丘亡名典香火 亡名於是日勤香火
비구망명전향화 망명어시일근향화

頂禮尊像 口誦雄詮
정례존상 구송웅전

猛進修鍊者 首尾凡若
맹진수련자 수미범약

于年比及泥洹 弟子輩窆于岩石間
우년비급니원 제자배폄우암석간

後有蓮花發於塚上
후유련화발어총상

自此四方之人 披榛累爾
자차사방지인 피진루이

禮尊像尋靈迹者 蟻往蜂還
례존상심령적자 의왕봉환

山之坤維 有古寺曰米麵 一名白蓮社
산지곤유 유고사왈미면 일명백련사

대개 의상법사가 주석하며 강의를 하였는데 용녀가 항상 시중들었다. 뜰 좌우에는 우물이 있었으니, 하나는 쌀이 나고 다른 하나는 국수가 매일 매일 나왔다. 비록 바다와 같은 대중에게 공양을 해도 오히려 다하지 않았다. 의상법사가 이로부터 밭을 갈지 않았기 때문에 이름이 붙여졌다. 오늘까지도 두 가지가 다 있다.

또 의상법사의 설법대가 있고, 종려나무 삿갓과 지팡이가 있다. 고종28년 해가 지나갈 즈음 신축년에 소경 최자가 상주의 태수가 되어 그 기이함을 듣고 찾아 방문하였더니 오래된 전각에는 원효·의상 두 분 성인의 진영이 있고, 세월이 오래되어 먼지투성이였다.

盖義湘法師	住迹講貫 龍女常侍
개의상법사	주적강관 용녀상시
庭中左右有井 一生米 一生麵	日日如是
정중좌우유정 일생미 일생면	일일여시
雖供海衆 猶故不賜	湘公自此不復耕
수공해중 유고부사	상공자차부복경
又有湘公說法臺 櫻笠錫杖在焉	因以名焉 至今雙存
우유상공설법대 직립석장재언	인이명언 지금쌍존
高宗二十八年 越歲在辛丑	聞其奇異 試尋訪焉
고종이십팔년 월세재신축	문기기이 시심방언
少卿崔滋出守尙州	古殿有元曉義湘兩聖眞
소경최자출수상주	고전유원효의상량성진
歲久霾塵	
세구매진	

또 소위 의상스님의 삿갓과 지팡이 등은 아무 일 없었으나, 오히려 문밖 50보 쯤 되는 곳에 하나의 돌기둥이 서있으며 높이는 3척 쯤 되어 보였다. 의상전에 금호석이라고 하며, 이 금호석으로부터 20보정도 지나 시원한 샘물이 있다. 잔잔하게 맞대고 있는 바위 틈새에서 흘러나오고 있었다. 비록 금이 흘러 돌을 녹일만한 가뭄에도 한결 같았으며, 우기에도 달라지지 않았다.

짙푸른 소나무와 호두나무가 빽빽한 아래에 돌계단이 세 개가 있고, 위로는 넓은 너럭바위가 있었다. 30명은 족히 앉을 수 있어 보이며, 이것을 냉천정이라 한다.

又所謂湘公笠錫杖等尙無恙	猶在門外五十步許
우소위상공립석장등상무양	유재문외오십보허
立一株石 高三尺許	相傳云禁虎石
립일주석 고삼척허	상전운금호석

自禁虎石二十步許 有冷泉
자금호석이십보허 유냉천

潺潺瀉出于岩縫開
잔잔사출우암봉한

雖流金鑠石之旱一如
수류김삭석지한일여

岑雲時無異 松楸翠密
잠운시무이 송추취밀

下有石階三級 上有盤陀石
하유석계삼급 상유반타석

可坐三十人 是名冷泉亭
가좌삼십인 시명냉천정

백련이라고 하는 유래를 묻자 산중의 사람은 의상전에 말하기를 원효성사가 여기에 주석하여 『법화경』을 강설하자, 꽃이 땅에서 피어나서 부친 이름이라고 한다. 그러나 전기에는 없다. 아마도 후세의 호사가가 말을 만들어서 이름한 듯하나 반드시 그렇지는 않다. 그러나 문 밖에는 백련사라는 현판이 붙어있고 필법이 예스럽나 요즈음 숭상하는 글씨체는 아니다.

因問白蓮之所自
인문백련지소자

山中人相傳云
산중인상전운

曉聖住此講法華經
효성주차강법화경

此花生於陸地
차하생어륙지

因以名之 然無傳記
인이명지 연무전기

恐后之好事者
공후지호사자

餙辭以名之 未可必也
희사이명지 미가필야

然外門猶榜以白蓮社 筆法質古
연외문유방이백련사 필법질고

非今時所尙之體
비금시소상지체

문순공집[756)을 살펴보면 부체로 쓰인 보광당 두통선사의 고적이란 서문에서 말하기를 “두통선사는 스스로 공덕산 백련사에서 이것을 얻었다.”라고 하니, 바로 백련의 이름은 명종과 신종 이대에 일찍이 이미 널리 퍼져있었다. 다만 이 처음의 인연인 원효성사의 감응이 맞는지 안 맞는

756) 李奎報(1168-1241)의 『동국이상국집』을 말함.

지 알 수 없을 뿐이다. 최자공은 마음으로 이를 기이하게 여겨서 법조 왕공에게 부역을 감독하도록 명하여 부처님의 법당과 조사당과 요사채와 객실로부터 허백루에 이르기까지 새로 지으니 무려 60여 칸이었다.

按文順公集中   有賦普光堂頭通師古笛序
안문순공집중   유부보광당두통사고적서

云通師自言此得之於功德山白蓮社承塵上云云
운통사자언차득지어공덕산백련사승진상운운

則白蓮之名 明神二代 早已播焉 但未識厥初因曉聖感應之的不的耳
즉백련지명 명신이대 조이파언 단미식궐초인효성감응지적부적이

崔公心奇之 迺命法曹王公督役 而鼎新自佛宇祖堂僧寮客室
최공심기지 내명법조왕공독역 이정신자불우조당승료객실

以至虛白樓 無慮六十餘間
이지허백루 무려육십여간

또 냉천정 아래로 누각 다리를 짓고 신청루라 하고 산을 유람하는 손님을 마중하여 위로하였다. 즐겁게 동구에 처음 들어오면 싱싱한 소나무와 오래된 잣나무를 보니 골짜기에는 향기가 가득차고 설법대에 이른다. 성인의 흔적은 엄연하고 돌무리는 관아의 관리가 늘어선 것 같아서 자기도 모르는 사이에 몸의 털이 저절로 쭈뼛하며 신청루에 도착한다. 암반에 흐르는 샘물이 차디차서 사람의 가슴까지 시원하게 하니, 자연히 한 점의 티끌도 없다. 거듭 신선이 살고 있는[757] 영원히 죽지 않는 정원을 생각하니, 이보다 더할 것이 없다.

又卜冷泉亭   下搆樓橋曰神淸樓
우복랭천정   하구루교왈신청루

爲迓勞遊山之客   得得始入洞口
위아로유산지객   득득시입동구

見新松古栢滿洞自馨 至說法臺 聖迹儼然
견신송고백만동자형 지설법대 성적엄연

---

757) 蓬壺는 신선이 살고 있는 봉래를 이르며, 삼신산의 하나.

群石排衙 官屬未散 不覺身毛自竪　　及到神淸樓 岩泉冷冷然
군석배아 관속미산 부각신모자수　　급도신청루 암천랭랭연

爽人胸次 自然無一點塵　　累想蓬壺不死之庭 殆無以加也
상인흉차 자연무일점진　　루상봉호불사지정 태무이가야

비록 신선이 되어 붉은 봉황을 타고 날 수는 없으나, 또한 땅에서 사는 신선이 아님을 어찌 알리오. 3년이 되어서, 공덕산 백련사에서 조계산 출신인 탁연스님에게 글을 쓰도록 청하여 현판을 붙였다. 또 탁연스님으로 하여금 도량당·조사전·허백루·신청루 등에 글을 쓰도록 하여 현판으로 걸었다. 만덕산은 호남에 있고, 공덕산은 강동에 있기 때문에 동남 백련사라고 달리 불렀다.

雖未得仍羽人駕丹鳳　　亦安知非地行仙耶
수미득잉우인가단봉　　역안지비지행선야

比及三年有成 仍以功德山白蓮社　　請曹溪山人 卓然書而榜之
비급삼년유성 잉이공덕산백련사　　청조계산인 탁연서이방지

又使然公書道場堂祖師殿虛白樓神淸樓等　　額以懸之
우사연공서도량당조사전허백루신청루등　　액이현지

以萬德山在湖南 功德山在江東　　故以東南白蓮呼以別之
이만덕산재호남 공덕산재강동　　고이동남백련호이별지

계묘년(1243) 가을에 최자공은 편지를 임금에게 올려서 산승을 절의 법주가 되게 했다. 갑진년(1244) 8월에 이르러서 나는 비로소 이 후미진 곳에 이르렀다. 두세 명의 도반과 더불어 지팡이를 짚고 나막신을 신고서 사불암에 가서 예를 올렸다. 그리고 대승사를 방문하니 오래된 집들은 비어 있고, 오직 한 노승만이 한 사미를 데리고 살고 있었다. 오래된 창고에는 신라 때 많은 경전이 질탕하게 흐트러져 있었다.

癸卯秋月　　公以狀聞于上使山野主盟梵席
계묘추월　　공이상문우상사산야주맹범석

至甲辰八月　　　　　　予始抵此偶　與兩三道侶　携笻鑷屐
지갑진팔월　　　　　　여시저차우　여량삼도려　휴공랍극

往禮四佛岩　因訪大乘寺　古屋邸唐　唯有一老僧　率一沙彌而住
왕례사불암　인방대승사　고옥저당　유유일로승　솔일사미이주

古藏多新羅時經典　跌宕狼籍
고장다신라시경전　질탕랑적

내가 하나하나 살펴서 헤아려 보니, 작은 글자로 된 삼본의 『화엄경』과 기신장소 그리고 남산 『정심계관』 등이 보인다. 가지고 와서 열람을 하니, 책장을 넘겨 다 보지 못하고 저녁때가 지났다. 그 나머지 여러 부의 경서는 또한 모두 잘 묶어 정리하니, 마치 법을 아는 사람이 강연을 계속한 것 같았다. 노승에게 묻자 답하기를 "나는 일찍이 이 절에서 머리를 깎고 득도한지 지금 이미 60여 해가 지났는데, 이어서 법을 강설하는 비구가 널리 가르침의 수레를 드날렸다. 근래에는 오랑캐 군인이 경계를 넘어왔으므로 아직 맺지를 못했습니다." 라고 한다.

予一一考勘　得細字三本華嚴經　　及起信章疏　南山淨心誠觀等
여일일고감　득세자삼본화엄경　　급기신장소　남산정심계관등

將齎來資玄覽　庶無檣度晡煦也　　其餘雜部經書　亦皆完補莊校
장재래자현람　서무로도포후야　　기여잡부경서　역개완보장교

似有知法之人　講演相續　　　　　問之老僧　云予曾於此寺剃度
사유지법지인　강연상속　　　　　문지로승　운여증어차사체도

今已六十許年　繼繼有持法苾芻　　弘揚敎乘　近因胡馬犯關　故未果耳
금이륙십허년　계계유지법필추　　홍양교승　근인호마범관　고미과이

나는 이를 듣고 "슬프구나. 진평왕(579-632)에 의해 처음으로 창사한지 지금 600여년에 이르는 동안에, 종을 치고 북을 두드리는 범음은 끊이지 않았으니 어찌 왕의 원력이 깊고 깊었겠는가. 더구나 사불의 명훈가피력으로 이 땅을 잘 간택하여 편안케 하고, 처음 주지한 사람이 정성스

럽게 『법화경』을 외우니 신비로운 이적이 엄연히 감응도교[758]로 나타나지 아니하겠는가"라고 했다. 이때 묘봉과 사불의 두 절 주지는 송이버섯·잣·머루·복숭아·호두밤 등으로 다과를 바위 위에 마련했다.

予聞之曰
여문지왈

噫 自眞平始創至今六百歲于玆矣
희 자진평시창지금륙백세우자의

撞鐘擊鼓 梵音不斷
당종격고 범음부단

豈王之願力甚深
기왕지원력심심

況四佛冥加擇其地而安之
황사불명가택기지이안지

又厥初主持之者
우궐초주지지자

精誦蓮經神異儼然
정송련경신이엄연

感應道交之所使然耶
감응도교지소사연야

時有妙峯四佛二庵主
시유묘봉사불이암주

以松菌松子蒲桃楸栗等
이송균송자포도추률등

設茶菓於坮上
설다과어대상

또 산양현 늙은 거사로 성이 신 씨이고, 이름이 민서라는 분이 와서 말하기를 "늙은이가 스님을 뵙고자 백련사에 이르러 산을 유람하며 수레를 타고 이곳에 이르렀습니다."라고 했다. 즐겁게 웃으면서 오랫동안 이야기를 나누었다. 잠시 후 거사가 다음과 같이 말했다. "상주는 옛날 사벌국인데 소속된 군이 여럿 있었지만, 오직 이 고을만이 계곡과 산이 맑고 뛰어났습니다. 비록 두 번의 병화를 치렀으나 남은 것이 없을 정도로 쓸쓸하게 되었습니다. 예부터 신령스러움을 부려서 기이함을 잉태하도록 하여 세상에 이인을 내려 보냅니다. 옛날 태조께서 혁명을 할 때 삼한공신인 대광신염달이 큰 어지러움을 평정하여 큰 공을 세우니, 기린전 위에 영정이 있었습니다. 스님과 저(노인)는 모두 11세손입니다. 그런데 사불암의 음덕이 있으므로 불문에 귀의한 사람들은 흔히 풍류 있는 사람입

<hr>

758) 부처와 중생간의 교류로서, 구하는 중생에게 부처님의 가피력이 나타남을 말함.

니다. 말하자면, 조계 원진국사와 화엄승통 관현 그리고 유가승통 현모
는 모두 신염달의 10세손입니다. 다행이 지금 스님은 옛 흔적이 있는 불
문을 이어 동백련사의 시조가 되었습니다. 항상 법화도량을 우뚝 세우
니, 어찌 대승인 법화 설법의 모든 향기가 천년을 빗고 지금 드러남을
알 수 있겠습니까. 모두 이러한 행적을 기록하여 후인이 볼 수 있도록
전하지 않으시겠습니까?"라고 했다.

又有山陽老居士申其姓　　　　　　敏恕其名者 來叅曰
우유산양로거사신기성　　　　　　민서기명자 래참왈

老人欲謁師到白蓮 適値遊山　　　故乘輿便到此耳
노인욕알사도백련 적치유산　　　고승여편도차이

因笑傲打話　　　　　　　　　　良久 居士因謂曰
인소오타화　　　　　　　　　　량구 거사인위왈

尙州古之沙伐國 屬郡雖多　　　　唯此邑溪山淸勝
상주고지사벌국 속군수다　　　　유차읍계산청승

雖再經兵火 蕭條十至　　　　　　自古統靈孕奇 世降異人
수재경병화 소조십지　　　　　　자고통령잉기 세강이인

昔大祖擧義 三韓功臣大匡申猷達　定大亂立大功 圖畫於麒麟殿上
석대조거의 삼한공신대광신염달　정대란립대공 도화어기린전상

師與老人 皆十一世孫也　　　　　況佛岩留蔭 凡詣籍桑門者 多爲韻人
사여로인 개십일세손야　　　　　황불암류음 범예적상문자 다위운인

若曹溪圓眞國師　　　　　　　　華嚴僧統貫玄 瑜伽僧統眩玝
약조계원진국사　　　　　　　　화엄승통관현 유가승통현모

皆猷達十世之孫　　　　　　　　幸今師寓迹維桑爲東白蓮之鼻祖
개염달십세지손　　　　　　　　행금사우적유상위동백련지비조

恒峙法華道場 焉知大乘蓮舌之餘香　醞釀千古 今始發揚乎
항치법화도량 어지대승려설지여향　온양천고 금시발양호

蓋記斯迹以貽後觀耶
개기사적이이후관야

옛 일을 생각하니 오늘의 근심을 그칠 수 없어, 이미 운을 맞춘 120자

시를 벽 위에 썼다.

感古傷今不能已　　　　　　已得韻語一百二十字　書于壁上云
감고상금불능이　　　　　　　이득운어일백이십자　서우벽상운

하늘은 세존의 교화를 도우며
땅은 스님들을 더욱 높이 신령스럽게 하네.
옛날 사불상이 내려와서
이 산마루의 향기 속에 있네.

天扶世尊化　地靈僧更高　　　維昔四佛像　住此山之椒
천부세존화　지령승경고　　　유석사불상　주차산지초

어떤 스님이 향불을 사루며
아침저녁으로 마음의 먼지 닦네.
항상 『법화경』을 수지 독송 하니
원음은 해조음이 되어 퍼지네.

有僧勤香火　晨夕涮塵勞　　　常持妙蓮經　圓音傾海潮
유승근향화　신석전진로　　　상지묘련경　원음경해조

청정한 업을 이루고서
가는 곳마다 스스로 자재롭네.
한번 열반을 이룬 후에는
애욕의 강에는 법의 다리가 없네.

比及成淨業　臨行自逍遙　　　一從泥洹後　愛河無法橋
비급성정업　임행자소요　　　일종니원후　애하무법교

연꽃이 무덤 위에 피어나니
신령스런 서기가 밝게 빛나네.
이 이래로 600년이 지나
서로 전함이 나무꾼에 이르렀구나.
蓮花生塚上 靈瑞何昭昭　　　邇來六百載 相傳及蒭蕘
련화생총상 령서하소소　　　이래륙백재 상전급추요

내 비록 태어나서 나이 들어 늙었지만
즐겁게 이 산의 타관살이로 향하네.
상쾌한 바람이 나부끼니
실오라기 하나의 틈도 없이 같으네.
予雖生固晩 喜向玆山僑　　　淸風猶髣髴 不隔一絲毫
여수생고만 희향자산교　　　청풍유방불 불격일사호

하물며 본래 이 땅에 태어나고
10세가 왕조에 올랐네.
귀한 뭇 퉁소 소리가 멈추니
단지 어우러진 여운만 보이네.
況本生此地 十世登王朝　　　所貴衆籟息 但見之調力
황본생차지 십세등왕조　　　소귀중뢰식 단견지조력

시문을 마치니 날은 이미 저녁으로 솔바람이 골짜기에 가득 찬다. 달은 난간을 비추고 단정히 방석에 앉으니 뼈가 시리다. 밤이 늦어도 끝내 잠이 오지 않더니 새벽녘에야 비로소 눈을 조금 붙였다. 다음날 거사와 함께 천천히 백련사로 돌아와 허백루에 올라 잠시 조용히 쉬었다. 노거사가 "이미 대승사 벽에 기록을 남겼으니, 루 위에 십영(10首)을 이어 회답하지 않겠습니까? 마치 이 십영은 모두 성인의 흔적으로 중요한 항목인 것 같습니다. 현묘한 뜻은 글자 밖에서 드날리고, 시인은 풀무질하는 장인이 하듯 나아가는 것이 아니고 여러 날과 세월이 지나야만 가능합니다. 비록 서둘러도 도끼자루를 재서 맞출 수는 없으니, 또한 이것이 시를 쓰는 일에 해가 되지 않습니다." 라고 한다.

내가 거듭 사양하다가, 그 청을 받아 10수를 읊어 화답하였다.

題畢日已夕 松風滿壑岩
제필일이석 송풍만학암

月照軒 端坐蒲團 骨凄冷
월조헌 단좌포단 골처랭

至夜艾不寐 及五鼓方始小眠
지야애불매 급오고방시소면

翌日與居士 徐行還社
익일여거사 서행환사

登虛白樓 從容休歇
등허백루 종용휴헐

老居士曰 旣留誌于大乘寺壁
로거사왈 기류지우대승사벽

蓋繼和樓上十詠乎
개계화루상십영호

況此十詠 皆是聖迹要項
황차십영 개시성적요항

暢玄飂於象外 不襲蹈詩家鑢錘之工
장현표어상외 물습도시가보주지공

句鍊季鍊乃可爾 雖拙速不事斧鑿
순련계련내가이 수졸속물사부감

亦不害其爲詩史也
역부해기위시사야

予重違文 文之請卽和十詠云
여중위문 문지청즉화십영운

비로자나불은 큰 허공에 두루 가득한데
사불은 어찌 한 봉우리에 나타나셨는가.
반드시 법신은 클 수도 있고 작을 수도 있음을 믿어야
티끌마다 부처님의 모습이 몰록 나타나네.
(이는 사불암의 시에 운으로 답한 것이다.)

毘盧遍滿大虛中 四佛如何現一峰
비로변만대허중 사불여하현일봉

須信法身能大小 塵塵頓現紫金容
수신법신능대소 진진돈현자금용

(此次四佛岩詩韻也)
(차차사불암시운야)

뛰어난 기상이 있다고 사람을 차갑게 핍박하지마라.

아득히 미치광이를 생각하며 수수께끼를 지어내네.

단청을 보고 밖의 모습을 구하지 말라.

청풍은 스스로 오늘 여기에 이르네.

(이는 양성당에 운으로 답한 시이다)

莫委逸氣逼人寒 緬想倡狂造謎言　　莫把丹靑求外影 淸風自有至今存
막위일기핍인한 면상창광조미언　　막파단청구외영 청풍자유지금존

(此次兩聖堂韻也)
(차차량성당운야)

큰 손의 행동거지는 아직 거두어들일 수 없는데,

이 세계와 타방세계를 자유롭게 노니네.

옛 일은 오직 종려나무 삿갓에 남아 있는데

남은 털이 다하니 야차의 머리가 되었네.

(이는 종려나무 삿갓에 운으로 답했다.)

大手行止未能收 此界他方任意遊　　舊事唯餘椶笠在 殘毛已盡夜叉頭
대수행지미능수 차계타방임의유　　구사유여직립재 잔모이진야차두

(此次椶笠韻也)
(차차직립운야)

손에 잡고 일찍이 이 세계를 거두고

떠돌아다님이 어찌 이 동쪽 구석에 한하리오.

철같은 그대의 기력은 삼매를 이루나

오늘 당과 같은 옛날을 돌아보네.

(이는 금책에 운으로 답한 것이다.)

掌握曾收世界來 遊蓬豈局海東隅　　鐵君氣力成三昧 今日如唐昔日迴
장악증수세계래 유봉기국해동우　　철군기력성삼매 금일여당석일회

(此次金策韻也)
(차차금책운야)

용녀가 경을 듣고 강석에서 모시니,

아침마다 이 묘한 공양 자연스레 나오네.

마치 오늘 다시 순수한 원교의 뜻을 연설한다면

쌀과 국수가 어느 때에 두 샘에서 나올까.

(이는 미면정에 운으로 답했다.)

龍女聞經侍講庭 朝朝妙供自然生　　如今再演純圓旨 米麵何時出二泓
용녀문경시강정 조조묘공자연생　　여금재연순원지 미면하시출이홍

(此次米麵井韻也)
(차차미면정운야)

원효대사가 『묘법연화경』을 연설한 그때

홀연히 평지에서 흰 연꽃이 피었네.

『법화경』의 이 상서로움은 어느 때 다할까.

가령 그대가 작약이라 이름을 바꿀지라도.

(이는 연꽃 대신 작약에 운으로 노래했다.)

대개 옛날에는 백련이 피었던 곳에,

오늘에는 그 위에 백작약이 핀다.

曉聖當年演妙經 忽然平地白蓮生　　蓮經此瑞何時盡 假設還君芍藥名
효성당년연묘경 홀연평지백련생　　련경차서하시진 가설환군작약명

(此次代蓮藥韻也)　　　　　　　　盖昔日生白蓮之地
(차차대련약운야)　　　　　　　　개석일생백련지지

今日重跗白芍藥生也
금일중부백작약생야

사방은 허허로워 끝 간 데 없고
밝은 달 싱그러운 바람 아직 봄 아니구나.
종일토록 난간에 기대어 편안하게 즐기는데
멍하니 그저 옛 사람을 잊었구나.
(이는 허백루에 운으로 답한 것이다.)

四方虛白沒邊垠 明月淸風不世春　　終日倚軒甘燕坐 嗒然旅失昔時人
사방허백몰변은 명월청풍불세춘　　종일의헌감연좌 탑연미실석시인

(此次虛白樓韻也)
(차차허백루운야)

소나무와 호두나무는 짙푸르게 늘어섰고,
6월에 힘차게 솟는 샘은 유난히 차네.
온 세상 티끌은 불같이 달리는 객이니,
원컨대 번뇌의 열기를 돌려서 한순간에 깨닫게 하소서.
(이는 냉천정을 운으로 답한 것이다.)

松楸翠密立亭亭 六月飛泉分外冷　　多少紅塵火馳客 願迴煩熱一時惺
송추취밀립정정 유월비천분외냉　　다소홍진화치객 원회번열일시성

(此次冷泉亭韻也)
(차차냉천정운야)

끄덕이는 돌무리들은 늘어서 있고,
늘어선 대중은 지금도 흩어지지 않은 듯하네.
만약 시방에서 일제히 설하고 들음을 믿으면,
범음이 어찌 찰나라도 이지러짐이 있으리오.
(이는 설법대를 노래한 것이다.)

點頭群石尙壘壘 列衆如今未散時　　若信十方齊說聽 法音何有利那虧
점두군석상누누 열중여금미산시　　약신시방제설청 법음하유찰나휴

(此次說法坮韻也)
(차차설법대운야)

원래 호랑이 성품은 스스로 무덤덤한데,

너는 까닭 없이 두려워하는구나.

문 앞의 삼척의 돌을 바라봐라.

무심하면 호랑이가 움직이는 것을 오히려 막네.

(이는 금호석을 시로서 노래한 것이다.)

元來虎性自平平 是汝無端怖畏生　　請見門前三尺石 無心尙禁大虫行
원래호성자평평 시여무단포외생　　청견문전삼척석 무심상금대충행

(此次禁虎石詩韻也)
(차차금호석시운야)

이때 노거사가 다시 절을 하며 "인연에 의해 짓게 된 시를 보게 되었으니, 마음이 기쁘기 그지없습니다." 라고 감사했다. 다음날 거사가 3·4명과 함께 와서 공손히 절하며 앞에서 다음과 같이 말하였다. "어제 지팡이를 짚고759) 두어 번 돌면서 성인의 자취를 찾아보았으니 어찌 기이한 일 아닙니까? 또 혜원스님이 비록 높은 지혜 있는 성인으로서, 백련사를 결사하여 염불삼매에 힘쓰시면서 친히 부처님의 자취를 느끼셨는데 이것은 우리로서는 감당할 수 없습니다. 『노산기』와 『유산기』 등에는 이미 성인의 필체로서 한 점 꾸민 말도 없습니다. 단지 어지러운 세상에서 암관에서 도를 받은 동봉은 살구나무로 병을 치료하여760) 고쳤을 뿐입니다. 지금 이 사불산은 비록 해동의 구석에 있고 또 지리산·능가산·오대산·난골산과 같이 하늘을 받들고 해를 머무르게 하는 웅장한 산은 아닙니다. 단지 여러 봉우

---

759) 甁錫 : 단지와 석장이란 뜻인데 탁발을 의미할 때도 있다.
760) 董奉杏林은 동봉이란 의원이 치료한 일로서, 중병자에게는 살구나무 5그루, 경증자에게는 한 그루를 심게 한 고사를 말한다.

리들 사이에 끼어 있어서 눈앞에서 다다를 수 있는 곳입니다. 그러나 성인의 흔적은 적지 않게 널려있습니다. 어찌 사람의 경계가 묘함을 갖추어 사바세계를 열고 닫는 땅 곧 화장세계라고 하지 않겠습니까? 이미 몸소 노닐며 눈으로 보니 흡족할 것입니다. 원컨대 빠짐없이 기록하여 듣지 못한 사람에게 들려주시기를 바랍니다." 라고 하니 여기에 기록한다.

於是老居士再拜謝曰
어시노거사재배사왈

翌日居士與三三子
익일거사여삼삼자

搜訪聖迹 一何奇也
수방성적 일하기야

結白蓮社勸念佛三昧
결백련사권념불삼미

若廬山記遊山記等
약려산기유산기등

但有匡俗受道之岩舘
단유광속수도지암관

今此四佛山 雖僻在海東
금차사불산 수벽재해동

支天駐日之雄勢
지천주일지웅세

然聖迹若是繁浩 豈人境俱妙
연성적약시번호 기인경구묘

旣躬遊目覩 猒飫不違
기궁유목도 염어불위

蒙因擊發 獲覩伽陁 懷歡無己
몽인격발 획도가타 회환무이

稽顙而前曰 昨日幸陪瓶錫
계상이전왈 작일행배병석

且遠公雖上智之聖
차원공수상지지성

親感佛迹 斯則袖手無敢當
친감불적 사칙수수무감당

旣是聖筆無一餙詞故
기시성필무일희사고

董奉治病之杏林之止耳
동봉치병지행림지지이

又非若智異楞伽岾山難骨
우비약지리능가대산난골

但介在衆峰 咫尺可到之處
단개재중봉 지척가도지처

撥開莎土卽華藏耶
발개사토즉화장야

願記之無遺 令未聞者聞 於是予記
원기지무유 령미문자문 어시호기

● 흥륜사 큰 종 명문에 서문을 부침

興輪寺大鍾銘幷序 흥륜사대종명병서

대개 불교가 터를 닦음에 각각 시절과 상황이 있었다. 한나라 명제가 처음 꿈을 꾼 것으로부터 가섭마등과 축법란이 처음 와서 비로소 백마사를 창건하여 스님들을 모셨다. 신라(계귀)는 전한 선제 오봉원년 갑자년[761]에 도읍을 정하고 위나라 황룡갑오년에 아도화상이 고구려에서 태어나게 되자 나라를 떠나려 하였다. 자모인 고도녕이 가르쳐 말하기를, "이미 법기를 이루었으니 마땅히 법을 세워야 한다. 지금 신라는 불법을 듣지 못하였으나, 그러나 옛 가람 일곱 곳이 있다. 첫째가 금교의 동쪽 천경림이니, 이것은 앞서서는 불법의 도량이었으나 지금은 비록 크게 행해지지는 않지만 후에 3000여 개월이 지나면 큰 성인이 나타나 불도로 법문을 하니 아도를 시조라 한다." 라고 하였다.

夫佛敎肇基 各有時數
부불교조기 각유시수

自漢明始夢 騰蘭初儭
자한명시몽 등란초척

始刱白馬寺 安苾蒭 鷄貴立都
시창백마사 안필추 계귀립도

於前漢宣帝五鳳元年甲子
어전한선제오봉원년갑자

至魏黃龍甲午 有我道和尙
지위황룡갑오 유아도화상

摘生高麗汲返國 慈母高道寧敎曰
적생고려급반국 자모고도녕교왈

旣成法器宜立法 今新羅未聞法
기성법기의립법 금신라미문법

然有古伽盡七所 一曰金橋栗天鏡林
연유고가진칠소 일왈금교률천경림

是先佛法之場 今雖未得大行
시선불법지장 금수미득대행

至後三千餘月
지후삼천여월

當有大聖 佛道作法門 始祖乎道
당유대성 불도작법문 시조호도

(아도화상이) 성모의 뜻을 받아 13대 미추왕 2년 계미년에 친히 유행

---

761) 기원전 57년. 『삼국사기』 의 동국연대와 일치함.

하며 숨어서 교화했다. 이른바 천경림에 풀로 암자를 짓고 업으로 경을 담론하였다. 이때 하늘에서 꽃잎이 이어지고 땅이 흔들렸다. 그러나 세상은 질박해서 아직 알리고 행할 수 없었다. 173년이 지나서 원종대왕(진흥왕)이 삼보를 높이 받들고 내사사의 사람인 박 씨와 더불어 원의 법륜을 함께 굴리고자 청하였다. 비로소 천경림을 베어내니 절이 나왔다. 추춧돌과 계단, 섬돌, 돌감실과 모든 재목이 숲속에서 모두 나왔다. 고도녕이 말했던 대로 선대의 부처님의 가람이 3000여 개월 전에 있었다는 말과 꼭 맞았다. 이에 흥륜사를 창건하고 왕이 이곳에서 살면서 논밭을 갈고 여러 스님들과 더불어 부처의 가르친 뜻을 소리 높여 노래하고 종을 치고 북을 두드리니 하루도 빠지지 않았다.

承聖母之十三代末引王二年今末762)　　　親遊化如沒
승성모지십삼대말인왕이년금미　　　　　친유화여몰

所謂天鏡林 結草菴談業經　　　是時天花續繼地動 然世質朴
소위천경림 결초암담업경　　　　시시천화속계지동 연세질박

未得啓行 降百七十三年 元宗大王　　　崇奉三寶 與內史舍人朴
미득계행 강백칠십삼년 원종대왕　　　　숭봉삼보 여내사사인박

請同轉願輪　　　始伐天鏡林得社
청동전원륜　　　시벌천경림득사

礎階砌石龕及諸木　　　皆出自林中 道寧所云
초계체석감급제목　　　개출자림중 도녕소운

先佛伽藍 三千餘月　　　若合符節 刱爲興輪寺 王乃居
선불가람 삼천여월　　　약합부절 창위흥륜사 왕내거

稻田與百千開士　　　盛唱金儒之旨 撞鍾擊鼓 略無虛日
도전여백천개사　　　성창금선지지 당종격고 략무허일

해마다 호족과 말갈족이 종횡으로 화난을 일으켜서 법당과 쇠종이 모두 다 녹아버리고, 아침과 저녁의 예불소리가 없으니 애석하구나. 갑진년

---

762) 今末는 '癸末'의 오자인 듯하다.

(1244)을 지나서 도인 정견과 유수예부 노연과 함께 믿음을 내서 불탄 잿더미에 남은 것을 수습하니, 쇠조각 조금을 얻을 수 있었다. 또 시주에게 권하여 받은 것과 합쳐 쇠 만근으로 큰 종을 주조하여 명문을 쓰도록 청해왔다.

比年胡羯縱橫因回祿　　　　　　　寶殿金鍾　皆爲融滅
비년호갈종횡인회록　　　　　　　　보전금종　개위융멸

無朝夕修梵之聲　惜也　　　　　　越甲辰年　道人定堅
무조석수범지성　석야　　　　　　　월갑진년　도인정견

與留守禮部盧公演　　　　　　　　同發信矼　收拾煨燼之餘
여류수례부로공연　　　　　　　　　동발신강　수습외신지여

得碎金若干　　　　　　　　　　　又勸發檀越所嚫　凡用金一萬斤
득쇄금약간　　　　　　　　　　　　우권발단월소친　범용금일만근

鑄成洪鍾　以銘來請
주성홍종　이명래청

내가 생각하건대 우리나라 불법은 이 절에서 처음 흥기했다. 근래에 적막이 쌓인 것은 범종소리가 없기 때문이다. 하루아침에 다시 일으켜 금강의 종자를 새로 만드니 어찌 이 바른 일이 아닌가? 짐짓 처음과 끝을 기록하여 청에 보답하며 삼가 종명을 짓는다. 종명은 다음과 같다.

予感靑丘佛法　始興於玆寺　　　　邇來累禩寂寥　無鐘梵之備
여감청구불법　시흥어자사　　　　　이래루임적요　무종범지비

一朝興復　作萬刼金剛種　　　　　何其韙歟
일조흥복　작만창금강종　　　　　　하기위여

故姑記始末　以賽其請　謹爲銘　　銘曰
고고기시말　이새기청　근위명　　　명왈

법은 법마다 두루 하고 일은 일마다 나타나니, 대천세계를 꼬아서 한 터럭으로 모아 들어간다. 한 터럭 끝을 잡아 대천 국토에 걸치니, 고로 이

범종소리 모든 곳에 두루 퍼지네. 일대사 인연을 연설하니 당당하게 드러나며, 베넷귀머거리도 알아듣고 혼미한 자도 모두 깨닫는다. 바다짐승은 쓴 맛을 멈추고 지옥 중생은 고통을 쉬며, 상구보리 하화중생이 한 번 치는 종소리에 들어있네. 오직 도인 정견과 예부 노연이 이 범종을 만들어 다시 불전을 빛내네. 나에게 명문을 지으라고 누누이 말하니, 내가 이 명문으로 간략히 실마리 편다.

이것을 새기는 자가 누구이든 간에 자비의 은혜를 널리 내리소서.

후고려 23대 현명한 왕 재위 32년 용의 해인 갑진년(1244년) 9월 27일.

法法遍周　事事專擧　　　　捻大千界　入一毫聚
법법편주　사사전거　　　　념대천계　입일호취

拈一毫端　亘大千土　　　　故此梵音　遍一切處
념일호단　긍대천토　　　　고차범음　변일체처

演一大事　堂堂露露　　　　聾瞶得聞　昏迷咸悟
연일대사　당당로로　　　　롱외득문　혼미함오

海族停辛　泥犂息苦　　　　上求下化　在一撞許
해족정신　니리식고　　　　상구하화　재일당허

惟道人堅　與盧禮部　　　　成此法鐘　再光佛宇
유도인견　여로례부　　　　성차법종　재광불우

欲吾爲銘　來說觀縷　　　　吾以是銘　畧陳端緒
욕오위명　래설라루　　　　오이시명　략진단서

銘之者誰　慈龍普雨　　　　後高麗二十三葉　明王在宥三十二年
명지자수　자룡보우　　　　후고려이십삼엽　명왕재유삼십이년

龍集甲辰九月二十七日
룡집갑진구월이십칠일

● 문열스님을 위하여 『화엄경』의 발원문을 씀

爲山人文悅倩人書華嚴經願文 위산인문열천인서화엄경원문

대개 화엄경의 가르침은 하나의 진여는 묘함의 쌓임이고 가득 부처님의 말씀이 차있으니, 삼세제불이 함께 증득한 것이며, 모든 중생이 함께 받은 것이다. 의보와 정보, 사와 리, 인과 과가 하나하나가 갖추어 거두고 하나하나가 융통하여, 티끌 티끌이 넓고 크며, 생각 생각이 원만히 이루어진다. 그 공덕이 묘하고 굳으니 비록 큰 바다라도 벼루를 삼고 수미산으로 붓을 삼더라도 어찌 다 기록할 수가 있겠는가?

夫華嚴之爲敎也   一眞妙蘊　滿藏雄詮
부화엄지위교야   일진묘온　만장웅전

三世諸佛之所同證   一切衆生之所同稟
삼세제불지소동증   일체중생지소동품

若依若正　若事若理   若因若果　一一該攝
약의약정　약사약리   약인약과　일일해섭

一一融通　塵塵方廣   念念圓成
일일융통　진진방광   념념원성

其功德妙虔   雖大海爲硯　須彌爲筆
기공덕묘건   수대해위연　수미위필

豈可殫記也耶
기가탄기야야

아무개가 삼가 큰마음을 내서 조계산인 관해에게 요청하여 3본을 서사하니 무릇 180권이었다. 장엄을 다하니 영원히 만대의 법보가 되고, 쓰임으로 널리 유통하고, 장차 이 묘한 인연으로 임금님의 기반을 공고히 하고 나라 안은 풍요롭고 경계는 평화로워 불광은 더욱 빛나고 법륜을 항상 굴려서 널리 법계의 미혹한 중생에게 미쳐서 비로자나 부처님의 지혜를 모두 얻기를 원합니다.

某謹發弘心
모근발홍심

用盡莊嚴 永爲萬代法寶
용진장엄 영위만대법보

皇基鞏固 國界豊平
황기공고 국계풍평

普及法界迷倫 同獲舍那果智
보급법계미륜 동획사나과지

請曹溪山人貫諸書寫三本凡一百八十卷
청조계산인관해서사삼본범일백팔십권

以用廣流通 將此妙因
이용광류통 장차묘인

佛日增輝 法輪常轉
불일증휘 법륜상전

● 『아미타경』 읽기를 권하는 발원문

勸誦彌陀經願文 권송미타경원문

참고 견디어야 할 예토는 뭇 악이 함께 모이니, 몸은 마치 파초와 같고 목숨은 한량이 있다. 안양의 정토는 최고의 선이 갖추어진 모임인데, 연화대를 밟으니 수명이 무량하다. 이 땅은 아주 고통스러워 즐거움이 없으니 삼도 윤회의 인을 기르고, 저 땅은 아주 즐거워서 괴로움이 없으니 상락아정 4덕의 과를 성취한다.

이미 정토와 예토에는 오르고 내림이 있으며, 목숨은 늘고 줄어듦이 있으며, 선과 악이 나누어지며, 고락은 다름이 있다. 무릇 이 예토를 버리고 저 정토에 가고자 하는 이는 누구인들 아미타의 가르침과 관법을 끝까지 갈고 닦지 않겠는가?

堪忍穢土 衆惡同聚
감인예토 중악동취

安養淨邦 上善俱會
안양정방 상선구회

此則純若763)而無樂
차즉순약　　이무락

身如芭蕉樹 壽命有量矣
신여파초수 수명유량의

足躡蓮花坮 壽命無量矣
족섭연화대 수명무량의

增長三途之因
증장삼도지인

---

763) 若은 뒷 구절과 댓구임으로 苦로 번역.

彼則純樂而無苦
피즉순락이무고

成就四德之果
성취사덕지과

旣淨穢有昇沈矣
기정예유승침의

壽命有延促矣
수명유연촉의

善惡分矣 苦樂殊矣
선악분의 고락수의

凡欲捨此穢土 趣彼樂邦者
범욕사차예토 취피락방자

孰不硏窮於彌陀敎觀乎
숙불연궁어미타교관호

비록 일곱 권의 글이 모두 정토를 예찬하지만 오직 『아미타경』만이 최고의 강요가 된다. 말은 간단하지만 이치는 분명하고, 문장은 간략하지만 사실이 갖추어져 있다. 족히 미혹한 무리를 바로 극락에 올라가게 할 수 있습니다. 아무개가 간절히 원하는 마음을 내서 독송하고 지니기를 널리 권합니다. 매월 큰 재일에는 모두 한곳에 모여 함께 8재계를 받고 함께 경전을 독송하고 정토에 회향한다. 진실로 날마다 이와 같이 하여 마음을 쉬지 않는다면, 반드시 정토에 나지 않을 수 없을 것이나. 아미타불께서 극락으로 맞이하러 오시리니, 모든 도속들은 뜻을 가지시고 또 뜻을 가지시길 바랍니다.

雖藏中七軸 偏讚淨土
수장중칠축 편찬정토

唯小本彌陁經 最爲綱要
유소본미타경 최위강요

辭簡而理明 文約而事備
사간이리명 문약이사비

足可直使迷徒 往登極樂
족가직사미도 왕등극락

某切發願心 廣勸誦持
모절발원심 광권송지

約每月大齋日
약매월대재일

俱會一處 同受八戒
구회일처 동수팔계

同誦雄詮 迴向淨土
동송웅전 회향정토

苟能日日如是 心心不休
구능일일여시 심심불휴

則必不得已生淨土矣
즉필부득이생정토의

彌陁來迎極樂 伊邇冀諸道俗
미타래영극락 이이기제도속

載意載意
재의재의

● 『법화경』 서사와 종이부채 천 개 만들기를 청하는 발원문

請人書法華經兼紙扇一千願文 청인서법화경겸지선일천원문

대개 실상의 오묘한 이치는 어떻게 숨었다가 나타나는가? 마치 하늘에 뜬 달은 항상 걸려 있고 긴 바람은 쉬지 않는 것 같습니다. 다만 익지 않은 어리석은 근기는 미혹을 끌어안고 놓아주지 못하니, 생각마다 어긋나서 '달은 숨고 바람은 쉰다' 라고 말합니다. 이에 더욱 정성을 내어 『묘법연화경』 한 부를 써서 유통시키려고 합니다. 또 천여시의 법문을 나타내는 종이부채 천 자루를 간절히 만들어서 모든 사람에게 베풀어 청량하고 묘한 이익을 얻게 하려고 합니다. 무릇 한 번 들고 부칠 때마다 소위 바람과 달의 실상이 자기 손바닥 안에 있고 이것이 밖에서 온 것이 아님을 알게 하려고 합니다. 인연 있는 시주자는 이 원문과 함께 하여지이다.

夫實相妙理 何隱何現　　　　　如空月常懸長風不息
부실상묘리 하은하현　　　　　여공월상현장풍불식

但未年鈍根　　　　　　　　　抱迷未遣 念念差過
단미년둔근　　　　　　　　　포미미견 념념차과

謂月隱風停 是用發虔誠　　　　書妙法蓮華經一部 用助流通
위월은풍정 시용발건성　　　　서묘법련화경일부 용조류통

又表千如法門　　　　　　　　切欲成紙扇一千柄 廣施一切庶
우표천여법문　　　　　　　　절욕성지선일천병 광시일체서

得淸凉妙益 凡一擧一搖　　　　知所謂實相風月
득청량묘익 범일거일요　　　　지소위실상풍월

俱在自己掌中 非是外來也　　　有緣檀那同斯願文
구재자기장중 비시외래야　　　유연단나동사원문

● 대장경을 읽으며 암자에 있으면서 밭을 청하는 글

讀大藏住庵請田文 독대장주암청전문

또 옛 스님의 말씀에 "선이란 부처의 마음이며 경전은 부처의 말씀이다. 여래의 마음과 말씀은 반드시 서로 어긋나지 않는다."764)고 하였다. 또한 "변재의 힘을 갖추신 부처님이 마음을 말씀하신 것이 경전이다"라고 했으니, 동쪽으로 전래한 경전의 가르침은 다른 것이 아니고 모두 부처님의 마음이다. 부처님의 가르침을 배워 불자가 되고자 한다면 이것을 버리고 어찌하리오? 옛날 종의스님이 훈계하여 말씀하시기를 "선사 무리들은 모든 선가어록을 탐내어 봄이 적지 않은데 어찌 부처님의 어록은 보지 않는가?"라고 하셨다. 어리석은 나는 일찍이 조사의 경지에 참여하여 거칠게나마 조사가 서쪽에서 온 뜻을 탐구했습니다. 다시 믿음과 정성을 내어서 장경을 찾아 익히고, 가르침을 도업의 바탕으로 함을 일과로 삼아서 몇 해가 지났습니다. 이때 오랑캐들의 도둑질을 만남으로 인해 피난 땅인 남해이 한 암자에서 생이 다할 때까지 경전을 읽으면서 모든 부처님의 큰 은혜에 보답하고자 하니 참으로 스스로 경하할 만합니다.

且先德有言 차선덕유언	禪是佛心 敎是佛語 선시불심 교시불어
如來心口 必不相違 여래심구 필불상위	又曰才力善逝語心爲經 우왈재력선서어심위경
則凡東傳根葉之敎 즉범동전패엽지교	非是他物皆佛心也 비시타물개불심야
如欲學佛乘爲佛子 捨玆何以哉 여욕학불승위불자 사자하이재	昔從義立訓曰 석종의립훈왈
禪和輩貪看諸家語錄不少 선화배탐간제가어록불소	何不看佛語錄耶 하불간불어록야

---

764) 종밀, 『도서』, "初言師有本末者 謂諸宗始祖即是釋迦 經是佛語 禪是佛意 諸佛心口必不相違 諸祖相承根本是佛 親付菩薩造論始末……" 을 보면, '經是佛語' 를 '敎是佛語' 로 바꾸고 있다(대정장 48).

貧道不佞 无參祖域
빈도불녕 조참조역

將溫尋藏敎資道業
장온심장교자도업

適因胡寇得避地
적인호구득피지

以報諸佛莫大之恩 眞箇自慶
이보제불막대지은 진개자경

粗究西來之旨 更發信誠
조구서래지지 갱발신성

爲日課者 有年數矣
위일과자 유년수의

於南海一庵 期終身轉卷
어남해일암 기종신전권

다만 전쟁의 끝이라 시주의 공급이 다 없어지고 또 가까운 사람의 도움도 이름이 없습니다. 비록 거친 푸성귀와 좁쌀 그리고 단출한 찬이지만 날마다 부족합니다. 정말로 더욱 다급해져 분주하게 뛰어다녀 보지만 양식을 구하기는 어렵습니다. 평생의 발원과 참회가 무엇이 되겠습니까? 다행이 우리가 살고 있는 암자와 멀지 않은 산 아래 상국이 가지고 있는 몇 이랑의 논이 있습니다. 만약 경전을 읽을 양식을 위해 시주해 주신다면 산승의 바램을 이룰 수가 있습니다. 그러면 상국이 외호하는 은혜가 무한하게 미칠 것입니다. 아! 한 숟가락의 밥을 덜고 한 덩어리의 보릿가루를 베풀어도 그 과보가 다함이 없거늘, 하물며 상국의 보시는 지극히 크고 무거워 가히 헤아릴 수 있겠습니까? 삼가 청합니다.

但由兵火之餘 檀那供給盖闕
단유병화지여 단나공급개궐

雖蔬糲淡餐惟日不足
수소려담찬유일부족

艱於資養 平生願悔若之何
간어자양 평생원회약지하

若施納爲看經之糧
약시납위간경지량

抑相國外護之恩霑漑於無垠矣
억상국외호지은점개어무은의

又無達親之物
우무달친지물

苟乘此急 紛於犇走
구승차급 분어분주

其幸庵居不遠山下有相國所持水田若干畝
기행암거불원산하유상국소지수전약간무

則山僧所願得辦
즉산승소원득판

噫減一匙之飯 施一團之麨
희감일시지반 시일단지초

厥報無旣 況相國之賜
궐보무기 황상국지사

至大至重 可量也哉
지대지중 가량야재

謹扣
근구

● 지휘사 김경손[765]에게 답하는 글
答指揮使金公景孫書 답지휘사김공경손서

6월 10일 만덕산 백련사 주지인 노비구[766] 아무개는 삼가 글을 씁니다.
지휘사 상국 각하에게 답서를 올립니다. 제가 외람되이 오랜 인연으로
좋은 도반을 모아서 묘전인 『법화경』을 함께 독송하며 처음으로 도량을
세웠습니다. 황실의 복을 빌어 함께 정토에 태어나기를 구했습니다. 그
리고 백련사는 바닷가 한 쪽에 후미진 곳에 있으므로 세속과는 떨어져
있습니다.

六月十日萬德山白蓮社主法老比丘
륙월십일만덕산백련사주법로비구

某謹修書 奉答指揮相國閣下
모근수서 봉답지휘상국각하

某猥以宿因 募集良伴
모외이숙인 모집량반

同誦法華妙典 始立道場
동송법화묘전 시립도량

用奉福于皇家 共求生於淨土
용봉복우황가 공구생어정토

乃由白蓮僻居海角 遠屬塵寰
내유백련벽거해각 원속진환

또한 빈도가 소박하여 글재주가 없고, 원래 산야의 승려이므로 인간세상
에서 바라는 바가 없습니다. 비록 자주 사신의 수레가 가까운 지역에는
오기도 하지만, 이 나무 숲속에 쑥밭은 조용하여 오는 이가 없습니다.
항상 갈매기와 들사슴과 더불어 물과 뭍을 오르내리며 남은여생을 보낼

---

765) 김경손은 1237년에 나주성에서 반란을 일으킨 李延年을 토벌하여 평정했다. 1231년에 몽고군을
　　구성에서 격퇴한 바 있음.
766) 老比丘는 원묘국사 요세로 추정됨.

뿐입니다.

又以貧道素無文彩
우이빈도소무문채

元是野僧無所望於人間世
원시야승무소망어인간세

雖往往有軺軒之近境
수왕왕유유헌지근경

林下蕭條寂無來問者
임하소조적무래문자

常與沙鷗野鹿上下水陸
상여사구야록상하수륙

以餞殘年耳
이전잔년이

요즈음 각하를 따르지는 못했지만 친히 옥대를 거두어서 멀리 납자를 위로하시니, 산과 계곡은 빛나고 노을은 더욱 아름답습니다. 대나무 누각은 아주 시원하고 청담을 즐기며 새벽과 저녁으로 열심히 법대로 예불드리며, 경을 넘기며 묻는 즐거움으로 일대사인연을 들었습니다. 숙세에 공덕의 근본을 심지 않았다면 어찌 수희하는 마음을 바로 일으켜 이와 같이 이르겠습니까? 하물며 여러 날 동안 순타 같은 좋은 음식을 정성스레 마련하여 널리 많은 대중에게 공양하였으니, 마치 양무제가 다시 태어나고 배휴가 다시 나오더라도 부처님을 경배하고 스님을 사랑하는 마음이 더하지는 못할 것입니다.

頃者謬承閣下
경자류승각하

親屈玉帶 遠慰毳袍
친굴옥대 원위취포

山谷生光 煙霞逞色
산곡생광 연하령색

竹閣虛凉 淸談自若
죽각허량 청담자약

曉夕孜孜 隨梵進退
효석자자 수범진퇴

橫經問樂 聞一大事
횡경문락 문일대사

非宿植德本 安能卽發隨喜之心
비숙식덕본 안능즉발수희지심

如是之至耶 況數日精設純陁妙饌
여시지지야 황수일정설순타묘찬

普供海衆 猶故不澌
보공해중 유고불시

梁蕭更生 裴休復出
양소갱생 배휴복출

其敬佛愛僧之心 無以復加矣
기경불애승지심 무이복가의

갑자기 금성(나주)에 민란이 있자 말을 달려와서 보고했습니다. 졸지에 겨를도 없이 문에서 이별을 했기 때문에 일언반구도 나눌 수가 없었습니다. 뒤얽혀서 깊은 뜻만 가지고 다만 가슴속으로 말할 뿐입니다. 비록 크게 어지럽고 잔혹함이 극에 달하고 묘법을 생각하기 어렵더라도, 만약에 일념으로 상응하여 혹시라도 찰나에 보고 멸하더라도 마침내 더불어 불법과 같이하는 것입니다. 오로지 정진하여 항상 행하는 자의 마음속에서 늘려나가겠습니다. 십 여일이 지나지 않아 소문에 의하면, 상국은 마치 신의 도움이 있는 듯이 아주 작고 약한 사람들을 데리고 아주 많고 강한 적들을 대항하여 북을 치며 행진하여 나아갔습니다.

忽有金城賊 起汗馬而來告
홀유금성적 기한마이래고

卒無須臾間 可暇松門出別
졸무수유간 가가송문출별

未得一言半辭 綢繆以將厚意
미득일언반사 주무이장후의

但心中自謂 雖巨猾肆虐
단심중자위 수거활사학

妙法難思
묘법난사

若得一念相應 儻見剎那而滅
약득일념상응 당견찰나이멸

乃與同梵 專修精進
내여동범 전수정진

倍於常所行者寸矣
배어상소행자촌의

未踰旬日 適聞相國如有神助
미유순일 적문상국여유신조

以至少至弱之人
이지소지약지인

敵至夥至强之賊 鼓行而進
적지과지강지적 고행이진

아! 슬프구나. 실로 사직의 안녕과 백성의 복은 무너지고 초상은 연기에 휩싸였지만 공신의 집안의 맹세를 일생동안 볼 수 있었습니다. 일찍이 달단족이 구성을 공격했을 때 성안 사람들은 나올 방법이 없어서, 마치 가마 속의 물고기와 같았습니다. 또한 현명한 공의 용기에 힘입어 적을 막아내었기 때문에 나라의 복을 늘일 수 있었습니다.

咄嗟而潰實社稷之安
돌차이궤실사직지안

生靈之福　其圖畫凌煙
생령지복　기도화릉연

帶礪之誓一生可見
대려지서일생가견

曾聞韃靼突擊龜城
증문달단돌격구성

城中之人　計無所出
성중지인　계무소출

猶如戲鼎之魚　亦賴明公
유여희정지어　역뢰명공

能奮勇捍禦　故令國祚更延
능분용한어　고령국조경연

하물며 이 금성의 큰 어지러운 해독의 피비린내는 멀리 조정에까지 들리게 되었습니다. 조정에서 일찍 잘 훈련된 군사를 일으켜 그것을 좇아가서 위협하려고 하였으나 도리어 약점을 보여 무리들의 증오심만 더했습니다. 이는 호랑이를 키워 화를 입은 셈입니다. 사직은 수치를 안게 되고 조정은 걱정스럽게 되었습니다. 한 때의 재해가 도리어 황소의 7년간 민란[767]보다 더했고 적은 땅을 침략하는 것 또한 적미란[768]의 천리보다 배나 됩니다. 지금은 이미 다 몰아내고 남김없이 남쪽을 평정했습니다. 임금으로 하여금 남쪽을 돌아볼 근심을 없애고 나라에 쌓인 치욕을 씻으니 노승은 나라를 위해 치하 드립니다. 또 금성의 옛 지역을 평정하지 못했다면 폐허가 되었을 것인데 노승 또한 어떻게 편안히 여름안거를 할 수 있겠습니까?

況此金城之巨猾毒暴腥聞遠及於國家
황차김성지거활독폭성문원급어국가

國家曾發精鍊之卒
국가증발정련지졸

欲追逐而醢之
욕추축이혜지

反示其弱　徒增其惡
반시기약　도증기악

是養虎自始禍也
시양호자시화야

社稷包羞　朝廷隱憂
사직포수　조정은우

片時之災害
편시지재해

却勝黃巢之七年　寸地之侵擾
각승황소지칠년　촌지지침요

又倍赤眉之千里 今旣掃盡無餘
우배적미지천리 금기소진무여

洗淸南國 使天子無南顧之憂
세청남국 사천자무남고지우

以雪國家積年之恥 老僧當爲國家賀也
이설국가적년지치 로승당위국가하야

弟未得如是錦城之界曾爲墟矣
제미득여시금성지계증위허의

老僧亦何安而結夏
로승역하안이결하

또한 선덕의 어떤 말에 "공사는 불사가 아닌 것이 없으며 군문은 곧 법문이다. 활을 잡고 시위를 당기니 각각 신통이 나타나고, 무딘 칼이 춤추고 창을 휘두르니 몸이 곧 손이 된다."고 한다. 그러나 저들은 이미 오역의 마음을 품고 단번에 여러 주의 사람들을 석권하고, 금성을 공격해 왔다. 성에서 내가 차라리 한 생명을 죽여 차라리 그 죄를 받을지언정, 적들로 하여금 끝없는 악업을 짓지 못하게 하는 이것이 큰 보살이며, 노파심으로 그 일에 이르도록 간절히 바랍니다. 유가론을 보지 못하셨습니까. "만약 보살이 보살의 청정계의 율의에 안주하여 모든 중생이 많은 생명을 죽이는 것을 본다면, 보살은 이와 같은 생각을 일으킨다. '내가 만약 저 중생의 생명을 끊으면 내가 지옥에 떨어지지만 그들로 하여금 무간의 업을 짓지 않도록 보살의 마음으로 그의 생명을 끊어서 그를 죄짓지 않도록 할 수 있다' 고 생각하여 도리어 복을 받게 한다. 이것을 보살이라 이름하며 어기고 범한 것이 아니다." 라고 합니다.

且先德有言曰 公事無非佛事
차선덕유언왈 공사무비불사

軍門卽是法門 操弓執矢
군문즉시법문 조궁집시

各現神通 舞釖揮戈 通身是手
각현신통 무인휘과 통신시수

則彼旣五逆爲心 一朝席卷數州人物
즉피기오역위심 일조석권수주인물

來攻錦城 城下予其寧殺一命
래공금성 성하여기녕살일명

反受其罪 不令於彼恣作無邊惡業
반수기죄 불령어피자작무변악업

此是大菩薩 老婆心切底事
차시대보살 노파심절저사

不見瑜伽論云
불견유가론운

若菩薩安住菩薩淨戒律儀
약보살안주보살정계률의

菩薩於是 起如是念
보살어시 기여시념

不能令彼造無間業 菩薩起如是念
불능령피조무간업 보살기여시념

反受其福 是名菩薩 無染違犯
반수기복 시명보살 무염위범

見諸衆生殺害多生
견제중생살해다생

我若斷彼衆生之命 墮於地獄
아약단피중생지명 타어지옥

斷彼身命 於彼無罪
단피신명 어피무죄

지금 상국께서는 의로움으로는 불의를 벌주고 인자함으로는 불인을 벌주고 국가와 임금에게 충성하였습니다. 이는 대보살의 마음씀과 얼마나 어긋나겠습니까. 하물며 지금 엄숙하게 재를 지내는 기구를 갖추어서 특별히 향 피우는 자리를 펼치었습니다. 칼날에 놀란 영혼들로 하여금 정토에 왕생을 인도하여 재가보살의 대비심을 보이니 원수와 친한 이를 평등하게 하니 참으로 진귀한 일입니다. 만약 조정의 날짜가 급하여 얼굴을 보지 못하더라도 이미 이름이 백련결사에 가입하였으니 하나의 법의 문중입니다. 비록 호산이 멀리 떨어졌더라도 도안에는 거리가 없습니다. 어느 곳에서인들 서로 보지 못하겠습니까. 오직 바라건대 잘 섭수하고 보호하십시오. 삼가 답합니다.

今相國 旣以至義罰至不義
금상국 기이지의벌지불의

以至仁罰至不仁 所欲忠者
이지인벌지불인 소욕충자

國與主耳
국여주이

與此大菩薩之用心 相去幾何
여차대보살지용심 상거기하

況今嚴備營齊之具
황금엄비영제지구

特張熏席
특장훈석

使白刃驚魂 導歸安養
사백인경혼 도귀안양

有以見在家菩薩之大悲
유이견재가보살지대비

能冤親平等 珎重珎重
능원친평등 진중진중

若朝天日迫 未更面晤
약조천일박 미경면오

既投名入社 同一法門
기투명입사 동일법문

何處不相見耶
하처불상견야

雖湖山阻絶 道眼無隔
수호산조절 도안무격

惟冀爲善攝護 謹覆
유기위선섭호 근복

● 영암군수 호부낭중 김서에게 답하는 글

答靈岩守金郎中惰書 답령암수김랑중서서

뜻을 이어서 함에 든 『법화경』 한 질을 보냈습니다. 연과 견 두 스님이 드린 것 같습니다. 날마다 읽으시고, 읽고 나면 외우시고, 외우고 나면 마음에 지니시기를 바랍니다. 그러면 경에서 말한 모든 부처님께서 이 세상에 나오신 모든 큰 인연이란 곧 다른 법이 아니고 눈앞에 나타나는 찰라의 일념에 지나지 않을 것입니다. 청컨대 더욱 더 정진하시기를.

承諭具匣蓮經一部付囑
승유구갑련경일부부촉

惟冀日日常讀
유기일일상독

則經中所謂諸佛出世一大事因緣
즉경중소위제불출세일대사인연

請快添精彩
청쾌첨정채

然堅二上人呈似
연견이상인정사

讀已能誦 誦已能持
독이능송 송이능지

非是他法 不出現前刹那一念
비시타법 불출현전찰나일념

만약 함 속에 그대로 둔다면 도리어 스스로 그것은 흰 바탕은 종이이며 검은 것은 먹일 뿐입니다. 애써 외우는 것이 조용히 있는 것만 같지 못하다고 한다면 이는 소승입니다. 말하자면 세속에는 문자가 있지만 진리에는 문자가 없다고 하는 것인데 내가 듣기에는 해탈에는 언설이 없으며 원돈의 묘지는 끝까지 터득할 수 없습니다. 조계(혜능)스님[769]이 말하지 않습니까? "경에 무슨 허물이 있어, 어찌 너의 생각을 가로막느냐." 종의스님[770]이 이렇게 말합니다. "선사는 여러 스님의 모든 어록이란 적지 않게 탐독하면서 어찌 부처님의 어록은 보지 않느냐." 부처님의 어록이란 12부 경전입니다. 지자대사는 『관심송경법』에서 이렇게 말했습니다. "삼세의 모든 부처님이 이 경전으로부터 나오지 않으신 이가 없다." 오조스님이 말했습니다. "문자는 법신의 정기와 생명이니, 만약 읽고 외워서 날카롭게 통하면 이것이 원교의 수식관과 정심관이다." 또 옛날 어떤 우바새가 항상 『법화경』을 지니고 오로지 정업을 닦은 이를 전기에 남겼으니 다시 무슨 말을 하겠습니까.

若匣而藏之
약갑이장지

反自以謂白底是紙 墨底是墨
반자이위백저시지 묵저시묵

何勞勞誦爲莫如寂然之爲愈
하로로송위막여적연지위유

此乃小乘
차내소승

所謂俗有文字 眞無文字
소위속유문자 진무문자

吾聞解脫之中 無有言說
오문해탈지중 무유언설

非究竟圓頓妙旨 曹溪不云乎
비구경원돈묘지 조계불운호

經有何過 豈障汝念
경유하과 기장여념

從義師云 禪和貪看諸家語錄不少
종의사운 선화탐간제가어록불소

何不看佛語錄耶
하불간불어록야

佛語錄者 十二部經是也
불어록자 십이부경시야

智者觀心誦經法云
지자관심송경법운

三世諸佛 無不從此而生
삼세제불 무불종차이생

五祖亦云 文字是法身氣命
오조역운 문자시법신기명

若讀誦通利 是圓家數息停心
약독송통리 시원가수식정심

且古之伊蒲塞 常持妙典
차고지이포새 상지묘전

專修淨業者 具載傳記
전수정업자 구재전기

夫復何言
부복하언

---

769) 혜능, 『육조단경』, 대정장 48, p.355중.
770) 神智從義 中國 天台宗 山家派의 四明 문하 廣智系 繼忠의 제자임. 저작으로 『四敎儀集解』가 있다. 그러나 雜傳派라고 한다.

지금 현실에서 들어 말하겠습니다. 지난 병신년 겨울철에 평장사 이세재가 남방을 시찰하다가 몸소 백련사를 찾아서 이름을 결사에 올리고 산승에게 28품의 서분, 정종분, 유통분을 나누어 처음부터 끝까지 원교의 참뜻을 청하였습니다. 개삼현일의 경의 뜻이 4시8교를 뛰어 넘는 것임을 알고서 곧바로 바른 믿음을 내어 경을 독송하고 수지하기를 발원하였습니다.

今卽取現世而言之	去丙申冬節李平章世材行按南方
금즉취현세이언지	거병신동절리평장세재행안남방
躬造白蓮 投名入社	請山野銷二十八品
궁조백련 투명입사	청산야소이십팔품
序正流通 始終圓意	試知開顯敎旨 超邁於四時八敎也
서정류통 시종원의	시지개현교지 초매어사시팔교야
卽生正信 發願誦持	
즉생정신 발원송지	

비록 아주 힘든 일인 줄 알고 한가하지는 않았지만 아침 일찍부터 저녁까지 게으름을 피우지 않고 비로소 경전을 첫 번째 권을 읽어서 마치고 다시 서울로 돌아갔습니다. 이미 산서에 자취를 남겼으나 주위와 더불어 바쁘게 자리에 앉을 틈이 없었으나 항상 쉬지 않고 염송했습니다. 몇 해가 지나자 마침내 7권을 끝내고 오늘에 이르러 벼슬을 그만 두고 초야에 묻혀 매일 외우기를 그치지 않았으니 진실한 재가보살입니다. 하물며 천 여 부를 새기고 인쇄하여 베풀어서 널리 묘법의 인연을 맺었습니다. 지금 좌우에 여러 인연이 있어서 그 뜻을 세우고 일 년에 다섯 마리 말을 받는 지방관으로서 백 리 안이 태고적 같고 정사는 간결히 하고 송사는 없고 울리는 종은 멈추고 뜨락에는 참새가 늘어 앉아있습니다. 만약 이때에 마음이 부처인 것을 닦지 않으면 언제 또 때가 있으리오. 반드시 깊이 생각하십시오.

雖判斷總劇 略無閑暇	夙夜匪懶 始誦得第一卷
수판단총극 략무한가	숙야비라 시송득제일권

反入洛京 旣迹山西但與期門
반입락경 기적산서단여기문

尙念念不休 屢經寒暑
상념념불휴 루경한서

眞在家菩薩也
진재가보살야

今左右當緣髮而立之 歲受五馬專城之寄
금좌우당연발이립지 세수오마전성지기

鈴齋閒寂 庭可雀羅
령재한적 정가작라

更待何時耶 要須載意載意
갱대하시야 요수재의재의

傾飛卒卒 無暇煖席
경비졸졸 무가난석

便終七軸 至今懸車綠野 日誦不輟
편종칠축 지금현차록야 일송불철

況雕板印施千餘部 廣結妙因
황조판인시천여부 광결묘인

百里獨太古 政簡訟息
백리독태고 정간송식

若於此時 不硏心佛乘
약어차시 부연심불승

또 산 속에서 한 저술을 구하였는데 산승이 이름을 숨긴 지 이미 41년
이 되었습니다. 다만 부처와 조사들의 가르침을 연구하고 우러르며 간
절히 묘한 이치를 빛내고 높이고자 하였습니다. 그래서 지은 서책들은
부처님의 정신과 조사의 골수를 뽑아 모은 것뿐입니다. 세간에 아직
드러나지 않은 것은 오직 산가에서만 찬탄하고 노래할 뿐이므로, 보통
세간의 격식으로는 섭렵하지 않은 것이 많습니다. 하물며 불교가 동쪽
으로 전해진 이래로 여산의 혜원스님과 양나라의 부대사 지공화상 당
시대의 한산과 습득스님, 방온거사 등은 모두 부처님과 성인들의 화현
입니다. 그 저작들을 보면 흩어진 꽃과 한 줄로 꿴 꽃과 같이 모두 중
생들의 하루하루 씀씀이를 바로 설명하여 무생법인의 자리에 달려 들
어가고자 한 것뿐 입니다. 이때에 유생들이 마음과 입을 비단으로 수
놓아서 기이한 문장과 놀랄만한 글귀를 짓는 것과는 다릅니다. 제가
비록 처음에는 나도 모르게 여기에 마음을 쓴 적이 있습니다만, 그것
을 전하는 이가 편집을 잘못하여 말하기를 끝내지 않고 있습니다.

又求山中著述 山野逃名
우구산중저술 산야도명

已四十一年于玆矣
이사십일년우자의

但鑽仰佛祖敎門 切欲光揚妙理
단찬앙불조교문 절욕광양묘리

故所述文疏等唯採撫佛精祖髓
고소술문소등유채척불정조수

世間未所顯揚者 唯局山家讚詠而已
세간미소현양자 유국산가찬영이이

不涉尋常世間之格式多矣
불섭심상세간지격식다의

況自佛敎東漸已來
황자불교동점이래

廬山遠公梁朝傳大士 誌公
려산원공량조전대사 지공

李唐寒山拾得庞蘊等 皆佛聖幻有也
리당한산습득방온등 개불성환유야

觀其著作 散花貫花皆直說衆生日用
관기저작 산화관화개직설중생일용

欲驅入於無生之域耳
욕구입어무생지역이

非若當途儒匠錦心繡口作爲奇章警句也
비약당도유장금심수구작위기장경구야

吾雖初心竊忝此耳
오수초심절첨차이

傳之者誤成篇集云云不已
전지자오성편집운운불이

머리를 깎고 불교인이 된 듯하지만 불법의 뿌리를 밝히지 못하고 세속의 문자만 지으니 마구니가 아니면 달리 부처님 도량의 죄인이 아니겠습니까. 그러나 지은 결사문과 나머지 게송과 잡문은 단지 성인의 자취를 기록한 것뿐이고, 그 사이에 인용한 부처님과 조사의 묘전은 모름지기 내가 서술한 것으로 다소의 깊은 뜻이 있으니, 얼굴을 뵙고 말씀드리고 싶습니다. 삼가 답합니다.

若髡爲浮圖氏 不明佛法根源
약곤위부도씨 불명불법근원

及著世俗文字
급저세속문자

非魔卽外豈佛庭之罪人歟
비마즉외기불정지죄인여

然所著結社文 及餘伽陀雜文
연소저결사문 급여가타잡문

但記聖迹 其間援引佛祖妙典
단기성적 기간원인불조묘전

要須白敍 稍有深旨 請對面敍
요수백서 초유심지 청대면서

謹覆
근복

제2장 『호산록』 외의 천책관련 자료

I. 『만덕사지』에 있는 자료

● 원에 들어가 국왕을 축원하는 글

入院祝上疏 입원축상소

제자가 일찍이 조그만 글재주를 버리고 원묘 노스님에게 참여할 수 있었습니다. (중략) 옛날에는 계승자가 없어서 일찍이 사불산에 머물렀는데, 지금 또 저에게 어찌 만덕사를 주재하라고 하십니까.

弟子·早捨文章小技　　　　獲參圓妙老師(中略)　昔承人乏
제자한사문장소기　　　　획참원묘노사(중략)　석승인핍

曾駐跡於四佛山　　　　　今又我何俾主盟於萬德社
증주적어사불산　　　　　금차아하비주맹어만덕사

● 김승제에게 보내는 글

寄金承制書 기김승제서

노승이 참선하고 불경을 외우는 틈틈이 『해동법화전홍록』을 지어서 장차 세상에 발심하기를 권하려 하였습니다. (중략) 세월이 지나 병신년(1236, 고종23) 봄에 이르자 돌아가신 스승께서 나에게 백련결사문을 지으라고 명하셨으며, 장차 간행하려고 하였으나 이미 33년이 지났습니다.

老僧禪誦之暇　撰海東法華傳弘錄　　　將以勸發於世 (中略) 越歲在丙申春月
노승선송지가　찬해동법화전홍록　　　장이권발어세 (중략) 월세재병신춘월

先師命我撰　白蓮結社文　　　　　將欲刊行　已卅三年矣
선사명아찬　백련결사문　　　　　장욕간행　이삽삼년의

II. 『석가여래행적송』에 있는 자료

● 백련결사를 하는 글

白蓮結社文 백련결사문

부처님이 계셨던 시대에도 오히려 아직 영원한 수명에 대해 듣지 못했습
니다. 우리들이 후 500세에 부처님께서 본지수량을 열어 나타내셔서 좋
은 인연을 맺게 하시니, 어찌 기쁘고 경사스런 일이 아니겠습니까.

佛世當機　尚未早聞　　　久遠之壽　我等當此
불세당기　상미조문　　　구원지수　아등당차

後五百歲　佛開顯本地壽量　以結勝緣　豈不慶快乎
후오백세　불개현본지수량　이결승연　기불경쾌호

● 진정국사 호산록 발문

跋眞靜湖山錄 발진정호산록

진정국노께서는 유림의 거장으로 조사의 도에 깊이 들어갔습니다. 그러
므로 시문을 지으면 자연스럽게 아송의 기풍이 배어나고, 그 돌아가는
곳은 선을 권하고 악을 경계하여 무생법인의 경지에 달려 들어가게 하였
습니다. 세상의 그림과는 달리 아름답게 꾸미고 장식하여 취하려고 함이
없었으니, 그 때 칭찬하는 사람들은 대개 제호를 아무리 마셔도 싫지 않
고 옥구슬을 아무리 굴려도 족하지 않은데 비교하였습니다.
문인 석교도총섭정혜원조대선사 이안스님이 이미 기록하여 글을 모으고
또한 사비를 들여 기술자를 사서 나무에 새겨서 영구히 전하게 하는 것
이니 실로 허물 있는 아비에 지혜있는 아들[771]이 서로 계승한 것이라

---

771) 幹蠱는 허물 있는 아비와 지혜 있는 아들이라는 뜻.

할 수 있을 것입니다. 대덕 11년 10월 일 왕사인 불일보조정혜묘원진감

대선사 정오가 발문을 씀.

眞靜國老
진정국로

以儒林巨魁 深入祖道
이유림거괴 심입조도

故發爲詩文 天然有雅頌之風
고발위시문 천연유아송지풍

其所歸乃勸善誡惡
기소귀내권선계악

欲驅入於無生之域而已
욕구입어무생지역이이

非若世之畵 無鹽飾嫫母規取
비약세지화 무염식모모규취

一時之譽者 比夫醍醐
일시지예자 비부제호

飮而不厭 珠玉玩而不足矣
음이불염 주옥완이부족의

門人釋敎都摠攝靜慧圓照大禪師而安
문인석교도총섭정혜원조대선사이안

旣錄之成集
기록지성집

又出私錢 售工鋟梓
우출사전 수공침재

傳之不朽 實可謂能幹蠱
전지불후 실가위능간고

而纘承也與
이찬승야여

大德十一年十月日
대덕십일년십월일

王師佛日普照淨慧妙圓眞鑒大禪師丁午跋
왕사불일 보조정혜묘원진감대선사정오발

III. 『해동전홍록』 현존분 [海東傳弘錄拾遺]772)

● 천제가 경을 맞아서 장(藏)에 모심. 정화택주

天帝邀經而入藏 靜和宅主 천제요경이입장 정화택주

정화택주는 강종대왕(고려 제22대 왕)의 서녀이고 권신 진강공의 아내였다. 권세가 얼음산 같아 오래가지 않을 것을 알고, 덧없는 인생이 불난 집처럼 불안함을 한탄하며 출가하여 닦을 생각을 하고 있었다. 다행히 원묘스님이 백련사를 개창하려 한다는 말을 듣고, 함께 세우려는 소원을 일으켜 창건하는데 크게 외호가 되었다. 또 무량수여래의 상을 조성하여 주전으로 봉안하였다. 또 금자법화경을 만들 소원을 하고 온갖 장엄물을 하나도 빠짐이 없이 갖추어 원묘스님에게 바쳤다. 원묘스님은 일여스님에게 『법화경』을 베껴 쓰도록 청하였다. 뒤에 일여스님의 꿈에 하늘에서 내려온 신인이 "네가 베껴 쓴 금자법화경은 이미 도리천의 둘째 액리장(額梨藏) 안에 모셔 놓았다"고 하였다.   〈『해동전홍록』에 나옴〉

宅主 康宗大王之庶女　　權臣晉康公之室也
택주 강종대왕지서녀　　권신진강공지실야

知權勢氷山不久　　歎浮生火宅無安 思修出要
지권세빙산불구　　탄부생화택무안 사수출요

幸聞圓妙 始開白蓮社　　同願剏成 力爲外護
행문원묘 시개백련사　　동원창성 력위외호

又塑成無量壽如來 下安于主殿　　又願成金字蓮經 凡百粧嚴
우소성무량수여래 하안우주전　　우원성금자련경 범백장엄

無一不備 寄獻于圓妙　　妙請山人一如書寫 如後夢感神人
무일불비 기헌우원묘　　묘청산인일여서사 여후몽감신인

自空而下曰 所寫金字法華　　已安忉利天第二額梨藏中
자공이하왈 소사금자법화　　이안도리천제이액리장중

---

772) 여기 실린 『해동전홍록』 현존분은 고려 요원의 『법화영험전』에 수록되어 전하는 내용이다.

(出海東傳弘錄)
(출해동전홍록)

● 황제가 친히 시험을 보임

帝親試通 제친시통

권적773)의 자는 지정인데 안동사람이다. 어려서부터 글재주가 있었는데, 정화774) 연중에 빈공775)으로 송나라에 들어갔다가 국학에 입학하여 갑과 장원으로 급제하였다. 본국으로 돌아오게 되었는데, 관상하는 사람이 그를 보고, "당신은 재주는 많은데 수명이 짧습니다. 나이는 겨우 40을 넘지 못하고 벼슬은 오품에 지나지 않을 것이니, 대승경을 독송하여 수명을 늘리도록 하십시오." 라고 하였다. 권적이 속마음으로 그럴 것이라 생각하고, 사흘 동안에 『법화경』을 모두 외웠다. 황제가 이 말을 듣고 그를 불러 황제 앞에서 외우게 하니, 권적이 한 자도 틀리지 않게 외우므로, 황제는 크게 기뻐하고 관음상과 법화탑을 각각 한 폭씩 주었다. 본국으로 돌아온 권적은 계속해서 『법화경』을 독송하여 수명이 오래가고 벼슬이 쌍림학사(한림학사)에 이르렀다.

〈『해동전홍록』과 『적본전』에 나옴〉

權適 字持正 安東府人也
권적 자지정 안동부인야

少業文才 政和年中
소업문재 정화년중

以賓貢入宋 配國學 擢爲甲科第一人
이빈공입송 배국학 탁위갑과제일인

將還本國 相者曰
장환본국 상자왈

君才高命短 年不過四十
군재고명단 년불과사십

位不過五品 宜誦大乘經
위불과오품 선송대승경

以資算祿 公心然之
이자산록 공심연지

約三日了誦法華經 皇帝聞之
약삼일료송법화경 황제문지

---

773) 權適 : 檢校太子詹事 德輿의 손자. 청평산 문수사에서 李資玄과 함께 학문을 닦았고, 예종 때 유학생으로 송나라에 가서 太學에 입학, 문과에 급제하고, 예종 12년(서기 1117)에 귀국, 뒤에 벼슬이 檢校太子太保에 이르렀음.
774) 政和 : 宋 휘종의 연호. 서기 1111~1117년
775) 賓貢 : 외국에서 입조하여 조공을 바치는 사람.

呼令前誦 無一字錯 皇情大悅
호령전송 무일자착 황정대열

賜觀音像法華塔各一軸
사관음상법화탑각일축

及還本國 享壽攸久
급환본국 향수유구

歷盡淸華 拜爲雙學士
력진청화 배위쌍학사

(出海東傳弘錄及適本傳)
(출해동전홍록급적본전)

● 폭풍이 배를 휘몰아침

黑風吹其船舫 흑풍취기선방

신라 때 보개라는 여인이 경주 한 모퉁이인 금방에 살고 있었는데, 장춘이라는 아들이 있었다. 그 아들이 장삿배를 따라 바다로 나가서, 돌아올 때가 되었으나 소식이 묘연하였다. (어머니 보개는) 아침 저녁으로 근심하고 걱정하니 몸까지 몹시 쇠약해졌다. 그러다가 다행히, 관세음보살의 신통한 힘이 아주 넓어서 가령 폭풍이 불어 그 배가 표류하여 나찰귀의 나라에 떨어질지라도 그의 이름을 부르면 곧 환란에서 벗어날 것이라는 보살의 나투심을 듣고, 곧 깊은 신심이 생겨, 민장사의 관세음보살상 앞에서 이레를 기약하고 정성껏 부지런히 기도를 드렸다. 이레째 되는 날, 홀연 장춘이 나타나 어머니의 손을 잡았다. 놀랍고 기뻐서 통곡했다. 절의 스님이 괴이하게 여겨 그 까닭을 물었다. 장춘은 "제가 집을 떠나 배를 타고 바다를 건너는데 갑자기 폭풍을 만났습니다. 함께 배에 탔던 다른 사람들은 다 고기밥이 되고, 저만 홀로 널판을 타고 오나라에 이르렀는데, 그 나라 사람이 저를 데려다가 종으로 부렸습니다. 하루는 들에 나가 밭을 갈고 있는데, 문득 한 기이한 스님이 와서 고국이 생각나지 않느냐고 말하기에, 저는 그의 앞에 꿇어앉아서, 늙으신 어머님이 계시어 사모하는 마음이 간절하다고 하였습니다. 스님이 만약 어머니를 만나보고 싶거든 나를 따라오라 하고 동쪽으로 가기에, 저는 곧 뒤를 따라갔습니다. 한 곳에 이르니, 수좌스님이 내 손을 잡아 이끄는데, 정신이

몽롱해져서 마치 꿈속과 같더니, 홀연 우리나라 말이 들리고 제가 이 민장사의 관음상 앞에 와 있었습니다. 우리 어머님인 줄 알아차렸지마는, 오히려 꿈속 같습니다." 고 하였다. 천보[776) 4년 을유 4월 8일 신시에 오나라를 떠나 술시에 이 절에 이른 것이었다. 경덕왕이 이 소문을 듣고 깊이 공경하여 전답과 곡식을 후히 내려 영구히 공양에 충족하고, 다달이 8일이면 절에 행차하여 부처님을 예찬하는 것을 정례로 삼았다. 어머니 보개와 아들 장춘은 인근의 청신사 청신녀들과 합력하여 특별히 금자법화경 한 질을 만들었으며, 해마다 봄 3월에 도량을 베풀고 『법화경』의 미묘하고 깊은 이치를 널리 펴며 수행에 정진하고, 관세음보살을 공경 예배하여 큰 은혜에 보답하고자 하였다.

〈『민장사기』 · 『계림고기략』 · 『전홍록』 에 보임〉

新羅時有女名寶開
신라시유녀명보개

隨商舶 泛海而去 過期不知所之
수상박 범해이거 과기부지소지

幸聞普門示顯神通之力 假使黑風
행문보문시현신통지력 가사흑풍

即得解脫 便生深信
즉득해탈 편생심신

精勤祈禱 至七日 忽感長春
정근기도 지칠일 홀감장춘

春日離家泛海 忽値惡風
춘왈리가범해 홀치악풍

余獨乘一板 至於吳 吳人收之奴
여독승일판 지어오 오인수지노

憶汝國乎 余即跪曰
억여국호 여즉궤왈

僧曰若欲見母 隨我而來
승왈약욕견모 수아이래

居王京隅金坊有一子名長春
거왕경우금방유일자명장춘

朝夕思念 至於憔悴
조석사념 지어초췌

吹其船舫 漂墮羅刹鬼國 稱其名故
취기선방 표타라찰귀국 칭기명고

就敏藏寺觀音像前約一七日
취민장사관음상전약일칠일

執母手 驚喜哭泣 寺僧怪問所由
집모수 경희곡읍 사승괴문소유

同船之人皆葬魚腹
동선지인개장어복

使之耕於野田 忽有異僧來謂曰
사지경어야전 홀유이승래위왈

有老母在 戀慕無極
유로모재 련모무극

言訖東行 余隨之
언흘동행 여수지

<hr>

776) 天寶 : 당나라 玄宗의 연호. 서기 742~755년. 그 4년은 신라 경덕왕 4년(754).

有一渠僧 乃執手超之　　　　　　昏昏如夢 忽聞羅語
유일거승 내집수초지　　　　　　혼혼여몽 홀문라어

到此敏藏寺像前 雖審知我母 猶疑夢中矣　　即天寶四年乙酉四月八日申時離吳
도차민장사상전 수심지아모 유의몽중의　　즉천보사년을유사월팔일신시리오

戌時到此堂中 景德王　　　　　　聞而敬重 優信賄 永充供養
수시도차당중 경덕왕　　　　　　문이경중 우신회 영충공양

每於月生八日 幸寺禮讚 永爲定式　　寶開與長春 約結鄰里
매어월생팔일 행사례찬 영위정식　　보개여장춘 약결린리

淸信士女 特成金字蓮經一部　　　　每至春三月 爲立道場 敷宣妙理
청신사녀 특성금자련경일부　　　　매지춘삼월 위립도량 부선묘리

精修禮敬 仰賽玄恩　　　　　　　　(見敏藏寺記及雞林古記略見傳弘錄)
정수례경 앙새현은　　　　　　　　(견민장사기급계림고기략견전홍록)

● 홍변스님이 『법화경』을 써서 깊이 공경

深敬辯山人之精書　　심경변산인지정서

홍변스님[777]은 순창 조 씨의 아들이다. 조계에 출가하여 승과에 장원으로 합격하였다. 큰 산중 암자로 들어가 정진·지계하면서, 한 자를 쓰고 한 번 절하면서 『법화경』 한 질을 써서 극진하게 장엄하고 아침·저녁으로 예배 공양하였다.

이때 왜국의 한 스님이 찾아와 그 『법화경』을 보고서 간곡히 달라고 하여, 스님은 경을 내어주면서 "이 『법화경』을 가지고 가서 널리 유통시키십시오." 하고 당부하였다. 왜국 스님이 정대하여 모시고 돌아가는데, 배 안에서 찬란한 빛을 내었다.

본국으로 돌아가 숭복사에 안치하고, 도량 안의 모든 스님들이 예배 공경하여 모두 사리를 감득하였다. 1년 후에 도인 법행이 사신의 배를 따라 왜국에 갔다가 (숭복사에 있는) 그 『법화경』을 직접 보고 왔다. 곧

---

777) 洪辯 : 고려 때 스님. 호는 靑牛. 보조국사에게 수계하였고, 강종 때 창복사 담선법회의 주맹이 되고, 고종 초에 쌍봉사 주지가 됨.

중통778) 원년 경신이었다.　　　　　　　　⟨『해동전홍록』에 나옴⟩

山人洪辯 淳昌趙氏子
산인홍변 순창조씨자

出家于曹溪中高科
출가우조계중고과

往入巨滲山菴 精進持戒
왕입거삼산암 정진지계

一字一拜 書法華經一部
일자일배 서법화경일부

極盡莊嚴 朝夕禮拜供養
극진장엄 조석례배공양

適有倭國僧 來見懇求之
적유왜국승 래견간구지

乃付囑流通 其僧頂戴
내부촉류통 기승정대

賫歸本國 船中放光
재귀본국 선중방광

到已安崇福寺道場中
도이안숭복사도량중

衆僧禮敬感得舍利
중승례경감득사리

後一年道人法行隨使
후일년도인법행수사

舸入彼國 親見而來
가입피국 친견이래

即中統元年庚申也
즉중통원년경신야

(出海東傳弘錄)
(출해동전홍록)

● 곡조를 견뎌낸 목사의 법회

堪歌崔牧伯之慶會　감가최목백지경회

소경779) 최린이 나주목사가 되어 부임해 가는데, 먼저 송나라 사람 양혁을 나주로 보내면서, "정성들여 대회를 베풀어 대승을 공양하면, 반드시 멀리까지 이를 것이다"라고 준비를 명령하고, 그 곳에 도착하자 그는 원묘스님에게 운곡사에 여름 안거를 결성하기를 청하고 지휘사의 행색으로 거기에 임하였다.

최린이 관아로 돌아가니 한 나이 어린 계집종이 갑자기 미쳤다. 여러 가지로 치료해 보았다. 그러나 그녀는 이렇게 말하였다. "저는 미친 것이 아닙니다. 저는 유모의 남편 아무개입니다. 죽은 지 여러 해 동안 어두운 세상

---

778) 中統 : 원나라 세조의 연호. 서기 1260~1263년.
779) 少卿 : 각 省의 次官 벼슬.

을 떠돌며 아직 벗어나지 못하고 있습니다. 이제 다행히 정성을 다해 법석을 열었으니 한두 가지 큰 뜻을 듣고자 합니다. 그런데 수호신이 꾸짖고 들여보내지 않아, 문밖에서 며칠을 방황하고 있었습니다. 저뿐이 아니라, 먼저 죽은 친척 아무개 아무개도 또한 법을 듣고자 저를 따라 왔을 뿐입니다. 그러나 심한 기갈로 뜻을 해치니, 먼저 마실 것을 청하고, 우리에게는 운곡사에 도착하면 이름을 불러 도량에 들어가는 것을 허락을 받고, 해탈을 얻게 해 달라고 했습니다." 최린이 듣고 몹시 괴이하게 여겨 손님들을 다 돌려보내고 운곡사로 가서 하나하나 그 이름을 불러 자리를 마련해 주고 법을 듣게 하였다. 그는 이때부터 항상 『법화경』을 독송하였다.

이듬해 가을, 최린은 소환되어 우승선[780]에 승진하고, 몇 해 안가서 정승에 올라 문하평장사[781]가 되어 신하로서 최고의 지위에 이르렀다가 세상을 마쳤다.　　　　　　　　　　　　　〈『해동전홍록』에 나옴〉

少卿崔璘
소경최린

宜精設大會 供養大乘
의정설대회 공양대승

結夏安居于雲谷寺
결하안거우운곡사

公入官時 小婢忽得顚狂
공입관시 소비홀득전광

我非顚狂 我是乳母之夫某也
아비전광 아시유모지부모야

今幸竭誠張皇梵席 欲聞一二大旨
금행갈성장황범석 욕문일이대지

彷徨門外數日矣 非但某耳
방황문외수일의 비단모이

亦欲聞法 隨我來耳
역욕문법 수아래이

將赴官 羅州使宋人楊赫推命曰
장부관 라주사송인양혁추명왈

則必當遠到 公及下車請圓妙
즉필당원도 공급하차청원묘

及指揮使 行色近境
급지휘사 행색근경

種種對治 婢即語曰
종종대치 비즉어왈

物故許多年冥遊 未得超升
물고허다년명유 미득초승

然守護神將呵禁不入
연수호신장가금불입

先亡親屬某與某
선망친속모여모

然飢渴害志 請先酹酒
연기갈해지 청선뢰작

---

780) 右承宣 : 고려 때 中樞院의 한 벼슬.
781) 門下平章事 : 고려 때 中書門下省의 정2품 벼슬. 평장사라고도 함.

又令吾輩　至雲谷寺
우령오배　지운곡사

公聞之 怛甚送客 已到寺
공문지 괴심송객 이도사

公自是常讀蓮經翌年秋
공자시상독련경익년추

拜相至門下平章事位極人臣而卒
배상지문하평장사위극인거이졸

呼名許入於道場 冀得度脫
호명허입어도량 기득도탈

一一如其呼名 設席使之聞法
일일여기호명 설석사지문법

召爲右承宣 不數年
소위우승선 불수년

(出海東傳弘錄)
(출해동전홍록)

● 입에서 광명이 나옴

光明出於口角 광명출어구각

이름이 전해지지 않는 한 스님이 상주의 어느 작은 절에 머물러 있었다. 항상 음양과 점복으로 동리를 돌아다녔다. 남녀 모두는 그를 맞아 화복을 묻고서 옷과 음식을 마련하였다. 하루는 관청에서 법석을 베풀어 온 고을 안 여러 절의 의식을 맡아보는 스님들이 모두 모였다. 음양승은 여러 사람의 말석에 앉아 있어 모두들 그를 지푸라기처럼 소홀하게 여겼다.

그런데 한밤중이 되어 등불과 촛불이 다 꺼지고, 캄캄한 가운데 모두 어렴풋이 잠이 들었는데, 홀연 등불 같은 밝은 광명이 비쳐왔다. 모두들 깜짝 놀라 일어나서 살펴보니, 그 스님의 입에서 나오는 것이었다. 그래서 모두 그 까닭을 물으니, "나는 음양·점복으로 지조를 잃고 악업에 떨어진 것이 부끄러워서, 속으로 스스로 참회하고 다만 『법화경』 독송을 일과로 삼아 온 지가 여러 해 되었습니다." 하고 대답했다. 여러 스님들이 모두 탄복하고 그를 공경하였다.　〈『해동전홍록』에 나옴〉

僧亡名 寓尙州小寺
승망명 우상주소사

男女皆迎之 問禍福
남녀개영지 문화복

州內諸寺典香者 咸會焉 亡名雖預
주내제사전향자 함회언 망명수예

常以陰陽占卜出入里閭
상이음양점복출입리려

以此資衣食 一日官廳設法席
이차자의식 일일관청설법석

只是陰陽僧居衆末
지시음양승거중말

皆忽之如草 比及夜半　　　　　　燈燭已息 昏昏假中
개홀지여초 비급야반　　　　　　등촉이식 혼혼가중

忽見光明如燈火衆皆驚起 試尋之　　乃從亡名口中出也因委問其由
홀견광명여등화중개경기 시심지　　내종망명구중출야인위문기유

答曰予失身術數 反愧黑業　　　　　內自懺悔
답왈여실신술수 반괴흑업　　　　　내자참회

但誦課蓮經有年矣諸僧皆歎伏修敬焉　　(出海東傳弘錄)
단송과련경유년의제승개탄복수경언　　(출해동전홍록)

● 혀에 연꽃 봉오리가 피어나다

舌生於舌根 담생어설근

상주의 호장[782] 김의균은 항상 『법화경』 독송하기를 즐겨하였다. 늙은 이와 젊은이 도속을 모아 두 반으로 나누고, 매월 육재일[783]에 늙은이들을 자기 집으로 불러 『법화경』 을 학습하고 독송하며 끝난 다음 다과를 내어 위로하고, 한편 젊은이들을 모아서는 술을 내어 권하였다.

이렇게 해서 발심하여 술을 마시지 않는 젊은이는 늙은이 방으로 옮겨 넣었다. 그래서 당시 사람들이 농으로 말하기를 "아무개와 아무개는 이미 술이 없는 법화의 무리에 들어갔고, 아무개와 아무개는 아직도 술이 있는 법화의 무리에 들어있다" 고 하였다.

이처럼 근기를 따라 사람들의 발심을 돋우어 주었는데, 세월이 무상하여 죽은 뒤에 산기슭에 장사지냈더니, 무덤 위에 연꽃이 피었다.

〈 『해동전홍록』 에 나옴〉

尙州戶長金義鈞　　　　　　　常樂讀法華經　募勸耆老少壯
상주호장금의균　　　　　　　상요독법화경　모권기로소장

---

782) 戶長 : 고을 아전의 우두머리.
783) 육재일 : 음력 8・14・15・23・29・30일 엿새의 재일. 이 날은 음식과 행동을 삼가 하여 청결을 지키고 부처님의 가르침을 익히고 깊이 생각함.

道俗分爲二徒
도속분위이도

習誦蓮經 經畢略以茶菓慰之
습송련경 경필략이다과위지

此少壯之發心不飮者
차소장지발심불음자

某與某
모여모

其隨機激發如此 比及無常
기수기격발여차 비급무상

(出海東傳弘錄)
(출해동전홍록)

每月六齋日召耆老于私第
매월륙재일소기로우사제

及集少壯 則幷實酒侑之自
급집소장 즉병치주유지자

移入耆老徒 時人戲曰
이입기로도 시인희왈

已入無酒法華徒某與某猶在有酒法華徒
이입무주법화도모여모유재유주법화도

葬於山麓 蓮華發於塚上
장어산록 련화발어총상

● 보암사 신도들의 강설과 질문

寶岩徒之或講或疑　보암도지혹강혹의

송경 선기문 오른편 등성이가 뻗어나가 보정문에 이르는 산을 덕산이라
고 한다. 산의 서북쪽 귀퉁이에 보암사라는 절이 있었다. 누각에 오르면
앞이 환히 트이어 앉아서 멀리 아름다운 산천을 바라볼 수 있다.

이 절의 동북쪽 마을에 벼슬에서 물러난 재상들이 많았다. 추밀 임천미,
상서 진세의, 대경 양동재 등 나이 많아 벼슬에서 물러난 사람들과 할
일이 없는 한가한 사람 등 40여명과 함께 법화사를 조직하여, 다달이
육재일에 각기 『법화경』 을 가지고 와서 한 사람이 딴 자리에 앉아 경의
한 대목 한 구절을 해석하고 뜻과 이치를 해설하여 노인들이 명심해 듣
고, 혹 의문이 있어 물으면 해명해 주고 하였다. 이렇게 놀아가면서 강
설하고 묻고 하여 모두가 해설하기를 바랐다.

그리고 15일이 되면 정성을 들여 좋은 음식을 장만해서 아미타여래에게
공양하고 모두 모인 원에서는 재를 베풀고 밤을 새워 다 같이 정토에 회
향하고자 정진했다. 그러므로 죽을 때에 이르러서는 뜻과 같이 자재로운

사람이 끊이지 아니하였다.　　　　　　　〈『해동전홍록』에 나옴〉

松京宣祺門右臂有嶺
송경선기문우비유령

連亘垂及保定門者曰德山
련긍수급보정문자왈덕산

山之乾維 有一蘭若
산지건유 유일란야

曰寶岩 樓閣開豁
왈보암 루각개활

坐見山川縹緲之外
좌견산천표묘지외

東北里致仕卿相
동북리치사경상

若林樞密千美 秦尙書世儀
약림추밀천미 진상서세의

梁大卿棟材
량대경동재

與諸退老幷散逸四十餘人
여제퇴로병산일사십여인

同結法華社
동결법화사

每月六齋日各持科本蓮經
매월륙재일각지과본련경

差一人別座 點破科端銷釋義理
차일인별좌 점파과단소석의리

諸者老證聽 或設疑問
제자로증청 혹설의문

如是次第輪環相續
여시차제륜환상속

益欲人人之盡能解說也
익욕인인지진능해설야

至十五日 則精設妙饌
지십오일 즉정설묘찬

供養彌陀 合院設齋
공양미타 합원설재

過夜精勤同廻向淨土
과야정근동회향성토

故至臨終之際 如意自在者不絶焉
고지임종지제 여의자재자부절언

(出海東傳弘錄)
(출해동전홍록)

● 연화원의 독경과 해설

蓮華院之若讀若說　　련화원지약독약설

송경의 낙타교 동쪽 마을에 연화원이라는 절이 있었다. 성남리 청신사들이 법화사를 조직하고, 다달이 육재일에 여기 모여서 『법화경』을 읽기도 하고 해설하기도 하였다. 그것은 뜻이 미묘한 『법화경』에 의지하는 소이로 정토에 회향하는 사람이 많기 때문에 이 연화사는 보암사와 서로 낫고 못함이 없었다.　　　　　　〈『해동전홍록』에 나옴〉

松京駱馳橋東巷　　　　　有一招提　曰蓮華院
송경락타교동항　　　　　유일초제　왈련화원

凡城南里　淸信士輩　　　結法華社　每月六齋日
범성남리　청신사배　　　결법화사　매월륙재일

同會于此　若讀若說　　　其所以憑仗妙乘　廻向淨土者
동회간차　약독약설　　　기소이빙장묘승　회향정토자

多與寶岩社相爲甲乙
다여보암사상위갑을

● 새가 상서를 나타냄

禽顯瑞 금현서

거사 최표는 탐진[784] 사람이다. 원묘스님이 보월산에 절을 짓는다는 말
을 듣고 종제 최홍과 함께 만덕산에도 세우기를 청하여 각각 자리를 잡
아 법당을 세웠는데 매우 웅장하였다.

최표는 평생에 성난 얼굴을 한 일이 없었는데 그의 아들이 이웃 고을에
갔다가 갑자기 범에게 물려 죽었다. 최표는 종이와 먹을 마련하여 일여
스님을 청해다가 『법화경』을 베껴 쓰게 하였는데, 홀연히 푸른 새가 와
서 경을 베끼는 방으로 들어감을 느꼈다. 모양이 매우 의젓하였는데, 이
러기를 두 번 세 번 사경이 끝날 때까지 거듭하였다.

끝난 후 최표의 꿈에 죽은 아들이 나타나서 "사경의 힘으로 인해 순수하
고 착하고 아름다운 사나이의 몸을 받았습니다."고 하였다.

居士崔彪　耽津人也　　　聞圓妙結於寶月山
거사최표　탐진인야　　　문원묘결어보월산

與堂弟弘請　剏於萬德山　各占構堂宇　甚有力焉
여당제홍청　창어만덕산　각점구당우　심유력언

平生未嘗現嗔怒相其子往鄰邑　忽爲大虫所害　彪爲辦紙墨
평생미상현진노상기자왕린읍　홀위대충소해　표위판지묵

請山人一如　書法華經
청산인일여　서법화경

忽感青鳥來入經室　貌甚閑暇
홀감청조래입경실　모심한가

如是者　至于再三　泊經將畢
여시자　지우재삼　계경장필

夢亡子告曰　囚寫經力
몽망자고왈　인사경력

得爲純善美丈夫身
득위순선미장부신

● 죽은 누이가 징험을 알려줌

三785)妹告徵　삼매고징

여우시금786)은 김식787)의 둘째 딸인데, 그의 남동생인 도인 지허는 항상 『법화경』을 독송하고 있었다. 그런데 여인이 갑자기 병이 들어 죽었다. 그녀는 죽을 때 꿈에 지허에게 부탁하기를, "네가 나를 위해 『법화경』의 법석을 베풀어 극락으로 가는 것을 도와 다오"라고 하였다.

이때 지허는 혈구사에 있었는데, 꿈을 꾸고는 곧 집으로 돌아와 집안을 깨끗이 소제하고, 이레를 기약하고 항상 『법화경』을 독송하는 보살을 청해다가 밤낮으로 정진하였다. 마지막 날 김 씨가 또 꿈에 나타나서 "잠깐 경을 들은 힘으로 좋은 곳에 태어나게 되었다"라고 하였다.

후에 지허는 절에 돌아가 여러 사람들에게 이 사실을 자세히 이야기 하였다.

女右侍禁　金軾之第二女也
녀우시금　김식지제이녀야

其弟道人之虛　常誦蓮經
기제도인지허　상송련경

女忽遘疾　命終托之虛
녀홀구질　명종탁지허

告曰請爲我設法華勝筵
고왈청위아설법화승연

用助超升　時之虛　住穴口寺
용조초승　시지허　주혈구사

得得來家　即洒掃私第
득득래가　즉주소사제

---

785) 三은 亡으로 해석함.
786) 侍禁 : 內侍省에 속한 대궐에 있는 벼슬.
787) 金軾 : 고려 때 문신. 侍御史로서 침입한 몽고군의 철수를 요청하여 물러가게 함.

約一七日 請持經開士
약일칠일 청지경개사

金氏又現夢曰 暫聞經力
김씨우현몽왈 잠문경력

六時精進 至罷席日
륙시정진 지파석일

得生勝處 後虛到社 委說如此
득생승처 후허도사 위설여차

부록

만덕산백련사 제2대 정명국사후집

찾아보기

일지암본 호산록 영인본

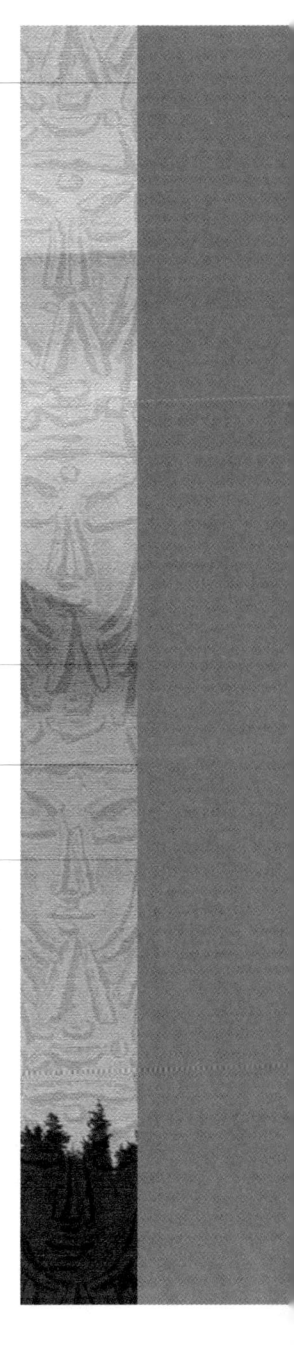

만덕산백련사 제2대 정명국사후집

(萬德山白蓮社 第二代 靜明國師後集)

정명천인(靜明天因) 찬술

    머리 조아려 영산 회주이시고 우리 스승이신 석가여래부처님을 비롯하여 『법화경』의 모든 부처님 보살님과 시방세계 깊고 넓은 회상의 다함없는 삼보 전에 귀의하옵고 서원합니다.

    저는 본래 어리석고 미약하고 열등한 근성이오나 다행히 불법이 사라지지 않은 때를 만나 수승한 부류에 참석하여 정법을 듣고 훈습되었으니 저로서는 경사스럽고 다행한 일이 아닐 수 없습니다. 그러하오나 끝없는 옛적부터 업장이 두터워 잘 닦지도 지니지도 못한 것이 참으로 원통스럽습니다. 원컨대 삼보의 대자대비하신 위신력 앞에 저의 모든 업장을 지금 참회하오니 남김 없도록 해주시고, 작은 선이 있었다면 더 늘여 모두 다 극락세계의 아미타불국토에 회향토록 해주시옵소서. 친히 부처님의 힘을 받자와 큰 지혜를 성취하고 무생인을 깨달아 공덕을 원만히 하고 신통이 자재하여 중생을 널리 구제하여 열반의 즐거움을 증득하도록 하겠습니다.

    이러한 서원 때문에 삼가 제 소견을 다하여 미타찬게 및 법화수품찬게를 지어 진심에서 우러나오는 정성을 나타내옵니다.

右稽首歸命 于靈山會主 我本師釋迦如來爲首法華經中 諸佛菩薩 十方海會
우계수귀명 우영산회주 아본사석가여래위수법화경중 제불보살 시방해회

無盡三寶前 發此願言 弟子某甲 本以下愚微劣根性 幸逢佛法 未隆之時
무진삼보전 발차원언 제자모갑 본이하우미열근성 행봉불법 미추지시

叅預勝流 聞熏正法 私自慶幸 雖然無始已來 業障濃厚 不善修持
참예승류 문훈정법 사자경행 수연무시이래 업장농후 불선수지

誠可痛焉 願承三寶大慈大悲威神之力 令我所有業障　從今懺悔
성가통언 원승삼보대자대비위신지력 령아소유업장　종금참회

永盡無餘 所有小善 漸令增長 皆悉迴向極樂世界彌陀佛國 親承佛力
영진무여 소유소선 점령증장 개실회향극락세계미타불국 친승불력

成就大智 悟無生忍 圓滿功德 神通自在 廣度衆生 證涅槃樂 如斯願意
성취대지 오무생인 원만공덕 신통자재 광도중생 증열반락 여사원의

謹竭鄙懷 作彌陀讚偈及法華隨品讚偈 以表丹誠耳
근갈비회 작미타찬게급법화수품찬게 이표단성이

● **미타를 찬탄하는 게송** [彌陀讚偈]

내가 들으니 미타의 법성신은

한량없는 허공과 같아 걸림이 없고

법성에 의해 노사나불을 나투니

서방정토를 떠나지 않고 사바세계에 두루하시네.

我聞彌陀法性身 量等虛空無罣碍
아문미타법성신 양등허공무가애

依於法性現尊特 不動西方徧沙界
의어법성현존특 부동서방변사계

이것은 우리의 몸과 마음을 여의지 않은 것이니

마음 밖에서 따로 구하면 아주 전도되었네.

무릇 있는 바 형상은 다 허망한 것이니

하나의 근원은 청정할 뿐 오고 감이 없네.

是則不離我身心 心外別求甚顚倒
시측불리아신심 심외별구심전도

凡所有相皆虛妄 一源淸淨無來往
범소유상개허망 일원청정무래왕

마음이 깨끗하면 불국토가 깨끗하고

생각을 움직이면 바로 정토라는 것 비로소 알겠네.

마음이 더러운데 연화계에 태어나려함은

마치 모난 나무로 둥근 구멍 맞추려함과 같네.

信知心淨佛土淨　動念即是生淨土
신지심정불토정　동념즉시생정토

心染欲生蓮華界　如將方木逗圓孔
심염욕생련화계　여장방목두원공

아미타불이 전생에 왕자일 적에

법화를 복강하고는 빨리 성불하시니

금세에 법화와 인연 맺은 이는

저 곳에 태어나 친히 설하시는 묘한 법문 직접 들으리.

彌陁昔爲王子時　覆講法華疾成佛
미타석위왕자시　복강법화질성불

今世結緣法華者　生彼親聞轉最妙
금세결연법화자　생피친문전최묘

● 『묘법연화경』을 총체로 찬탄함[妙法蓮華經摠讚]

머리 숙여 원만한 경인

대승 묘법연화경에 귀의하오니

부처님께서 원만한 법음으로 말씀하신 바

본래 시닌 묘한 이지 헤아리기 어렵네.

稽首圓滿修多羅　大乘妙法蓮華經
계수원만수다라　대승묘법연화경

金口圓音所演說　本有理妙難思議
금구원음소연설　본유리묘난사의

말이 끊겼기에 묘법이라 하고

본래 청정하기에 연화에 비유하니

제법실상으로 본체를 삼고

평등한 부처님 지혜 미묘한 종지라네.

迥絶言辭稱妙法 本來清淨喩蓮華
형절언사칭묘법 본래청정유연화

諸法實相爲正體 平等佛慧爲妙宗
제법실상위정체 평등불혜위묘종

말 한 마디마다 법계 두루 하고

글자마다 서로 갖춘 것이 제석천의 구슬[1]같네.

여래의 비밀스런 법장 매우 깊고 멀어서

사십여 년이 되었으나 아직 드러내지 않았네.

一一言句徧法界 字字互具如帝珠
일일언구변법계 자자호구여제주

如來秘藏甚深遠 四十餘年未開示
여래미장심심원 사십여년미개시

오랫동안 침묵하시다 지금 그 본 뜻 밝히시니

둘도 없고 셋도 없고 오직 일승뿐이라네.

묘하도다. 이 법이여 아주 드무니

마치 우담발화[2]가 한 번 핌과 같네.

久默本懷今乃暢 無二無三唯一乘
구묵본회금내창 무이무삼유일승

妙哉此法甚希有 如優曇華時一現
묘재차법심희유 여우담화시일현

---

1) 제석천 궁전을 장엄하는 망은 각각 코마다 보배구슬이 붙어서 각각의 코에 달린 보주는 다른 일체의 보주의 그림자를 비치고 그 하나하나의 그림자 속에 다른 일체의 그림자가 비치는 것처럼 무한히 교착되어 반영되고 있다.

2) 범어는 udumbara이며, 의역하여 靈瑞花·瑞應花라고 하고 인도에서 전륜성왕이 나타날 때 꽃이 핀다고 상상하는 식물이며, 3,000년에 한 번 꽃이 핀다고 상상함으로써 매우 드물다는 비유로 쓰이고 있다.

- **『묘법연화경』을 품에 따라 찬탄함 [妙法蓮華經隨品別讚]**

제1 서품(序品)

여래가 영축산에 상주하시며
백호의 광명으로 만팔천 불국토 비추니
하늘은 네 꽃 내리고 땅은 여섯[3]으로 진동하며
이 곳과 저 세상의 여러 모습 보이시네.

如來常住靈鷲山　毫光照萬八千土
여래상주영취산　호광조만팔천토

天雨四花地六動　示現二土種種相
천우사화지육동　시현이토종종상

성문 사부대중과 그리고 보살과
천룡팔부가 모두 둘러싸고
법신대사가 그림자와 메아리 같이 따라다녀
교화주의 모습과 음성이 더욱 빛났네.

聲聞四衆及菩薩　天龍八部共圍繞
성문사중급보살　천룡팔부공위요

法身大士作影響　化主形聲愈光揚
법신대사작영향　화주형성유광양

목건련과 사리불이 상수가 되니
끊임없는 근기들의 종기가 터지려 하는데
무량한 법을 거두어 일승에 모으고자
먼저 한 법에서 무량한 법 나옴을 설하네.

---

3) 여섯으로 진동함은 부처의 설법을 알리는 조짐이다. 여섯은 ① 動 : 한쪽으로 움직이는 것 ② 起 : 흔들려 일어나는 것 ③ 涌 : 솟아나는 것. 이상은 땅이 흔들리는 모양인데 이하는 그 소리를 가리킨다. ④ 覺 또는 擊 : 큰 소리 ⑤ 震 : 은은한 소리 ⑥ 吼 : 부르짖는 소리.

目連鷲子爲上首　無盡當機癰欲潰
목련추자위상수　무진당기옹욕궤

欲收無量會歸一　先說一法出無量
욕수무량회귀일　선설일법출무량

미륵보살이 은근히 의문을 내어 물으니
문수사리가 옛 일 끌어들여 분명히 대답하되
현재의 부처와 과거 부처의 일이 모두 같다 하니
그러므로 법왕의 법이 이와 같음을 알 수 있네.

彌勒殷勤發疑問　文殊引古答分明
미륵은근발의문　문수인고답분명

今佛古佛事皆同　故知法王法如是
금불고불사개동　고지법왕법여시

제2 방편품(方便品)

부처님이 선정에서 일어나 방편 찬탄하니
오직 삼승 열어 일승 나타내는 것인데
삼천의 묘한 경계 생각할 수 없는 것이니
오직 부처님들만이 이 일 아시네.

佛從定起歎方便　祇爲開三方顯一
불종정기탄방편　지위개삼방현일

三千妙境叵思議　唯佛乃能知是事
삼천묘경파사의　유불내능지시사

수많은 이승도 오히려 알지 못하고
수많은 보살도 믿지 못하니
세 번 그치시고 세 번 청한 것 얼마나 간절하여

일대사인연이 어찌 알기 쉬운 것이랴.

稻麻二乘猶不識　恒沙菩薩亦難信
도마이승유불식　항사보살역난신

三止三請何殷勤　大事因緣豈容易
삼지삼청하은근　대사인연기용이

불지견 마음에 있으나
중생들 스스로 미혹했을 뿐인데
원만한 법음 한 마디로 단박에 깨치니
제법은 본래 항상 적멸한 상이네.

佛之知見蘊在心　但是衆生自迷惑
불지지견온재심　단시중생자미혹

圓音一下頓開悟　諸法本來常寂滅
원음일하돈개오　제법본래상적멸

인간과 하늘이 작은 선으로 모두 부처 이루거늘
하물며 『법화경』 한 구절을 지닌 자이랴.
한번 불지견을 연 후에 닫으신 적 없으니
우리들도 성불할 것 알 수 있네.

人天小善皆成道　何況一句受持者
인천소선개성도　하황일구수지자

一開之後無所閉　我等亦知當作佛
일개지후무소한　아등역지당작불

제3 비유품(譬喩品)

상근기는 법설주에서 이미 깨달았으나

중근기는 미혹에 싸여 여전히 못 버리니

산 넘어 달 저문 뒤에 부채를 들어 비유하고

허공에 바람 잦아진 뒤에 나무를 흔들어 깨우치네.

上根法說已得悟　中根抱迷猶未遣
상근법설이득오　중근포미유미견

重峯月隱可擧扇　風息大虛宜動樹
중봉월은가거선　풍식대허의동수

그러므로 비유를 써서 진리를 드러내니

온갖 법은 분명히 모두 참된 모습이네.

삼계의 집 가운데 큰 불 일어나

사면이 모두 타올라 벗어날 길 없는데

故將譬喩顯眞理　諸法了然皆實相
고장비유현진리　제법료연개실상

三界宅中大火起　四面俱燒無出路
삼계택중대화기　사면구소무출로

여러 아들 알지 못해 아직도 집안에 있으니

장자가 어찌 놀라서 구하려 하지 않겠는가.

먼저 진귀한 장난감으로 아이들 마음에 맞추려

문 밖에 세 수레가 있다고 말하였네.

諸子無知猶在中　長者何心不驚救
제자무지유재중　장자하심불경구

先將珍玩適其情　謂言門外有三車
선장진완적기정　위언문외유삼차

아이들은 밖으로 나와서야 그것이 방편일 줄 알고

몸과 마음 안전하게 한 길에 나왔네.

뛰어나도다. 장자의 치우침 없는 사랑이여.

흰 소가 끄는 큰 수레 평등하게 나누어주었네.

出外方知是方便　身意泰然當露地
출외방지시방편　신의태연당로지

快哉長者愛無偏　白牛大車平等賜
쾌재장자애무편　백우대거평등사

제4 신해품(信解品)

여래께서 불난 집 비유를 널리 설하시니

금빛 두타⁴⁾ 마하가섭 등이 사자후를 하였네.

두 가지 법을 골고루 궁구하여 부처님 뜻 깨쳐 아니

삼세제불의 교화하는 법이 손바닥 보듯 분명하도다.

如來廣說火宅喩　金色頭陀師子吼
여래광설화택유　금색두타사자후

齊探二領解佛意　三世化儀如指掌
제탐이령해불의　삼세화의여지장

안타깝다. 못난 아들 본래 살던 성을 버리고

타향을 돌아다니며 온갖 고난 겪다가

사방으로 아들 찾던 장자와 몇 년 만에

문 앞에서 서로 만나니 얼마나 다행인가.

---

4) 범어 dhūta의 음역이며 修治·棄除·斗藪라 번역한다. 의식주에 대한 탐착을 버리고 심신을 수련
하는 것을 말한다. 이 두타의 생활규범에 12조항을 세워 12두타행이라고 한다. ① 아란야처에 머물
것 ② 항상 걸식할 것 ③ 걸식 시 빈부를 가리지 말고 차례로 할 것 ④ 하루 한 끼니만 받을 것 ⑤
과식하지 말 것 ⑥ 중식이 지난 正午 후에는 과실즙·석밀(石蜜) 등을 먹지 아니함 ⑦ 해어지고 헐
은 감으로 만든 옷을 입을 것 ⑧ 三衣 외에는 소유하지 말 것 ⑨ 무덤 곁에 머물면서 무상관에 도
움이 되도록 함 ⑩ 나무 밑에 머무름 ⑪ 한 데에 앉을 것 ⑫ 항상 앉아 있고 눕지 않음을 말한다.

咄哉窮子捨本城 流落他鄕轉辛苦
돌재궁자사본성 유락타향전신고

幾年長者四方求 何幸門前相會遇
기년장자사방구 하행문전상회우

그러나 비루한 뜻 단박에 돌이키지 못하여
여전히 움막에서 거름을 치우게 하더니
어느 날 아침, 장자가 간곡히 말하기를
너는 내 아들이며 나는 너의 아버지니라.

但由鄙志頓難迴 猶向草菴除糞土
단유비지돈난회 유향초암제분토

一朝長者語丁寧 汝是吾子吾是父
일조장자어료녕 여시오자오시부

먼저 들어오고 나간 재물 모두 네가 알아서 하고
집에 있는 수많은 보배도 모두 네 것이니라.
홀연히 얻었으나 실로 바라던바 아니니
그지없는 이 은혜 무엇으로 갚으리오.

先所出內汝自知 無盡家珍皆所有
선소출내여자지 무진가진개소유

忽然頓得實非望 莫大之恩何以報
홀연돈득실비망 막대지은하이보

제5 약초유품(藥草喻品)

대지에 나는 것들 몇 가지인지 아는가
약초는 작용이 강해 두루 병을 고치나니
큰 바다 용신들이 비를 내리려 할 때엔
번갯불은 번쩍이고 천둥소리 진동하며

大地所生知幾種 藥草用强偏治病
대지소생지기종 약초용강편치병

大海龍神將降雨 電光晃耀雷聲震
대해룡신장강우 전광황요뢰성진

한 점의 먹구름 삼천세계에 두루 퍼져
한 빗물 고루 뿌려 생명들 널리 적시네.
세 가지 풀과 두 가지 나무들 모두 흠뻑 젖어서
크고 작은 뿌리와 줄기 단박에 자라나 무성해지네.

一雲徧布三千界 一雨普潤羣生類
일운변포삼천계 일우보윤군생류

三草二本悉蒙潤 大小根莖頓滋茂
삼초이본실몽윤 대소근경돈자무

법왕이 내리는 진리의 빗물은 가이없이 적셔서
법의 씨앗 점점 자라나게 하나
실지로 근기와 성품에 날카로움이나 무딤이 있어
감당할 힘에 따라 각각 깨달음 얻네.

法王法雨潤無邊 令法種子漸增長
법왕법우윤무변 령법종자점증장

良由根性有利鈍 隨其所堪各得解
량유근성유리둔 수기소감각득해

몇 년 동안 힘들게 길들였던가
소와 락과 제호가 한 맛이 되니
차별 속에 본래 차별 없는 도리 있어
마침내 하나의 참된 경계로 돌아갈 줄 알거라.

幾年勤苦爲調熟 酥酪醍醐成一味
기년근고위조숙 소락제호성일미

信知差別本無差 究竟同歸一實境
신지차별본무차 구경동귀일실경

제6 수기품(授記品)

법성은 맑고 깨끗해 허공과 같고

본제[5]는 평등하여 높고 낮음이 없으니

어찌 털끝만한 나고 사라짐이라도 용납하겠나.

하물며 겁과 국토, 몸과 수명 어디 있으리오.

法性湛然如虛空 本際平等無高下
법성담연여허공 본제평등무고하

豈容生滅一纖毫 況有劫國身壽量
기용생멸일섬호 황유겁국신수량

네 큰 성문은 곧 응신[6]으로 나툰 몸이니

참된 자리로는 오래 전에 이미 원만한 깨달음 증득하였네.

다만 중생들에게 나타내 보이려 자취를 소승에 두었으나

오늘 마음 돌리면 바야흐로 대승에 드네.

四大聲聞是應化 眞位久已證圓極
사대성문시응화 진위구이증원극

但由示現迹在小 今日迴心方入大
단유시현적재소 금일회심방입대

당래에 얻을 깨달음의 과위 언제 성숙되며

그 때의 국토장엄은 어떤지 알 지 못한다.

부처님께서 그들 앞에 기별주심 듣고서야

결정코 참으로 부처임을 밝게 알게 되니

未知當果幾時熟 國土莊嚴復何似
미지당과기시숙 국토장엄부하사

---

5) 眞際, 實際라고도 한다. 근본 궁극이 되는 진실한 끝이란 뜻. 진여 또는 열반을 말한다.

6) 범어 nirmāṇa-kāya의 번역. 중생의 근기에 따라 나타낸 佛身. 중생을 제도하기 위해 본래 시간·공간의 한계를 초월한 무한의 佛境界로부터 거짓으로 제한의 시간·공간적 형상을 나타낸 應化身·化身·變化身이라고도 한다.

須聞金口現前記 決定了知眞是佛
수문금구현전기 결정료지진시불

마치 굶주리던 끝에 왕의 진수성찬 만나도

반드시 왕의 교시 있어야만 먹을 수 있음과 같네.

옛부터 품어온 의심 걱정 단박에 얼음 녹듯 풀려야

온갖 뜨거운 번뇌가 다 맑고 시원해지리.

如從飢國遇王饍 必須王敎乃敢食
여종기국우왕선 필수왕교내감식

從前疑悔頓氷釋 一切熱惱皆淸涼
종전의회돈빙석 일체열뇌개청량

제7 화성유품(化城喩品)

설법과 비유[7]로 심히 분명하건만

아직도 하근기 의심 풀지 못하여

그 때문에 지난날의 근본인연 들어서

널리 원래의 초발심한 곳을 보여주시네.

二周法譬甚分明 尙有下根疑未了
이주법비심분명 상유하근의미료

故談往昔本因緣 廣示元初發心處
고담왕석본인연 광시원초발심처

과거에 대통지승여래께서

팔천 겁 동안 이 경 설하시니

열여섯 아들들이 설법을 도와드리려

---

7) 法說周와 譬說周의 두 가지. 법설주는 방편품과 비유품, 비설주는 비유품·신해품·약초유품·수기품에
해당한다. 그 이후의 화성유품과 오백제자수기품, 수학무학인기품은 인연을 들어 설하므로 因緣周
라고 한다. 이 셋을 법화경의 적문을 설한 세 가지 방법으로서 三周說라고 한다.

인연 맺은 사부대중 갠지스강 모래알 같네.

過去有佛號大通　滿八千劫說是經
과거유불호대통　만팔천겁설시경

有十六子助宣說　結緣四衆如恒沙
유십육자조선설　결연사중여항사

날 적마다 서로 만나 지금에 이르렀는데

어쩌다가 중간에 잊고서 다시 소승을 취하였으니

마치 어떤 사람이 본래 보배 물가에 나아가려 했으나

중도에 지치고 나태해져 물러나 되돌아가려 함과 같네.

世世相値至于今　胡奈中忘還取小
세세상치지우금　호내중망환취소

如人本欲趣寶渚　中路疲懈欲退還
여인본욕취보저　중로피해욕퇴환

길잡이는 방편으로 화성을 만들어서

삼시 쉬고 나면 이내 없애버리고

다시 길을 재촉하여 본래 기약한 곳에 이르러서야

비로소 그 성이 헛것임을 아나니.

導師方便設化城　旣止息已卽滅之
도사방편설화성　기지식이즉멸지

更令進道至本期　到此方知城是化
갱령진도지본기　도차방지성시화

제8 오백제자수기품(五百弟子授記品)

앵무새가 희고 밝은 부리를 쓰듯
부루나미다라니는 법 설하는 이 가운데 으뜸이라 불렸네.
잠깐 사이에 묵묵히 깨달아 얻으니
부처님만이 그의 본래 서원 아시네.

滿慈白晳鸚鵡觜　說法人中稱第一
만자백석앵무자　설법인중칭제일

能於一念默然解　唯佛能知本所願
능어일념묵연해　유불능지본소원

안으로 갖추고 겉으로 나타내어 부처님의 교화 도우니
그러므로 미래에 성불하리라는 기별을 주셨네.
천이백 아라한도 모두 기뻐하자
잇달아 같은 이름으로 기별을 받았네.

內秘外現助法化　故授當來成道記
내비외현조법화　고수당래성도기

千二百聖亦慶喜　轉次受決同一號
천이백성역경희　전차수결동일호

그 가운데 오백명은 각각 스스로 뉘우치되
안타깝다, 적은 이익 얻고도 만족했으니
가난한 사람이 술에 취해 친구집에 누어서
옷 속에 맑은 구슬 매어둔 줄 모른 것 같네.

其中五百各自悔　咄哉得小便爲足
기중오백각자회　돌재득소편위족

貧人醉臥親友家　不知衣裏繫明珠
빈인취와친우가　불지의리계명주

갑자기 술이 깨어 다른 나라 다니며
온갖 고난 겪으며 여러 해를 구걸하다
어느 날 우연히 옛 친구를 만나서야
값진 보배구슬 본래 내 품에 있음을 알았네.
忽然醉起遊他國　辛苦多年覓衣食
홀연취기유타국　신고다년멱의식

一朝會遇昔時友　無價寶珠非外得
일조회우석시우　무가보주비외득

제9 수학무학인기품(授學無學人記品)

부처님께서 태자로 왕궁에 계실 적의
라훌라와 아난이 부처님 제자 되니
아난은 상호 가장 단정하고 위엄 있어
눈은 연꽃과 같고 얼굴은 밝은 달 같았네
金輪太子在王宮　羅睺阿難爲弟子
금륜태자재왕궁　라후아난위제자

阿難相好最端嚴　目如蓮華面如月
아난상호최단엄　목여련화면여월

법왕이 세상에 오시자 시자 되기를 구하니
동쪽의 해가 서쪽 벽을 비추듯 하였네.
공왕불8) 처소에서 부처님과 함께 발심하여
그는 법을 많이 듣기 좋아하고 부처님은 정진에 힘썼네.
法王出世求爲侍　猶如東日照西壁
법왕출세구위시　유여동일조서벽

空王佛所同發心　彼則多聞我精進
공왕불소동발심　피칙다문아정진

---

8) 과거세의 한 부처님. 공왕은 부처의 총칭이었으나 지금은 한 부처만을 일컫는다.

그 때문에 시자 되어 받들어 모시니

불법의 큰 바다 마음에 흘러들도다.

라훌라의 비밀한 행 누가 알 수 있겠나

법 따라 화생하여 법의 아들 되었네.

故爲侍者能奉持 佛法大海流入心
고위시자능봉지 불법대해류입심

羅睺密行誰得知 從法化生爲法子
라후밀행수득지 종법화생위법자

이천 성문 그 뜻 유연하며

고요하고 깨끗하여 온갖 티끌 받지 않더니

문득 기별 주시는 장엄한 일 듣고

큰 기쁨 충만함이 단 이슬 같았네.

二千聲聞意柔輭 寂然淸淨不受塵
이천성문의유연 적연청정불수진

忽聞授記莊嚴事 大喜充滿如甘露
홀문수기장엄사 대희충만여감로

제10 법사품(法師品)

삼주의 바른 설법 마치고 나니

적문의 유통분9) 여기에서 비롯되네.

한 구절이라도 수지하면 모두 수기 주고

열 가지10)로 공양하면 도 이루네.

---

9) 법화경을 천태종에서는 本迹二門을 세우는데 여기에 각각 序分·正宗分·流通分이 있다. 제1서품은
적문의 서분이고, 제2방편품에서 제9수학무학인기품까지는 적문의 정종분이며, 제10법사품부터 제
14안락행품까지는 적문의 유통분이고 그 이하는 본문에 해당된다. 여기서는 제10법사품에서 적문
의 유통분이 시작됨을 말하는 것이다.

10) 열 가지는 꽃향·영락·말향(抹香)·도향(塗香)·소향(燒香)·증개(繒蓋)·당번(幢幡)·옷·음악이다.

三周正說旣云畢　迹門流通此爲始
삼주정설기운필　적문류통차위시

一句受持咸與記　十種供養當成道
일구수지함여기　십종공양당성도

악한 세상 경 유통시킴은 어려운 일이니

법사는 세 가지 법 갖추어야 하네.

대자비로 방을 삼고 인욕으로 옷 삼고

일체법의 공함을 법의 자리로 삼네.

惡世通經是難事　法師須具三方軌
악세통경시난사　법사수구삼방궤

大慈爲室忍爲衣　一切法空爲法座
대자위실인위의　일체법공위법좌

이것이 보살도를 잘 행하는 것이니

우물 팔 때 진흙 보면 물에 가까워 짐 앎과 같네.

여래는 항상 변화의 몸 보내고

청정하고 광명한 몸 나타내시니

是則善行菩薩道　鑿井見泥知近水
시칙선행보살도　착정견니지근수

如來常遣變化人　亦現淸淨光明身
여래상견변화인　역현청정광명신

공적하고 한가로운데 있으면 지키고 보살펴주시며

경의 글귀 잊으면 깨우쳐 주시니

이 사람은 진정 여래의 사자로서

자리이타에 끝내 싫증내지 않네.

若在空閑作衛護　若有忘失令通利
약재공한작위호　약유망실령통리

此人眞是如來使　自利利他終不倦
차인진시여래사　자리이타종불권

제11 견보탑품(見寶塔品)

다보여래 입멸하신 지 오랜 뒤에

보탑이 갑자기 땅에서 솟고

탑 속에서 또한 큰 음성 내어

여래의 거침없는 설법 찬탄하였네.

多寶如來久滅度 寶塔忽然從地涌
다보여래구멸도 보탑홀연종지용

塔中又出大音聲 讚歎如來快說法
탑중우출대음성 찬탄여래쾌설법

잘하는구나. 잘하는구나. 석가모니여.

이와 같이 이와 같이 진실한 모습이라 하시며

지난 일과 미래 일 증명하시니[11]

신통과 원력은 생각으로 헤아리기 어렵네.

善哉善哉釋迦文 如是如是眞實相
선재선재석가문 여시여시진실상

先爲證前次證後 神通願力難思議
선위증전차증후 신통원력난사의

사바세계 그대로를 청정하게 만들고

천인들 다른 세계로 옮기나 원래는 움직인 바 없네.[12]

시방분신 운집해

각각 보리수 아래 사자좌에 앉았네.

卽此娑婆變淸淨 天人縱移元不動
즉차사바변청정 천인종이원불동

---

11) 다보여래가 과거에 보살도 행할 때 서원하되 '내 멸도 후 법화경 설하는 곳 있으면 그 경 듣기 위해 그 앞에 내 탑 솟아나 찬탄하여 증명하리라' 고 하는 내용이다.

12) 땅에서 솟은 다보탑이 다보여래를 대중에게 보이려면 부처님의 시방분신 제불을 다 모아야만 된다고 과거에 다보여래께서 말씀하셨다. 그러므로 시방 분신제불이 모이려면 국토가 모자라므로 천인들을 다른 데로 옮긴 내용이다.

十方分身共雲集　各坐樹下師子座
십방분신공운집　각좌수하사자좌

부처님 손으로 탑문 열어 다보여래 금빛 몸 보이시고

탑 안으로 들어가 그 옆에 앉으시니

지금에 생겨남도 없고 옛날에 멸함도 없어

법성의 바다 가운데 거품 일어나고 사라짐과 같네.

手開塔戶示金身　身入塔中同半座
수개탑호시금신　신입탑중동반좌

今本不生昔不滅　法性海中漚出沒
금본불생석불멸　법성해중구출몰

제12 제바달다품(提婆達多品)

과거왕은 법 귀중히 여겨 왕위 버리니

버리기 어려운 것 버렸으매 진정한 장부로다.

아사선인 그를 위해 설법하니

밤낮으로 공손하게 바쳐 시중드네.

昔王重法捨王位　難捨能捨眞丈夫
석왕중법사왕위　난사능사진장부

阿私仙人爲宣說　日夜給侍常殷勤
아사선인위선설　일야급시상은근

몸으로 마루를 삼더라도 피곤해 하지 않으니

땔나무 해오고 물 긷는 일 어찌 감히 사양하리오.

이것이 지난날의 선지식(아사선인)이었는데

지금은 도리어 악행으로 부처님 교화 돕네.

身爲床座尙不倦　採薪汲水何敢辭
신위상좌상불권　채신급수하감사

是爲往昔善知識 今將惡行助揚化
시위왕석선지식 금장악행조양화

선악이 만나는 곳은 원래 하나인데

거스르고 따르는 행 하늘도 예측할 수 없네.

문수의 큰 지혜는 끝없는 중생 교화하니

팔세된 용 아가씨 단박에 성불하네.

善惡之極元是一 逆行順行天莫測
선악지극원시일 역행순행천막측

文殊大智化海衆 八歲龍女頓成佛
문수대지화해중 팔세용녀돈성불

남녀와 귀천의 본체는 정해진 것 없거늘

형상을 분별하여 더욱 어리석어 진다네.

둥근 구슬 한 개[13]는 두루 깨달음의 원인 표시하니

청정본원은 막힘이 없네.

男女貴賤體無定 分別形相轉爲癡
남녀귀천체무정 분별형상전위치

圓珠一顆表圓因 淸淨本源無罣碍
원주일과표원인 청정본원무가애

제13 권지품(勸持品)

여래가 옛일 들어 모든 성인 깨우치니

도를 중히 여기고 생명을 가벼이 여겨 뜻 더욱 깊어지네.

사바악세는 수행하기 어려우니

---

13) 용녀가 여자도 성불할 수 있음을 보이기 위해 부처님께 보배 구슬 한 개를 바치고, 이 바치는 것
    보다 더 빨리 성불함을 대중에게 보임.

인욕의 힘없으면 진실로 두려우리라.

如來引古叩衆聖　重道輕生意彌篤
여래인고고중성　중도경생의미독

娑婆惡世難行道　忍力未成誠可畏
사바악세난행도　인력미성성가외

이만의 보살은 큰 인욕의 힘으로

이 국토에서 『법화경』 널리 펴고자 서원하고

오백 아라한과 팔천 성문은 새로 수기 받으니

다른 국토에서 널리 『법화경』 유통하고자 서원했네.

二萬大士大忍力　能於此土誓弘經
이만대사대인력　능어차토서홍경

五百八千新得記　故於他土廣流通
오백팔천신득기　고어타토광류통

또 모든 보살은 부처님 뜻 따라

오탁악세 중에 널리 설법하고자 서원하되,

칼이나 몽둥이로 매질하고 욕하더라도

인욕의 갑옷 입었으니 어찌 다치겠는가?

又諸大士順佛意　五濁惡世誓宣說
우제대사순불의　오탁악세서선설

刀杖來加惡口罵　忍辱鎧中何所損
도장래가악구매　인욕개중하소손

저희는 몸 아끼지 않고 다만 도 아끼나이다 하니

훌륭하도다. 큰 서원 바다와 같이 깊도다.

지금 『법화경』 듣고 봄은 누구의 은혜인가

뼈가 가루되고 몸 부셔져도 다 갚지 못하네.

我不愛身但惜道　大哉弘誓深如海
아불애신단석도　대재홍서심여해

至今聞見是誰恩　粉骨碎身未足酬
지금문견시수은　분골쇄신미족수

제14 안락행품(安樂行品)

부처님 초심자를 위해 이 경전 말씀하는 방법 보이시니

네 가지 법에 안주하여 법을 말하라 하셨네.

몸으로 열 가지 어지러움 멀리 떠나

항상 조용한 곳에서 마음을 거두라 하셨네.
佛爲初心示方軌　安住四法乃可說
불위초심시방궤　안주사법내가설

身當遠離十惱亂　常處空閑修攝心
신당원리십뇌란　상처공한수섭심

입으로는 대승법 항상 즐거이 말하고

타인의 장단점을 말하지 말며

마음으로는 질투 화냄 오만을 여의고

또한 남 경멸하거나 법 희론 하지 말라 하셨네.
口常樂說大乘法　不說他人長與短
구상락설대승법　불설타인장여단

心能捨離嫉恚慢　亦不輕蔑戲論法
심능사리질에만　역불경멸희론법

서원하기를 지비심을 일으켜

말법 중에 항상 연설하리라 하라.

몸과 입과 뜻의 서원 다 안락하면

움직임도 받음도 행한 바도 없으니
誓願當發慈悲心　於末法中常演說
서원당발자비심　어말법중상연설

身口意願悉安樂　無動無受無所行
신구의원실안락　무동무수무소행

이 경은 하물며 상투 속의 구슬 같아

삼세여래께서 비밀히 간직하셨네.

장하여라. 귀중히 여겨 이 사람이 감당해 내면

꿈가운데서도 동륜위에 들어가리라.[14]

何況此經如髻珠　三世如來秘密藏
하황차경여계주　삼세여래비밀장

珍重是人能荷擔　夢中超入銅輪位
진중시인능하담　몽중초입동륜위

제15 종지용출품(從地涌出品)

적문 중의 삼분은 이미 설했고

바야흐로 본문이 여기에서 시작되네.

여래께서 오래고 긴 수명을 나타내시고자

옛날에 교화한 사람 먼저 부르셨네.

迹中三分說已竟　方爲本門成弄引
적중삼분설이경　방위본문성롱인

如來欲現久遠壽　昔時所化先召致
여래욕현구원수　석시소화선소치

삼천대천국토가 다 진동하여 갈라지고

무수한 보살이 함께 솟아나시니

거대한 몸의 금색과 대신통이여

---

14) 꿈에 국왕되어 궁전과 권속과 향락 버리고 도량에 이르러 도 구하기 7일 뒤에 깨달음을 이루고
　　설법하여 천만억겁 지나도록 중생을 구하다가 열반에 들음을 본다는 내용이다.

세간법에 물들지 않음이 연꽃과 같네.

三千大地悉震裂 恒沙菩薩同涌出
삼천대지실진렬 항사보살동용출

巨身金色大神通 不染世法如蓮華
거신금색대신통 불염세법여련화

스승은 가까운 곳에서 적멸도량 이루셨는데

제자들은 오랫동안 적광토[15]에 머무니

스승제자 깨달은 지 가깝고 오래되어

미륵보살까지도 의심이 생기네.

尊師近成寂滅場 弟子久住寂光土
존사근성적멸장 제자구주적광토

師弟久近至玄邈 致使補處生疑惑
사제구근지현막 치사보처생의혹

마치 젊고 건장하며 잘생긴 사람이

백세노인 가리켜 아들이라 하듯이

아비 젊고 자식 늙음, 믿기지 않거늘

세월 되돌리는 묘약의 힘, 누가 알리요?

譬如少壯色美人 指百歲人云是子
비여소장색미인 지백세인운시자

父少子老世不信 誰知妙藥還年力
부소자로세불신 수지묘약환년력

---

15) 4토(土) 중의 하나인 常寂光土이다. 4토(土)는 첫 번째 凡聖同居土이다. 이곳은 범부와 성인이 함께 머무는 곳으로, 穢土와 淨土가 있으며 응신불이 머문다. 두 번째 方便有餘土는 이승과 삼종 보살이 方便道를 증득하여 머무는 곳이다. 이승이 방편을 관하여 通敎의 미혹을 끊었지만 別敎 無明의 見·思惑을 끊지 못하여 3계 밖에 태어나 變易生死의 몸을 받아 태어나는 정토이며 응신불이 머문다. 세 번째 實實無障碍土는 因陀羅網蓮華藏世界이고 純諸法身菩薩이 머무는 곳으로 一實諦를 관하여 무명을 타파하고 法性身을 나타내어 진실과보를 얻었으나 무명은 오히려 남아 있다. 여기에는 보신불이 머문다. 네 번째 常寂光土는 묘각의 지극한 지혜가 여여법계의 이치를 비추는 국토이고, 부사의한 묘각의 지혜가 머무는 곳이며 법신불이 머문다.

제16 여래수량품(如來壽量品)

세존 수명 참으로 무량하니

진점겁 이전부터 닦아 얻은 것이라

단박에 박지16)에서 진실로 상주함을 증득하여

세세생생 시현함이 물에 비친 달과 같네.

世尊壽量實無量　塵點劫前所修得
세존수량실무량　진점겁전소수득

一從博地證眞常　世世示生如水月
일종박지증진상　세세시생여수월

비록 일만의 강속에 그림자가 분명히 비추어도

만고 허공에 달은 오직 하나뿐이니

생이 없는 데도 생을 나타내고 멸이 없는데도 멸을 보이니

생멸을 멸해버리면 적멸의 즐거움이네.

雖然萬水影分明　萬古虛空唯一月
수연만수영분명　만고허공유일월

非生現生非滅滅　生滅滅已寂滅樂
비생현생비멸멸　생멸멸이적멸락

중생은 모두 망견의 그물에 걸려

만나기 어렵단 마음 일으키지 않으니

갈망하는 마음 내어 선근 심도록

방편으로 열반에 드는 모습 나타내셨네.

衆生皆墮妄見網　不起希有難遭想
중생개타망견망　불기희유난조상

爲令竭仰種善根　故以方便現涅槃
위령갈앙종선근　고이방편현열반

---

16) 薄地와 같음. 아비발치 이후 아직 성불하지 못한 지위를 말한다.

위대한 의사가 약을 두고 떠나니
미친 아들 복용하여 병이 모두 나았듯이
애석하다, 우리들은 스스로 미혹에 눈이 멀어
영취산에 항상 설하고 계신 것 보지 못하네.

如大醫王留藥去 狂子服之能治病
여대의왕류약거 광자복지능치병

哀哉我輩自迷盲 不見靈山常住說
애재아배자미맹 불견영산상주설

제17 분별공덕품(分別功德品)

본래 수명 오래됨, 믿기 어려워
네 번 청하니 비로소 진리의 말씀 정성껏 펴셨네.
하늘에서 보배꽃 비 내리고 하늘 북이 울리며
하늘 사람들 이해하고 모두 환희하네.

本壽久成難可信 四請方宣誠諦語
본수구성난가신 사청방선성체어

天雨寶華天皷鳴 天人領解皆歡喜
천우보화천고명 천인령해개환희

근기 따라 얻는 이익 셀 수 없으니
수많은 중생들 도의 마음 내어
혹은 무생법인 증득하고 혹은 문지다라니,[17]
걸림 없는 요설변재 선다라니[18]도 얻었네.

當機獲益不可數 微塵衆生發道心
당기획익불가수 미진중생발도심

---

17) 聞持陀羅尼는 법을 듣고 기억해 지녀 잊지 않는 것. 持는 다라니의 역어이다.
18) 旋陀羅尼 : 법화 3다라니의 하나. 법문에 있어 旋轉이 자재한 힘을 얻는 것.

或證無生或聞持　無碍樂說旋惣持
혹증무생혹문지 무애요설선총지

불퇴전법륜인 청정법륜 굴리는

이와 같은 보살 셀 수 없는데,

일생보처보살에 이르기까지

도가 늘고 생멸 줄은 자 또한 수 없이 많네.

轉不退輪淸淨輪　如是菩薩微塵數
전불퇴륜청정륜 여시보살미진수

乃至一生補處位　增道損生亦無數
내지일생보처위 증도손생역무수

현재의 사신위[19] 물러남 없고

멸한 후 오품위[20] 무루에 가까워지니

항상 머무르시는 묘한 이익 넓고 끝이 없어

종자 익어 삼계를 벗어남이 지금도 쉼이 없네.

現在四信位不退　滅後五品近無漏
현재사신위불퇴 멸후오품근무루

常住妙益廣無邊　種熟脫三今不息
상주묘익광무변 종숙탈삼금불식

19) 四信 : 부처님의 수명이 무량함을 듣고 현재 일으키는 공덕임.
　　① 念信解는 부처님의 수명이 길다는 말을 듣고 모든 법은 본래 무작이고, 법계가 한결같다고 일
　　　념으로 믿고 신해를 내면 공덕이 무량하다는 것.
　　② 略解言趣는 부처님의 수명이 길다는 말과 뜻을 알면 여래의 무상지혜를 일으킨다는 것.
　　③ 廣爲人說은 널리 듣고 널리 알아서 남에게 널리 말해주고 널리 공양하면 일체종지를 낸다
　　　는 것.
　　④ 深信觀成은 부처님 수명이 길다는 것을 듣고 마음 깊이 믿으면 영축산에 계시며 설법하심을
　　　보는 것.
20) 五品位는 오품제자위라고도 한다. 원교 수행자의 十信 이전 外凡의 계위를 다섯 단계로 나눈 것.
　　隨喜品 · 讀誦品 · 說法品 · 兼行六度品 · 正行六度品의 다섯이다.

제18 수희공덕품(隨喜功德品)

호견21)이란 나무 땅속에서 싹이 백 아름

가릉빈가새 알 속에서도 다른 새소리보다 뛰어나듯

원교인의 일념은 본래 무념이니

삼천의 진실 되고 오묘한 이치 단박에 갖추네.

好堅在地芽百圍　迦陵殼聲勝諸鳥
호견재지아백위　가릉각성승제조

圓人一念本無念　頓具三千眞妙理
원인일념본무념　돈구삼천진묘리

이제 이 이치 듣고 따라 기뻐하니

법계에 환하게 모두 나타나네.

마음·부처·중생 차이 없음 믿는데

자기도 기쁘고 남도 기쁘게 하는 것 어느 것을 낫다하리요?

今聞此理發隨喜　法界洞然全體現
금문차리발수희　법계동연전체현

心佛衆生信無差　慶己慶他何可勝
심불중생신무차　경기경타하가승

듣고 가르침을 펴 오십 인에 이르면

그 공덕 오히려 대보살을 뛰어 넘고

같이 앉아 듣도록 하는 복도 무량하여

마침내 전륜왕 제석천왕자리 앉으리.

隨聞轉敎至五十　功德猶超大薩埵
수문전교지오십　공덕유초대살타

分座令聽福無量　當得輪王釋梵座
분좌령청복무량　당득륜왕석범좌

---

21) 땅 속에서 백년을 묵었다가 가지와 잎이 나온다는 전설의 나무.

남에게 권하여 가서 잠시 듣게 하여도
총지보살 계신 곳에 함께 하게 되니
맨 나중에 전해들은 이도 이와 같거늘
하물며 처음에 듣고 따라 기뻐함이랴.

勸人往聽須臾聞　即共惣持菩薩處
권인왕청수유문　즉공총지보살처

最後傳聞尙如是　何況初聞隨喜者
최후전문상여시　하황초문수희자

제19 법사공덕품(法師功德品)

초품은 원인의 공덕 먼저 헤아리고
지금은 상사위[22]의 과 공덕 밝히리.
중생심과 법이 본래부터 묘한데
다만 근과 대상이 물들어 보습에 집착할 뿐.

初品因功先校量　今明相似果功德
초품인공선교량　금명상사과공덕

衆生心法本自妙　但是根塵染相著
중생심법본자묘　단시근진염상착

홀연히 하나의 대상을 타파해 버리면
대천세계 원래 걸림이 없으니
이 사람은 바로 철륜위에 들어가
육근이 청정한 모습 성취하리라.

忽然打破一塵來　大千沙界元無导
홀연타파일진래　대천사계원무애

---

22) 천태종에서 원교의 계위인 六卽位(理卽·名字卽·觀行卽·相似卽·分眞卽·究竟卽) 중 하나이다. 상사위는
　　상사즉을 말하며 진정한 깨달음과 비슷하고, 또한 성인의 지위와 비슷함을 말한다.

是人正入鐵輪位　成就六根淸淨相
시인정입철륜위　성취육근청정상

하나의 근마다 모든 작용 갖추면
비록 육안 가지고 있어도 부처의 눈이라 할 수 있네.
오근의 공덕 또한 줄어듦이 없어서
번갈아 장엄하며 서로 받아들이네.

能於一根具諸用　雖有肉眼名佛眼
능어일근구제용　수유육안명불안

五根功德亦無減　旋轉莊嚴互受用
오근공덕역무감　선전장엄호수용

혹은 천이백 혹은 팔백공덕이
줄어들기도, 꽉 차기도, 또한 똑같기도 하니
이 가운데 조금도 티가 낄 여지도 없어
깨끗한 유리가 보배 달을 머금은 듯하구나.

或千二百或八百　能縮能盈又能等
혹천이백혹팔백　능축능영우능등

是中無地容纖翳　如淨琉璃含寶月
시중무지용섬예　여정유리함보월

제20 상불경보살품(常不輕菩薩品)

불법의 문 앞은 한 길로 평탄히여
남북동서 나누어도 걸림이 없네.
불성은 원래 덜함도 더함도 없어
일체중생 평등하게 가지고 있네.

門前一路坦然平　南北東西劃無㝵
문전일로탄연평　남북동서획무애

佛性元來無損益 一切衆生平等有
불성원래무손익 일체중생평등유

불경보살이 일찍이 일념을 내어

보는 곳마다 예배만을 행하고

스스로 말하기를, 나는 그대를 가벼이 여기지 않노니

그대들 도를 행하면 부처가 될 것이라오.
不輕曾發一念解 隨所見處但行禮
불경증발일념해 수소견처단행례

自言我不輕於汝 汝等行道當作佛
자언아불경어여 여등행도당작불

가령 수없이 기왓장 돌팔매로 그 몸을 때려도

피해 달아나며, 오히려 나는 그대들을 가벼이 여기지 않는다고 말하네.

믿는 자는 일찍부터 감로문으로 받아들이나

훼방하는 자는 오히려 독 묻은 북소리[23]로 듣네.
假饒瓦石打其身 避走猶言我不輕
가요와석타기신 피주유언아불경

信者早膺甘露門 毀者猶聞塗毒鼓
신자조응감로문 훼자유문도독고

땅에서 넘어지면 땅에서 일어나듯

이 회에서 다시 부처님 교화 받네.

묘하다. 묘한 이익 그 생각 지니면

금강석을 먹어도 끝내 부서지지 않음과 같네.
因地而倒因地起 此會還爲佛所化
인지이도인지기 차회환위불소화

妙哉妙益納其懷 如食金剛終不壞
묘재묘익납기회 여식금강종불괴

---

23) 塗毒鼓 : 독약을 바른 북이 있어서 이 북을 치면 듣는 이가 죽는다고 한다.

제21 여래신력품(如來神力品)

범부들은 유유하여 법을 중히 여기지 않고
신통스런 변화로써 기이하고 특이한 것 나타내려 하니
여래가 열 가지 신통력을 나타내어
중생에게 일대사 표현해 보이셨네.

常情悠悠不重法　須將神變現奇特
상정유유부중법　수장신변현기특

如來爲現十神力　表示衆生一大事
여래위현십신력　표시중생일대사

넓고 긴 혀 범천에 이르니
참된 진리의 말씀 더욱 믿을 만하네.
몸 전체로 무수한 광명 두루 내어
오랫동안 품으신 뜻 이제야 드러내셨네.

廣長舌相至梵天　誠諦之言彌可信
광장설상지범천　성제지언미가신

通身徧放無數光　久默之懷今已暢
통신변방무수광　구묵지회금이창

시방의 분신들도 또한 빛 놓으시고
그 때에 기침하시고 함께 손가락 튕기어
곧바로 온전히 드러내 보여 전해주시니
여래의 비밀장 남김이 없네.

十方分身亦放光　一時謦咳俱彈指
시방분신역방광　일시경해구탄지

直示全提付與他　如來秘藏無餘蘊
직시전제부여타　여래비장무여온

흔쾌히 명을 받아 널리 퍼뜨리면

허공 속에 바람 가듯 걸림이 없으리라.

이 사람이 있는 곳이 그대로가 도량이라

나무 아래나 동산 가운데 탑을 세우리라.

快然受命廣流通 空裏風行無障㝵
쾌연수명광류통 공리풍행무장애

是人所住即道場 樹下園中應起塔
시인소주즉도량 수하원중응기탑

제22 촉루품(囑累品)

본문 적문 두 가지를 마치고

사라쌍수에서 자취 감추실 날 오래지 않으니

법왕이 거듭 당부하신 일 진실로 까닭이 있어

오른 손으로 보살의 정수리 세 번 만지네.

本迹二門能事了 晦迹雙林期不久
본적이문능사료 회적쌍림기불구

法王重寄固有在 右手三摩菩薩頂
법왕중기고유재 우수삼마보살정

무량겁 이래로 얻은 법

오늘 영축산에서 전해주신

내가 바로 중생의 큰 시주인지라

한량없는 가보도 끝내 아끼지 않네.

無量劫來所得法 今日靈山方付囑
무량겁래소득법 금일영산방부촉

我是衆生大施主 無限家珍終不悋
아시중생대시주 무한가진종불린

만약 믿어 받으면 이 법 말해주고

믿지 않으면 다른 깊은 법 설명하여라,

부처님 자상히 고명 내리시니

간절한 마음으로 공경히 받듦이 어찌 쉬운 일일까

若有信受說是法 不信當說餘深法
약유신수설시법 불신당설여심법

金口丁寧垂顧命 丹心頂荷何容易
금구정녕수고명 단심정하하용이

염려마시라고 세 번 소리 높여 말씀드리니

이와같이 하여야 비로소 부처님 은혜 갚는 것이네.

분신부처 흩어지고 다보탑마저 닫히니

천겁 만겁 지나도 만나기 어려워라.

三發聲言願不慮 如是方爲報佛恩
삼발성언원불려 여시방위보불은

分身已散塔已閉 千劫萬劫難遭遇
분신이산탑이폐 천겁만겁난조우

제23 약왕보살본사품(藥王菩薩本事品)

사바세계 중생은 견혹24)의 애착 깊으니

뉘라서 도를 중시하고 생을 가벼이 여기리

그러므로 보살의 숙세 행적 이야기하여

중생을 교화하고 법을 펴는 법사들을 격려하네.

娑婆衆生見愛深 誰能重道輕其生
사바중생견애심 수능중도경기생

---

24) 見道에 의해 소멸되는 미혹이란 뜻이다. 천태종에서는 見·思의 2惑은 空觀에 의해 끊어지는 번뇌이므로 塵沙惑·無明惑과 구별하고 합하여 3혹이라 한다.

故談菩薩本行事 而勗化他弘法師
고담보살본행사 이욱화타홍법사

옛날 일체중생희견보살이 고행을 행하며
향유를 바른 뒤 그 몸을 태우니
부처님들 동시에 찬탄하시되, 훌륭하구나
이야말로 참된 정진이요 법공양이로다.
昔有喜見行苦行 香油灌火然其身
석유희견행고행 향유관화연기신
諸佛同時讚善哉 是眞精進法供養
제불동시찬선재 시진정진법공양

생을 바꾸어서 사리탑에 공양하고
백가지 복으로 장엄한 두 팔도 불태우니
이같이 몸 버리기 무량겁 하여도
한 구절의 은혜는 갚기 어려워라.
轉生供養窣堵婆 亦燒百福莊嚴臂
전생공양솔도파 역소백복장엄비
如是捨身無量劫 一句之恩難可報
여시사신무량겁 일구지은난가보

여래께서 열 가지 비유[25]로 『법화경』 널리 찬양하시니
부처님 지혜로도 그 공덕의 끝은 헤아리기 어려운데
얼마나 다행인가, 이 법 만난 이 몸
목마른 이 시원한 샘물 마신 것 같네.
如來十喩廣偁揚 佛智籌量不得邊
여래십유광칭양 불지주량부득변
何幸此身逢此法 猶如渴飮淸凉池
하행차신봉차법 유여갈음청량지

---

25) 바다·수미산·달·해·전륜성왕·제석천왕·대범천왕·성문·벽지불·보살의 열 가지로 비유하
여 『법화경』이 가장 뛰어난 경이라고 했다.

제24 묘음보살품(妙音菩薩品)

묘음보살이 명을 받들어 널리 경전 홍포할 때

중생 모습 따라 갖가지 색신 두루 나투나

범부들의 육안은 소나 양 눈 같으니

어찌 큰 성인이 나투신 형체를 알리오.

菩薩受命廣弘經　普現色身隨類相
보살수명광홍경　보현색신수류상

凡愚肉眼如牛羊　豈知大聖分形化
범우육안여우양　기지대성분형화

오히려 교만심 내어 수긍하지 않음이

엎어진 그릇 같아 법이 마음에 젖어들지 못하네.

여래께서 대인상호 나투시고

육계 광명으로 동쪽 나라 비추시니

反生輕想不肯受　法不染心如覆盆
반생경상불긍수　법불염심여복분

如來爲放大人相　肉髻光明照東土
여래위방대인상　육계광명조동토

묘음보살이 밝은 가르침 받고자 동쪽에서 와

팔만 송이 보배 연꽃 변화로 만드니

문수보살의 대 지혜로도 알 수가 없어

삼매와 변화는 헤아리기 어려워라.

妙音東來奉明誠　化作八萬寶蓮華
묘음동래봉명계　화작팔만보련화

文殊大智尙不識　三昧化事難思議
문수대지상불식　삼매화사난사의

한 몸이 갖가지 몸 원만하게 나투니

거울 안의 단정하고 추함 선후가 없듯 하네.

자재로이 사슴, 말, 이리의 모습 되니

모두가 일념삼천의 법 분명하여라.

一身圓現種種身　鏡中端醜無前後
일신원현종종신　경중단추무전후

縱爲鹿馬野干形　皆是三千法如是
종위록마야간형　개시삼천법여시

제25 관세음보살보문품(觀世音菩薩普門品)

서방의 관음보살 명을 받고 와서

두루 신통력을 나타내 보이나니

어찌 서른세 가지 모습뿐이리오.

항하의 모래만금 중생 근기 따라 화현하시네.

西方大士受命來　普門示現神通力
서방대사수명래　보문시현신통력

豈唯三十三種身　亦現恒沙隨類化
기유삼십삼종신　역현항사수류화

사바세계 오탁의 고뇌 가운데

따로 중생을 구제하는 인연 있으니

가령 불에 타거나 물에 빠져도

그의 명호 부르면 벗어날 수 있네.

娑婆五濁苦惱中　別有救度衆生緣
사바오탁고뇌중　별유구도중생연

假使火燒及水漂　若稱名者得解脫
가사화소급수표　약칭명자득해탈

칼이나 몽둥이, 독으로도 해칠 수 없으며

원수와 적이 물러나고 귀신 또한 도망가니

크도다, 큰 자비 큰 원력의 힘이여.

항상 중생 위해 두려움 없음을 베풀어 주네.

刀杖不加毒不害 宛賊退散鬼亦走
도장불가독불해 원적퇴산귀역주

大哉大悲大願力 恒爲衆生施無畏
대재대비대원력 항위중생시무외

여의주왕이 뭇 보배를 비처럼 내려 주니

바라는 대로 모든 것이 갖추어져

인간과 하늘의 복 바다처럼 한량없이 모이니

모름지기 한순간도 의심내지 말지라.

如意珠王雨衆寶 隨意所須皆具足
여의주왕우중보 수의소수개구족

人天福聚海無量 直須念念勿生疑
인천복취해무량 직수념념물생의

제26 다라니품(陀羅尼品)

다라니[26]의 심인은 비밀하여 알기 어려운데

악을 막고 선을 지킴이 그 힘이라

죄를 멸하기도 하고 병을 낫게도 하며

마군을 항복시키고 법을 지키기도 하네.

摠持心印祕難知 遮惡持善乃其力
총지심인비난지 차악지선내기력

---

26) 범어 dhāraṇī의 음역이며 총지(總持)·능지(能持)·능차(能遮)라 번역된다. 즉 무량무변한 이치를 거두어 지녀 잃지 않는 염혜(念慧)의 힘을 말하므로 총지라 하고, 여러 선법을 능히 지니므로 능지라 하며, 여러 악법을 막아 주므로 능차라 한다.

或能滅罪或治病 或復降魔護持法
혹능멸죄혹치병 혹부항마호지법

악한 세상에서 경을 펴는 데는 어려움이 많으니

이 심인을 의지로 삼으면

왕의 위세 빌어 세간을 다님과 같아서

수행자의 몸과 마음에 두려움이 없네.

惡世弘經多惱害 須將此印爲憑仗
악세홍경다뇌해 수장차인위빙장

如借王威行世閒 行者身心無怯弱
여차왕위행세한 행자신심무겁약

약왕보살이 처음 서원 세워 도와줄 것 밝히고

귀모에 이르기까지 가호하고 나서며

용과 하늘이 칙명 받고 전력 다해 도우니

마군 외도 듣고서는 모두 다 복종하네.

藥王發誓始宣讚 乃至鬼母亦加護
약왕발서시선찬 내지귀모역가호

龍天受勅盡扶持 魔外聞之皆弭伏
용천수칙진부지 마외문지개미복

만일 누가 법사 허물 찾으면

반드시 머리를 일곱 조각으로 부수리.

이 사람 머무는 곳 항상 안락하여

백 유순 안에는 아무런 환란 없으리라.

若有伺求法師短 決定頭破作七分
약유사구법사단 결정두파작칠분

是人住處常安樂 百由旬內無諸患
시인주처상안락 백유순내무제환

제27 묘장엄왕본사품(妙莊嚴王本事品)

옛날에 네 사람이 함께 법을 듣고

산 속에서 고행을 닦자 약속하여

백일에 아홉 끼니 먹어 목숨이 실낱같으니

만 리 하늘에서 떨어지는 느낌이었네.

昔有四人同聽法　結契山中苦修習
석유사인동청법　결계산중고수습

十旬九飯命如絲　將墜萬里雲霄心
십순구반명여사　장추만리운소심

한 사람이 서원 세워 세 명에게 말하되

그대들은 머무르고 나는 가려 하네.

여러 해를 탁발하여 이들을 공양하매

매양 성안에서 같은 길로 오갔네.

一人發誓告三人　汝等且住吾欲行
일인발서고삼인　여등차주오욕행

多年乞匂爲供給　每向城中借路行
다년걸개위공급　매향성중차로행

갑자기 왕의 행차 만나 마음이 변하니[27]

초심이라 불로 굽지 않은 날기와로 남게 될 것을 어찌 걱정 했으리오.

날 적마다 생각 따라 수승한 과보 받더니

최후에 받은 몸이 바로 묘장엄왕이라네.

忽遇王行俄動□　豈慮初心坏未火
홀우왕행아동□　기려초심배미화

生生隨念受勝報　最後身是妙莊嚴
생생수념수승보　최후신시묘장엄

---

27) 묘장엄왕의 본사에 관한 이 이야기는 『법화문구』에 의한 것이다. 이에 따르면 "偶逢王出……
生心動念" 이라 되어 있어 원문의 탈자 자리에 念을 넣어 해석하였다.

세 사람이 옛 인연을 생각해 가엾게 여겨서
신통 변화 베풀어 삿된 마음 바꾸어 주었네.
하루아침에 그림 속의 병을 깨뜨려 버리니
여러 생의 선지식에게 부끄러움 내는구나.

三人愍念昔因緣 爲施神變轉邪心
삼인민념석인연 위시신변전사심

一朝打破畵餠來 應愧多生善知識
일조타파화병래 응괴다생선지식

제28 보현보살권발품(普賢菩薩勸發品)

보현보살 경계는 본래 방향 없으나
중생 위해 오는 모습 보이시나니
홀연히 동방 정묘국으로부터
사바세계 영취산에 니오시었네.

普賢境界本無方 能爲衆生示來相
보현경계본무방 능위중생시래상

忽從東方淨妙國 卽詣娑婆靈鷲山
홀종동방정묘국 즉예사바영취산

삼십이상 갖추신 몸 넓어 끝이 없으나
사바세계 들려고 움츠려 줄이셨네.
신체는 단정하여 자금색의 산과 같고
백호 광명 빛을 흩뿌리니 흰 달 같구나.

大人身相廣無邊 欲入娑婆促令小
대인신상광무변 욕입사바촉령소

身色端然紫金山 毫光散彩如珂月
신색단연자금산 호광산채여가월

어금니 여섯인 흰 코끼리 신통으로 만들어 타고
코는 망울 터지려는 청련화 같은데
마음 깊이 법을 사모해 그칠 줄 몰라
마지막에 멀리서 듣고 설해 주시기를 거듭 청하네.

化乘六牙白象王　鼻如欲拆靑蓮華
화승육아백상왕　비여욕탁청련화

深心戀法固未已　最後遙聞重請說
심심연법고미이　최후요문중청설

여래께서는 네 가지 법의 핵심을 간추려
중생들에게 네 가지로 불지견을 널리 보이시매
우리들이 법을 듣고 훈습될 수 있는 것은
다 보살의 위신력 때문임을 믿고 알아야 하네.

如來四法略提綱　甫示衆生四知見
여래사법략제강　보시중생사지견

信知我等獲聞熏　皆是大士威神力
신지아등획문훈　개시대사위신력

만덕산 백련사 제2대 정명국사후집

국사의 문장의 풍부함과 해탈경지의 초연하심은 임군의 서문에 상세히 적혀 있다. 하지만 이는 겉모습일 뿐이요 그 근본의 속 모습은 멀어서 알 수가 없다. 국사께서 입멸하신 지 예순 두 해가 되는 경술년 겨울, 나는 불귀사 장천공이 보내온 미타찬, 법화찬 몇 편을 봉독하였는데 정토에 태어나는 방법과 이십 팔품의 줄거리가 모두…….

國師文章之富贍 解脫之從容 林君序之詳矣 然此皆外迹也 其內本則邈
국사문장지부섬 해탈지종용 임군서지상의 연차개외적야 기내본즉막

乎不可知也 國師滅後及六十二年庚戌冬 予得佛歸社長天公所送彌陀
호불가지야 국사멸후급육십이년경술동 여득불귀사장천공소송미타

讚法華讚若干篇奉讀之 求生淨土之要術 二十八品之宏綱摠……
찬법화찬약간편봉독지 구생정토지요술 이십팔품지굉강총……

찾아보기

ㄱ

가구 25, 26

갈천민 77

감응 27, 83, 133, 135, 182, 197,
204, 242, 264, 268

감응도교 268

개삼현일 202, 231, 296

견보탑품 95, 146, 337

계방 24

곽여필 51, 53

관세음보살 80, 82, 108, 304, 305

관세음보살보문품 107, 156, 356

관심송경법 295

관음상 303, 305

구원성불 184

구품연지 56

권덕여 37

권지품 97, 147, 339

금광명경 120, 212

금비 173

금자법화 113

금장대선사 11

기별 85, 92, 93, 100, 183, 205,
330, 333, 335

기원정사 245

김구 44, 45

김록연 49, 50

김서 67, 68, 294

김유신 242

ㄴ

나계의적 121

나반존자 153

낙미 103, 142

남곽자기 40

남병범진 76

남악 69, 78, 121

낭주(영암) 67

ㄷ

다라니 108, 110, 357

다라니품 108, 157, 357

다보여래 180, 337, 338

담연 31

대각국사 250

대세지보살 81

대소산 50, 116

대승 231, 261, 269, 307, 321, 330

대통지승불 100

대흥사본 257

도교 241

동륜위 342

동림사 44

ㄹ

라훌라 93, 126, 334, 335

ㅁ

마하지관 119

만덕사지 299

만덕산 44, 45, 86, 179, 200, 230,
　　　266, 288, 313, 319, 362

만자 177

만자교 191

묘법연화경 38, 183, 195, 200, 207,
　　　274, 285, 321, 323

묘음보살 355

묘음보살품 107, 155, 355

묘장엄왕 109, 180, 359

묘장엄왕본사품 109, 157, 359

무생법인 48, 91, 110, 133, 135, 297,
　　　300, 345

무생인 319

무의실 11

미타 56, 320

ㅂ

박지 344

반자 177

반자교 191

방편 88, 92, 101, 139, 143, 187,
　　　205, 216, 324, 332, 344

방편품 88, 139, 324

백련결사 30, 32, 39, 57, 60, 293,
　　　300

백련결사문 299, 300

백련도량 199

백련사 41, 57, 63, 70, 86, 134,
　　　260, 268, 271, 288, 296,
　　　302, 362

백마사 123, 193, 239, 278

법사공덕품 103, 152, 348

법사품 94, 145, 335

법설주 326

법성 320, 330, 338

법성신 320

법신 118, 146, 151, 183, 193, 206,
　　　244, 254, 255, 272, 295

법우당 111, 114

법운탁연 86

법음 92, 321, 325

법지존자 125, 126

법화경 22, 31, 53, 83, 100, 132,
　　　147, 169, 183, 202, 229,

285, 295, 310, 319, 340, 354

법화사 76, 311, 312

법화삼매 50, 116, 190, 194

법화수품찬 86, 137, 138

법화수품찬게 319

보운조사 121

보현도량 86, 176, 180, 194, 215, 231

보현보살 110, 133, 182, 185, 360

보현보살권발품 110, 158, 360

분별공덕품 101, 150, 345

불롱봉 69

불자 48, 171, 256,

불지견 193, 325, 361

불타발타라 16

비로자나불 100, 253, 272

비유설주 142

비유품 89, 140, 326

ㅅ

사명청규 179

사불안 266, 268, 272

사의 134, 212

산가 32, 159, 171, 297

산해경 77

삼관묘 118

삼승 139, 188, 250, 324

삼인불성 153

삼주설법 92, 95

삼천점묵겁 150

상근기 143, 326

상불경보살품 104, 153, 349

상사위 348

상왕산 30

색법 253

생소미 142

서릉 73, 74, 75, 76

서방정토 82, 175, 320

서품 87, 139, 323

석가여래행적송 300

선근력 244

선다라니 345

소암법사 27

수기 91, 109, 142, 145, 192, 340

수기품 91, 142, 330

수문제 48

수학무학인기품 93, 144, 334

수희공덕 51

수희공덕품 102, 151, 347

숙소미 142

시녕 53, 54

신통묘 95

신해품 89, 141, 327

신화엄경론 19

심법 253

심인 357, 358

십계호구 121

십신 101

○

아난 93, 197, 334

아미타경 283, 284

아미타불 79, 180, 284, 319, 321

안락행 98

안락행품 98, 148, 341

약왕보살 106, 358

약왕보살본사품 106, 155, 353

약초유품 90, 142, 328

양숙 69

양지 65

여래수량품 100, 150, 344

여래신력품 105, 153, 351

여산 37, 102, 134, 297

여산문집 37

연경사 86, 111, 138

연등불 100

연화결사 18

연화대 79, 175, 283

연화원 312

열반경 119, 120

염불삼매 276

영명지각선사 137

영암 67, 68, 294

영축산 92, 116, 129, 194, 229, 249, 323, 352

영취산 29, 33, 55, 100, 107, 150, 154, 189, 206, 345, 360

예토 283

오백제자수기품 92, 144, 333

오시 87

오시팔교 257

오척십쌍 108

오탁악세 21, 94, 125, 147, 340

옥천사 119

와관사 117

왕우칭 28

용녀 96, 147, 188, 262, 274

용수석 48

용장사 15

우담발화 322

우면 64, 65

원교 101, 133, 274, 295, 296

원묘국사 50, 86

원통 83

위과 24

위음왕 153

유경 22, 41, 42

유고언 56

유뢰 36, 45

유심정토 191

유유민 37, 62, 65

유종원 56

유통분 145, 296, 335

유평장 25, 55

유화인욕 145

육륜 81

육아백상 158, 185

육의 163

응신 330

의보 16, 112, 253, 282

의상법사 262

이신 69

이영 30, 57, 58, 159, 163

이장용 32, 33, 39

이통현 19

인왕반야경 119

일념삼천 51, 356

일대사인연 138, 251, 253, 289, 325

일불승 25, 155, 192, 231, 249, 250

일생보처보살 151, 346

일승 88, 186, 194, 322, 323, 324

일심삼관 145

일심삼지 152

일지암본 11, 256

일체중생희견보살 354

임계일 17, 28, 30, 35, 41, 44, 51

ㅈ

자운존자 125

장연 50

저익 36

적광토 343

적문 93, 144, 202, 206, 335, 342, 352

적미란 291

전유치 122

전홍숙 125

정명경 119

정보 16, 112, 253, 282

정종분 144, 296

정토 43, 79, 82, 113, 128, 129, 135, 180, 283, 293, 311, 321, 362

정토원 113

정토원기 111

정홍 60, 61, 62, 69, 74

제바달다 147, 193, 235

제바달다품 96, 147, 338

제법실상 183, 322

제호 31, 117, 174, 177, 185, 204, 300, 329

종남산 37

종지용출품 99, 149, 342

좌복야 74

중근기 91, 326

지례 40

지원 41
지적보살 95
진조집 111
집현전 55, 212

ㅊ

천태 31, 37, 56, 69, 75, 127, 251
천태교관 124
천태산 17, 47, 208
천태지의 245
천태지자 50, 115, 194
천태지자대사별전 115
철륜위 348
초암록 111
족루품 105, 154, 352
최자 262

ㅌ

탁연 15, 86, 111, 113, 266

ㅍ

파순 81, 166, 235

ㅎ

한산자 27
한선노 18
해동법화전홍록 18, 299
해동전홍록 302, 303, 307, 308, 309, 310, 312
형산 27, 208
혜능 231, 294
혜사 27, 50, 121, 208
혜약 37
혜원 37, 276, 297
혜현 242
호계 50
호산 78, 293
호여지기 53, 168
화광동진 34
화성유품 92, 142, 143, 331
화엄경 187, 267, 282
화정봉 118
회삼귀일 176, 251
흥륜사 278, 279

「眞靜國師湖山錄」

艸衣文化財團 刊行

分別功惠品

如自開權顯實來圓功
或与衆經齊兒孫此曰

萬德山白蓮社第四代眞靜國師湖山錄第三

寄金藏大禪師

岀家曽姓釋福國合師軒早入無衣室終開郁錦門喝雷

驚聵二法雨洒昏二道韻傳無極錚二万世喧

右讚先師德行、

筆端三昧海錦上幾番花燦爛爭傳價珍奇可儕貪一吟

才畢軸十襲競藏巾書法更迺勁鐵門堪待賓

右大禪著述

一心未佛教万事斷人情尚未通今古焉能辨重輕憝非

解莘實羹等獻芹莖義 列子云 芥黃 分外覽高博竒我不可名

右叙老僧懷胅

貴茗承蒙嶺名泉汲惠山掃魔龐邱瞰對客更面開甘露
津毛孔（公山雲濟上）人設茶云云清風鼓腋開何須飲靈藥然后駐童
顏
右謝惠茶

安閑依校閣寂實閉松扃落葉辭林赤遙岑度海青高軒
何睍過佳節恐虛經避逅倡行樂山中無礼刑（書中有枚曉垂訪之）
（及言此故）
右待訪庵

次韻寄龍藏社主卓然公　并序
遙聞畢書晉本雜花經邀致大衆開張大會慶
斬無巳謹次閑禪老所寄詩韻課戎二首一以

紀譯主流通之妙益一以賀尊宿書寫之真功

聖境猶居遇入風晉年諸釋莫能容妖狸豈識大權象毒

蜥蜴知正覺龍始譯圓轂無障尋揔包依正又纖濃流通

舊法功兼極咸使衆生頓發蒙

多君早把少株屓入向華嚴性海容譯本已先依佛馱筆

精真箇歆皇龍（生金）特張慶席翰誠功敢賀良田種福濃灌

掌微消饒潤足焉知蟻子更露蒙

次韻荅林秘書桂一

遊戲曾拋夢幻中年來屏跡一庵空捲簾依舊天台月揮

塵惟楊驚嶺風不顧殘生多怯弱唯思妙法廣流通顧君

著力添光彩幸是蓮華結社同〔請述傳 弘錄序〕

次韻荅閑禪老

一衲支寒發風颼裏無復昔時容已陳奈地懸蒭狗未起

滲雲魂草竜殘蒙碧煙慵不續滿牕紅日睡猶濃嵓阿寂

寞無來徃却喜清詩慰老蒙 戲

遊方步二足清風到處煙霞竟爲容偶趂通玄山下虎却

爲方廣海中龍〔王盟華嚴會 照破李長者論〕喝雷未禁逢場戲甘露均霑〔指新乙丑春〕

遍界濃一笑何時相避逅忙須新律揄蒙〔相會故云〕

次韻示同伴

老色須史顛抹霜華封微愬祝陶唐一心冥契三觀妙萬

萬行熏修四德香晚歲憨癡忘日課早年聲價愧氷涼風

清月白通千界水綠山青占別鄉訪道人人頻扣寂與悲

處處便和光馳名畢竟戒何事濁惡浮生寰可傷

次韻梆平章放羊於禪源藪古調詩

一切諸眾生覺性同稟受碍覺合塵勞長劫輪迴久元無

正脫期寫縮常自枉或落底栗車胎狠成輩走償債浩無

窮幾經魁膽手屠羊隨泥犁我昔聞婆藪斯言豈孟浪出

從金吻吠誰憐至賊畜跋之儔行蹤多君異咸戴放此牟

二口豈是代永故側憶標心首寫知晚聽經（永明壽公誦蓮經群羊跪聽）

一念起凡趣短見紀神蹉博學慇扶梆

同吾所願欲盡成西方圖二十幀廣勸一切慶

快無已又次韻寄呈

此事常現前六依蕭六受山僧老病多饞處經年久時時

卿大聖遙招手求八德池逍遙七覺藪又聞眾鳥音六時

獨自笑釋然如脫柤但嗟有限生先陰劇箭走每想九蓮

宣妙乳呪与諸上人相隨同踴躍我欲將珍肴克諸山左

口假相即真相莫如親稽首展轉普勸他誰泥熱惱趣願

怪芳果師徒生擔柳（啟芳曇果師曰七日不萎則决定／觀音前西師同求生安養昔一柳）

（從生至期益長故依元／韻對云啟芳擔柳也）

又寄柳平章并序

近來歲月甚促才餘李冬依然蓋春猶寒曙催
老相復吹前韻寄呈一首既已同我願海印成
蓮經一千部更欲成千部普勸流通也

我昔在纏時　蓮經偏信受　意欲居堀晦　常誦期可久（宋高僧可）
經從生西方　結伴遠尋師　紅塵謝機枢　因領自家珍　免向
他鄉走　扶立大法幢　同勤左右手　自此列玄賓　雜還庬洲
藝　流通一佛乘　字金毛吼目前　卽實諸庶導羣旨躁幸
今同願海感歎不容口　努力更加切　吾裏已皓首　須知寂
滅相聲色露真趣　春事到江南　鵠鵠啼碧柳

用前韻言懷示同柜

四

城市與山林　皆可修正受喧靜兩得軍端合　久何嘗

生取捨憎枷翻受杻大隱恐未成終朝自浪走所以出樊

籠紛詳不入手聊堅小隱心檻縷依嵓藪不要善談玄頑

石尚能乳倪願貴無名瑞蓮猶可蹀　紹嵓法師誦法花二部永生安養忽感

嵓岳殊心云云　斁戍瞻望　緬懷衡奇翁諸佛吞一口尚怜寒　寒山詩三

山子伽陀吟百首自笑夢裏生盛論庵中遂首嘆浄　寒山詩三百勸百

連住庵予　此意有誰知坐待胏生柳　切慕心

丙寅仲秋一日謁平章慶源公因語及宋學士

王文公禹偁西湖蓮社詩其起聯云夢幻五身

是偶然勞生四十又三年時予適已過先師不

感之年而加數歲惻然有惑因和成一篇遙寄

呈大尊宿丈下以達鄙懷且約他時問道冀綠
　弟子左正言知制誥林桂一上

蘿煙月無以予為生客耳
　誥林桂一上

香絲愛驚峰蓮九街車馬黃塵暗千里溪山皓月圓他日

披垣秋思坐蕭然正是前賢結社年真節初期難省竹妙

相從林下樂先聲海角一荒篇

苔林正言桂一　并序

昔李少鄉積隱遙象王山時攀話之次記得王

元之白蓮結社詩次韻二三首略敘山中消息

今己十七年矣臘月二十日奉閱所和王公四

韻清詩官年端令舌人切有入社之志非金門

羽客常寓與术象外則何能如是耶謹和成拙

詩遙賀萬一并叙鄙懷

在家菩薩子何煩夏受木叉篇 _{天台妙音來詩有問天台妙音}

他陸地已生蓮如窮本末十重妙須使偏邪一切圓是即

多君方寸養虛然纏遶先儒不感年投我法門方納種真

又

一八天台慕湛然道場初峙壬辰年春深不踏階前草日

用唯攻案上蓮欲使佛音流遠遍曾制祖誥隸偏圓喜君

染指醍醐味鑽仰山家節要篇

14

林捨遺来示蓮社詩因成一首寄呈大尊宿大
下弟子樂軒老人　李藏用上

伴食黄扉已入春無功可立謾因循若爲去作社中客應
道何曽林下人四軸初成傳異迹百篇時出指迷津（謂以詩作）
事遙知一榻香煙畔烟見靈山面目新（佛）

次韻奉荅李侍中藏用入社詩
念念如劫外春和光何足嘆因循不唯養素資靈覺況
復談玄服遠人（兩使北朝道俗爭求問法歡服不已故云二）善繼祖風行正道（百藥）
公真誰嗟叔世溺邪津在家已得忘家久真樂軒中樂日
公自號樂
新軒居士

依然送臘又迎春不覺光陰疾疾循岩僻無喧客煙霞

釀作老成人初開秘鑰登慈室熊把浮囊度戒津自起律會至今

三十年每當黑白半月餘梵綱經

復次李相國詩韻奉呈大尊宿犬下

感荷清詩遠寄問祗勞字字更迴新

俗弟子左拾遺林桂一上

二萬蓮經三十春草庵弟子化循循郵亭半世為行客

社多年戀主人已与劉雷同入道休憑沮溺知津想看天

際遙招手雲卷台崖翠色新

次韻又荅

振翼縈飛鳳沼春早登清要又資循尚噓名場中跡庶作

逍遙物外人命賦天台思翠壁〔賦有翠壁屏嶂之句寄詩廬嶽助玄 津權德與云廬山遠公廬山約公云普山文章廣心地用 法贊后學伊學者桑文以詣理因言而悟道得非玄津之 一助子列遺民等八十賢多獻 詩序立知廬山文集云云也〕況能鳴矢諸賢作千里同

風逸興新

坐落巖花四十春古人高跡偶相循懺惣初結山中交妙〔曾中成蓮社〕雪髮渾頭嗟種種金文得意

喜津津之手者也非吾事只為玄門斧藻新

用林拾遺韻又呈

弟子樂軒老人李　藏用上

菊園松徑兩茫然烏帽黃塵優幾年長笑俗緣紛似絮獨

卷三　七

憐禪格淨如蓮與來欲學雲徐返老去還驚月嬾圓香社

迢迢空役夢不禁幽思滿詩篇

次韻奉荅

暗嘆勞生擾擾然嗒焉清坐保天年身同南郭子綦未心

哥東林惠遠蓮黃閣何妨風萬古靈臺自有月長圓誰入

更把端明革委叙無為輔道篇

悠悠往事夢依然屈指今當四十年浮世忽嗟風際槿真

功早辦火中蓮要期修懺依知禮敢學無儒紹智圓只為

耶文談實相靜中猶著百餘篇

林拾遺來示紊社詩因書一首連呈

俗弟子　柳璨上

天德當年鬢兩青肩隨處之幾論情白蓮魂夢無虛夕黃
閑功名誤半生定罷側身松月白齋餘洗足石泉清莫教
紅葉封苔徑投劫他時倘可行

　次韻苔柳平章璨

何必鑽行謝紫青在家能養水雲情幾將竺典令他信
曾把乾城笑此生敢賀工夫醫五濁誰知心迹的
雙清一篇遙寄山中舊絓踵宗雷象外行

一軒吞吐海山青多謝幽居助道情苔徑春遊嵓鹿引蒲
團夜坐王蟾生頻勤日課成三昧反愧山吟匪十清唯向

卷三

八

樂邦長繫想朝朝暮暮計吾行

拾遺林君桂一因平章李公語及王文公禹偁
西湖蓮社詩云夢幻吾身是偶然勞林生四十
又三年讒謗西掖吟紅藥何以東種白蓮感其
年官正与王公詩相契悄然有煙蘿之志遂和
成一首遙寄萬㕛山大尊宿犬下予亦於此法
門中㝵注久矣輒取王公詩首句中吾字為韻
課成一篇連附以寄且冀他年不以林下何曾
見謂耳
　俗弟子判秘書省事學士知制誥　垃上

白藕花開道價殊東林蓮社又西湖三韓海上誰移種萬
慮山中始盛敎結社幾人期到彼投機一句頴客吾平生
不是攢眉客莫作劉雷契外呼

次韻荅判秘書閣金址

龜蒙當日散江湖只是行藏与世殊綠隱何妨鸞鷟序道
心寧爽馬牛呼多君輩下雲無所記戎山中雪八鬢蓮社
苫臺無彼此大千何處不參吾

誰挽長河汪淺湖特源而社實懸殊高才天賦萬人敵圍
國需同大手呼已八箇門參面目莫貪佳句撚髭鬚只牛
佛言比如塵一大石作一
遺誠吾傳佛此誠無怠得自吾小牛用功旣重所期甚輕

卷三 九

世間才學積勤勞若

慮而無用亦復如是

幽居背巌面平湖地位清高景物殊撿樣生涯隨日足（師祖）

个種蓮賓客有時呼仙游御勝登頂世險都（台山栢樣社亦如是）

忘持虎鬚莫把古吾來辦我古吾寧得獻今吾

游盡南方遍五湖老知三毒是文殊地幽以没誰何問江

近微開欸乃呼臺上折松爲塵尾溪邊藉草當龍鬚獻天

（台省者）龍鬚席一領妙哉此樂真常伴獨唱無生繼道吾（須彌甗么）

伏覩尤拾遺結社詩不勝嘉歎依顔呈似（俗弟少中書舍人制語金紫將上）

塵勞眼底事紛然汩没虗消耳順年吟藥不須腸吐錦念

經只冀舌生蓮羡君白業花曾秀愧我玄門果未圓唯爲

掛名香社　裏驅將茅句續嘉篇

次韻荅中書舍人金祿延

逃名入社豈徒然，正是蘇山妙悟年〔天台智者二十三詣大蘇山，思大禪師悟法花三昧。我輩亦至年二十一始講圓妙，聖凡雖殊，似近遺踏，故及此云〕。
塵靜虎谿攜靖節，砌清象席引張蓮〔受人名〕。
為戒五十人，隨喜咸悟三千境。
寂圓珍重中書讚學士，留心此事寄佳篇。

窺見尨拾遺注花結社詩，不勝歎羨，次韻奉呈
大和尚文室
俗弟少起居即知制誥郢　効顰上

老來心地漸昬然，結社修真在壯年，妙法開名如遇木花

時同實故稱蓮鬼嬉屋裏瘋而駭車列門前大月圓但願

宗師呼出路歌。聊紲拾遺篇風

次韻奉耆起居郭郭汝弱

善養鄒軻氣浩然薄身厚志已多年浮生泪送嗟漂梗大

事因緣問妙蓮（法甚切）來詩問若信蚨蜿咸頓證何悤瓦石即純

圓元來妙處非傳授那可形容入一篇

前用王文公起聯中生字為韻似聞藥省諸郎

皆次林拾遺依樣更呈

俗弟子　始寧　上

一葉秋來起浩然年經年幾年年那知巷陌搖之柳元是

淤泥濯濯蓮白菊籬邊篁韻
（近得燕京白菊馨色舐味都司絕埠眷供佛欲分大下故語及此耳）
紫苔庭畔樹陰圓長沙隻眼雖云在一點靈犀露

短篇一

奉和答柳平章蓮守詩寄呈

黑頭黃閣坐巍然知是生當五百年大手四分蟾窟桂香
根幾種驚峰蓮早曾厭飫空門味況復虛明古鏡圓更有
故藏彌露處韓公鉞与謝公篇（集賢殿大學士魚上將軍故云）
老去寒灰不復然如愚若魯過殘年睐慵勿事三條線遊
唯思九品蓮珠重顧言誠篤（隋儀同柳顧言外護天台顧願）真他子信彌圓
（柳京元云佛法以天台為司南）殷勤向此天台旨再枉山中結社篇

卷三

十一　十二

夏暑已來伏唯丈室清勝歆仰歆僕与丈下別

今已二十二年緣塵務纏縛又再使絶域未暇

修問尤右年時衲大吹王聚居珎島駈標泛海

卅縣其間無辜物故者幾何又聞社內亦羅此

難仰惟文年已高衰憊何處避寇今得心秀快

然二禪書音聞丈下無慙透脫喜慰今環重賊

敗潰國患小紓更加作法福利人天爲法自愛

項者丈下蓮社集滿朝士大夫續而和者多矣

今得脫免不丈下自謂老境日用中餘事損幣

不顧不柳尤右侍者榷而無文不收拾致使散

落耶此亦法戲中一段三昧耳今用禹儞寄呈

常西湖蓮社詩韻作一首寄呈

俗弟子朝請大夫試司宰鄉知制誥吳子司

党島攀挼尚宛然廻頭二十二當年火知眼境菢金

胃未暇心田種石蓮萬里白雲無黥迹一家明月自

長圓作詩非為供吟嘯兩地胃襟要鴈篇

次韻荅李尚書頛入社長句

山僧行止翛然卜入雲峰五十年只管門前煨紫便

芋忙項井裏出紅蓮久經朧伏三衣古遙出煙霏一

礱圓閒寂斷無京韠儔多君入社寄壑佳篇　十二

貞觀二十年十月渝州柏

思寺井内矣紅蓮寺本負之由是感得至今常富自避
把已來蜒千峀方輕無一黠塵累分衛尚難故云乔呵呵

興似開樂軒懶齋二相國与諸鄰太夫作
詩結社子亦喜幸偶成長句四韻二首因
風寄呈惟大尊宿每蘸拙處不惜落筆刪
去以付枚尾得預名於蓮社籍中何幸之矣
俗弟子同文院錄事鄭興上

平生矣處若爲量半壁青燈夜意凉萬屆塵戶何穩
穩一林煙月奈茫茫洞狄不遑安禪石江鷺時來撰
疏堂雲臥他年拂衣去好於瓶錫付開怡
屏俗幽居四十春種蓮時復引遺民講闌花影爭飄

28

榻定起苔痕半炎茵魂夢自勞千里月光陰虛遺九

衡塵徑荒莫怪婦來睍他日功成一幅巾

次韻荅同文院鄭評事興所寄入社詩二首

行止如今悔可量早拘婚官自哀涼〔興早嘗願欲從吾學佛氏又爲婚官〕

尋真但要修三昧趨利何勞競一莚遊述政〔所拘未果故云〕

稀蒼蘚路芳音喜及。蓮堂臼掛冠何。能關暇日溪恨

紛紛穟穟化

灰心不似世間春曾把紛譁等黍民息影蜼居懸著

室安身自。大車茵寧思普潤雲千里耶學潛修雩有

六塵莫怪莊龜關曳尾却勝留骨貴藏巾

次韻寄呈龍穴大尊宿丈室　玳島縣今于宛上

穴處功夫不自然囂噓膚寸釀豊年餘波遠及民編

草異渥邃漸相府蓮豈獨禪林先借潤并着教海更

成圓早從鷄泮曾傳脈注意如今獻愚篇

次韻蒼沃州于太守所寄

寂良知是白眉然　兄弟二人皆登梓

志學文章目綺年桂籍名

爭傳玉笋花颻才合擁金蓮雙兔計日辭南紀一鶚搏

風縈上圓　拜秋月宣召榮命故云　到了青雲期不遠高門有慶

詠劉篇

方事曾槌濱津然齒朝元是等椿年雲遊早捨一雙

褁山漏唯聞十二蓮不把機關迴使倆那將規矩更

方圓感君枉記庵居趣林下慇懃寄二篇

寄呈龍穴大尊宿丈下

膝下當聞桂苑春老禪同足腐中人卧龍一穴法雷

俗弟子朗州守金僭上

殷鳴鶴半天月一新道富生涯餘杖屨社高投契遍

瞽神朗州幸有通家好茶席猶堪備惡賓

次韻荅朗州太守金僭所寄

仁政温於有脚春專城來鎮朗州人離知卧閣神明

化兼得空門氣味新投社佳篇如串玉絕塵清句可
書紳幅巾何日泰南遠忙待程々作上賓
先儒雖籍桂林春真樂好從方外人應愧利名牽濁
惡故將寂滅洗精神歸心佛隴開梁肅訪道天台見
李紳大守風流起古轍不妨来徃學玄賓

次韻寄呈

第子同文院錄事鄭興上
端居演法許多春密化遙知澤萬民林下憍甚甘美
食溪邊籍草俊文茵來從南岳相傳鉢常遇西風謾
避塵卜隱何年結茅草倚筇竻長嘯岸綸巾

走妾驅迷七見春空王何惜濟窮民倡期秋屢尋蓮

社肯要笙歌醉錦茵骨爽知君眠月露顏醲愧我困

風塵爲言講下宗雷单旦莫搔頭戀舊巾

靜裏機開後此量衆年高卧北窗涼忽思雲聲開柏

息反愧塵區自混茫慕道未能窺與室愛児吳止誡

垂堂一朝勇捨君知否巳唾紅衢事事忙

身如匹素可裁量誰借空門氣味涼未得投簪敲剝

啄潛期添笠渡滄茫逍遙不分煙霞竊功業徒爲翰

墨堂笑殺他鄉浪遊子一生多至百年忙

往歲僕在錦城奉陪瓶錫凡嘉山勝水是

卷三　　十五

迷可至處無不　閱以成方外之遊胄樣
日益諤然殊無人間世一點塵慮遂欲脫
略機關一純形骸永為道侶是意因循未
即勇斷反為婚官所役願莫之遂悔懷何
勝越於庚成秋以五言絶句六首示子其
中有一首云吾言皆藥石汝意何商量但
恐不信受踟躕可斷腸得此詩于今二十
年矣未嘗一日忘于心俚以愚息述父之
志捨為佛子粗償素願耳乃若徐陵之事
僕之願力微劣豈敢當豈敢當今所獻惡

詩語意皆鄭投無一嘉可者然其所傾企

之意略可知矣伏惟詳察之是幸

寄鄭評事與　并序

昔君未冠之時當自發願欲從吾解髮板

而披屈晌反為狷官所拘未成素志惜也

今月臨青日得見二月所寄書委陳襄

愿似有悔恨可嘉也不見陳尤僕射徐陵

親逢短者切欲出纏披陳所愿云弟子思

出樊籠無由羽化既善根微弱莫愿力莊

嚴一願臨終正念成就二愿不更地獄三

十六

逮三願即生人中不高不下處許生四願
童真出家如法奉戒五願不隨流俗之僧
憑此誓願以策西暮今書丹歙仰气證明
且陵位居入廷為文章巨魁獨步江左无瑞
乎人倫不帝龍麟之於飛走尚能空花乎
浮世蘯藥于真門發大願海即為天台之
的餘流傳妙乘其玄功窓化可量也哉故
南屏瑑公讚中有苫居入廷作孫崇曾佐
六朝文獨李親連短者陳良願果作宗師
副凤期之句今尤右早曾發心沈以亂子

欲捨爲除饉男，荷擔大事，則爲知來世宿
愿不泯，更見徐陵之果。爲法花〔法花寺名〕藏禪耶師
奠不埋灵初心幸甚。次去年所寄結社詩
韻，各成二首，覆書寄示。

喜子才富緣髮春，逍遙庶作葛天民，儻輕名利釣如
鏃，肯學麁狂醉吐茵。靜裏功夫趂百劫，費中身世等
微塵。苟能日日期瘝造，不害瘼翁尚戴巾。〔山海經云羽人之國不死之民〕
年光荏苒又殘春，浮世元無不死民。玅味
如尋甘蔗境，圓音可領兩花苗。況逢南岳追前世，何
曾東林紬后塵。慎莫虛經好時節，空增怩心淚雲巾。

卷三　十七

伎倆何人解度量愍兀兀送炎涼蔭庭松竹添幽

靜入檻湖山得旨茫禪罷碧煙銷篆卯夢迴明月側

嚴堂阿誰投求玄旨迴謝紅塵步乄化

次韻西方三聖讚五首

無量如來

西方主如來五頂彌相崔覺無數贊聖圖統迴螺舌

如震雷早圓弘誓成淨土遍塵剎慈門開稱十念已

即蓮臺安養豈遠哉

觀音世

能觀世間音物機常自前森期乃菩薩悲短歇勞撼

諸苦沈大。十沙界無不應。若 水銀和真金。惟願与拔

作槌碪。銷我熱惱心

大勢至

光明夜光神位。隣無上金人。蒙此光者除惑塵。咸受

三有津。震驚諸利行佛事。盡未來修慈新。惟願使我

伏波旬。清淨證六輪

西方讚

莊嚴淨土容欄楯寶羅網。晝夜雨花穠虛空風樂響

金渠十四重瓊樹羲千火三聖愿遘逢徃生玆地上

觀音讚

濟苦帝遊捄羣迦　無謀善化豆塵沙　誰知普即千波

月洞照靈臺一寸霞　寶釣降魔除怖畏花冠幃物任（沙門法力遇火　稱觀不及世）

欲斜斥時輒禮功猶速一守才稱應不退（音即火　戒還迴）

頻向雞林迴木道曾期馬氏勸蓮花現前即

是圓通境何事羣迷不到家

禪堂偈

半軒猶落日一室自清風坐久境瑜寂莫言空假中

無常偈

浮生如幻泡念念促行色何幸普勸修同生極樂國

次韻蒼金太守

紛紜二六時中事急。迴頭子細看朧月忽當三十急

日方知狹路轉身難

公林寺聞敬西上人彈琴

娑婆衆生耳根利皆以音聲爲佛事上人傳緣綺

琴清淨古風含妙理君不見黃鸎一囀天竺林惟我

本師會授記

中統三年壬戌五月初六日伏

承法雲然禪老所傳示大宋延

慶寺諸尊宿法華隨品讚一軸

句句皆佛精禪髓讀歡一大事

方三

十九

41

光耀海外何其趣歟其早桑蔚

慮山白蓮社頂謁圓妙國師始

立普賢道場故此開顯妙典常

扲念荷擔勸發一切况今獲觀

寶偈栢悅無已強和成韻語聯

書遙献雖煙雲萬里海陸千重

想道眼相照不隔一絲毫許

序品

此土他方六瑞神〔如經他土六瑞不拵五時〕

大人將結大功勳

雷騰地軸形聲異〔如疏〕

雨散天花赤白紛〔如疏〕

彼彼五時森若鏡

顯四眾集如雲見光　觀定咸資脫何待喃二始是聞

方便品

安詳定起開方便日正當中不輟傾散乱小縁成佛
道繁芳廣引尚人情刹那念念三千其么麼塵塵四
一明久黙本懷今始暢端知我國晏然平

比喻品

孤危堂閣半歌斜長者年養生有涯鬼獸尚藏煙塞
穴兒童爭逢火炎家等心不忍分殊帆咸子無偏賜
大車試向宅中高著眼元来夢ㄣ妙蓮花

信解品

癡兒五十有餘年流落跎踄孰眷憐久向他鄉受辛
若都忘自國結因緣二八同事甘麤弊一日備功忽
徃還大會宗親付家業才知父子性鍾天

藥草喻品

藥草標名意轉新述成迦葉獨爲親扶踈忽彼無私
兩眼餌還令不老春力用寂強全勝舟根莖不痺自

授記品

鍊行殷勤理五官靈臺鏡淨勿塵干果然得記登初
住海却無心取一餐誰導中根緣獨厚通開宿世化
能寬自從坐證無生忍莫作當生滅熖者

化城喻品

緣結已後劫多經　逢值時時善巧傳
商客倦還依遠路　導師權作快安城
法音坐歷三周說　寶所行一期

五百授記品

炎登踏盡溪山行　御畢又搀藜杖芝歸程
半千宿世結緣人受記　靈山始證真
燥土焦原方得水　枯芽敗種忽生春
當機阿若資衣寶　輔佛樓那轉法輪
盡向十方咸决了　有誰浪走更迷津

授學無學品

炎家均是大夫兒　密行多聞尚鈍遲
絆揆覓慈蒙記

剡端領眾望廣聞知現為長子勤脫教遠引空王掃

速眾同輩二千并与決喜聞甘露現前詞

法師品

難思忍衣空座如來使法貴人尊真法師

信念念何曾捨大悲譖歎一言功匹則流通五種福

撈攟羣迷自挈提弘經濁世勸聞知家之生直欲圓

寶搭品

聲前起后兩從容才過三周湧在空右指忽開呈露

露分身与欲集雄之十方聽法神通妙五濁求人擔

愿同安得此身如短積每隨供養助流通

箇箇常持本有經法蓮清淨自敷榮不須擊鼓未玄

旨何若爲床露赤誠入海文殊宣說了献珠龍女剎

郍成兩重公案曠他甚爭奈青天白日明

持品

銀冊莫道于婆婆嗔誚曲大悲能使未安安

蔈匣將忍鎧胃炎寒已嫌入障渾身赤敢賀逢人吐

時經方軌分明訛始行應頂子細着要任衲盔娿娭

安樂行品

到頭危險日生多四法融醫叔世誂妙矣初心離十

卷三　二十二

惱咄我諸聖戰三魔宼嬈譜歡無萠朕誓願慈悲亘

自他虔乙 流通自安藥一輪明月千波

勸發品

興情樂近執雷同少木難栽㲉發蒙當寂老兒承命

出姿姿補處隨起中世尊爲拂新成遠時眾初聞遠

化功潛一虛空無㝷晚馿年鶴日不頂窮

壽量品

大小遮那坐道場都將妄語久埋尤幾迴忍土瞞他

去獨向靈山現壽長受記然燈真藏處聞經短勝可

思量我今慶幸君知否衣展袪羹解㲉揚

分別惪功品

如自開權顯實來圓功或与衆經齊兒孫此日應相

愛父母之年更不迷降極一生知最妙發心十信似

鈌低現前塵利真常說莫向靈山更噬臍

隨喜品

隨喜初心福幾何聲聞極果未云多驪宮物物皆如

意王庫刀一盡大阿若信利根增智慧何如講座暫

經遏休謗不退摩訶薩逸景炙同政鑒毗

法師功德品

依經讀誦說書持父母生身　奇鼻味舌香元不持

卷三　　二十三

尋眼聞耳見事相宜攬來河海成酥酪拈尖砂礫化
貝琦清淨六根能互用莫言西采隔東麓

不輕品

一切無非不輕境不輕常作不輕心奉馳不厭高聲
唱遠近咸聞毒皷音大地的多知射中六根塵淨貌
功發不知畢竟成何事無限人人被陸沉

神力品

上行弘經顧不窮請言流布未來中如來為現十神
力菩薩方霑四句切彈指聲飛千世界徧身光透一
虛空全提此事會分付表法何勞委細通

忉忉恒恒未能休四十餘年似有著開顯今朝呈面

面流通后世勸頭恒三摩授法無慳吝二切宣經莫

閑留要使蓮花生偏曷曲躬承勑姑堪酬

藥王品

藥王精進自龍磨本事如今尚似謗供養重申淨明

囙因緣忽寄德王家然身諸佛名真法還臂多天兩

寶花一擲大山尊妙教何人不具寸誠霞

妙音品

欲向靈山聽辯才化成八萬四千臺放光東注啟懃

召奉命西將眷屬來弥教郍如三力備結緣咸使十

方開同凡楄化龙難剛將子牛羊恨莫迴

普門品

普門消息後中邊五隻十雙非兩端箇事塵之絡日

現分形處之莫人瞰聞聲拔苦慈悲妙受勅弘經誓

願寬緬想圓通三昧海白猿啼月坐蒲團

陀羅尼品

内護真言特地施恐多魔鬼惱初機自將慧鈎難思

力誰識慈門不怒威兩聖二天常擁衛諸乾十女作

憑依護人護法何神速埽命如來寳印揮

妙莊嚴品

惜也嚴王久滯迷如虹未火恐將來入天果服多生

鏗兒婦椎磕一念迴昔護僧居臥妙典今承佛記坐

琳臺法門緣種何會夾在蟄竜蚖待發雷

勸發品

普賢最后來重請四句宏綱徧攝羅精進懺儀流五

屬撽持明呪屏諸魔逢塲駕發六牙象到處吹迴大

法螺呎尺可登銀色界無生一曲爲君歌

越歲在戊午八月上旬山人章然以大宋

延慶寺所寄佛舌詔祖師讚淨　院記來示

卷三　　二十五

予謹稽首欣慶歎美不足今并取草庵錄

國
中日本國師遙獻金字蓮經事掭祖集中

緣
法雨堂命名緣起復次隨品讚頌聊申讚

歎非敢好事也盖亦向慕大國佛祖之盛

事云爾

佛古

舍利離離佛古神細思還是片無勳未詮一字何曾

妙妙說三車豈免紛紜月遍含千界水微塵本具十

身雲箇中不用重饒古依正常宣終日聞 金字法華

聞導中興開顯教　海東諸國盡心　銀山木道傳芳

詠金字蓮經表寸情　倚窓殘帰鵝　勝妙然師寄献轉

分明須知爰自皇親手登　與他經一斁平

淨土院

定境初觀落日斜　眞他淨土寄生涯　一千尊像同安

室寸高人各占家　篆印當屍香滿院　蓮花出水大六

如車此蓮九品非　耶甬何幸同生上品花

法雨堂

願輪初轉紹熙年　竭力經營實可憐　曇老命名揚厥

德曉師搗筆記茲縁　霈需菩被人華去　枯橋渾成聖

種選遠近咸蘇知有分寶雲興自海東天

天台智者

聖迹具如第五祖所撰別傳及二聖　道宣
法射

二賢相果
法論所記并諸傳錄更欲稱揚如讚

日日橡青天豈可殫記也耶今且依式懺

王禮讚意聊申子德耳

大蘇山修法華三昧

普賢三昧懺惟新今復來依昔日親精進幾隨派月

影發明煥若百花春儼然妙會觀靈岳皦矣燦禪證

武津文字法師千万衆誰窺窕樂覍出天真

元官寺開法華妙義

天法弘揚自元官歸心不獨有長之勤宣本延升重

妙普施醍醐一味餐三諦圓融觀即是五時判釋道

弥寬幸哉性具難思教日之馨爐獨把者

華頂峰上降伏天魔

最幽華頂絕人經獨徙頭陀寄眷夜坐黙然真性

海天魔競惱法身城消磨全仗三觀妙品位弥高一

念登向曉神僧出稱歎功將法正兩難程

玉泉寶閣說摩訶止觀

說已心中遍施人利那全姿即全真光明晃朗神珠

庋枝葉扶疎覺樹春賀此白牛行寶路送它諸子入

銅輪鳥空鳴知多少苦海茫茫失要津

大極殿上講仁王般若佛隴道場解淨名

經靈石海岸開涅槃百句

師子相將師子兒栴檀林下寄棲遲二時慈霆能哮

凱幾處驚聞失覽知況講仁王消帝拜又禪摩詰決

人疑更扵靈石評常住百句仍開萬句詞

陳隋兩国撥工宮頓戒夜生池上講金

經流水西天東国咸仰為師

頓令焦頯普招提空筏浮囊自挈持授戒宮中雷止

作放生池上兩慈悲判高早壓西山什觀妙親傳南

岳恩邪正偏圓精揀曉桑丘竺域盡爲師

實雲相師讚

慈眼氷清滿月容早末零染便知空恐遊青徼孄身

繫盂渡蒼滇挺志雄性海昔年無得之禪河今日不

同心

趯裁更八螺溪室具体之聲四遠通

錢公奉爲戒師

錢公撲味竺軋経慕法惟深勿恃榮寅奉尊師承戒

品楠爲弟子貢虔誠木又輕重聞無猒寰渚嶠来計

未成從此留連敷刻化慧燈初向四明二

五十八

顧氏捨家為寺

苟能頓捨尊三寶何用黃金側地看白馬新莊開壯麗蒼鷹舊宅掃荒塵已伐蘭若諸塵淨頂信檀那一寸丹珠重義龍興法兩普霑能使茂焉安

中興天台教觀

天台教觀散離多死復雲屯五季龍大闢真門為鼻祖恒開法障伏心魔一音罷之元無我二紀孔遍化他虛往實來緣種在盲教緇素盡奔波異人多炎門下助揚妙化洪量恢之絕異同諄然善誘化昏蒙異人多炎高門

下大發重光闍世中法船論經數聖化慈雲東筆記

真功百十龍象何雄偉續焰傳燈未不窮

始未神異彰灼四眾欽仰

早是龍尊證覺塲能同幻化便和光道因製疏翹誠

切錢俶呈詩用意長　後神蹟左亘側生前妙迹反

難量我今幸在維桑地空把伽陀更讚揚

法短尊者　末師受菜始學　宣雲

虛心誠向寶雲來特發天機㪍与齊莫斟敷年曾代

龠便骹三日早開迷師為奴處尊無極身是羅云證

卷三　　二九

不低何更劬勞修肯縈还觀氣息止於臍

秉筆造論毗贊聖教

諸師僻解奈吾何緇蹤毗陵著述多肯把鐙光爭朗

曜誰將蟻蛭敬層阿玄宗盛引天台判明荅曾從日

本田示註之人頂改轍自他咸沒轉蹉跎

念佛那知如普勸持伴生安養甚奇二十千結內元無

長年結一萬人念彌陁佛求生淨土

藏二入觀中各迎亘它日寶池開菡萏長年淨利踏

全琦誰知三菜勤迴向苦報忙抛海上麗

三年結一十人修法華戲然身供養

靈山荷擔開勸教赴難多生後大心嘗結十人修妙

戲定期三載誦圓音道場畢命精勤蒲淨土捨身誓

顙癈不有銀臺揚學士何胤住世極迷況
　　玄慮播遠

道韻雷旬遠莫窮群賢讚德紀詩中腸無至席安禪

樂吾若翻瀾演教功早許一身爲法供曾然二指付

真空教門廣布君休怪朕璽蘭風海外通
　　神異告終

機息當時應便休故多神異却成羞爪尖更長經旬

指髮短還生隔日頭未火異香先馥郁不灰遺舌獨

傳留骨間舍利生無數敗闕九難一之酬

慈雲懺主

貢笈求師誓學聖教

授具當年稟羯磨戒珠圓瑩勿人誇樞衣預夢通公

室貢笈歸心智者家名利遽之噉水沫聲香浩浩等

空花脈膺甘露清涼足何當登瀛咳九霞（一作妙慈霞）須

開講法花異類來聽

講古琅琅天賦才年縱升入陝覘臺時二毫客橫経

集日之胎驢聽法來毒鼓震雷魔膽落慈雲作兩霓

芽開中興大教知誰力日過昆吾逐手迴

長修妙懺真應彰著

誰導精勤是未邊章之顯應固多端同修遍吉塲中

現入夢文殊路上瞞穀雨如期神應速揚枝自接聖

慂寬誰知敢効無生懺念念冥觀一鏡圓

著文毗贊玄化

革端神錦軒戶施為述玄功觀物機蓮社詞高廬岳

達筥碑妙雲威共傳文海成三昧幾發言泉讚

四依通父禮況弁祖息爭日月更揚輝

結社迴向淨土

先證無生廣度迷莫如安養好婦妙觀不獨心心來

續淨業應頌曰
迴期歿六九辭火宅待觀三聖引
金堂招覽幸紲潯陽事念佛中誰是雷（一作難思）感應君知

吾生象牙　花在震雷

讚者
今觀四祖之師述出自陳隋與宋羅內證真常同古
佛外螺襄李制強魔噬承本匪渡河象讚慇懃徵則
海遊（下）只爲結緣心耿取強賚高嶺詠而歌

更和法花隨品讚（并序）

昔永明智覺禪師云聖教以讚揚爲美王
道以歌詠爲先法華經者諸佛降靈之體

群生得道之源。可謂獨妙獨尊盡善盡美
故無筭偈對帶心說任千聖以讚揚難窮
妙盲誠哉此言貪道不俟發願弘經忻四
十年切欲讚揚玄言發揮大事而因循未
暇昨見大宋延慶寺隨品讚不暇短聊
賡讚詠近託商船先已寄呈諸尊宿座下。
今又更成一軸者非畵見異扵人也將以顯
妙法難思雖歷劫塵山毫海墨不足讚美
扵金文半句之萬一焉

序品

卷三

三十二

說開經已便凝神欲顯如來出世勳從一孤諸藏密

客收諸歸一解紛ゝ騰旋四伏如翻水引古三同若

卷雲兩醒乘機酬酢了直教憂兒一時聞

方便品

如來止止不須說身子慇懃再渴傾一大因緣方顯

實五三七九偈隨情權（一作假 五三）公田私畝秋皆熟幽谷高

山日共明羹却小王同大化普天之下惜昇平

譬喻品

哢裁火宅忽催科苦惱相煎浩莫涯長者是時多伎

倆安閒早出一門家癡兒終日貪嬉戲勸引方求三

種車眞賜大車超本望珎奇校歸悅金華

信解品

繫譽聲聞自昔年幾迴　專頁佛恩辯念二取小根噫鈍
切ノ褒圓示化綵頼荷槌礙三味熟不求珎寶一時
遽昔爲客作今爲子歸命王城定會天

藥草品

從一雲興一兩新普露一地蔵踈親最株卉木敷榮
日枝葉根莖長養春忽使焦芽成妙果定知甘液寫
玄津欲知最實開權事結果純圓箇二眞

授記品

卷三

三十三

修行直佛陀官真位真門應若干寰後醍醐方有授

味從前酥酪不堪餐白牛七寶莊嚴具諸子四方遊

戲寬譽喻周中呈信解中逢不待化城者

化城品

塵劫亡前講此經番亡熟脫不曾停是知上智皆登

極只爲中忘更化城宿世因緣元不失導師方便引

周登不離當處即寶所逾越何人向北程

五百弟子授記品

快哉顛倒苦貪人親友相逢面目真衣內忽收無價

寶逢中却領白家春腳跟踏著清風地肖次虛涵淨

月輪始信昔緣元不眛依然杲日出乘津

授學無學品

一爲堂第一家覩得記今朝何太遲俱爲下根猶未
悟故隨他輩似無知杏梅春色曾無黨枝葉天倫斷

莫嫌無學之人相繼入斯爲迹覬正宗詞

法師品

流通之分始拈提遺誡丁寧可軌持四衆盡色衣寂
忍十方都納室慈悲更將諸法密爲座常作三觀妙

巨思一句獲聞猶荷記生之願作化他師

// 寶塔品

卷三

三十四

顯然入不自形容五百由旬屹半空性德莊嚴聖財

具讚言眞實梵音雄散花供養人天仰入座跏趺法

報同處二 現前常證聽請君努力廣流通

達多品

論迷言苟聞經凡豈單方佛豈縈祇爲坐蓮開海

會或曰採菓表霞誠龍尊調達饒宣說虬女迦文共

化成人畜二番曰果妙誠慮流布示分明

持品

通經五濁多冤害借聖之人例嫉看忍乃若成永自

熱信心如失火猶寒骨凡嗤爾酖鐶緣羽化何人服

鼎丹眾聖宣別溪額海此時傾渴意難安

安樂行品

珎重初心安樂行世開何物作魔訛正觀實相魔爲

佛若著修功佛亦魔頂上一珠寧戲汝夢中十地信

非他常行忍辱能柔順也住千波与万波

湧出品

處處初成化事同唯將近金使人蒙四時都入權門

内一旦方驅本地中佛意但期垂實語機生故未顯

真切却日久服還年藥小又亡年不可窮

壽量品

卷三

三十五

敢賀靈山一會場始開遠壽頓生光三千黑墨迹猶

近五百微塵本自長治病良醫元不無失心狂子豈

能量爾前既極圓融說久證如何未舉揚

分別功惪品

鮮但偏圓出從來衆生羗別不能齊忽聞壽量咸超

人何有機根更滯迷補處伽陀呈領解法身親證沒

昂低本門末与前時別莫把生頭當齊臍

隨喜功惪品

權門極位祭偏何展轉聞經福尚多堋憒豈同麟在

閻屋烏寧及鳳巢阿況從法會初隨喜所獲眞功幾

倍過咄彼徉聲田里訖一生虛送大蹉跎

法師功惪品

殷勤五種自行持近景圓成也火嘺清淨六千元自

等莊嚴盈縮或隨寘徐桐必合供琴瑟元檀焉知蘊

玥琦欲破無明根本賊一心三智作魚麗

菩薩當年行禮拜衆人多有致輕心相逢即打不我

常不輕品

信遠走循宣作佛音偈貴三曰咸本具專將一句結

緣渓威音那畔無今古空月常懸尚不況

神力品

卷三

三十六

75

二門實相已周窮付囑將傳後世中表現表當呈法

戲無言無說示神功分身千歲同隨喜合掌他方共

向空千界微塵大菩薩自陳弘愿永流通

囑累品

靈山佳會告囑休飽餓無非一味著囑勸如來方趣

座祇次菩薩共低頭人人身有聞熏分處二元無障

難留本逮二門三段畢虔心更說意難酬

藥王品

金剛願力不銷磨能至菩提是可誇故說兩重真法

供專嶧一實覺皇家輕身不當芭蕉樹妙種唯尊齒

菖花仰繼遺風當有日一生禪誦老烟霞

妙音品

昔奉如來獻伎才今將音樂作輿臺難游戲處能游

戲無去來中示去來隨類十方沙界遍弘經幾處雲

蓮開崖愚嗟我常彌近暗裏難承面月廻

普門品

弱渡頹海浩無邊清淨慈門妙莫端大醒尋常無弃

捨衆生放逸自欺瞞一音演法真機普十界分形化

境寬斷月本空知不閱儻揮慧釰破癡團

陀羅尼品

卷三

三十七

喜令正法不敢施得詐群魔巧設機末世例多侵擾

事初心要借拖柑威慈悲攝護知無既往返宣揚足

可依佛日已西吾欲反顧諸天將借戈揮

妙莊嚴品

聚量普種待時今結果焦芽拔出已聞雷

隱一生精進脫輪迴一人爲菩薩紛境多刧將顛火

四人往昔欲開迷共把蓮經卜地來三簡寂寥甘谷

勸發品

終始究顯千如境文理全超入教羅何更一番重請

法欲開三昧永無魔講遷沈水銷金暢禪榻遙發封

碧螺寂窓居偺效慧悟頌象龕作絙歌

次韻李居士頻　并序

山暴扵冬月開居中偶書山中作十二野
首遙寄左右左連和前後凡二軸函盈右
二十四首語意天成拈出山家皆用道迊
知羣服雛興久游心扔一大事豈与世上
青黄赤乇白乎者也尋常之栢雷同耶且
賀且賀謹次元韻因風遠寄
居士年米逈興多狎鷗汲上學色何　無時李公以正言流南貶　蓮花　荒島
入城三昧根葉隨僧讀五馱皎皎骸令心月現瞢

皆不受客塵呵知君雅合香山叟身未炭家心出家

閒生五百歲寥々誰向澳盬復舉膠入手才名同李

杜到頭說野任椒蘭子蘭椒早傳妙句珠千斛況有清

標永一條近奉紫泥朝王帝曉後驚起白雲遲

義譽雷轟輈四海喧傳聞奚當辦金根韓昶雲霄少亭千

鐘貴嵓嶷来眠一褐溫尸素安身輕鵠稻文章悟主

替龍孫待看他日成功業史筆應傳竹帛言

鑴年學業富三多鬚髮如今半白何誰剖蚌胎終採

寶却嗟龍骨未容馱翰林所作乾坤動盤谷不祥神

鬼呵我李芳根殊出處信知雙絀隴西家

燈下看書夜沉寥　曾明五傳訓西膠　妖花自媚寧如

竹甘草无佳　却脒椒車駕久勞　驥驪坂琴材獨秘鳳

壼篠蔍衡文奉方裁袤行見雲天一鸇遲

詩含六義競傳喧囂囂渾之早括根敏速優抄三步

柳清新薘却八吟溫唱啾反笑培風翼歎晚還

景孫世上紛〻眾兒子朋來欲突不能言

老去誰知伐倆多自言鄉囯姓名何講經敢望羊爭

跪受具恒期騧不馱欸泊瀞心無遺莫止觀研境或

嘸呵山中尚恤塵中舊猶記張三李四家

靜中冥想義天寥供養常然叭水膠渡海身輕恃花

筇遊山力困不登歟消磨永日觀三種清書遺風守

十條近歟傍人煩問訊幽樓更小翠嵓邊

總角偕遊紫陌喧綢繆爪葛玖連根天涯遠別音書

斷林下相逢笑語溫夜蟋凤寒松落子春崖兩過竹

生孫此時清樂皆同賞何用嘮嘮更吐言

平常是道更無多懶問如何与若何三歟早知臨水

渡一驢耶借出山馱大千沙界常游戲無數沈旬受

禁呵導了行人登彼岸舩師始得便還家

內養靈臺空後寥卆來無著手中膠定前天泉集台

歟門外江南獻蜀椒早信浮生如夢幻還嗟道眼轉

蕭條奔波聲利誤滋味反幸行藏與世遙
風和谷鳥囀春喧掘得黃精好揉根方外淡餐同鼎
是溪過宴坐石床溫同遊盍我皆南友興句知君盡
外孫家事何須論委曲元火月擊不容言 布衣首山中消息
天生範性浩然多律縛禪拘奈我何王塵不須師子
咒全鞍祇合象王馱 和普賢經 早曾重法輕生死況使調
心善冶呵靜勝工夫誰與說無人解到野僧家
自慶幽居樂事多寂無塵世間誰何天寒已迫玄駒
費日用唯勤白馬馱八定雪 龍觀嘿嘿灭 遊雲嶠
笑呵之可憐夜月波之現一旦清光屬我家

卜隱居貞辭寂寥笑他人世事膠膠染熏早悟從藍

中條吾家訃浩貪還富一望江山万萬里逡

紅衢无處不喧了多謝山中靜探根誦了蓮經雲屋旁

烧残柴品地爐煴峰頭月湧僧呼客松頂虱庚鷀杷

孫坐戲流年垂欲暮憨三无三自无言

端居一室自寥三臧發嚴虱劇折膠雪夜凍瓶粘桂

楚雲朝清磬響山椒着毛蘿薑烹資体掩体架柴破

失條齋罷晨寒長縮坐炎隨分味逍遙

窮谷殘冬絕世喧演經郴欲究玄根夏愛篆印燒成

冷坐久蒲團肉解溫愛日煦簷桐伏午悲風度嶺聽

王孫山家二六時中樂祇可呵ゝ不可言

万竅刀ゝ地籟喧疎慵一室睡坐根山吟豈合頭風

愈野性將供背日溫求佛施功何錯謬尋師問道尚

兒孫客來莫怪瘖無語彈指圓成海墨言

閑中淨業辦多二得失欣悲又奈何杜口懶開黃蘗

騁寅心觀熟白牛馱林開絕日自岑寂松下纔風誰

喝呵真樂妥超南面樂煙雲万礙盡吾家

念念蕭然本自寥故抒方外滌提膠生涯只寄千家

鉢富貴從他百斛椒火裏芙蓉非治葉雲中松栢豈

條金錍倘決凡夫眼炎ゝ還鄉定不遷

灰心不涉利名嗔賊之何由縈夢麗一場忘得

失懸鶉百結任寒溫驀頭山石堪偶摩頂產松是

子孫未禁明窗清淨債焚香宴坐諷金言

是非世上是非多其奈研機樂道何舌下醍醐翻妙

言手中柳槵當良馱狐輪月向池心叩一帶雲從谷

口呵觸目俱為真實相依然踏著本來家

塵習龜毛熏兔角雲狩鳥髓與鴛膠抱貞白學虛心

竹含毒寧思合口椒分衛多年盍五綴工夫一日線

三條他生欲向蓮臺化念之西方豈是遙

萬德山白蓮社第四代真靜國師湖山錄卷第三

壬辰年普賢道場起始疏　　　宗銑行　雲任寺大師

抄無數大千經中乾爲引義唯會三純一教外歟得

妙名不思議其功德昔如來之出現也玉毫放光

抄万八千玉金口説法者四十九年以利根鈍根之不

同何多蹉駞故滿字半字之各異未免紛經誰能染

指抄醍醐皆止芯抡酥酪比及靈山之捶唱餘二

即非真咸使恒沙之眾生無一不成佛方便門開也

真正路垣然所以塵ノ自然露ノ然則墻壁瓦礫之

穢惡無非佛性俱存蛞蟓蝦蠊之皆聾耳不離法位常

住文字非外色香皆中奇哉奇哉如是如是此一段
消息西焉竜樹啟之由四依流通東美雞林聞也然佛出
化行而猶多寃嫉況魔強法弱方其能受持嘆未得
於大行頑不悛其小見以其伵將螢火欲爭日月之
先明誤認驢年虛卜春秋之餘閏幸今有万德尊宿
慕四明清規引退儱則是精進之幢填誓顧則作慈
悲之筏迴狂瀾於既倒教觀以之勃興海甘露於無
垠清涼穆然頓在反令不聞不知不覺之淺識皆有
若持若讀若誦之際因演大法義擊大法鼓雨大法
兩吹大法螺一音無處不遍入如來室著如來衣坐

如來座行如來事五濁拔我何嫌洞冤三觀芳立普

賢道場道寸一切日期彌陀陌淨利非倡今日盖亦多寶

眷言易億之資倡難遭之想荷擔無分嗟不蓉虵

奴之至愚供養有緣切欲効嚴王之本事寒辦真功

抄一月俾勤淨行抄六時誦聲清芳命命聲之自風

耳兩樂聞入部猶光輝依然會席之未散六根必清

定香爵芳羅羅香之遍兩歐鬼逆淚而欣集龍神側

淨信哉近果之非遲何輕此心不是小事凡聞一句

者尚受菩提之預記况修二則眛焉知利那之頓成

如遇木一眼覷妙法幸五百年後駕承蓮六牙象大

卷四

二

聖来三七日中早已臨頭不煩饒舌既感通之伊邇

盍祝願之自陳實祚遷昌以四海為一名山表瑞呼

歲萬者三文虎勤弼亮之忠黎庶致豐穰之慶天下

安天下戴白不見干戈世間災世間同楚恒為半伴

次願先匕考妣優承慧接頓脫愛纏旋得自家之道

遷魚濟他鄉之辛苦更願弟子打破漆桶適當今世

其時受用衣珠方悟昔之未曉然后若取捨或順若

或違皆結法華之因緣終被法華之撈攄

祝聖疏

切惟妙法華蓮經者億之劫始宣佛口一之字無非

法身咸使十界眾生同承記莂撮開法諸實相究顯
真常故無象馬兔之異根寧有羊鹿牛之殊軌況談
達證之壽頓息近成之疑其福報不可思不可量欤
言訖是為迷是為惑顳如究竟應在剎那溯源弘演
之功雖當釋子国土流行之益必在聖王弟子素毛
二歲之內修生宰十高之外護謂此會三之妙典合
吾統一之不基既御篆親題社文同結大事況庸澤
頖雲梵席俾是安居蔚成舊蔦之林統演醍醐之言說
默無閒事理相修古豈連誦蕃五更殘月心心刻
草禪迴一段清風初斯晝夜之惠勤實是人天之歡

喜真境常現何遲象駕之崢嶸顧海非他盖在竜圖

之鞏固家心鄭重他鑒周遞伏願地不煩嵩岳之呼

天不借老星之現溪伏一乗道猶如頂上之明珠增

籌萬年基長享百南於大寶宮闕常行於禔福之虎

共盡其忠貞黎民於變時雍恒舞兩階之干羽殊方

各執壤奠坐臻四海之梯航

金字華嚴法華經慶讚號

斷俗寺禪師門人大師敷元請

社內道人自収書寫旣畢元師物故同行

大師道開設慶讚安居法會

植德種福良田莫過平歆田赴感應機覺海即通於

顧海昔者璃喉善逝金口妙音始説方廣雜花之雄詮

終宣開顯妙蓮之極唱七處八會之主伴同十利而
同十方三乘九界之生靈歸一真而歸一實則橫說豎
說雖羣典之浩然彼圓此圓莫二經之若也或童子
泰百城而成佛果或竜女才八歲而坐道場或灌掌
一滴而徵蟻生天或揮毫半字而三靈悟道至誠書
寫紅葵發艷抄多天弸願受持白蓮開花抄陸地繁
遍界利益之無盡雖應刼讚楊而奚窮念我同行聞
此勝理謂周晉真元之三本因果離思幸卞馬辰韓
之一隅聞熏有素知鷲嶺開權之妙言實釋尊出世
之本懷盡切歸依廣期流希恨未遑抄自已募同約

卷四

四

於他人字、金書才歷數年而甲矣行、珠徹實為
萬代之寶焉何善根猶未落成而幻質忽焉告逝弟
子於是嗟彼顧輪之停轉當此隣笑之突侵特就蓮
坊用張檀席四事供養於一百日寧粉骨而敢辭三
業精勤者六十八盡赤心而同戲事理無導定慧悉
均義龍常演於十玄化象現叅於三昧伏顧主上殿
下享年有永視三皇如子孫施德無垠鞭百蠻爲臣
僕更顧敦元靈駕直達唯心淨土親觀自性彌陀所
辦金剛普霑沙界

法花道場疏

無上兩足尊久黙斯要唯此一事實乃暢本懷盖自
寂場般若未来免羔倡帶對及法花開顯已無復半
滿羔殊此非誇輝而言之盖誠諦之語耳句句字
字會之味之常作一佛乘種熟脱因磊落之峰
峥嶸縈玄其十法界性相体等聲聞尚易菩薩何難
咸會彼心麗境麗均露于本妙迹妙日輪當午何高山幽
谷之暗明春種逢秋皆此訓彼田之收穫況九界同欣
記莂此一代未所宣揚沙竭羅女八歳而證法身提
婆達士五逆而成佛果堪嗟昔日偏圓大小之不同
但讚今朝開示悟入之無異乃至塵之利之自然露

卷四

五

露堂堂此所以蓮經之冠冕於四時八教也將世諦
以論自乙丑八年而西訖當像法之始及戊辰千載
而東漸圓音無聞斷之期顯益有豐夷之數初來白
馬寺流通肇自於摩騰常在靈鷲山證見獨推於短
者因暢一乘之旨勸修三昧之儀旣清風盛扇於陳
隋唐何甘露未露於辰馬下幸今老宿當此襄時得
兔忘蹄窮妙乘於一念借蝦為眼惘九夫之雙旨早
抛塵土之機卜入煙霞之窟而立誓曰惟吾赤縣之
鼻祖卓立宏規嗟我青丘之耳孫盍承正緒遂成万
萬德精舍始立普賢道場已臻多會而林林豈是肇基

而草ㄴ誰聞實相理不發菩提心言念庸資早重妙
言自底是紙黑底是墨粗策蒙心而誦文赤出抡蓋
青出抡藍廣逢明眼而研理幸叅懺席切發願輪金
字書妙法之華嚴已周七軸銀色界大聖之感應庶
格一毫因鳩逵親抡四方用辦安居抡九夏說默皆
得定慧等持入我室坐著我衣儀範皆遵于佛
誠吹法螺兩法擊法皷幽明普結抡梵音伏願壽一
王福万姓率土安兵塵靜雍照同樂抡豐年慧日熾
祖風揚教觀長抡浩劫普及蠢動咸悟真常

水陸齋疏 王侍郎
讚行

卷四

稱法界性起法界慈惟一心耳拯衆生苦與衆生樂

非諸佛何苟發廣大菩提心咸登究竟涅槃岸切以竟

阿難請津梁之法釋尊開水陸之科梁虎帝始啓此

儀盡神僧歘通扵夢裏唐英師繼行斯制由異人覿告

扵坐中于時至誠所加靈感斯格戚大地雷扵寶殿

或諸天雨扵妙花殿紆之君臣賴此而轉生蔡襄之

將相由是而得肬以大悲心重不敢遺闡提之徒况

小罪根輕盡速應剎那之頃眷言辱岁聞此因緣噫

卵生胎生濕化生波洄不息以業障報障惱煩障火熱

相前因彈惻隱不忍之心庶立平等無遮之會且難

行能行難捨能捨頭目髓腦之敢辭若未度令度捨
未安今安何鱗介羽毛之斯擇所以頓約私田之信粒
不煩公廩之餘財始則啟行扵白蓮道場次則卜營扵
万渊精舍三者備矣熏修更設扵曹溪一以貫之儀
範皆遵扵竺典伏願凡朦之虎之苦嶽及畎之齧之
之傍生或鬼神幽陰或人天貴賤乃至四足多足有
形無形皆知寂滅之源咸證真常之慮

蓮經法席踈

妙法謂一念妄心嗔法門是殺法門是大道泯三觀
明体理道場為事道場為法門既仍扵唯殺唯嗔道

場可云乎即事即理然則雖根葉載翻之教浩至万

千唯蓮花寰實之宗揔開四一是諸佛降靈之体亦

衆生得道之源四十年始顯真妙極於此三七月立

修戲流至于今幸萬德之啓行舉三韓而生信彼能

羆尚勇之士往心受持况鶩鷟奮忠之賢勤心流布

甚矣烏梨之遭遇快哉龜木之因緣言念庸愚極生

歡喜特辦純陁之供具恭張遍吉之戲遜晝三夜三

口一心一境照觀心照境不可思議禪時誦心時禪

固無妨關真功已就慧鑒恚周伏願佛日以恃舜日以

共明禔風與高風而廣扇無邊願海何揀撑於此門

凡在愛河共躋登扵彼岸

夏安居䟽

以圓覺為大伽藍身心安扵平等智是妙法如優曇
鉢本迷談扵開顯經昔覺皇之御世也與同体之悲
立禁足之制護生多犯立夏制之雨安㸑戒莫違期
瞵人之永結遺風猶有存者后世莫不行焉是用甲
子與諸苾蒭聿遵宏範㸑蕾蕾不覿餘香敢將山
僧三月之重切更献天子万年之景福虔誡斯切慧
炬悉周伏願茂膺川至之祺祥燃座永享天長之
壽化洽綿區　卷四

八

主上救病疏

我佛宛顯真常是謂醍醐之妙藥吾王庶無疾病更

延社稷之丕基誠苟切扵披肝應必速扵彈指弟子生

逢盛代先護法門若誦若禪故華祝嵩呼之不彊曰

康曰壽欲羲年軒籙之無彊昨聞動止之廋和倍竭

恍恟而懇禱撙御卦生氣今月初一日甲辰至十謹

四日丁巳約二七日之間敢與大衆精勤作法圓音

潮騰扵覺海舌乙皆同他鑒月印扵義天頭乙頓現

伏願云云益荷慈悲之力旋消災厄之甫憑花開蓮

顯之宗勿藥有喜保椿朽椿枯之筭與國咸休

至哉法花之為教也開權極唱出世本懷闡一句咸

記菩提指五逆無非實相功德希有本達甚深

甚深一雨普霑何擇根莖枝葉微塵遠壽寶若喉襟

目冀是法非分別所知惟佛乃究竟而證故多寶佛

抄靈鷲山乘本願輪入塔自然禪定光此會席從地

溥抄虛空蜫尒八不而無去無來才過三周而證前

證後于時今佛燡古佛而共坐報身表法身而泯同

令大眾俱處抄空中以妙音普告抄會上此佛已滅

度無央數劫尚為法來諸人誰護持常住妙經即令

卷四

我善鄭重付囑募覓法通巍之發願已還永之未来

無際然則在在處之常演說扵妙經勤之處之皆湧出扵

寶塔何煩附贅更立浮圖然萬法本于無生假相即

是真相況一席儼然未散彼山不離此山故我師勞

晶吾輩曰長修普賢之懺悔幸立道塲誰継大圓之

經營獲戒寶剎景一等始聞其命方矢厥謀幸逢高而

舜之君溪信台衡之道早曾入祉同大事之因緣今

又頒財命良工而雕斷且散心積土之効尚進聖階

以童子聚沙之功皆成佛道況琭奇之嚴歸必殿寂

之自分何更大為非定小尓顧海藏矣何物不為斬

104

新刱火洞然此塔捈舄依舊今約落成捈三日共期

薦壽捈一人儻么麼之功格圓明之鑒伏願云云優

承妙援益擁純禧田蒼海變桑永享無疆之業九大

地如棗坐題不拔之基五風十雨冈不和寸地尺天

皆入貢

寄東京前留守崔尚書昷書

雲門之外一別已後伏想行李提福歸觀高堂日勤

孝養多賀多賀倡樂浪之人至捈黃童白叟鋤夬榮

婦皆以不得攀轅遮道是恨才下車未盈數月政簡訟

息愛民如子呻吟化為謳歌行蛬召父社姆何以加此今

飢起躏清要丹青帝化鑿的軸鹽梅之望天下皆引十

領注意夫何言可山野常與廣平公訪蕭官談笠典從容

笑語游心象於帝之先斯則幸矣然平生親故一去

千里苟非以道自勝豈無一庄人情懸之於日綫日

耶歸人忿劇未得委細五月十六日山人某謹啟

寄崔福蜜盃書

閏月初奉閣鈞緘備認四儀清勝況位至集賢殿大

學士已躍曾王父之述集賢殿大學士欣慰欣慰山野

承眷護無恙解夏項因暇日搜檢藏中所蓄金光明

經十八部想閣下日誦不已儻憑願力傳送于兩男

兵馬使處蜎凋殘兵火之餘焉知十室之邑尚有篤

信發心道俗仔聞内教若能墿其人而丁寧付囑使
佛種不斷則后五百歲流通正教豈吾佛臨般涅槃
付囑國王大臣之本意歟謹合盛一櫝令道者志玄
託便船而寄上惟冀神速分布扵遠方邊地之人欲
霑妙而益未奇遇者何幸如之七月十八日某謹和

荅鄭侍郎芝書

月日第山人某謹修書奉荅兄侍郎左右昔兄出守
忠容二卅莘謁鈴齋從容攀語言笑晏之一自分離
九年于慈矣未嘗一日忘前好也今月十日賫第三
完山牧伯傳送示閣下書一通乃前年六月所寄也

夏去芳音今夏始見信知胡羯擾亂道途艱梗無驛地往來者其遲緩如此夫復何言喜聞今春復躋蓮聯又承以往年所呈一軸子佛祖公案為日用之有省悟處敢賀芳弟資護念隨分逍遙乎山水不夢人間世虛幻得失自慶不必侶信心檀越輩聞虛名來扣寂寥林間請主盟法席自顧相似三學濫與許多衲子虛消信施尤可恧然重違誠請又無人可代故不得已而往之行腳切欲流通於妙乘廣結於緣普賢道場耳芸種已迫朱炎漸熾惟出入善保是望不宣謹覆

正月日靈興山普賢社安居苾蒭謹修書奉荅芸臺

亞藍閔學士閣下且羅漢不識赤藍之問以其偏證

真空不博識內外典籍蓋關徊和之智故佛弟子示

詳一時兼學方言名數外論蓋欲逢儒詫儒對釋論

釋使問荅如流見聞發心也今閣下儒也予釋也實

容儀不同名分不等然世尊有言我遣三人化彼震

旦故李舟曰釋迦生中國設教如周孔周孔生西方

設教如釋迦李嵩隱亦曰尼師老聃聃師牟尼稽首正覺

吾師吾師則何三教之異故今署圖三教之緒餘具

卷四　　　十二

陳所出家之徙因并叙人世之虛幻不突佛法之因
果不昧予豈好辯哉惟閣下詳察焉予自七八時始
事讀書及予十有五濫當虞夏商周之書灝灝爾
鞏乙爾淖乙爾至扮風騷之作屈宋班馬王揚盧駱
甫白蘇黄元曰文章之体物欲滑稽多識盖髫齔古
人之骨中國子也忍當稻直也尚乳年始赴塲憂即
春登士校秋入辟雍幸與閣下俱在東廡故出入不
吾捨語黙不吾背肩随而接之来書云徙昔同舍
而語之若同胎然盖實錄耳才隔一年罹第春官
更勤所業常以墨兵黄妹爲日用忽一日猛省知非

以儒雅之身投佛法反自傷嘆曰自古棄儒之士
之心出月脇作為章句其或駢四儷六乎者也著
成文集誇耀於世既是流蕩之心繪歸之辭厥罪不
必何益之有且以三韓信之著成家集流行於世若
凡數十家始則文昌崔致遠十二歸上國十八占甲
科狀頭五第文章感動於中華前後著成文集凡五
十七卷近世金翰林克己著一百三十五卷自已巳
化於九泉虛名獨流於四海片無一得何預於我哉
與笑卿樂聞笑典彼則似乎先知我心仍謂曰聖典
有之此如磨一大石作一小牛用功既重所

期甚輕世開才學精勤勞苦示復如是予試聞斯語
惡然自失更扣玄蹤不知朕之前扵席也切欲出
家學法皇恩佛恩一時報畢矣由是私心不弾密與
伯父畧以出家之事告之彼即泪曰善則善矣然佛
法在心何必出家為不孝有三無後為大汝其思之
昔三邦鼎沸　太祖龍興有臣曰申歆達者佐
太祖定大乱立功圖畫扵麒麟壁上自是乎生孫之
又生子雲之仍之繼二不絶遠則羅王之外孫近則
祖聖之後裔皆起迤山東接虎朝端降又迺祖蓬山
撰史栢署振綱其文章清白忠孝之大節又迺父挺之

有祖風〔先祖察訪使褒一等先人亦居一等〕況子之外出亦雞林宗室至我大祖封西原京主自侍中能熙至汝外祖凡九代蟬聯主組世為顯著又外祖之祖起居注冲若雖題名金牓逵八王堂儒術之外尚熙乎玄風后航海八宋盡傳秘要逍遙乎紫府丹臺飲咬乎玄霜絡霙故令中國道家者流皆歡伏歙祇及返國上疏置不疤之福庭撞洪鍾啟玄鑰日鑒生靈之耳目故至今明天子登鳳樓頒鳳詔則必福冲若之子孫欲世世不忘也幸汝承祖宗之烈弱冠登第英聲籍之蓋尊儒業而期仕窟乎予具聞其說退而心言雖内外

紫纓甲乙紅殘胛〔先人外史甲科紅家傳吾及見之〕已是鬼錄於我何有乎況世間虛幻無堅牢久遠之足恃雖乾城之起滅蝸國之戰爭石火水泡霜薰屃槿不足為喻若我以有限之生塵出塊入隨世推移則誤使布衣享南面之樂安肯從刹那之外樂忘常住之內樂也裁又今凶奴畾冠連境舉兵鯨覷天步螻蟻人命雖公卿朝士皆欲全身遠害孔闃茸無賴之人乎若夫眾富之兒生年不讀一字書惟輕矯游俠是事徒以月杖星毬金鞍玉勒三〻五〻翱翔乎十字街頭囚朝昏額之南来北去觀者如堵惜也吾與彼俱幻生於幻世役焉

知將幻身乘幻馬馳幻路工幻技幻人觀幻事更揲
幻上幻復幻也彼與彼但更相執實一旦芒然彼闇
羅老孑摧屈便縱有千種機籌怎免伊搪捱由是出
見紛謹增忉悒耳或經過市鄽見坐商行賈只以半
通泉貨皆哆之謹問爭市利何異百千蚍蚋在一
甕中啾之亂鳴或屠兒魁膾惟事刃是忍酷殺他身
販養自口腥羶遍體累業净榮但顧目前之利不思
身後之殃雖馬面牛頭何以加此如是而一閴閬
間無立錐之地可開邊之求利區之徇財但望饔餐
之給平皆欺誑扵他彼貿此此易彼物與物更相輪

遇故曰ン常如此者因是古人有言曰君不見大朝
趨市者于明旦側肩爭門而入及暮之治過市朝者
掉臂而不顧非好之朝而惡暮所期物已其中噫人
不能轉物物卻能使人以物ニ之有無卜人ン關忙其
貪生逐物柰萬古千今例皆一憂如是而都未中所聞
所見可爲長大ー者若我突漸冒泣強作言曰則真
名教塲一罪人耳安能醫ン久君此乎莘我丹桂主
人清河相國恩重鑄顏言高興顯仍使予書金字蓮
經始見諸佛世尊唯以一大事因緣故世出抡現。
又云正直捨方便恒說無上道極生殷重而自慶曰

昔舍衛三億家全不聞三寶名字靈山三千眾不亦聞

五時絀卒今我未知何生植何善根當此后五百歲

獲聞如是真正大法豈非宿緣醞釀不很然自是世

叟世首鼠之心一刀兩段切欲從浮囂氏誦妙經修

妙行慾之未暇辦巖幸得同志者二人潛發啟行抃

千里道途艱險備嘗之矣計月餘旬月始參所謂萬

德山地僻人稀寂無來往俱見雲岑烟島掩映乎蒼

茫間修竹清溪可遨可賞惟老眉老衲四五輩出門

笑迎遂居稻田傳相譯水邊林下長養聖胎象外盡

中楷磨道眼始立普賢道塲弘揚開顯佛乘力行

前代之不行使覺后人之不覺以今十四年矣其聞

遊應他方自一花五葉南能北秀正傳傍傳與夫華

嚴起信唯識法相毗尼律宗大乘小乘頓說漸說雖

聰明不及於前時尚勤耳壁之聞聊免面牆之誚心

地不逢似無星尋真箇自慶既卜地於江之南煙霞

之接息岩澗之幽隱遠不與人閒世交略無就何之

問近者謬承知臺檀越之請因風來而逢場作戲反

愧無似之人未能專精於一大事唯蟲臺桂王耳現

今秘監學士不忘簪舍昔年之同風又感知臺今日

之願海物修尺五之書遠慰山谷辨送僧伽梨絮臘

衣各一領水泥一封蠟燭二枚以將厚意乃投失措
感愧深之而書中特以古人皷腹更兵之事及之似
警山僧更勤香火奉福國家使粒食之民繫業晏也
有以見閣下用心能內崇佛教而外拯民災也然昔
者二十二祖摩拏羅尊者當降兵之弄冠乃皷腹曰
我國晏然久來無事果然自追此是一段奇特事豈
可思議然亦不知爲復大用現前爲復時合緣會去
此二途請君如何得解又如唐之鄧隱峰元和年中
言遊五臺路出淮西屬吳元濟阻兵遣拒王命峰曰
我欲解其兵災乃擲錫空中飛身而去兩軍戰士各

觀神異不覺抽戈画刃矣此等事迹又如何商量且
大用難測或時惡緣異則離聖人亦未如之故云因
果不眛種麻得麻種苧得苧天網恢〃踈而不漏若
撥無因果如採芙蓉於本末寒薜蘿於水中此乃波
旬之見非西聖一路涅槃門也故佛法中湏辨因果
應然不眛耳轜喉大覺究竟圓蕭尚示金鏘馬麥乞
食空鉢寒風索衣調達推山猻遮謗路此等因緣可
為明鑑又瑠璃玉放醉象踏殺五百釋種是時大眾
皆懷憂惱無逃避處唯我世尊光顏益現熙怡微笑阿
難多聞已證聖果尚眛醉象之況因諸凡位豈能矣

然氷釋又目連欲免斯難請以鐵爲城世尊勿使城
之蓋由業報不關佛而關衆生耳誠知如此則有多
疑詰灼然可判夫道德經曰兵者凶器也聖人不得
已而用之皇帝之蚩尤蚩帝之有苗降及三伐已來
無伐無之自佛法未與之前姑且置之至周昭王二
十四年甲寅我世尊降生中天竺至穆王時密有文殊
來化穆王故列子穆王篇中有化人來徃之事當佛
教未東之時大聖親自來化必有別緣奈之何周室
襄徵致謨衿父駿之識始皇三十年甲申舍衛國沙
門利方等十八人持梵經來蔡國始皇無道反囹圄

121

獄神人湧出身長丈五執金剛攜獄辟光明徧照粒
械自消既現神灾又十八賢顏功甚察夬非悠之者
此奈何使始皇未能擒邪歸正如捕風捉影徒自虛
歸漢武帝元符庚申竄去荋討凶奴過居延山禽体
曆主獲其金人則似如佛法先入拎凶奴中錘然如
是其肯曰左賢王無封豕長她之志耶蓮夬
帝莊始夢摩騰初儀釋典摩與拎洛陽白馬寺胡僧
緒至拎符堅赤烏年以至於宋晉齊梁陳隋唐後五
代至今趙宋三朝僧傳十科之中或諸傳記高僧神
遂浩以千數傳芳續焰佛法大行然亦世之禍萌不

藏兵火不息惟我海東三韓自佛教初来至今八百六十二年
新羅則我自道麾迹猒髑王身厥後朗智圓光惠空
慈藏元曉義湘諸聖相繼而作結軿連鑣此皆醫乎
佛庭之直臣凛乎僧壇之大將或造疏弘經則不減
挬馬龍或現神護法則却齊挬登什撥皷披旨仁澤
成霧普潤無邊尚干戈不息當時雖有慧通之朱筆退
軍明朗之神印歷兵加於可加此復別論句高麗普
德法師當國家衰末寶藏王酷信五斗米道不教三
寶喪無日矣二年癸卯遣使唐朝表請道士大宗遣
叔達等入人并諸道緇王喜其初來取伽藍以館之

德乃上疏諫止至于再三王終不依允拯是與聖弟
子十一人一衣飛方丈到南國景福山翌年王京果
滅既現神迹何不坐鎮兵災而遽遁耶其或白齊國
蓮峯山之患顯誦法花而現通楞伽山之真表感聖
身而行懺是時皆有唐兵則蘇定方高保領之羅兵
則金庾信統之猶大山之歷小邙欬滅千馬二國乃
終羅兵與唐兵凡十八戰而蝠十八皆勝不如坐如
尚無為是知兆民之抃兵也皆業感所致之然耳若
過現緣熟則不費一毫聖必自救若過現無緣則雖
設百計聖亦如何若敦腹之用獨爲是則自世尊文

殊中葉東國天下諸聖皆非也須一狀頌過當知感
應因果之理須作四句分別一賓機賓應者若過去
善修現世未運借徃善力名爲賓機雖不現見靈應
密爲法身所益二賓機現應者若過去植善賓機已
成便得值佛聞法如佛初出世寂初得度之人現在
何嘗修行諸佛照其宿機自徃度之三現機現應者
三葉精修而能感降如須達長跪佛徃祇洹月盖曲
躬聖居門閨四現機賓應者如人現善濃積而不現
感賓有其益且此四句非我凡庸盆浪之說本吾佛祖誠
諦之言若得此意一切低頭舉手福不虛弃終日無感

終日無悔若見喜殺者長壽好施者長貪不生邪執

故龍樹曰今我疾苦皆由過去今生修福報在將來

又如世間鵲鳴而喜事來蜘蛛掛而行人至死聖

境界不思議妙感應如一月不降萬水不升一月一時

普現衆坐將謂佛法無靈驗乎何勞生憂死耶讀高

僧傳護法篇中法琳法師云按前漢藝文志所記衆書

一萬三千二百六十九篇莫不切在近益俱未暢遠

途誠自屬於一生之內非適拔於三世之表誠裁是

言山野向所言三教不異者蓋由好生惡殺則近于

慈悲博施濟衆則近乎喜捨福善禍淫則近乎報應

絕聖齊短則近乎反性而已若望界外無涯之旨何
異螢火拟日月乎蟻垤於山岳乎然欲使元二迁善
駮入仁壽之域者不可一日無之矣況此金口一音
之教在在處處第有小許流通則雖能弘之人未能
如說脩行必有諸天加護何況三觀研其心五悔勵
其道內外能脩精進者不見南山感通傳云入中臭
氣上熏於空四十萬里諸天清淨先不猒之但以受佛
付嘱守護依法見其一善忘其百非肉眼人同上不
敢不來又云西天菩提大斉僧戶數萬寺內角骨牛
脛劇花屑肆肰亦身護不今兒加之是知豈可以輕

卷四

二十一

心慢心能付度耶要湏信力堅固擔顧怠休始可有
荷擔分况今所殀靈山開現佛乘偏有緣扵此土何者昔 聖祖草
創之際行營福田能兢親傳道俟 聖訣以三乘一乘會三觀在一
心甚深效法合我會三之國上奏 天聰故至 宣和三年大覺國師入
宋求傳此土奉此會三歸一之宗福此會三合一之基其來尚矣然此秘
要之藏如來現在猶多究嫉况滅度后佛語分明比及后世運鍾百六
之會或爲頓癈故有識者皆盡然傷心幸今 聖主寶臣翹誠外護
發願中興豈一大事無靈鷲耶夫會三風土相合之言非侣道俟始
說昔天台第九祖荊溪禪師扵法花記中曾已解釋若合符節其
文甚詳今撮其要曰在昔未會如國內二三小王各理蒼品未敉矣

國若會已后同霊二化民無二主國無二王以祖師之此言必皇朝之寶

盛不變何小旦經中千世界微塵數菩薩發願流通於后五百歲若

此法門永之廣宣必有如許大菩薩神力加持吾國其庶幾大平

若舉揚妙法之言一切衆生十二時中現前念耶是一大事豈

有此外別求道理故云阿鼻依正全處極聖之自心

毗盧身土不逾下凡之一念刹說塵說色徧心徧但衆

生長却用理長却不知偏空二乘愚駭不受漸修大

士趄感未除唯圓頓行人初心能信與佛不二然此妙

言同道方知故佛言無短人中莫說此經伏惟閣下留神生

信焉普李唐高僧法慎洞庭。法花妙慧學諺內外以文字

卷四

二十二

129

度人故工於翰墨以法皆佛法故無采儒流當時公卿名士
多從之遊如黃門侍郎盧藏用太子少保陸象先吏部侍郎
嚴挺之大慰房琯中書平章崔渙詞人全齡等皆嵩心問法
今山野學業未精況五明韋陟古籍粗知大畧四已鍾不及法慎
遠矣然閣下苦慕道之心猶不下抄盧藏用王昌齡車苟能時
時反照不已則不借山僧死語必有自肯一笑處切祝切祝山僧法遜
告罷江南二月鷓鴣始啼躑躅初發万水千山從吾所好謹覆